Darman · Das Survivalhandbuch der Eliteeinheiten

W0088476

Peter Darman

Das SURVIVAL-HANDBUCH

der Eliteeinheiten

pietsch

Einbandgestaltung: Nicole Lechner

© Brown Packaging Ltd 1994
This translation of *The Survival Handbook,* first published in 1994,
is published by arrangement with Brown Packaging Books Ltd.

Deutsche Fassung: **Anton Steiner**

Titelbild: amber Books. An Imprint of Brown Packaging Ltd

Bildnachweis: Die Grafiken erstellte Graham Bingham

Dieses Buch ist meinen Eltern gewidmet.

ISBN 3-613-50301-8

Copyright © by Pietsch Verlag, Postfach 103743, 70032 Stuttgart
Ein Unternehmen der Paul Pietsch Verlage GmbH + Co
1. Auflage 1998

Lektor: Oliver Schwarz
Hersteller: Bernd Peter
Druck: Dr. Cantz'sche Druckerei, 73760 Ostfildern
Bindung: Josef Spinner, 77833 Ottersweier
Printed in Germany

Inhalt

GRUNDLAGEN

Dem Überleben liegen einfache Prinzipien zugrunde: Die innere Einstellung, geeignete Kleidung und zweckmäßige Ausrüstung gehören dazu. Wer überleben will, muß grundlegende Fähigkeiten beherrschen, besonders die Psychologie des Überlebens – denn diese entscheiden letzten Endes darüber, ob Sie am Leben bleiben oder sterben.

Psychologie des Überlebens

Um zu überleben, benötigen Sie entsprechende Kenntnisse – doch Kenntnisse allein werden Sie nicht retten. Entscheidend ist die richtige innere Einstellung. Alle Kenntnisse der Welt sind wertlos, wenn Ihnen der Wille zum Überleben fehlt.

Der Überlebenswille ist in einer Gefahrensituation entscheidend. Denn bekanntlich ist es der Geist und nicht der Körper, der zuerst aufgibt. Und mit dem festen Willen zum Überleben können Sie sich im Notfall einen unschätzbaren Vorteil verschaffen.

Denken Sie darüber nach. Auch wenn die Lage, in der Sie sich befinden, noch so prekär ist – denken Sie daran, daß Ihnen unmittelbare Möglichkeiten zur Verfügung stehen, um Ihnen aus der mißlichen Lage zu helfen: Ihre geistigen Fähigkeiten und Ihre körperlichen Eigenschaften. Setzen Sie beides wirkungsvoll ein, und Sie werden Erfolg haben.

Innere Einstellung zum Überleben

Zwei der größten Gefahren gehen von Ihnen selbst aus: Die eine ist der Hang zur Bequemlichkeit, die andere eine passive Lebenseinstellung. Werden sie nicht sofort bekämpft, kann dies zu Demoralisierung und Tod führen. Zum Glück kann jeder Überlebenswillige recht einfach mit diesen Gefahren fertig werden.

Der Wunsch nach Bequemlichkeit ist die Folge moderner städtischer Lebensbedingungen. Der westliche Lebensstandard hat den Menschen verweichlicht: Er fühlt sich vor den Gefahren von Natur und Umwelt beschützt. Die meisten Leute im Westen – Sie vermutlich ebenfalls – leben und arbeiten in geheizten, sicheren Gebäuden, haben Zugang zu einer erstklassigen medizinischen Versorgung, und auch die Versorgung mit Nahrung und Getränken ist gewährleistet.

In einer Notsituation wird Ihnen wahrscheinlich all dies fehlen, zumindest am Anfang. Vermutlich besitzen Sie nur gerade die Kleider, die Sie auf dem Leib tragen, aber keine Nahrungsmittel, kein Wasser und keinen Unterschlupf. Der plötzliche Verlust von selbstverständlichem und gewohntem Komfort stellt einen großen Schock dar und kann zu ernsthafter Demoralisierung führen. Wie bekämpfen Sie nun diese Angst angesichts des Verlustes all jener Dinge, die Sie für unentbehrlich hielten?

Sagen Sie sich zunächst, daß westlicher Komfort überhaupt nicht lebensnotwendig ist. Seien Sie hartnäckig. Es geht wirklich auch ohne Klimaanlage, Schnellimbiß und Fernsehen. Werden Sie sich zweitens bewußt: Die gegenwärtige Gefahr ist noch gar nichts im Vergleich zu der, die eintreten wird, wenn Sie sich niedersetzen, Ihr Los beklagen und nichts unternehmen.

Eine passive Haltung ist die Folge der westlichen Lebensart. Das Leben in bürokratisch bestimmten Staaten erspart es dem einzelnen, über Leben oder Tod entscheiden zu müssen. Individuelle Entscheidungen beschränken sich auf Alltägliches und Banales. Die Eigeninitiative ist verkümmert, und die meisten Leute geben sich einer passiven, nahezu mutlosen Haltung hin. In einer Überlebenssituation dagegen werden Sie auf sich selbst gestellt sein: In einem solchen Fall müssen Sie wichtige Entscheidungen treffen. Wenn Sie sich davor fürchten, so bedenken Sie, daß Nichtstun voraussichtlich den Tod bedeutet. Andererseits aber können Sie die Lage unter Kontrolle halten und am Leben bleiben. Wofür entscheiden Sie sich?

Sich aufgeben bedeutet den Tod – fassen Sie Mut, nehmen Sie Ihr Schicksal in die Hand!

Bekämpfen Sie überlebensfeindliche Umstände

Es gibt noch weitere lebensbedrohliche Faktoren mehr physischer Natur, die Sie kennen müssen, um ihnen erfolgreich begegnen zu können.

Schmerz: Schmerz ist ein körperliches Warnsignal, das anzeigt, daß etwas nicht in Ordnung ist. Das ist beunruhigend und kann den Überlebenswillen schwächen. Aber Schmerz wird erträglicher, wenn Sie seine Ursache kennen. Akzeptieren Sie ihn und konzentrieren Sie sich auf andere Aufgaben. Bedenken Sie: Der Schmerz wird nur schlimmer, wenn Sie untätig bleiben und zu sehr auf ihn achten.

Kälte: Sie senkt den Blutkreislauf und macht schläfrig, ja sogar teilnahmslos. Das ist gefährlich: Suchen Sie sofort einen Unterschlupf und machen Sie sich ein Feuer.

Durst: Wie Hunger kann auch Durst zu Teilnahmslosigkeit führen – daher muß mehr getrunken werden. Die Nahrungsaufnahme ist einzuschränken, wenn das Wasser knapp ist,

Tips des US-HEERES

Persönliche Eigenschaften zur erfolgreichen Bewältigung einer Gefahrenlage

Das US-Heer hat eine lange Erfahrung im Bewältigen von Überlebenssituationen. Auf folgende Punkte kommt es an:

- *Konzentrationsfähigkeit;*
- *Improvisationstalent;*
- *die Stärke, das Alleinsein zu ertragen;*
- *Anpassungsgeschick;*
- *die Gabe, Ruhe zu bewahren;*
- *die Fähigkeit, optimistisch zu bleiben, während man sich gleichzeitig auf das Schlimmste gefaßt macht;*
- *das Talent, die eigenen Ängste und Sorgen zu verstehen, mit ihnen umzugehen und sie zu überwinden.*

denn der Körper benötigt Wasser zum Ausscheiden von Verdauungsrückständen.

Hunger: Er bewirkt Gewichtsverlust, Schwäche und Schwindelanfälle, sogar Ohnmacht; er vermindert die Herztätigkeit, erhöht aber Kälteempfindlichkeit und Durst – mehr essen schafft daher Abhilfe.

Müdigkeit: Sie kann bei falscher innerer Einstellung – wie Hoffnungslosigkeit, Ziellosigkeit oder Gleichgültigkeit – zu Lethargie führen. Der Betroffene muß sich daher genügend Ruhe gönnen.

Gleichgültigkeit: Sie kann als Folge fehlenden Interesses, nervlicher Belastung und Niedergeschlagenheit eintreten, besonders wenn noch keine Rettung in Sicht ist. Um die Gleichgültigkeit zu überwinden, gilt es, das Ziel – Überleben – im Bewußtsein zu stärken und sich darüber klar zu werden, auf welche Weise die erforderlichen Maßnahmen des gesamten Überlebensplans zu treffen sind.

Einsamkeit: Alleinsein kann Einsamkeitsgefühle erzeugen, die wiederum Gefühle von Hilflosigkeit und Verzweiflung verursachen. Überwinden Sie diese Gefühle, indem Sie aktiv bleiben und Ihr Selbstbewußtsein stärken.

Enttäuschung: Sie läßt sich überwinden, indem Sie Ihre Kräfte auf positive und erreichbare Ziele ausrichten. Erledigen Sie zuerst die leichteren Aufgaben, bevor Sie sich anspruchsvolleren zuwenden. Darüber hinaus müssen Sie die Lage, in der Sie sich befinden, akzeptieren und entsprechend handeln. Verfolgen Sie keine unrealistischen Ziele. Lassen Sie sich nicht gehen und beklagen Sie nicht Ihr Los – bleiben Sie aktiv.

Keine Panik

Sie haben soeben einen Autounfall, einen Flugzeugabsturz oder einen Schiffbruch überlebt, Ihre Sinne sind verwirrt. Vielleicht sind Sie verletzt, vielleicht liegen verletzte Menschen und Leichen am Unglücksort. Selbst wenn Sie Schmerzen haben und verletzt sind, versuchen Sie, zwei Dinge zu tun:

■ Entfernen Sie sich von den Wrackteilen, um nicht Gefahr zu laufen, durch Explosionen oder Feuer verbrannt oder verletzt zu werden.

■ Bleiben Sie vor Ort – außerhalb des Gefahrenbereichs. Das schlimmste wäre, wenn Sie jetzt blindlings in unbekanntes Gelände flüchteten, vor allem bei Dunkelheit. Sie könnten sich verirren und sich ernsthaft verletzen. Ruhen Sie sich aus, geraten Sie nicht in Panik, und überdenken Sie die Lage so nüchtern wie möglich.

Es wird sich später auszahlen, wenn Sie jetzt Ruhe bewahren.

Beurteilung der Lage

Wenn Sie jetzt außerhalb des Gefahrenbereichs sind, müssen Sie verschiedene Dinge beachten. Merken Sie sich die folgenden Punkte – sie werden Ihnen außerordentlich nützlich sein:

■ Suchen Sie einen geschützten Ort, hier können Sie sich niederlassen und nachdenken.

■ Erkunden Sie die Umgebung. Jeder Platz auf der Erde hat seinen eigenen Rhythmus und Charakter. Welche Eigenschaften hat Ihr Standort?

■ Untersuchen Sie Ihren körperlichen Zustand: Sind Sie verwundet, benötigen Sie zusätzliche Kleidung, Nahrungsmittel und Wasser?

■ Überprüfen Sie Ihre Ausrüstung. Haben Sie etwas bei sich, was von Nutzen ist? In welchem Zustand befinden sich diese Gegenstände?

Verhalten unmittelbar nach einem Flugzeugabsturz

Der britische Special Air Service (SAS) empfiehlt, sich direkt nach einem Flugzeugunglück wie folgt zu verhalten:

- *Verlassen Sie nicht sofort den Unglücksort – es sei denn, Sie befinden sich in Gefahr.*
- *Leisten Sie Verletzten sofort Hilfe.*
- *Trennen Sie Tote von Verletzten.*
- *Bergen Sie, was Sie können: Ausrüstungsgegenstände, Nahrungsmittel, Kleidung und Wasser.*
- *Nehmen Sie eine Lagebeurteilung vor.*
- *Entfernen Sie sich bei Nacht nur, wenn es unumgänglich ist.*

■ Tun Sie nichts überhastet: Das schafft nur Verwirrung und führt dazu, daß Teile der Ausrüstung verlorengehen.

Bedenken Sie, daß eine genaue Beurteilung der Lage am Tage leichter fällt als bei Nacht.

Überlebensplan

Nun müssen Sie einen Plan für Ihr persönliches Überleben aufstellen. Eine gute Planung und Vorbereitung versetzt Sie in die Lage, Schwierigkeiten und Gefahren zu überwinden – und am Leben zu bleiben.

Wenn Sie einen solchen Überlebensplan zusammenstellen, denken Sie im Fall eines Flugzeugabsturzes oder eines Schiffbruches daran, daß Ihre Position wahrscheinlich unmittelbar vor dem Unglück übermittelt wurde. Der Rettungsdienst wird daher über die ungefähre Position von Überlebenden im Bilde sein, und Suchtrupps werden sich, falls alarmiert, mit großer Wahrscheinlichkeit auf dem Weg befinden. Trotzdem haben Sie gewisse Entscheidungen zu treffen. Sie können sich nicht einfach hinsetzen und auf Hilfe warten:

Verlassen Sie sich auf sich selbst, um am Leben zu bleiben, und nicht auf andere. Manchen fällt es schwer, Entscheidungen zu treffen – trotzdem müssen Sie die Lage im Griff behalten.

Indem Sie selbst Ruhe bewahren und Selbstvertrauen ausstrahlen, werden Vertrauen und Bereitschaft zur Mithilfe bei anderen Betroffenen gestärkt. Das erleichtert die Durchführung Ihres Plans sehr – die meisten Menschen folgen gern einem Führer.

Lagebeurteilung:

Die Lagebeurteilung ist für die Erstellung eines Überlebensplans überaus wichtig. Es gilt dabei, so objektiv wie möglich zu sein und die positiven wie die negativen Aspekte der Lage, in der Sie sich befinden, gegeneinander abzuwägen. Befinden Sie sich beispielsweise in einer arktischen Gegend, wird offensichtlich die Kälte eine Gefahr darstellen, doch werden Sie genügend Wasser in Form von Schnee und Eis haben.

In den Tropen wird es nicht an Nahrung mangeln, Hitze und Feuchtigkeit dagegen werden ein Risiko darstellen.

Prioritäten setzen

In einer Überlebenssituation haben ein schützender Unterschlupf, Feuer und Wasser absolute Priorität. Sind genügend Wasser und Brennmaterial – also Holz – vorhanden, dann steht Ihnen auch genügend Material zum Bau eines Unterschlupfs zur Verfügung. Trifft dies zu, dann besitzen Sie die drei wichtigsten Dinge, die Sie brauchen, und sollten zunächst dort bleiben, wo Sie sind.

Um es noch einmal zu betonen: Sie müssen sämtliche Aspekte der Lage, in die Sie geraten sind, einbeziehen. Wenn Sie zum Beispiel das Opfer eines Flugzeugabsturzes sind, können Sie vielleicht Gegenstände aus dem Wrack bergen. Dabei ist aber zu erkunden, ob nicht Feuer- oder Explosionsgefahr besteht. Schaumgummisitze eignen sich vorzüglich für das Entfachen von Feuer oder als Wärmeschutz für die Füße. Auch mit einer Batterie kann man Feuer entzünden. Ferner lassen sich mit Flugzeugreifen Signalfeuer abbrennen: Dicker schwarzer Rauch wird über große Distanzen bemerkt. Sie berauben sich dieser nützlichen Ausrüstungsgegenstände, wenn Sie die Unfallstelle sofort verlassen.

In einer Überlebenssituation fällt es oft schwer zu entscheiden, ob man am Ort bleiben oder ihn verlassen soll. Wie gesagt, es gibt triftige Gründe, am Platz zu bleiben. Erstens werden die Rettungsmannschaften – wie schon oben erwähnt – den ungefähren Ort kennen, an dem Sie sich aufhalten, und nach Ihnen suchen. Zweitens verbrauchen Sie beim Marschieren eine Menge Kalorien, setzen sich oft rauhem Wetter aus und sind wahrscheinlich nicht in der Lage, ein ständiges und erfolgversprechendes Signalsystem zu unterhalten: Ihre Moral würde sehr darunter leiden, ein Flugzeug zu sehen, ohne sich ihm bemerkbar machen zu können. Schließlich laufen Sie Gefahr, buchstäblich in den Tod zu marschieren. Aus welchen Gründen auch immer Sie marschieren wollen, stellen Sie einen Plan mit folgenden Merkpunkten auf:

■ Marschrichtung festlegen;
■ Methode, um den festgelegten Kurs einzuhalten;
■ Zeitplan für das tägliche Marschpensum;
■ Signalmethode.

Denken Sie daran, am Ende des Tages genügend Zeit zur Verfügung zu haben, um ein Lager errichten und ein Signalsystem herstellen zu können, mit dem Sie sich einem Flugzeug bemerkbar machen können. Haben Sie jedoch den Entschluß gefaßt, am Standort zu bleiben, muß Ihr Plan folgende Prioritäten enthalten:

■ Einrichtung eines Signalsystems;
■ Lage und Art Ihres Standlagers;
■ Versorgung mit Wasser;
■ Ernährungsmöglichkeiten.

Sehr wichtig ist, als erstes ein Signalsystem einzurichten, da jederzeit ein Suchflugzeug das Lager überfliegen kann: Darauf müssen Sie vorbereitet sein. Deshalb ist es von Vorteil, Lager und Signalvorrichtung nahe beieinander zu errichten.

Was Sie nun noch benötigen, sind zum Überleben notwendige Fertigkeiten und medizinische Kenntnisse, die Ihnen helfen, am Leben zu bleiben und schließlich wieder in die Zivilisation zurückzufinden. Die nächsten Kapitel behandeln diese Themen ausführlich.

Kleidung

Abenteurer benötigen eine Kleidung, die sie vor Wettereinflüssen und schwierigem Gelände schützt. Hier einige Hinweise zur Kleiderwahl für den Aufenthalt in der Wildnis. Als oberstes Gebot gilt: keine Kompromisse bei der Wahl von Kleidungsstücken.

Wenn Sie einen Flugzeugabsturz oder ein ähnliches Unglück überlebt haben, werden Sie wahrscheinlich leichte, bequeme Kleider tragen, die für den Überlebenskampf vollkommen ungeeignet sind. In diesem Fall müssen Sie improvisieren (siehe Kapitel »Provisorische Gegenstände«). Sind Sie dagegen mit dem Rucksack auf Abenteuer aus, dann sollten Sie mit Kleidern und einer Ausrüstung ausgestattet sein, die sich in einer Überlebenssituation bewähren würden: Für ungeeignete Kleidung oder schlechte Ausrüstung gibt es dann keine Entschuldigung.

Heute gibt es, angesichts der überbordenden Freizeitaktivitäten in der freien Natur, eine verwirrende Auswahl an Kleidern verschiedenster Qualität und Preislagen.

Es ist hier unmöglich, eine detaillierte Übersicht über das heutige Kleiderangebot zu geben. Nichtsdestoweniger können Sie anhand einiger Richtlinien die richtige Kleiderwahl treffen.

Wahl der Überlebenskleidung

Wichtig ist die Wahl einer Kleidung, die den Verhältnissen entspricht. Zum Beispiel wird ein Anzug, den Sie bei einer Wanderung am Samstagnachmittag in gemäßigtem Klima tragen, den strengen Bedingungen von Arktis, Tropen oder Wüste nicht genügen. Knausern Sie nicht bei der Kleiderwahl:

Die Kleidung ist der Faktor, der Sie vor Kälte, Nässe und Wind schützt.

Doch wie können Sie erfahren, was für eine Ausrüstung Sie wählen sollen?

Ganz einfach: Lesen Sie dieses Buch, blättern Sie die reichlich vorhandenen Outdoor-Magazine durch, besuchen Sie Campingausstellungen, gehen Sie in Camping- und Survival-Läden und unterhalten Sie sich mit dem Personal, das sich in solchen Dingen auskennt. Kurz, erkundigen Sie sich eingehend, bevor Sie eine Unternehmung starten, wie dies auch alle Spezialeinheiten zu tun pflegen. Auf diese Weise wird Ihnen die böse Überraschung erspart, zu erfahren, daß Ihre Kleiderausrüstung für die Expedition, in der Sie gerade mitten drin sind, völlig ungeeignet ist.

Goretex ist ein ausgezeichnetes Material für Outdoor-Bekleidung. Es ist atmungsaktiv, läßt die Ausdünstung nach außen entweichen, ist aber trotzdem wasserdicht – dank der kleinstporigen Goretex-Membrane mit rund neun Billionen Poren je Quadratzoll. Diese Porenöffnungen sind 20.000mal kleiner als ein Wassertropfen, doch 700mal größer als ein Wasserdampfmolekül: Dadurch wird ein Eindringen von Wind und Wasser verhindert, andrerseits kann Schweiß verdunsten. Goretex-Kleidung ist nicht billig, doch was ist Ihnen Ihr Leben wert?

Das Zwiebelschalenprinzip bietet bei jedem Klima ein Höchstmaß an Schutz und Anpassungsfähigkeit. Das Prinzip ist sehr einfach: Zwischen den Schichten gestaute Luft isoliert hervorragend, und der beste Weg, diese Isolierung zu erzielen, ist das Tragen mehrerer Kleiderschichten: Je mehr Schichten Sie tragen, um so besser ist die Isolation. Die Temperatur läßt sich so recht einfach regeln: Je nach Bedarf ziehen Sie eine weitere Schicht an oder legen sie ab.

Bedenken Sie, daß zu viel Wärme ebenso problematisch sein kann wie zu viel Kälte. Wenn Sie bei Kälte schwitzen, beginnt der Körper abzukühlen, sobald Sie aufhören zu schwitzen, und die schweißgetränkten Kleider geben Ihre Körperwärme an die Luft ab: Das müssen Sie verhindern.

Hier die Kleiderschichten, die Sie tragen sollten:

- Auf der Haut tragen Sie lange Thermalunterwäsche.
- Darüber wird ein wollenes oder gemischtwollenes Hemd getragen.
- Dann folgt ein Pullover oder eine Jacke aus Wolle oder Faserwolle (Faserwolle wärmt etwas besser und ist windfester).
- Darüber kommt eine Jacke aus Daunenfasern oder Kunstfasern. Daunen sind nicht zu empfehlen, da sie, wenn sie naß geworden sind, ihre Isoliereigenschaften verlieren.
- Die letzte Schicht muß windfest und wasserdicht sein.

Schuhwerk

Für den Aufenthalt in der freien Natur eignen sich wasserfeste Halbstiefel am besten. Von Turnschuhen ist strikt abzuraten: Sie bieten keinen Schutz vor Kälte und Nässe. Das beste Schuhwerk sind Marschstiefel mit einer geschmeidigen Sohle und einem tiefen Profil.

Die Schuhpflege ist sehr wichtig, und es ist von Vorteil, stets Reserveschnürsenkel mit sich zu führen. Halten Sie das Oberleder mit einer Schicht aus Wachs oder Schuhcreme geschmeidig und wasserdicht. Untersuchen Sie die Stiefel vor Gebrauch auf undichte Stellen, abgenützte Profile, gebrochenes Leder, zerschlissene Nähte und abgebrochene Schnürhaken. Pflegen Sie Ihre Schuhe – sie werden es Ihnen danken: Sie können sie zehn Jahre tragen, wenn Sie sie gut pflegen. Manche Trekker tragen über ihren Stiefeln Nylongamaschen, damit beim Marschieren durch nasses Gras oder ähnliches kein Wasser eindringt. Socken sind ein wichtiger Bestandteil der Fußbekleidung, und die meisten Trekker tragen zwei Paare – das ist bequem und vermeidet Blasenbildung. Ob Sie ein dünnes Paar und ein dickes, zwei dünne Paare oder zwei dicke tragen, liegt an Ihnen. Finden Sie heraus, welche Kombination für Sie die beste ist, bevor Sie einen langen Marsch antreten.

Hose

Für den Aufenthalt in der freien Natur sind winddichte Hosen von Vorteil, aber sie sollten darüber hinaus auch leicht sein und schnell trocknen. Am empfehlenswertesten sind Gabardinegewebe aus Terylene/Baumwolle. Es gibt Produkte wie beispielsweise Rohan, die kompakt geschnitten und leicht sind und sehr rasch trocknen, selbst wenn sie völlig durchnäßt sind. Dazu kommt, daß sie bis zu fünf

Tips der US-LUFTWAFFE
Regeln der Kleidungspflege

Die Piloten der US Air Force haben folgende Punkte zu beachten, wenn ihnen nach einem Absprung über feindlichem Gebiet nur ihre Sprungkleidung zur Verfügung steht.

- *Halte die Kleidung sauber.*
- *Vermeide Überhitzung.*
- *Trage die Kleidung locker und nach dem Zwiebelschalenprinzip.*
- *Halte die Kleidung trocken.*
- *Prüfe, ob Kleidungstücke beschädigt sind.*
- *Flicke die Kleidung, wenn erforderlich.*

Tips der ROYAL MARINES
Stiefelpflege

Großbritanniens Marineinfanterie, die viel zu Fuß und oft über weite Entfernungen marschieren muß, pflegt ihre Fußbekleidung nach folgenden Richtlinien:

- *Füttere nasse Stiefel mit Zeitungspapier aus und trockne sie an einem warmen, gut belüfteten Platz, aber nicht direkt an der Hitze: Das Leder würde austrocknen und brüchig werden.*
- *Streiche die Schnürsenkel im Winter mit Silikon oder Wachs ein, damit sie nicht gefrieren, wenn sie naß geworden sind.*
- *Die Schuhgröße sollte das Tragen von zwei bis drei Paar Socken erlauben.*
- *Zu eng anliegende Socken behindern den Blutkreislauf und verhindern die Bildung einer wärmenden Luftschicht – das kann zu Erfrierungen führen.*
- *Halte immer ein Paar Socken in Reserve.*
- *Wenn die Füße naß geworden sind, wechsele so rasch wie möglich die Socken und trockne auch die Stiefel sobald wie möglich.*

Taschen mit Reißverschlüssen haben: Die mitgeführten Gegenstände sind dadurch vor Verlust bestens geschützt.

Wasserdichte Hose

Dies sind Überziehhosen, die unten mit einem Reißverschluß versehen sein sollten: Dann lassen sie sich überziehen, selbst wenn Sie Stiefel tragen.

Aus dem gleichen Grund sollten sie weit genug sein, wenn kein Reißverschluß vorhanden ist. Achten Sie darauf, daß sie nicht zu eng anliegen, da Sie sonst sehr rasch an den Beinen zu schwitzen beginnen.

Jacke

Die Jacke ist die äußerste Hülle, sie muß deshalb wind- und wasserdicht sein. Am besten eignet sich eine Jacke mit verdeckten Reißverschlüssen: Sie halten Wind und Nässe ab. Gewöhnlich sind Abdeckungen von Reißverschlüssen als Klett- oder Velcroverschlüsse ausgelegt: Dadurch lassen sich die Jacken auch schließen, wenn der Reißverschluß einmal nicht mehr funktioniert.

Die Jacke sollte ferner mit einer weiten Kapuze ausgestattet sein, die sich auch über einen Hut ziehen läßt; sie sollte auch die untere Gesichtshälfte schützen. Kapuzenschnüre mit Klemmvorrichtungen eignen sich besser als solche zum Binden, besonders wenn man Handschuhe trägt.

Die Ärmel sollten über die Hände reichen, und die Stutzen sollten sich schließen lassen. Die Jacke sollte weit genug sein, damit darunter mehrere Kleiderschichten getragen werden können und bei warmem Wetter die Luft zirkulieren kann. Die Anzahl der Taschen hängt von der persönlichen Vorliebe ab, doch sollten Sie eine Jacke wählen mit zumindest zwei wasserdicht verschließbaren Außentaschen und einer Innentasche zum Verstauen einer Landkarte. Die Jacke sollte bis zu den Knien reichen und Kordelzüge an der Taille und am Saum besitzen.

Die Wahl der Farbe ist Geschmacksache. Manche Leute bevorzugen militärisches Olivgrün oder Tarnfarben. Zu bedenken ist dabei, daß solche Jacken zwar wunderbar zu den natürlichen Farben des Geländes passen, aber von Rettungspatrouillen sehr schwer zu entdecken sind. Helle Farben dagegen fallen auf und ziehen die Aufmerksamkeit auf sich, was in einer Überlebenssituation nur Vorteile bringt.

Die Jacke ist eines Ihrer wichtigsten Kleidungsstücke, wenn nicht gar das wichtigste. Gehen Sie daher beim Kauf keine Kompromisse ein.

Zahlen Sie für eine gute Goretexjacke ruhig etwas mehr: Sie erhalten damit ein Kleidungsstück, das Ihr Leben retten kann.

Handschuhe

Es sind zahllose Wollhandschuhe und Skihandschuhe auf dem Markt, zu bevorzugen sind jedoch Fäustlinge, da sie die Wärme am besten speichern. Allerdings schränken sie den Gebrauch der Finger stark ein. Tragen Sie deshalb unter den Fäustlingen ein Paar Fingerhandschuhe.

Kopfbedeckung

Schätzungsweise 40 bis 50 Prozent der Körperwärme gehen bei gewissen Wetterbedingungen über den Kopf verloren. Auf eine Kopfbedeckung ist deshalb nicht zu verzichten, zumal sie auch vor Hitze schützt. Jede Art von Wollhut oder wollenem Kopfschutz bewahrt vor Wärmeverlust, auch wenn er nicht wasserdicht ist.

Ausrüstung

Im Kampf ums Überleben können einige wenige Dinge über Leben und Tod entscheiden. Wer also eine Reise unternimmt, sollte deshalb alle lebensgefährlichen Situationen, in die er geraten könnte, in Gedanken durchspielen und sich mit den Gegenständen ausrüsten, mit denen er mögliche Gefahren meistern kann.

Eine Grundregel ist: Schleppen Sie kein unnützes Gewicht mit. Es würde ja auch niemandem einfallen, Backsteine oder anderes nutzloses Gewicht in seinem Gepäck mitzuführen. Totes Gewicht zum Beispiel wäre ein Zelt, das für das Gelände, in dem Sie sich aufhalten, völlig ungeeignet ist. Gleiches gilt für sperrige Konservendosen, wenn Ihnen andererseits kalorienreiche Trockennahrung in leichter Verpackung zur Verfügung steht. Wählen Sie Dinge, die Ihnen nützen – und nicht Dinge, die Sie nur behindern.

Überlebensbüchse

Die Überlebensbüchse (Abbildung 1) kann zu einem Ihrer nützlichsten Ausrüstungsgegenstände werden. Wenn Sie die unten angeführten Gegenstände stets griffbereit halten, wird Ihre Überlebenschance – *in welchem Gelände auch immer* – entscheidend erhöht. Dieses Zubehör ist weder teuer noch schwer zu handhaben, und es läßt sich in einer gewöhnlichen Tabakbüchse unterbringen.

Machen Sie es sich zur Gewohnheit, diese Büchse immer mitzuführen (sie paßt leicht in eine Jackentasche), und kontrollieren Sie regelmäßig, ob ihr Inhalt nicht schadhaft geworden ist, im besonderen Streichhölzer und Tabletten. Wickeln Sie den Inhalt in Watte ein – sie verhindert lästiges Scheppern und läßt sich zum Feuerentfachen verwenden.

Die Überlebensbüchse (A) sollte folgendes enthalten: Streichhölzer (B), die Sie jedoch nur verwenden, wenn alle anderen Methoden zum Feuerentfachen fehlschlagen; eine Kerze (C), einerseits Lichtquelle, andererseits hilfreich beim Feueranzünden (im Notfall läßt sich das Wachs sogar essen); einen Feuerstein (D), am besten ein Kunststein mit gezahntem Schlagstahl – mit dieser Kombination können Hunderte von Feuern angebrannt werden, und sie funktioniert auch dann noch, wenn die Streichhölzer verbraucht sind; Nähutensilien (E) zum Flicken von Kleidung und anderen Stoffen; Wasserentkeimungstabletten (F) zum Aufbereiten von Trinkwasser, wenn Abkochen nicht möglich ist; einen Kompaß (G), am zweckmäßigsten ist ein kleiner Knopfkompaß mit flüssigkeitsgelagerter Nadel, kontrollieren Sie aber von Zeit zu Zeit, ob er nicht leckt; ei-

Abbildung 1

Inhalt der Überlebensbüchse

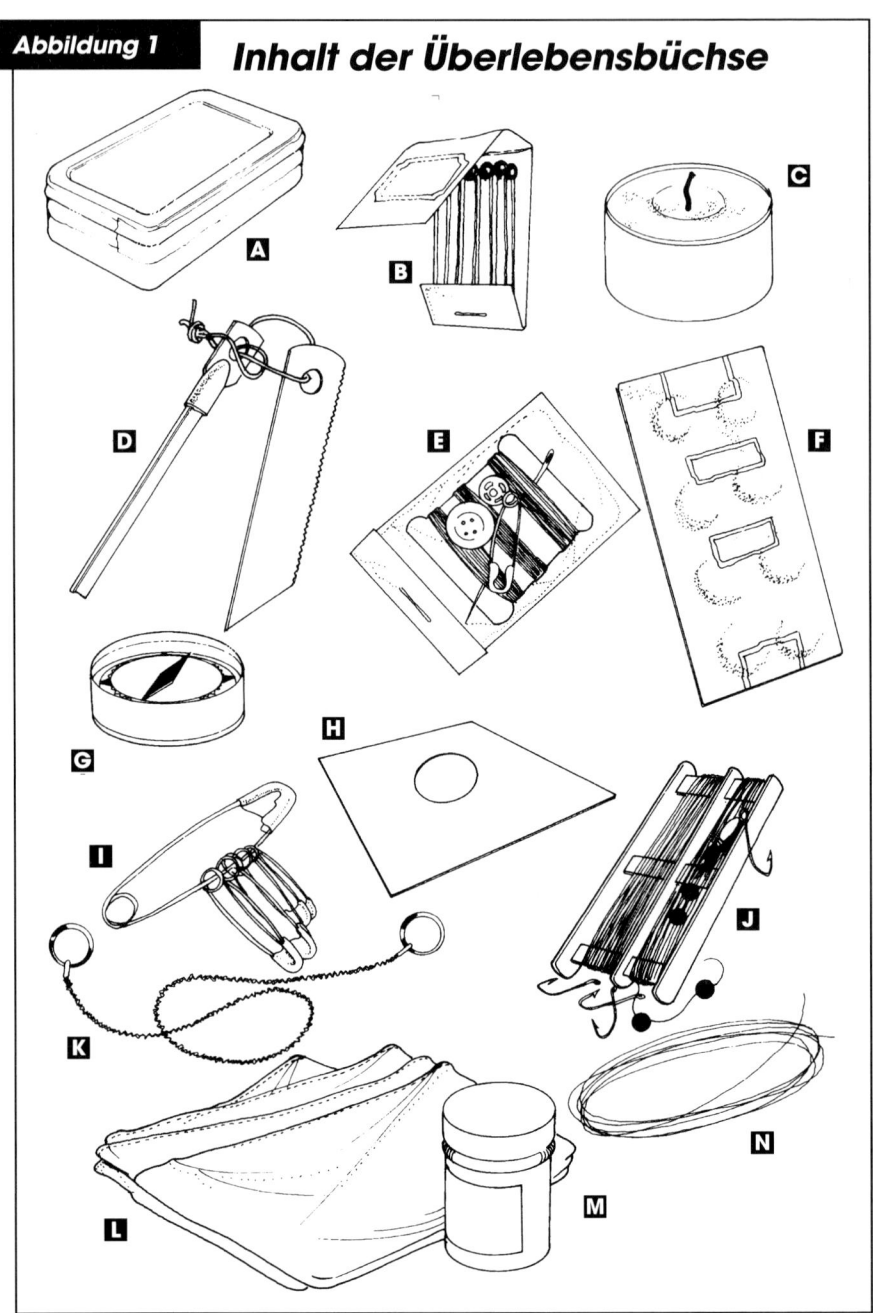

nen Spiegel (H), der als Signalgeber verwendet werden kann; Sicherheitsnadeln (I), nützlich zum Heften von Kleidungsstücken und zur Herstellung improvisierter Angelleinen; Angelhaken und Angelschnur (J), ergänzt durch gekerbtes Angelblei; nehmen Sie soviel Schnur wie möglich, sie läßt sich auch zum Fangen von Vögeln verwenden (siehe Kapitel »Nahrung«); eine Drahtsäge (K), womit selbst größere Bäume gefällt werden können (zum Schutz vor Rost etwas einfetten); einen großen Plastikbeutel (L), der zum Wassertragen verwendet werden kann, aber auch zum Bau einer Destillieranlage oder als Sammelbeutel; Kaliumpermanganat (M) kann als Antiseptikum eingesetzt werden oder als Wasserzusatz zum Behandeln von Pilzerkrankungen; und schließlich Schlingendraht (N) aus Messing zum Bau von Tierfallen.

Hinweis

Machen Sie – wenn es um das Zubehör Ihrer Überlebensausrüstung geht – keine Abstriche in der Qualität: Sie könnten Ihr Leben aufs Spiel setzen! Und lassen Sie es nicht einfach mit dem Zusammenstellen bewenden, sondern überprüfen Sie die Teile regelmäßig auf Schäden.

Überlebenstasche

Sehr zu empfehlen ist die Zusammenstellung einer umfangreicheren Überlebensausrüstung, die aber noch immer in einer kleinen Tasche Platz findet und im Auto oder auf Reisen mitgeführt werden kann. Tragen Sie diese wie die Überlebensbüchse stets bei sich und überprüfen Sie deren Inhalt regelmäßig.

Diese Tasche sollte folgende Gegenstände enthalten: Nähzeug, Zange mit Drahtschneider, Zahnseide (zum Nähen), Klappmesser, Sägedraht, Schneeschaufel, Signaltuch (mindestens ein Quadratmeter), Angelhaken, Fliegen, Blei und Schnur, drei große Sicherheitsnadeln, 45 m Nylonschnur, Fischhaken, Multivitamine, Proteintabletten, Schokolade, Eipulver, Milchpulver, Feile, Besteck, drei große Decken, Kompaß, Signalspiegel, vier Kerzen, kleine Taschenlampe mit Reservebatterie und Reservebirne, Feuerstarter, wind- und wasserfeste Streichhölzer, Gasfeuerzeug, Feuerstein, Insektenschutzmittel, zwölf Fallendrähte, eine Spule Draht, Büchsenöffner, Plastikbecher, Wasserentkeimungstabletten, Steinschleuder und Munition, Schleifstein, Trillerpfeife, Seife, zwei Rauchsignale (orange), 70 m Nylonfaden, 70 m Nylonschnur, ein Paar Arbeitshandschuhe, Kochgeschirr und eine Mausefalle.

Zelt

Ein tragbares Zelt gehört zu jeder Überlebensausrüstung. Wie bei der Kleidung besteht auch hier eine große Auswahl: Sie reicht vom ultraleichten Berg- und Arktismodell bis zu billigen und bunten Sommerzelten. Sammeln Sie Broschüren und Magazine, um die richtige Wahl zu treffen, besuchen Sie Zeltausstellungen oder Campingläden, die Zelte in ihrer Ausstellung zeigen.

Die meisten modernen Zelte sind nicht schwer, wählen Sie deshalb ein möglichst geräumiges, wenn das Gewicht keine große Rolle spielt.

Biwaksäcke sind in den letzten Jahren beliebt geworden. Im Grunde sind es wasserdichte Schlafsackhüllen; einige besitzen Bügel, womit sie sich zu niedrigen Einmannzelten in Tunnelform umwandeln lassen. Abkochen kann man in ihnen kaum, aber sie sind windabweisend, wasserdicht und mit rund einem

Pfund Gewicht sehr leicht. Darüber hinaus sind sie atmungsaktiv, so daß sich kein Kondenswasser bildet und der Schlafsack trocken bleibt.

Kuppel- oder Igluzelte bieten in ihrem Innern sehr viel Platz. Manche sind mit einem Vorraum oder Vorzelt ausgerüstet, in dem Gepäck verstaut oder gekocht werden kann.

Sind zwei Eingänge vorhanden, läßt sich beides gleichzeitig tun, und das Innenzelt bleibt in mehr oder weniger ordentlichem Zustand. Zelte können darüber hinaus an den Eingängen mit Moskitonetzen ausgestattet werden – ein Segen im Sommer, besonders wenn Sie das Zelt in der Nähe einer Wasserquelle aufschlagen.

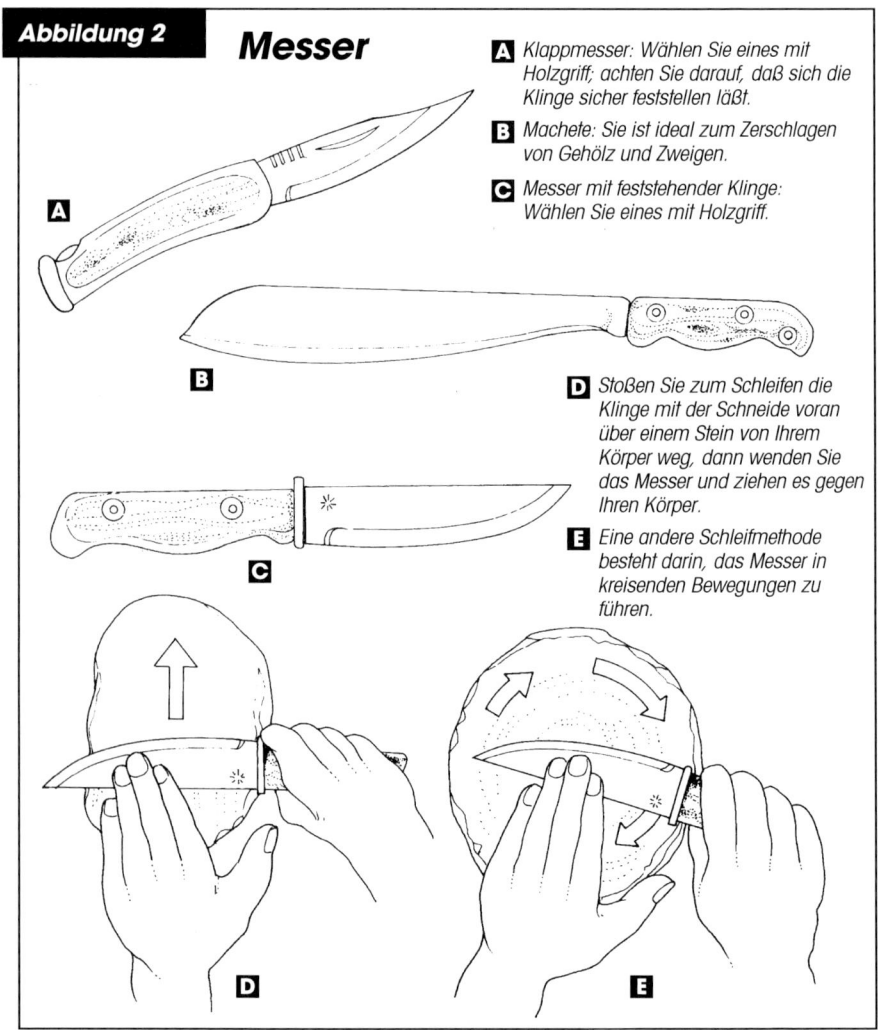

Abbildung 2

Messer

A Klappmesser: Wählen Sie eines mit Holzgriff; achten Sie darauf, daß sich die Klinge sicher feststellen läßt.

B Machete: Sie ist ideal zum Zerschlagen von Gehölz und Zweigen.

C Messer mit feststehender Klinge: Wählen Sie eines mit Holzgriff.

D Stoßen Sie zum Schleifen die Klinge mit der Schneide voran über einem Stein von Ihrem Körper weg, dann wenden Sie das Messer und ziehen es gegen Ihren Körper.

E Eine andere Schleifmethode besteht darin, das Messer in kreisenden Bewegungen zu führen.

Reservekleidung

Hier unterscheiden wir zwischen der Überlebenskleidung, die Sie in Ihrem Auto oder bei einer Flugreise mit sich führen, während Sie selbst leichte Alltagskleider tragen, und der Reservekleidung im Rucksack während eines Aufenthalts in der freien Natur.

Im ersten Fall sollten Sie all jene Kleidungsstücke vorsehen, die im Kapitel »Kleidung« aufgelistet wurden (siehe oben). Im zweiten Fall besteht die Reserve aus Socken, Unterwäsche, Hemden und langer Unterwäsche, das heißt aus jenen Kleidern, die Sie unmittelbar auf dem Leib tragen und die durch Schweißabsonderung verschmutzt oder anderweitig verschlissen werden. Überbekleidung, Stiefel eingeschlossen, sollte über Jahre halten, vorausgesetzt, sie ist von guter Qualität und wird entsprechend gepflegt. Daher wäre es – vom zusätzlichen Gewicht einmal abgesehen – eine Platzverschwendung, Reserve-Überbekleidung mit sich zu tragen. Stiefelwachs und ein wasserabstoßendes Versiegelungsmittel für Zelt und Jacke gehören dagegen stets ins Gepäck, und vergessen Sie nicht die Reserveschnürsenkel.

Kochausrüstung

Die Auswahl an Kochern ist beträchtlich. Beachten Sie aber zwei wichtige Gesichtspunkte bei Ihrer Wahl:

■ Achten Sie auf möglichst niedriges Gewicht.

■ Kaufen Sie keinen Kocher mit unnötigem Schnickschnack – so etwas kann draußen schnell verlorengehen.

■ Auch hier wie bei allem anderen müssen Sie den Kocher wählen, der den Ansprüchen am besten gerecht wird, aber wählen Sie ein Modell, das zwischen 500 und 700 Gramm wiegt. Auch die Auswahl an

Brennstoffen ist groß: Es gibt Butangas, Propangas, Brennspiritus, Paraffin und Benzin.

Beim Kochen in einem abgeschlossenen Raum ist folgendes zu beachten:

■ Paraffinkocher dürfen nur in erkaltetem Zustand nachgefüllt werden, und während er brennt, muß das Zelt zum Schutz vor giftigen Dämpfen gelüftet werden.

■ Gas kann bei tiefen Temperaturen gefrieren.

■ Verbleites Benzin ist gesundheitsschädlich, wenn es inneralb eines Zeltes verbrannt wird – verwenden Sie unverbleites Benzin, das sogenannte Naphtha.

■ Hexamintabletten dürfen nie im Zeltinnern gebraucht werden.

Kochgeschirr:

Die Auswahl ist sehr groß. Sie beginnt mit den üblichen Aluminiumpfannen und endet bei Kochsets aus rostfreiem Stahl. Diese bestehen gewöhnlich aus vier bis fünf Teilen, die, ineinandergelegt, einen sehr kompakten Satz bilden – ideal, um Platz zu sparen. Trotzdem: Bevor Sie so etwas kaufen, überlegen Sie, ob Sie ein derart reichhaltiges Set überhaupt benötigen.

Eßgeschirr:

Es gibt – wie Kochgeschirr – Eßgeschirr in vielerlei Formen, und auch hier gilt die Regel »dauerhaft und leicht«. Plastikgeschirr eignet sich daher am besten – es erfüllt beide Anforderungen und rostet nicht.

Nahrungsmittel

Allgemeine Ernährungsfragen für den Überlebenskampf werden im Kapitel »Nahrung« behandelt. Wer sich allerdings genügend Zeit genommen hat, seine Unternehmung vorzubereiten, wird in dieser Hinsicht kaum in Verlegenheit geraten und eine abwechslungsreiche Auswahl an Nahrungsmitteln zur Verfügung haben. Am empfehlenswertesten ist Trockennahrung; sie ist reich an Kohlehydraten, Kalorien wie Proteinen und enthält einen gewissen Anteil an Vitaminzusätzen – zudem ist sie leicht. Als allgemeine Regel gilt: keine Konservendosen: Sie sind sperrig und unbequem. Dagegen gibt es etliche in Beuteln versiegelte Eßwaren; Sie müssen sie nur in heißes Wasser geben, umrühren, einige Minuten warten – und schon haben Sie eine warme, nahrhafte Mahlzeit.

Wichtig

Was immer Sie an Lebensmitteln bei sich haben: Lassen Sie stets eine Notration unberührt. Diese kann aus Rosinen, Biskuits, Schokolade oder sonst einer Kraftnahrung bestehen – eine solche Ration gibt Ihnen Energie für weitere 24 Stunden.

Des weiteren gibt es Paketrationen zu kaufen. Gewöhnlich sind dies kompakte Pakete mit höchst kalorienreichem Inhalt, der Sie 24 Stunden lang auf den Beinen hält – und noch länger, wenn Sie sparsam damit umgehen und Ihre körperlichen Anstrengungen etwas drosseln.

Die folgenden Beispiele beruhen auf 24-Stunden-Rationen für arktische Verhältnisse, wie sie an die britischen Marineinfanterie-Kommandos ausgegeben werden. Sie bieten ein Minimum von 4500 Kalorien im Tag – genug, um hohe körperliche Anstrengungen zu ertragen. Sie geben Ihnen ferner einige Hinweise, mit welchen Nahrungsmitteln Sie

sich eindecken können. Es sei nochmals darauf hingewiesen, daß diese Fleisch-, Früchte- und Gemüserationen immer mit heißem Wasser zu vermischen sind.

Menü A

Frühstück – warmer Porridge, Schokoladegetränk

Zwischenmahlzeit – Rindfleischaufstrich, Früchte- oder gewöhnliche Biskuits, Schokolade, Schokoladebonbons, Nüsse und Rosinen, Traubenzucker

Hauptmahlzeit – Hühnersuppe, gehacktes Rindfleisch, Kartoffelbrei, Erbsen, gedörrte Apfelstücke

Menü B

Frühstück – warmer Porridge, Schokoladegetränk

Zwischenmahlzeit – Hühnerfleischaufstrich, Früchte- oder gewöhnliche Biskuits, Schokolade, Schokoladebonbons, Nüsse und Rosinen, Traubenzucker

Hauptmahlzeit – Gemüsesuppe, gehacktes Rindercurry, Reis, Erbsen, gedörrte Apfel- und Aprikosenstücke

Menü C

Frühstück – Porridge, Schokoladegetränk

Zwischenmahlzeit – Hähnchen- und Speckaufstrich, Früchte- oder gewöhnliche Biskuits, Schokolade, Schokoladebonbons, Nüsse und Rosinen, Traubenzucker

Hauptmahlzeit – Ochsenschwanzsuppe, gehacktes Schaffleisch, Kartoffelbrei, Erbsen, gedörrte Apfelstücke

Menü D

Frühstück – warmer Porridge, Schokoladegetränk

Zwischenmahlzeit – Schinkenaufstrich, Früchte- oder gewöhnliche Biskuits, Schokolade,

Abbildung 2

Rucksack

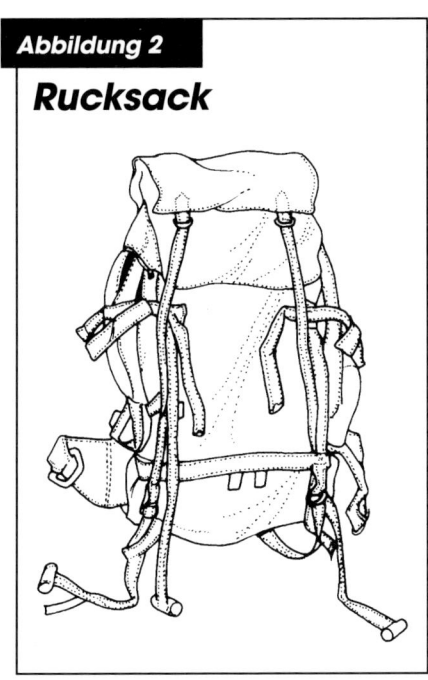

Schokoladebonbons, Nüsse und Rosinen, Traubenzucker
Hauptmahlzeit – Gemüsesuppe, gehacktes Hühnerfleisch, Reis, Erbsen, gedörrte Apfel- und Aprikosenstücke

Messer

Ein Messer ist in einer Überlebenssituation un-entbehrlich. Seine Einsatzzwecke sind man-nigfaltig: Häuten von Tieren, Zubereitung von Früchten und eßbaren Pflanzen, Holz schnei-den.

Das Messer sollte stets gereinigt und scharf gehalten werden. Tragen Sie Sorge, es nicht zu verlieren. Die Auswahl an Messern ist groß (Abbildung 2); am besten eignen sich einklingige Modelle mit Holzgriff.

Werfen Sie Ihr Messer nie gegen einen Baum oder in den Boden: Es könnte beschä-digt werden oder verlorengehen.

Abbildung 4

Hufeisengepäck

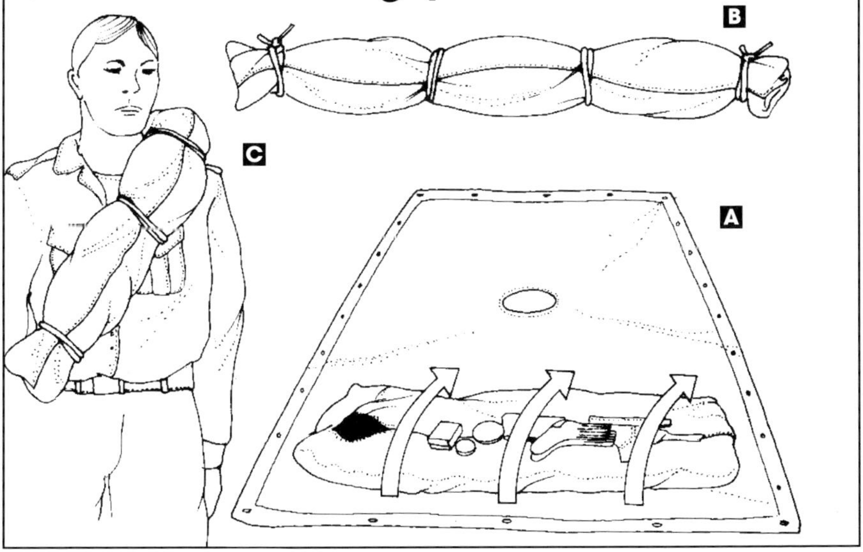

Rucksack

Rucksäcke sind in den verschiedensten Größen erhältlich – von kleinen mit 20 Litern Inhalt bis zu großen mit 100 Litern. Wählen Sie ein Modell, das Ihren Anforderungen entspricht. Wenn Sie einen 100-Liter-Rucksack kaufen, benötigen aber nur einen halb so großen, kann das dazu führen, daß Sie ihn bis zum Rande vollstopfen und dann viel unnützes Zeug mitschleppen. Es gibt eine gewisse Grenze zwischen dem, was notwendig ist, und dem, was überflüssig ist; diese Grenze müssen Sie erkennen. In den vergangenen Jahren wurde die Konstruktion der Rucksäcke stark verbessert, auch die Modelle mit H-Rahmen sind zum Teil durch modernere Konstruktionen abgelöst worden. Diese sind anatomisch geformt, ausgestattet mit gepolsterten Tragriemen, Hüftriemen, Lendenpolstern und Aluminiumrahmen (Abbildung 3).

Wenn es darum geht, größere Lasten über längere Zeit zu transportieren, ist man mit einem Rucksack mit H-Rahmen besser beraten. Wenn Sie sich für ein anatomisch geformtes Modell mit innenliegendem Rahmen entscheiden, sollten Sie darauf achten, daß es Ihren Körperformen angepaßt ist. Rucksäcke gibt es – genau wie Menschen – in verschiedenen Formen und Größen. Hier einige Punkte, auf die Sie beim Kauf Ihres Rucksacks achten sollten:

■ Seitentaschen: hier verstauen Sie Gegenstände, die Sie griffbereit halten wollen.
■ Faltbare Seitentaschen: In ihnen können Sie die Ladung im Rucksack gleichmäßig verteilen oder zusätzliche Ausrüstungsgegenstände mitführen.
■ Trennfächer: Sie gestatten die Aufteilung des Gepäcks nach Gewicht und erleichtern den Zugriff.

Tips der ROYAL MARINES   Packen und tragen

Die britische Marineinfanterie geht zur Vermeidung von Rückenproblemen beim Packen nach folgenden Grundsätzen vor:

■ *Packgewicht so gering als möglich halten. Ein Viertel des Körpergewichts gilt als Höchstlast pro Mann. Widerstehen Sie der Versuchung, den Rucksack mit unnötigem Gewicht zu beladen.*

■ *Tragen Sie Ihr Gepäck so hoch wie möglich. Achten Sie darauf, daß es am Rücken anliegt, ohne die Blutzirkulation der Arme zu beeinträchtigen.*

■ *Innentaschen gewährleisten eine ausgewogenen Gewichtsverteilung. Büchsen, Schuhe und andere harte Gegenstände dürfen nicht gegen den Rücken drücken.*

■ *Verstauen Sie alles in Plastikbeutel (kein Rucksack ist vollkommen wasserdicht), und verstauen Sie die Dinge, die Sie nicht häufig brauchen, ganz unten.*

■ *Tragen Sie Kocher und Brennstoff in den Seitentaschen, ebenso all jene Dinge, die Sie während des Marsches benötigen. Damit vermeiden Sie, den Rucksack unnötig ablegen zu müssen.*

■ *Behalten Sie den Rucksack während eines kurzen Halts auf dem Rücken, benutzen Sie ihn beim Liegen oder beim Sitzen gegen Fels oder Baumstamm als Rückenstütze.*

- Verstellbare Klappen: Damit kann die Rucksackkapazität erhöht oder verringert werden.
- Doppelnähte und Randverstärkungen: Sie erhöhen die Festigkeit des Rucksacks.

Hufeisengepäck (Abbildung 4)

Es stellt eine besondere Variante von Rucksack dar, mit der Ausrüstungsgegenstände über weite Strecken recht bequem transportiert werden können. Das Packen geht folgendermaßen vor sich: Breiten Sie eine Decke von etwa 1,5 x 1,5 m auf dem Boden aus (A), legen Sie alle Gegenstände auf eine Seite und rollen Sie sie in die Decke ein. Verknüpfen Sie die Enden und schnüren Sie die Rolle mit zwei zusätzlichen Bändern zusammen (B). Falten Sie die Rolle und verbinden Sie die beiden

Enden miteinander. Damit erhalten Sie eine kompakte und komfortable Packung, die Sie abwechselnd über der linken und rechten Schulter tragen können (C).

Schlafsack

Gute Schlafsäcke sind mit Daunen, dem besten Isoliermaterial, gefüttert. In feuchten Gegenden benötigen Sie zusätzlich eine wasserdichte Schutzhülle. Wenn Sie von vornherein wissen, daß Sie den Schlafsack in nasser Umgebung benutzen werden, sollte dessen Füllung aus Holofil bestehen.

Sie können sich auch für einen Allwetterschlafsack entscheiden, der zwar leicht, aber auch teuer ist: Er besteht aus dem eigentlichen Sack, einem Fleece-Futter und einer Schutzhülle.

Richtlinien für Auslandsreisen

Reisen im Ausland können eine Menge Schwierigkeiten mit sich bringen, angefangen bei leichteren – als Folge der Unkenntnis lokaler Sitten – bis hin zu lebensbedrohenden. Es empfiehlt sich daher, so viele Informationen wie möglich über die Orte einzuholen, die man bereisen möchte.

Dieses Kapitel enthält allgemeine Verhaltensregeln für den Auslandreisenden. Es ist aber unmöglich, all die örtlichen Schwierigkeiten anzuführen, die im Ausland auftreten können. Die Regeln fallen jedoch so umfassend aus, daß Sie imstande sein werden, alle vernünftigen Vorsichtsmaßnahmen zu treffen. Im besonderen werden Sie in der Lage sein, den hier geschilderten Gefahren aus dem Weg zu gehen.

Beachte

Einige Länder verwehren Ihnen die Einreise, wenn Sie gewisse Stempel im Paß haben. Einige afrikanische Länder weisen Sie zum Beispiel ab, wenn Sie sich in Südafrika aufgehalten haben. Arabische Länder in Nordafrika (ausgenommen Ägypten) lassen keine Israelis einreisen, ebenso niemanden mit einem israelischen Stempel im Paß. Planen Sie deshalb Ihre Reisewege durch Afrika und den Mittleren Osten, bevor Sie aufbrechen.

Wie bei allen Überlebensfragen muß sich der Reisende über die Länder und Gegenden ins Bild setzen, die er bereisen möchte. Es gibt hierzu einige ausgezeichnete Publikationen, denen Sie entnehmen können, wann Sie eine Reise antreten und was Sie besuchen sollten, welche Schutzimpfungen Sie benötigen und welche Orte Sie meiden sollten. Diese Informationen lassen sich relativ leicht und ohne großen Kostenaufwand beschaffen. Es gibt daher keine Entschuldigung dafür, sich vor einer Ankunft in einem fremden Land nicht informiert zu haben.

Wichtige Dokumente

Für Reisen ins Ausland benötigen Sie einen Paß. Sorgen Sie dafür, daß er ausreichend lange gültig ist. Es gibt Länder, die eine Gültigkeit von mindestens sechs Monaten verlangen, und zwar ungeachtet der Aufenthaltsdauer.

Achten Sie ferner darauf, daß er genügend leere Seiten hat, da manche Beamte darauf bestehen, ausländische Pässe zu stempeln. Wenn Sie mehrere Grenzen passieren, kann Ihr Paß bald einmal vollgestempelt sein.

Notieren Sie die Nummer Ihres Passes und dessen Ausstellungsdatum, und fotokopieren Sie die wichtigsten Seiten. Dies ist äußerst hilfreich, falls Sie den Paß verlieren sollten.

Warnung

Aids ist in Afrika, im Mittleren und im Fernen Osten weit verbreitet. Leihen Sie deshalb keine Injektionsnadeln aus. Hüten Sie sich vor Schutzimpfungen an den Grenzen von Dritte-Welt-Ländern: Sehr oft sind dies Massenimpfungen mit nur einer Nadel ohne jede Sterilisation. Keine ungeschützten Sexkontakte oder Analsex! Verwenden Sie Kondome, aber seien Sie sich bewußt, daß sie keinen hundertprozentigen Schutz gewährleisten. Lassen Sie sich nicht mit Prostituierten ein, vor allem nicht in der »Dritten Welt«.

Klären Sie auch frühzeitig ab, ob Sie für die Einreise in ein bestimmtes Land ein Visum benötigen. Begeben Sie sich nie an eine Grenze, wenn Sie nicht sicher sind, daß man Ihnen dort ein Visum ausstellt. Man könnte Sie bis zu Ihrem nächsten Konsulat zurückschicken, das sich in einem großen Land vielleicht Hunderte von Kilometern entfernt befindet. Decken Sie sich mit einem ausreichenden Vorrat an Paßfotos ein, wenn Sie wissen, daß Sie mehrere Visa benötigen werden.

Unabdingbar für eine Auslandreise ist ein Internationaler Impfausweis. Vielleicht halten Sie ihn für überflüssig – bedenken Sie aber, daß gewisse Länder in diesem Fall auf einer Impfung an der Grenze bestehen. Weil dabei der Gebrauch von sterilen Nadeln nicht garantiert ist, laufen Sie Gefahr, mit dem Aids-Virus angesteckt zu werden.

Respektieren Sie fremde Kulturen

In welches Land Sie auch reisen mögen, halten Sie sich eines vor Augen: Es ist nicht Ihr Land. Sie haben die Gebräuche und Religionen der einheimischen Bevölkerung zu respektieren, selbst wenn Sie damit nicht einverstanden sind. Begegnen Sie religiösen Symbolen, Orten und Zeremonien mit Respekt. Versuchen Sie darüber hinaus, etwas über das Brauchtum und die religiösen Tabus Ihres Gastlandes zu erfahren, um diese nicht zu verletzen. Dasselbe gilt für Bekleidungsregeln und gesellschaftliche Umgangsformen. Auf diese Weise wird Ihre Reise störungsfreier und erfreulicher verlaufen.

Afrika
Fotografieren

Fotografieren ist in einigen Ländern Afrikas teilweise eingeschränkt. Als allgemeine Regel gilt, nichts zu fotografieren, was mit dem Militär in Zusammenhang steht – und dazu gehören auch Brücken, Bahnstationen, Postämter, Radio- und Fernsehstationen, Gefängnisse und Hafenanlagen. In folgenden Länder benötigen Sie eine Erlaubnis zum Fotografieren: Angola, Benin (Kameras erregen hier den Verdacht der Behörden), Burkino Faso, Kamerun, Tschad, Äquatorialguinea und Somalia. Respektieren Sie die Privatsphäre der Menschen. In manchen Gegenden schätzt man es nicht, fotografiert zu werden, besonders nicht bei einigen Stammesvölkern. Andere verlangen ein kleines Trinkgeld, bevor sie sich fotografieren lassen. Wenn Ihnen das mißfällt: Denken Sie daran, daß Sie sich in ihrem Land befinden und die Leute sehr arm sind.

Trampen

Trampen ist in Afrika eine anerkannte Form des öffentlichen Transports (manchmal gegen ein Trinkgeld); beachten Sie aber, daß ein Winken mit dem Daumen in manchen afrikanischen Ländern als obszöne Geste gilt.

Bräuche und Religionen

Sie sind überall unterschiedlich; der Afrikareisende muß aber Gebräuche und Religionsformen seines Gastlandes kennen.

ALGERIEN: Der Süden des Landes ist sehr traditionsbewußt. Frauen zum Beispiel gelten als Leibeigene, und jede Frau über zwölf Jahren, die nicht verschleiert oder im Hause ist, wird für eine Hure gehalten oder zumindest für sexuelle Abenteuer zugänglich (eine allgemein verbreitete Auffassung in der arabischen Welt).

ANGOLA: Die Provinz Lunda Norte im Nordosten des Landes ist für Ausländer gesperrt.

BOTSWANA: Lassen Sie sich nicht mit der Armee ein (Botswana Defence Force); Sie werden festgenommen, sobald Sie sich einer militärischen Einrichtung nähern. Es gilt als ausgesprochen unhöflich, Leute nicht zu grüßen, denen man begegnet.

BURKINO FASO: Stellen Sie sich auf zahlreiche Straßensperren und bewaffnete Kontrollposten ein. Eilen Sie Einheimischen **nicht** zu Hilfe, wenn sie von Polizeibeamten wegen unordentlichen oder respektlosen Benehmens geschlagen werden – Sie werden sonst ebenso behandelt. Bleiben Sie höflich und zuvorkommend.

GABUN: Tragen Sie stets Ihre Papiere bei sich – die Polizei liebt es, Ausländer, vor allem Weiße, zu belästigen. Wenn man Sie beim Fotografieren einer Militäranlage beobachtet, werden Sie wahrscheinlich Ihre Kamera verlieren.

KENIA: Als Folge des Tourismus wimmelt es in der Hauptstadt Nairobi von Dieben und Schwindlern. Behalten Sie stets einen klaren Kopf.

KONGO: Sprechen Sie mit Unbekannten nicht über Politik. Die Regierung setzt in den Dörfern und Städten Polizei in Zivil zur sogenannten Subversionsbekämpfung ein.

LIBYEN: Vorsicht beim Umgang mit Kameras! Die meisten Libyer verhalten sich gegenüber Ausländern mit Kameras sehr mißtrauisch – ein Resultat der Horrorgeschichten in den vom Regime kontrollierten Medien.

MALAWI: Frauen ist das Tragen von Hosen und Röcken, die nicht über die Knie reichen, verboten. Männer mit langen Haaren, mit

Drogen

Denken Sie nicht einmal daran!
Etliche Länder, besonders im Fernen Osten, sprechen für den Besitz von illegalen Drogen und für Drogenhandel strengste Strafen aus. Diese reichen von langen Gefängnisstrafen unter entsetzlichen Verhältnissen bis hin zur Todesstrafe. Darüber hinaus geben sich Polizeibeamte in Zivil sehr oft als Drogenhändler aus, um der Drogenhändler und -konsumenten habhaft zu werden. In manchen Ländern gehen Sie schon ins Gefängnis, wenn Sie nur mit jemandem Verbindung hatten, der mit Drogen erwischt wurde. Prüfen Sie daher Ihre Begleiter! Hegen Sie nicht die Illusion, daß fremde Staaten Leute aus dem Westen, die mit Drogenkriminalität in Verbindung gebracht werden, nachsichtiger behandeln – dies trifft absolut nicht zu. In Wahrheit geschieht das Gegenteil: Die Behörden werden darauf aus sein, an Ihnen ein Exempel zu statuieren. Erwischt man Sie, werden Sie gehenkt oder lebenslänglich eingesperrt.

Shorts ohne knielange Strümpfe oder mit ausgefransten Hosen werden nicht ins Land gelassen.

NAMIBIA: Meiden Sie den Sommerpalast des Präsidenten in Swakopmund, wenn er anwesend ist – die Präsidentengarde ist sehr schießfreudig! Diamantenminen sind Sperrgebiete. Die schwerbewaffneten Patrouillen pflegen zunächst zu schießen und dann erst zu fragen.

NIGERIA: In der Hauptstadt Lagos ist die Kriminalitätsrate sehr hoch. Das Rauchen auf öffentlichen Plätzen ist verboten, und auf Drogenhandel steht die Todesstrafe.

SAMBIA: Das Fotografieren von militärischen Anlagen oder Behördeneinrichtungen setzt Sie großen Unannehmlichkeiten seitens der Polizei oder der Armee aus – man wird Sie der Spionage für Südafrika bezichtigen! Verhalten Sie sich unauffällig. Im ganzen Land häufen sich Raubüberfälle. Gehen Sie nachts nicht aus und stellen Sie Ihren Wohlstand nicht zur Schau.

SIERRA LEONE: Der traditionelle Handschlag geschieht mit dem rechten Arm, wobei die linke Hand das rechte Handgelenk oder den rechten Vorderarm ergreift.

SIMBABWE: Als Folge der am Boden liegenden Wirtschaft und der erschreckenden Armut der Bevölkerung mehren sich Diebstähle und Straßenkriminalität im ganzen Land in alarmierender Weise, besonders in Harare und Bulawayo.

SÜDAFRIKA: Als Nichtweißer ist man erheblichem Rassismus ausgesetzt, und Diskriminierung von Frauen tritt bei allen Rassen auf.

SUDAN: Bringen Sie in das Land keine Radios, teure Kameras, Videokameras, Batterien sowie ausländische Zeitungen und Magazine: Sie werden entweder gestohlen oder konfisziert. Alkohol ist nach islamischem Recht verboten. Werden Sie mit Alkohol erwischt, drohen Ihnen eine Geld- und die Prügelstrafe.

ZAIRE: Im ganzen Land herrscht eine psychotische Angst vor Spionen. Vermeiden Sie daher, den Eindruck zu erwecken, Sie könnten ein Agent sein. Halten Sie sich von den Diamantenstädten Mbujimayi und Tshikapa fern: Alle Reisenden, die in deren Umkreis angetroffen werden, verdächtigt man des Diamantenschmuggels.

Mittlerer Osten

Fotografieren

Es unterliegt den gleichen Verhaltensregeln wie in Afrika – fotografieren Sie nichts, was irgendwie nach Militär aussieht. Außerdem mögen es die Behörden des Mittleren Ostens nicht, wenn Aufnahmen gemacht werden, die die Armut ihrer Länder dokumentieren, da sie einen schlechten Eindruck im Ausland befürchten.

Weibliche Reisende

Als Frau können Sie wegen der konservativen Haltung einiger Staaten in Schwierigkeiten geraten, wenn sie alleine reisen. Um Belästigungen zu vermeiden, steigen Sie besser nur in guten Hotels ab. Flirten Sie nicht mit fremden Männern und vermeiden Sie Augenkontakte. Kleiden Sie sich konservativ, bedecken Sie Arme und Beine, gegebenenfalls auch den Kopf, und tragen Sie keine enganliegende Kleidung. Nehmen Sie im Taxi nicht auf dem Vordersitz Platz. Erkundigen Sie sich nach Gesetzen, die Frauen betreffen, bevor Sie in ein bestimmtes Land reisen.

Ramadan

Das ist der Monat, in dem die Moslems von der Morgendämmerung bis zum Eintritt der Dunkelheit fasten. Ungeachtet seiner Religion ist jedermann verpflichtet, in der Öffentlichkeit das Fastengebot einzuhalten. Die Strafen können bei Nichtbeachtung sehr streng ausfallen, besonders in Saudi-Arabien: Halten Sie sich daran! Erkundigen Sie sich ferner bei Reisen in islamische Länder über Fest- und Feiertage. Dies ist nützlich für das Planen von Ausflügen oder Einkäufen.

Bräuche und Religionen

Im allgemeinen steht man auf, wenn jemand den Raum betritt. Wenn Sie einen Raum betreten, geben Sie jedermann die Hand, wobei Sie nach jedem Gruß mit der inneren Handfläche Ihr Herz berühren. Reichen Sie einer Araberin nur dann die Hand, wenn sie ihre Hand zuerst ausstreckt. Begegnet ein Mann einem andern, so gebietet es die Höflichkeit, sich nach dem Befinden seiner Familie zu erkundigen, jedoch *nicht* seiner Frau. Achten Sie beim Sitzen darauf, das Ihre Fußsohlen nicht gegen jemanden zeigen – dies gilt als sehr unhöflich. Unhöflich ist es auch, Kaffee oder Tee abzulehnen, sei es bei gesellschaftlichen oder geschäftlichen Anlässen. Und noch etwas: Tragen Sie als Abendländer keine traditionelle arabische Kleidung – die Einheimischen gehen dann davon aus, daß Sie sich über sie lustig machen wollten. Wenn Sie die Erlaubnis zum Besuch einer Moschee haben, kleiden Sie sich konservativ, seien Sie höflich und ziehen Sie die Schuhe aus.

BAHREIN: Fotografieren Sie keine arabischen Frauen – dies gilt für viele andere Länder des Mittleren Ostens auch.

KUWAIT: Der Aufenthalt in der Wüste bleibt gefährlich, bis die Minen aus dem Golfkrieg vollständig geräumt sind. Nehmen Sie sich auch vor Minen in acht, die an die Strände gespült werden. Wagen Sie sich im Norden nicht in die Nähe der irakischen Grenze: Sie ist nicht markiert, und Sie könnten irrtümlich auf irakisches Gebiet geraten. Falls dies geschieht, wird man Sie festnehmen und wahrscheinlich in Bagdad als Spion vor Gericht stellen.

OMAN: Ein sehr auf Sicherheit bedachtes Land. Seien Sie beim Fotografieren äußerst vorsichtig.

SAUDI ARABIEN: Hier herrschen die strengsten Sitten. Frauen dürfen nicht am Steuer sitzen und müssen im Bus oder im Zug von ihren Ehemännern oder einem männlichen Verwandten begleitet sein. Alkohol ist illegal. Versuchen Sie nicht, Alkohol ins Land zu schmuggeln: Wenn Sie erwischt werden, droht Ihnen das Gefängnis oder die Prügelstrafe. Gehen Sie der religiösen Polizei, der Matawwa, aus dem Wege: Sie nimmt ihre Aufgabe äußerst ernst.

TÜRKEI: In den Grenzgebieten zur ehemaligen Sowjetunion und zu den Kurden gibt es – da Unruhegebiete – Einschränkungen. Besuchen Sie diese Landstriche nur mit einer Erlaubnis.

Asien
Weibliche Reisende

Frauen sollten nicht die Aufmerksamkeit der Männer auf sich ziehen, indem sie Walkman oder Sonnenbrille tragen – in gewissen Ländern gilt dies als Zeichen für eine Frau mit lockerem Lebenswandel! Allerdings besteht dann wiederum das Problem des – wenn auch ungewollten – Augenkontakts mit unbekannten Männern. Ganz allgemein gilt: Reisen Sie als Frau nicht allein. Weite Kleider sind unbedingt erforderlich (sie schützen ohnehin besser vor Hitze), und es ist von Vorteil, einen Trauring zu tragen; das schreckt aufdringliche Männer ab.

Bräuche und Religionen

Beim Essen wird selten Besteck verwendet –

das Waschen der Hände vor und nach den Mahlzeiten ist daher ein notwendiges Ritual. Zum Essen wird ferner nur die rechte Hand zu Hilfe genommen, ebenfalls, um Gegenstände zu reichen. Die linke Hand gilt als unrein (manche Asiaten benützen sie noch immer anstelle von Toilettenpapier). Gewöhnen Sie sich daran, die rechte Hand zu gebrauchen.

Ziehen Sie beim Besuch eines Tempels oder Heiligengrabes Schuhe oder Sandalen aus, bevor Sie eintreten; dies gilt auch für das Betreten eines Privathauses. Vor dem Betreten gewisser Tempel müssen Sie sich vorher die Füße waschen. Bedecken Sie Arme, Beine und Kopf, wenn Sie einen Sikh-Tempel oder eine Moschee besuchen. Frauen dürfen mit buddhistischen Mönchen nicht in körperlichen Kontakt kommen. Wenn Sie einem Mönch etwas reichen möchten, legen Sie es zuerst auf den Boden.

Paare sollten sich zurückhaltender als im Westen verhalten – also kein Händehalten oder Küssen in der Öffentlichkeit. In einigen asiatischen Kulturen gilt ferner das Berühren des Kopfes als Beleidigung.

Noch etwas sollte beachtet werden: Asiaten sind allgemein stets höflich und zuvorkommend, deshalb kann es vorkommen, das gewisse Fragen und Erkundigungen nichtzutreffend beantwortet werden. Die Person, die Ihnen eine solche Antwort erteilt, belügt Sie nicht absichtlich, sondern versucht bloß, höflich zu sein und keine unangenehmen Auskünfte zu geben. Am besten umgehen Sie dieses Problem, indem Sie keine Fragen stellen, die ein simples Ja oder Nein verlangen, sondern eine detaillierte Antwort. AFGHANISTAN: Meiden Sie dieses kriegeschundene Land. Sie bekommen weder ein Touristen- noch ein Durchreisevisum, und wenn doch, dann gilt es zu beachten, daß es in den Dörfern und Städten Ausgangssperren gibt, die Hotels und Restaurants geschlossen und die Transportgelegenheiten sehr begrenzt sind. Darüber hinaus ist das Land mit Minen aus dem Krieg zwischen den Mudschaheddin und den Russen übersät.

BANGLADESCH: Nach Saudi-Arabien befolgt dieses Land den Ramadan am striktesten. Achten Sie streng darauf, wie Sie sich kleiden, um nicht verletzend zu wirken, und tragen Sie Sorge, nicht Ihre Fußsohlen zu zeigen.

INDIEN: Seien Sie grundsätzlich vor Diebstahl und Raub auf der Hut. Reisende werden mehr und mehr mit Drogen betäubt, um sie dann auszurauben.

IRAN: Entgegen einer verbreiteten Meinung werden Besucher aus dem Westen nicht am nächsten Laternenpfahl aufgehängt. Aber die antiwestliche Propaganda – im besonderen gegen die Vereinigten Staaten – hat Wirkung gezeigt. Deshalb: Seien Sie auf der Hut. Tragen Sie Kleider, die Arme und Beine bedecken, und als Frau ein Kopftuch.

PAKISTAN: Achten Sie auf eine geziemende Kleidung, besonders als Frau. Es ist ratsam, den traditionellen *shalwar komeez* zu tragen (Pluderhosen, langes Hemd). Seien Sie sehr vorsichtig beim Fotografieren von Stammesangehörigen, vor allem von verheirateten Frauen: Sie könnten sich dabei eine Menge Schwierigkeiten mit Ehemännern einhandeln.

Ferner Osten
Fotografieren
Es unterliegt den gleichen Verhaltensregeln wie in Afrika.

Auftreten
Im allgemeinen haben fernöstliche Behörden eine Abneigung gegen Hippies und alles Freakhafte. Besonderes Mißfallen erregen Klei-

dungsstücke wie Riemensandalen, Shorts, Jeans und T-Shirts. Der Umgang mit Behörden wird erheblich erleichtert, wenn Sie einen gepflegten und wohlhabenden Eindruck machen. Dabei gilt es aber, nicht zu übertreiben – sonst ziehen Sie die Aufmerksamkeit von Betrügern, Dieben und Taschendieben auf sich.

Bräuche und Religionen

Im allgemeinen sollten Reisende im Fernen Osten die unten angeführten Verhaltensregeln und Bräuche beherzigen.

BURMA: Das Goldene Dreieck und die grenznahen Regionen zu China sind strikt zu meiden.

CHINA: Diebstahl ist in diesem Riesenland weit verbreitet: Seien Sie auf der Hut!

KAMBODSCHA: Halten Sie sich nicht in Gebieten auf, die nicht unter Kontrolle der Regierung stehen. Rühren Sie Raketen, Artillerie- oder Mörsergranaten, andere Munition sowie Kampfmaterial nicht an – sie könnten eben erst ausgelegt worden sein.

LAOS: Im Nordwesten dieses Landes wird Heroin produziert und geschmuggelt; meiden Sie deshalb dieses Gebiet.

THAILAND: Äußern Sie keine Kritik an der thailändischen Königsfamilie – Sie könnten im Gefängnis landen. Meiden Sie die Gebiete an der burmesischen und kambodschanischen Grenze.

VIETNAM: Weichen Sie nicht von vielbegangenen Straßen und Wegen ab, da Sie sonst auf Minen oder andere Explosivkörper aus dem Vietnamkrieg treten könnten. Öffentliche Gewalt ist an der Tagesordnung. Ausländer, die nicht besonders groß gewachsen sind, besonders Frauen, werden oft überfallen und ausgeraubt.

Mittel- und Südamerika

Fotografieren

Es ist dringend davon abzuraten, irgend etwas zu fotografieren, was auch nur im entferntesten mit Militär zu tun hat. Befolgen Sie beim Fotografieren in Mittel- und Südamerika dieselben Regeln wie in Afrika und im Mittleren Osten (siehe oben).

Auftreten

Aufgrund der zahlreichen Militärputschs und repressiven Regimes in Mittel- und Südamerika wird das Militär von vielen gehaßt und gefürchtet – es ist daher nicht empfehlenswert, Kleidungsstücke aus alten Militärbeständen zu tragen, um nicht mit solchen Kreisen in Zusammenhang gebracht zu werden.

Kleiden Sie sich allgemein ganz unauffällig. Tragen Sie keinen wertvollen Schmuck oder teure Kameras zur Schau. Kleinkriminalität ist wegen der wirtschaftlich miserablen Lage verbreitet.

Ausweispapiere

Tragen Sie jederzeit Ihre Ausweispapiere mit sich, denn Sie werden häufig von Militär oder Polizei kontrolliert. Verlieren Sie nicht die Geduld: Diese Kontrollen dienen oft der Bekämpfung von Terrorismus und Drogengewalt – und das geschieht wiederum zu Ihrem Vorteil.

Unruheherde und Krisengebiete

Aus Platzgründen können hier die weltweit existierenden Krisengebiete nur in aller Kürze aufgelistet werden. Am besten ist es, solche Gebiete – wenn immer möglich – nicht zu besuchen: Man riskiert sonst Gefängnis unter sehr harten Bedingungen, ernsthafte körperliche Schäden oder gar das Leben. Versuchen

Sie nicht, sich mit dem Mythus eines Abenteurers zu umgeben, indem Sie sich in Kriegsgebieten herumtreiben. Krieg bedeutet Tod, und es könnte Ihr eigener sein.

Afrika

ALGERIEN: Ausländer sind Zielscheiben islamischer Fundamentalisten.

ANGOLA: Vom Bürgerkrieg erschüttert bis 1991, als ein unsicherer Waffenstillstand unterzeichnet wurde. Mit Sicherheit ist im ganzen Land mit wiederaufflackernden Kämpfen zu rechnen. Der Lebensstandard ist niedrig und die öffentliche Sicherheit sehr gering: Meiden Sie das Land.

BURUNDI: Stammeskämpfe im Norden des Landes.

LIBERIA: Bürgerkrieg zwischen den Stämmen. Im ganzen Land herrscht Anarchie, und ein Ende ist nicht in Sicht: Meiden Sie das Land.

MAROKKO: Der Konflikt zwischen der Regierung und den Guerillas in der Westsahara gärt noch immer.

MOSAMBIK: Der Bürgerkrieg zwischen Regierung und Guerillas ist angeblich beendet, doch besteht die Spannung im Lande fort.

SOMALIA: Seit Beginn des Bürgerkriegs 1988 ist das Land zerfallen. Ungeachtet der UNO-Intervention herrscht einzig das Gesetz der Waffe: Meiden Sie das Land.

SÜDAFRIKA: Die Kriminalität nimmt zu, und die Mordrate ist sehr hoch, besonders in den Townships. Trotz Beendigung der Apartheid scheint sich das Land an der Schwelle zu einem Desaster zu befinden. Halten Sie sich als Weißer von den Townships fern.

SUDAN: Bürgerkriegsähnliche Zustände zwischen dem moslemischen Norden (Regierung) und dem vorwiegend christlichen Süden (Rebellen). Reisen im Süden sind sehr gefährlich.

TSCHAD: Eines der ärmsten Länder der Erde. Konflikte zwischen Moslems im Norden und Christen und Animisten im Süden. Viele Unruheherde an den Grenzen zu Kamerun, Libyen und dem Sudan: Meiden Sie das Land.

UGANDA: Die Feindseligkeiten zwischen der Regierung und den Rebellen sind zwar beendet, aber die Armee begeht noch immer Übergriffe im Norden und Osten des Landes; bewaffnete Banditen durchstreifen das Land: Meiden Sie dieses Land.

Mittlerer Osten

IRAK: Das Land leidet unter schweren Repressionen des Diktators Saddam Hussein. Als Folge des Golfkriegs von 1991 herrschen starke antiwestliche Gefühle: Meiden Sie das Land.

ISRAEL: Meiden Sie den Gazastreifen und die West Bank, Gebiete mit heftigen Gewaltausbrüchen zwischen Palästinensern und israelischen Siedlern und Truppen.

LIBANON: Die Statistik spricht für sich selbst: In einem Land mit weniger als drei Millionen Einwohnern sind 100.000 Bewaffnete aktiv – sie bestehen aus verschiedenen Terroristengruppen und ausländischen Armeen. Touristen aus dem Westen müssen mit Tod, Menschenraub oder körperlichen Schäden rechnen: Meiden Sie das Land.

Asien

AFGHANISTAN: Trotz des Rückzugs der Sowjets dauert der Bürgerkrieg an. Meiden Sie das Land.

BANGLADESCH: Im burmesischen Hochland im Osten des Landes gibt es Guerillabewegungen gegen die Regierung.

INDIEN: Guerilleros sind tätig in Manipur, Nagaland (zwischen Assam und Burma), West Bengalen, im Pandschab und in Kaschmir.

Ferner Osten

BURMA: In Burma sind schätzungsweise 28 Gruppierungen von Aufständischen aktiv. Zu meiden sind die Grenzgebiete zu Thailand, Indien und China. Das Land befindet sich unter Kontrolle der Militärs – es kann aber jederzeit zu einem Staatsstreich kommen.

KAMBODSCHA: Der Bürgerkrieg ist zu Ende, ohne daß sich an der Armut des Landes etwas geändert hätte. Noch immer durchstreifen Guerillabanden das Land, und eine Unmenge scharfer Minen liegt herum.

Lateinamerika

BOLIVIEN: Das Land ist ein Produktionszentrum von Kokain. Die Produktion konzentriert sich auf die Gegend von Chapare. Verlassen Sie die Fernstraße Cochabamba-Santa Cruz nicht: Das umliegende Gebiet befindet sich in Händen der Drogenbarone.

BRASILIEN: Verbrechen und Gewalt sind an der Tagesordnung, besonders in kleineren und größeren Städten. Tragen Sie nichts bei sich, was auf Wohlstand hinweist.

EL SALVADOR: Im ganzen Land dauern die Kämpfe zwischen Regierungstruppen und Guerilleros an.

KOLUMBIEN: Besonders in Bogotá und Cartagena ist Diebstahl gang und gäbe. Menschenraub gehört zum Tagesgeschehen, wobei sehr oft Ausländer die Opfer sind. Tragen Sie schlichte Kleidung. Jedermann, der mit dem Drogenhandel in Berührung kommt, indem er zum Beispiel in ein Opiumfeld (Mohnfeld) oder an eine Fabrik gerät, wird mit ziemlicher Sicherheit erschossen. Meiden Sie besonders die Straße zwischen der venezolanischen Grenze und Riohacha.

NICARAGUA: Kämpfe zwischen Contras und Sandinisten können jederzeit wieder ausbrechen.

PERU: Ungefähr drei Fünftel des Landes unterliegen der Kontrolle von marxistischen Guerilleros. Meiden Sie im besonderen das Hochtal von Huallag und das Gebiet südlich von Cajamarca im Norden des Landes bis nach Abancay im Süden. Halten Sie sich fern von allen Gefahrenzonen, und reisen Sie nicht bei Nacht.

Europa

ARMENIEN: Ethnische Auseinandersetzungen zwischen Aserbaidschanern und Armeniern.

ASERBAIDSCHAN: Ethnische Auseinandersetzungen zwischen Armeniern und Aserbaidschanern.

GEORGIEN: Ethnische Auseinandersetzungen zwischen Georgiern und Abchasiern.

JUGOSLAWIEN: Als Folge der ethnischen und religiösen Auseinandersetzungen zwischen Serben, Kroaten, Bosniern, Mazedoniern, Christen und Moslems hat das Land zu existieren aufgehört. Der Bürgerkrieg in Bosnien setzt sich fort und könnte auf weitere Gebiete übergreifen: Meiden Sie das Land.

Verhalten in schwierigen Situationen

Wer überleben will, muß wissen, wie er potentiell gefährlichen Situationen entgeht. Das gelingt vielfach, indem man mögliche Schwierigkeiten vorhersieht und Maßnahmen trifft, die eine gefährliche Lage gar nicht erst entstehen lassen. So ersparen Sie sich eine Menge Unannehmlichkeiten, wenn Sie darauf verzichten, ein Land zu besuchen, in dem Gewalt oder Bürgerkrieg herrschen. So können Sie sich vor dem Ausgeraubtwerden schützen, wenn Sie nachts nicht alleine ausgehen. Genauso können Sie sich in einem Dritte-Welt-Land schützen, indem Sie Ihren Wohlstand nicht zur Schau stellen: Mit etwas Vorausdenken ersparen Sie sich eine Menge Kummer.

Probleme im Gastland

Schwierigkeiten im Ausland vermeiden Sie, indem Sie stets versuchen, ruhig und höflich zu bleiben, wenn Sie im Gastland mit Beamten, Soldaten oder Polizisten verhandeln. Es ist stets nachteilig für Sie, wenn Sie sich verärgert zeigen oder gar zu schreien und zu toben beginnen. Viele Soldaten und Polizisten in Entwicklungsländern sind nicht sonderlich gut ausgebildet, und ihre Toleranzgrenze kann sehr niedrig angesetzt sein.

Verlangen Sie im Fall einer Festnahme, mit dem Konsul Ihres Landes verbunden zu werden, bewahren Sie Ruhe, und bitten Sie um eine Unterredung mit einer ranghohen Person, die Ihre Sprache spricht.

Beachten Sie folgende Regeln, wenn im Land, in dem Sie sich aufhalten, größere Unruhen ausbrechen:

■ Verlassen Sie die Straße; gehen Sie nicht auf die Straße.

■ Halten Sie sich von gefährdeten Plätzen fern, zum Beispiel von Radio- und Fernsehstationen sowie von Flugplätzen.

■ Harren Sie in Ihrem Hotel aus.

■ Suchen Sie, wenn möglich, Anschluß an eine Gruppe.

■ Halten Sie strikt die Ausgangssperre ein.

Probleme zu Hause

Schwierigkeiten zu Hause vermeiden Sie vor allem durch Einsatz Ihres gesunden Menschenverstandes.

Gehen Sie abends beispielsweise nie aus, ohne vorher zu überlegen, wie Sie wieder nach Hause kommen. Gehen Sie nachts nicht durch menschenleere Gegenden oder schlecht beleuchtete Unterführungen, und tragen Sie keine teuren Schmuckstücke, Taschen oder Kleider zur Schau – alles eigentlich Selbstverständlichkeiten.

Tips des britischen SAS

Richtlinien zur Vermeidung von Angriffen

Die Soldaten des SAS sind für den Kampf ohne Waffen hervorragend ausgebildet – doch sie verstehen es auch, möglichen Gefahren aus dem Weg zu gehen, wenn sie als Geheimagenten eingesetzt werden.

■ *Meiden Sie nachts Abkürzungen durch menschenleere Gegenden und umgehen Sie Unterführungen, Kanalwege oder Parkplätze.*

■ *Tragen Sie keine teuren Kleider oder Schmuck.*

■ *Vermeiden Sie beim Vorübergehen den Blickkontakt zu Fremden, versuchen Sie aber, deren Absichten zu erkennen.*

■ *Wirken Sie nicht nervös: Gehen Sie mit erhobenem Kopf und erwecken Sie einen selbstsicheren Eindruck – auch wenn dies nicht zutrifft.*

■ *Lassen Sie niemanden näher als bis auf Armlänge an sich heran.*

■ *Wechseln Sie die Straßenseite, wenn Sie sehen, daß Ihnen eine Gruppe von Leuten entgegenkommt.*

Tips der NEW YORKER POLIZEI

Verhalten in der New Yorker U-Bahn

New York hatte bislang eine sehr hohe Kriminalitätsrate, und viele Überfälle geschehen auch heute noch in den öffentlichen Verkehrsmitteln. Befolgen Sie die Ratschläge der New Yorker Polizei, um Schwierigkeiten aus dem Weg zu gehen:

- *Schauen Sie niemandem in die Augen, der offensichtlich Streit sucht.*
- *Seien Sie wachsam: Beobachten Sie Ihre Umgebung, auch wenn Sie lesen oder einen Walkman tragen.*
- *Achten Sie beim Stehen darauf, daß man nicht von hinten an Sie herankommt.*
- *Wechseln Sie den Wagen über die Verbindungstüre, um Schwierigkeiten aus dem Weg zu gehen.*
- *Wechseln Sie in ein volleres Abteil, wenn sich Ihres zu leeren beginnt.*

Überfälle auf Einzelpersonen kommen sehr häufig vor – meist im Sommer zwischen Mitternacht und den frühen Morgenstunden abseits belebter Orte, wenn Gaststätten und Nachtlokale geschlossen sind, Zahltag war und die Leute ihr Geld bei sich tragen.

Öffentliche Verkehrsmittel

Reisen in öffentlichen Verkehrsmitteln kann – besonders bei Nacht – riskant sein. Trotzdem: Versuchen Sie, wie in anderen Risikosituationen auch, Ihren gesunden Menschenverstand anzuwenden, wenn Sie mit Bus, Zug oder U-Bahn unterwegs sind. Wählen Sie zum Beispiel in der U-Bahn immer einen Wagen, in dem sich mehrere Leute aufhalten. Entfernen Sie sich, warten Sie auf einen anderen Zug oder nehmen Sie den Bus, wenn Sie sich bedroht fühlen. Wählen Sie beim Warten auf das Verkehrsmittel eine belebte Stelle, an der

Geschäftigkeit herrscht – und bieten Sie sich nicht als Zielscheibe an. Nehmen Sie ein Taxi, wenn Sie sich bei Nacht in öffentlichen Verkehrsmitteln bedroht fühlen: Setzen Sie nicht Ihr Leben aufs Spiel, nur um etwas Geld zu sparen.

Bei einem Überfall bleibt Ihnen wahrscheinlich nichts anderes übrig, als sich selbst zu verteidigen. Leider können Sie dabei nicht auf die Hilfe anderer Fahrgäste zählen. Leisten Sie nicht automatisch Widerstand, wenn Ihnen die Tasche entrissen wird: Sie könnten dadurch die Lage verschlimmern und Ihren Angreifer zu größerer Gewaltanwendung veranlassen – er könnte mit einem Messer oder einer Feuerwaffe auf Sie losgehen.

Beantworten Sie sich selbst die Frage, ob Ihnen Ihr Besitz mehr wert ist als Ihr Leben!

GOLDENE REGELN

In welchem Gelände auch immer Sie sich befinden: Die Beschaffung von Wasser, Nahrung und Unterschlupf wird in einer Überlebenssituation die vordringlichste Aufgabe sein. Darüber hinaus müssen Sie umfassende Kenntnisse besitzen in Erster Hilfe, im Gebrauch von Seilen und Knoten sowie in Signalgebung und Orientierung im Gelände.

Wasser

Wasser ist das wichtigste Element zum Überleben: Ohne Wasser gibt es kein Leben! Überlebenswillige müssen deshalb - wenn sie für längere Zeit in der Wildnis auszuharren haben - wissen, wie man Wasser findet oder gewinnt.

Unter gewissen Bedingungen kann ein Mensch über Wochen ohne Nahrung auskommen. Ohne Wasser jedoch stirbt man innerhalb weniger Tage.

Es gehört daher im Überlebenskampf zu den vordringlichsten Aufgaben, Wasser zu finden.

Wasserbedarf

In gemäßigtem Klima benötigt ein Mensch täglich 2fi Liter Trinkwasser. Selbst wenn Sie keinen großen körperlichen Anstrengungen ausgesetzt sind, brauchen Sie Wasser, um den Flüssigkeitsverlust auszugleichen, der sich aus folgenden Ursachen ergibt:

Urin: etwa 1fi Liter Wasserverlust täglich

Schweiß: etwa 0,1 Liter Wasserverlust täglich

Stuhlgang: etwa 0,2 Liter Wasserverlust täglich

Verdunstung über die Haut: etwa 0,4 Liter täglich

Verdunstung über die Lunge: In die Lunge geatmete Luft ist gewöhnlich ziemlich trocken. In der Lunge kommt sie jedoch in Berührung mit der Feuchtigkeit, welche die Lungenwände überzieht, und wird dadurch gesättigt – beim Ausatmen wird also Feuchtigkeit abgegeben.

Tägliches Trinken ist daher eine Notwendigkeit. Der Bedarf an Wasser erhöht sich bei folgenden Bedingungen:

Hitze: Ist ein Mensch hohen Temperaturen ausgesetzt, kann der Wasserverlust durch Schwitzen bis zu vier Liter in der Stunde betragen.

Körperliche Anstrengung: Sie verursacht einen erhöhten Wasserverlust über die Lunge infolge erhöhter Atemtätigkeit sowie durch Schwitzen.

Kälte: Je kälter es ist, desto trockener ist die Luft. Das Atmen in kalter Luft führt daher zu einem höheren Wasserverlust durch Verdampfen über die Lunge.

Aufenthalt in großen Höhen: Ein erhöhter Wasserverlust entsteht hier durch das Atmen in kalter Luft sowie durch angestrengteres Atmen.

Verbrennungen: Sie zerstören die äußeren Hautschichten, wodurch die Körperfeuchtigkeit ungehindert verdampfen kann. Der Feuchtigkeitsverlust ist sehr hoch.

Krankheit: Bei Erbrechen oder Durchfall ist der Wasserverlust ebenfalls erhöht.

Wasserentzug (Dehydrierung) führt zu einem lebensbedrohlichen Zustand. Wenn in

Verhalten bei Flüssigkeitsentzug

Britische Arktistruppen sind Experten im Umgang mit arktischen Krankheiten – auch mit Dehydrierung, die in kaltem Klima zu einem Hauptproblem werden kann. Ihre Grundregeln:

- *Den Patienten warm halten.*
- *Die Kleider lockern, um eine gute Blutzirkulation zu gewährleisten.*
- *Dem Patienten Flüssigkeit und Salz verabreichen: einen Teelöffel Salz auf zwei Liter Wasser.*
- *Den Patienten soviel wie möglich ruhen lassen.*

frühem Stadium auch noch nicht gefährlich, so kann er doch zu Gleichgültigkeit führen und damit den Willen zum Überleben beeinträchtigen. Durst und Wassermangel sind sehr ernst zu nehmen. Die Symptome sind Appetitverlust, Willenlosigkeit, Unruhe, Schläfrigkeit, emotionale Unausgeglichenheit, undeutliches Sprechen und vermindert klares Denken. Die Behandlung ist ganz einfach: Verlorene Flüssigkeit wird durch Trinken von Wasser ausgeglichen. Trinken Sie aber zuerst warmes Wasser – das nimmt der Körper leichter auf als kaltes.

Verringerung des Flüssigkeitsverlustes

Weil Wasserverlust zur Austrocknung des Körpers führt, wenn nicht regelmäßig Wasser getrunken werden kann, müssen Maßnahmen getroffen werden, um ihn zu verringern.

Alle körperlichen Aktivitäten sind auf ein Minimum zu verringern. Führen Sie alle Aufgaben langsam aus, um keine Energie zu verschwenden, und halten Sie Ruhepausen ein. Führen Sie in heißem Klima die wesentlichen Tätigkeiten nachts oder während der kühleren Tageszeiten aus. Behalten Sie Ihre Kleidung

an: Das verringert den Flüssigkeitsverlust. In heißem Klima ist die Versuchung groß, sich zu entkleiden – tun Sie das nicht: Schweiß kühlt die Luft zwischen Kleidung und Haut; dadurch wird die Tätigkeit der Schweißdrüsen und damit auch der Flüssigkeitsverlust reduziert!

Tragen Sie bei heißem Wetter helle Kleidung: Sie wirft die Sonnenstrahlen zurück und sorgt dafür, daß die Körpertemperatur nur minimal ansteigt.

Mitführen von Wasser

In jeder Rucksackausrüstung gehören Wasserflaschen zu den wichtigsten Gegenständen. Es gibt Modelle aus Plastik oder Aluminium. Zu bedenken ist, daß man mit Aluminiumflaschen, da sie feuerfest sind, Wasser erhitzen kann.

Wasser finden

Dieses Thema wird ausführlich in den Kapiteln behandelt, die das Überlebensverhalten in den verschiedenen Geländearten beschreiben. Aber unabhängig davon muß jeder wissen, wie er Wasser finden und mit welchen Methoden er Wasser gewinnen kann.

Wasserverlust möglichst gering halten

Die Angehörigen des britischen Special Air Service müssen hinter feindlichen Linien oft mit wenig Nachschub auskommen. So sind sie auch darin geübt, den Flüssigkeitsverlust möglichst gering zu halten. Ihre Regeln:

- *Ruhen Sie sich so oft wie möglich aus.*
- *Unterlassen Sie Rauchen und Trinken von Alkohol: Rauchen erhöht den Durst, und Alkohol benötigt zum Abbau Flüssigkeit, die lebenswichtigen Organen entzogen wird.*
- *Halten Sie sich im Schatten auf.*
- *Vermeiden Sie, auf warmen Unterlagen zu liegen.*
- *Essen Sie so wenig wie möglich: Der Körper braucht Flüssigkeit zum Verdauen, was den Flüssigkeitsverlust beschleunigt.*
- *Sprechen Sie nicht unnötig. Atmen Sie durch die Nase, nicht durch den Mund.*

Wie man Wasser findet

Es gibt folgende Hinweise auf Wasservorkommen:

Insektenschwärme: Halten Sie vor allem nach Bienen und Ameisen Ausschau.

Vögel: Vögel können sich an Orten versammeln, wo es Wasser gibt. Allerdings ist zu beachten, daß Wasservögel weite Strecken ohne Wasser zurücklegen können und deshalb nicht unbedingt auf Wasser schließen lassen. Raubvögel gewinnen Flüssigkeit aus ihrer Beute und geben keine Hinweise auf Wasserquellen.

Üppige und variantenreiche Vegetation: Ein solches Pflanzenvorkommen weist auf Wasser unter der Erdoberfläche hin.

Tiere: Weidende Tiere benötigen Wasser, das sie in der Dämmerung (morgens und abends) aufsuchen. Fleischfresser dagegen entnehmen ihrer Beute Flüssigkeit und geben keine Hinweise auf Wasservorkommen.

Große saftige Grasbüschel: Sie deuten auf Wasser hin.

Tierspuren: Sie führen oft ans Wasser.

Quellen und Sickerstellen: Kalk- und Lavagestein sind reicher an Quellen als andere Gesteinsarten. In Lava gibt es unzählige Wassertaschen, aus denen Wasser sickern kann.

Vogeldung an Gesteinsspalten: Sie können eine Wasserquelle anzeigen, an die man mit einem Strohhalm gelangt.

Talböden: Durch Graben an den Feuchtstellen kann man auf Wasser stoßen.

Methoden der Wassergewinnung

Sonnen-Destillieranlage (Abbildung 5)

Sie ist eine ausgezeichnete Methode, Wasser zu gewinnen. Graben Sie ein Loch von rund 90 cm Breite und 60 cm Tiefe. Nehmen Sie in der Lochmitte eine Vertiefung aus und stellen Sie ein Gefäß hinein. Spannen Sie eine Plastikfolie über das Loch, beschweren Sie dessen Ränder mit Sand, Erde oder Steinen, und legen Sie in die Mitte der Folie einen Stein.

Die Sonne erhöht die Luft- und Bodentemperatur im Loch und erzeugt Wasserdampf. Dieser kondensiert an der Unterseite der Folie zu Wasser, das im Behälter aufge-

Abbildung 5

Sonnen-Destillieranlage

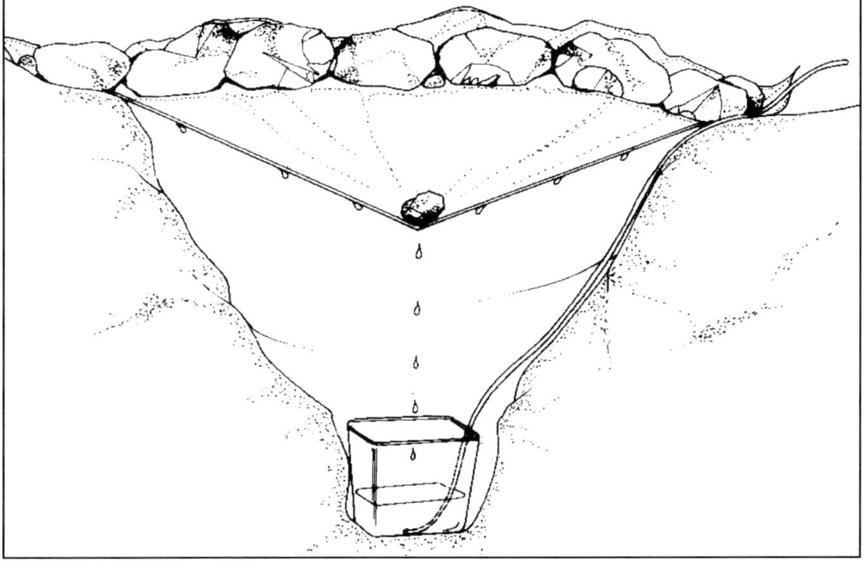

Abbildung 6

Pflanzenbeutel

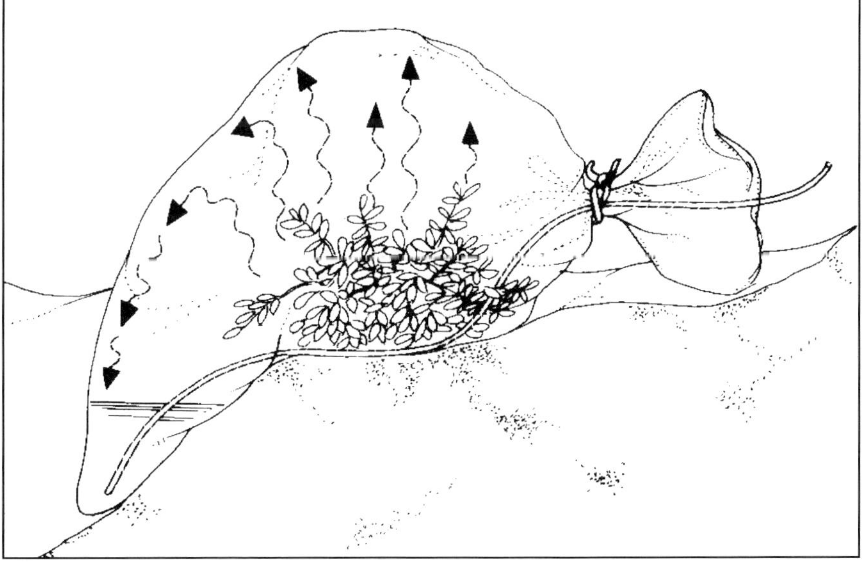

oder Meerwasser hinein. Dieses Wasser sickert in die Destilliergrube und wird dabei zusätzlich gefiltert.

Pflanzenbeutel (Abbildung 6)
Schneiden Sie Laubwerk von Bäumen oder anderen Laubpflanzen und stecken sie diese in einen großen sauberen Plastikbeutel. Legen Sie den Beutel in die Sonne: Die Hitze wird jetzt dem Laub Flüssigkeit entziehen. Jedoch *Vorsicht* – das Wasser schmeckt unter Umständen bitter: Machen Sie zuerst einen Geschmackstest, um sicherzugehen, daß die

Abbildung 7

Dunstbeutel

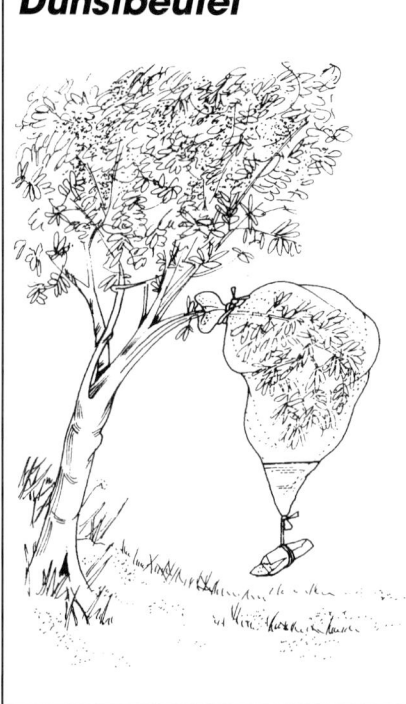

Abbildung 8

Baumstamm-wickel

fangen wird. Eine solche Anlage kann auch zum Destillieren von verschmutztem Wasser oder von Meerwasser verwendet werden. Heben Sie hierzu einen um die Destilliergrube führenden Graben in einer Entfernung von etwa 25 cm aus und schütten Sie das Schmutz-

Tips der US-LUFTWAFFE   Dunstbeutel

Zur Ausbildung von Piloten der US Air Force gehört auch die Wasserversorgung mit Hilfe des Dunstbeutels für den Fall eines Abschusses über feindlichem Gebiet.
- ■ *Jeden Tag einen neuen Zweig verwenden.*
- ■ *Am Ende des Tages das Wasser sammeln.*

Flüssigkeit nicht giftig ist (siehe Kapitel »Nahrung«).

Dunstbeutel (Abbildung 7)

Sie stellen eine einfache Methode der Wassergewinnung dar. Stülpen Sie einen großen Plastikbeutel über den Zweig eines Baumes oder über einen Busch. Verschließen Sie den Beutel luftdicht am Zweig und beschweren Sie das untere Ende, damit sich das Wasser ansammeln kann.

Regenwasser

Für das Sammeln von Regenwasser gibt es ebenfalls eine simple Methode. Wickeln Sie ein Kleidungsstück um den Stamm eines schräg stehenden Baumes und sorgen Sie dafür, daß das aufgefangene Wasser in einen Behälter tropfen kann (Abbildung 8).

Filtermethoden

Seien Sie sich bewußt, daß Filtern nicht Reinigen bedeutet. Durch Filtern werden lediglich feste Partikel ausgeschieden. Graben Sie neben einer Wasserquelle ein Loch und lassen Sie das Wasser hinübersickern (Abbildung 9). Eine andere Möglichkeit ist das Filtern durch mehrere Schichten: Stellen Sie hierzu ein Dreibein auf, und spannen Sie zwischen die Stützbeine drei Filterebenen, angefüllt (von oben nach unten) mit Gras, Sand und Holzkohle (Abbildung 10).

Abbildung 9

Sedimentgrube

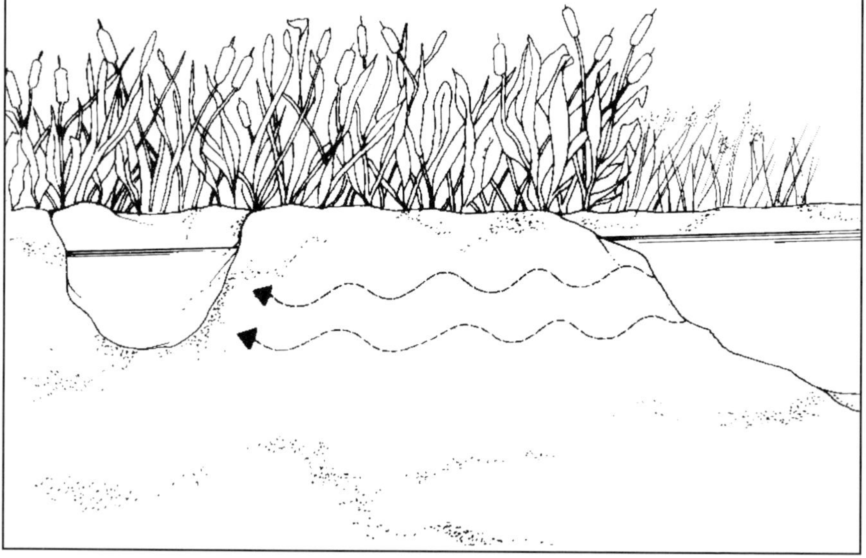

Abbildung 10

Wasser-filter

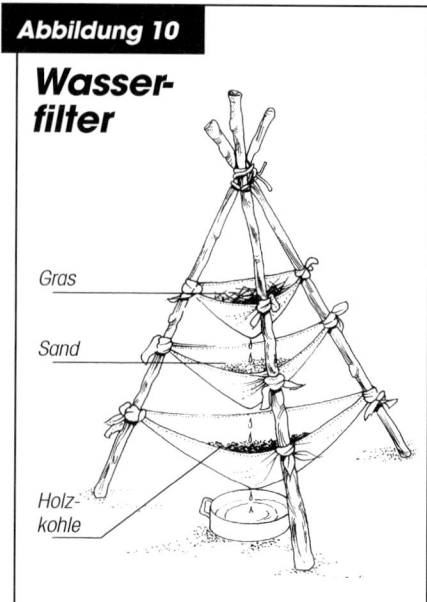

Gras

Sand

Holz-kohle

Holzkohle wirkt geruchsneutralisierend und filtert Fremdkörper heraus.

Ferner läßt sich Trinkwasser aus Meerwasser und Urin herausdestillieren. Führen Sie von einem mit Flüssigkeit (Meerwasser, Urin) gefüllten und verschlossenen Behälter einen Schlauch in ein leeres Gefäß. Erhitzen Sie die Flüssigkeit über einem Feuer. Dabei wird Wasserdampf erzeugt, der durch den Schlauch geleitet und gleichzeitig abgekühlt wird. Das kondensierte Wasser wird im leeren Behälter gesammelt und läßt sich trinken. Diese Methode der Trinkwassergewinnung eignet sich vorzüglich, wenn Sie auf einem Rettungsfloß auf dem Meer treiben, vorausgesetzt natürlich, daß das geeignete Gerät zur Verfügung steht. Seien Sie besonders vorsichtig, wenn Sie in einem Schlauchboot Feuer machen.

Feuer

Als Überlebender müssen Sie imstande sein, aus natürlichen Mitteln Ihrer Umgebung Feuer zu machen. Verlassen Sie sich nicht auf Streichhölzer und andere künstliche Hilfsmittel. In diesem Kapitel wird erklärt, wie man Feuer entfacht und unterhält.

Feuer ist für einen Überlebenden von größter physischer und psychischer Bedeutung. Feuer stärkt Ihre Moral, hält Sie warm, trocknet Ihre Kleider, erhitzt Wasser, läßt sich zum Signalisieren und zum Kochen verwenden. Es ist für Sie eine absolute Notwendigkeit zu wissen, wie ein Feuer aufgebaut, entfacht und unterhalten wird.

Feuer entfachen

Feuer braucht Luft, Hitze und Brennmaterial. Eine gute Vorbereitung bildet den Schlüssel zum Erfolg: Legen Sie alles notwendige Material bereit. Bewahren Sie die Geduld und üben Sie solange, bis sich der Erfolg einstellt.

Zunder

Als Zunder ist jede Art von Material zu bezeichnen, das einen niedrigen Flammpunkt hat und leicht entzündbar ist, gewöhnlich zusammengesetzt aus feinen, staubtrockenen Fasern. Zunder gewinnen Sie aus zerhackter Rinde bestimmter Bäume und Büsche, zerdrückten Fasern abgestorbener Pflanzen, aus feinen, trockenen Holzspänen, trockenem Stroh und Gras, aus harzhaltigem Sägemehl, Polstermaterial aus Nestern von Vögeln oder Nagetieren, herabgefallenem Samen, verkohltem Stoffgewebe, Baumwollfusseln oder -garn, aus Stahlwolle, getrocknetem und pulverisiertem Kiefernharz, aus Papier und Schaumstoff.

Machen Sie es sich zur Gewohnheit, stets Zunder in einem wasserdichten Behälter bei sich zu tragen.

Anmachholz

Dieses besitzt einen höheren Flammpunkt und wird dem Zunder zugefügt. Es dient dazu, die Brenntemperatur so weit zu erhöhen, daß schlechter entzündbares Brennmaterial aufgelegt werden kann. Anmachholz besteht aus abgestorbenen, kleinen, dürren Zweigen, Tannenzapfen und -nadeln sowie aus Holz, das mit entflammbarem Material durchtränkt wurde.

Brennmaterial

Es muß nicht trocken sein, feuchtes Holz erzeugt aber eine Menge Rauch. Als Brennmaterial eignet sich am besten trockenes, dürres Holz und Kernholz umgestürzter Bäume sowie größere Äste, die – wenn auch außen naß – im Innern doch trocken sein können.

Grünes Holz kann man spalten und trockenem Holz beimischen. Ist kein Holz vorhanden, drehen Sie trockenes Gras zu Bündeln zusammen, nehmen Sie verdorrten Kaktus, trockenes Torfmoos oder getrockneten Mist.

Feuerstellen

Wählen Sie die Feuerstelle sorgfältig aus. Denken Sie daran, daß das Feuer zum Wärmen, Schützen und Kochen dienen muß.

Errichten Sie zuerst eine Plattform aus grünem Holz mit einer Schicht Erde darüber, wenn Sie im tiefen Schnee oder auf einem sumpfigen Boden Feuer machen müssen. Als Träger dieser Plattform können vier gegabelte Eckpfosten mit Querhölzern dienen.

Hitzereflektoren

Sorgen Sie nach Möglichkeit für einen Hitzereflektor aus Holzklötzen oder Steinen. Dieser leitet die Wärme in die gewünschte Richtung und dient als Windschirm. Mit einem solchen Reflektor können Sie Wärme in Ihren Unterschlupf leiten.

Machen Sie kein Feuer unmittelbar an einem Felsen, legen Sie es vielmehr so an, daß Sie zwischen dem Feuer und dem Felsen Platz finden. Bauen Sie zusätzlich einen Hitzereflektor, der die Wärme in Ihre Richtung leitet. Der Felsen hinter Ihnen wird die Wärme zurückstrahlen und Ihren Rücken wärmen.

Feuer entfachen ohne Streichhölzer

Wer im Überlebenskampf gezwungen ist, über längere Zeit in der Wildnis auszuharren, muß Feuer auch ohne die Hilfe von Streichhölzern

Vorsicht

Legen Sie keine nassen oder porösen Steine in die Nähe eines Feuers – sie können in erhitztem Zustand explodieren. Verwenden Sie keinen Schiefer, kein weiches Gestein und kein Gesteinsmaterial, das rissig ist, hohl klingt oder von dem Schichten abblättern. Prüfen Sie alle Steine, indem Sie sie gegeneinanderschlagen. Feuchtigkeit wird schneller erhitzt als der Stein, was zu einer Explosion mit tödlichen Folgen führen kann.

Tips des britischen SAS

Wahl der Feuerstelle

Der Platz für das Feuer muß gut gewählt werden. Der SAS hat eine langjährige Erfahrung im Anlegen von Überlebensfeuern in allen Geländetypen. Seine Empfehlung:

- *Wählen Sie eine geschützte Stelle.*
- *Entzünden Sie kein Feuer in der Nähe von Bäumen oder Baumstämmen.*
- *Entfernen Sie im Umkreis von rund 2 m alle natürlichen Abfälle bis auf den nackten Boden.*
- *Legen Sie das Feuer – wenn der Boden naß oder mit Schnee bedeckt ist – auf einer Plattform aus grünem Holz an, überdeckt mit einer Erd- oder Steinschicht.*
- *Graben Sie bei starkem Wind eine Feuergrube.*
- *Schützen Sie das Feuer bei Wind mit einem Kreis aus Steinen.*

Abbildung 11

Feuer ohne Streichhölzer

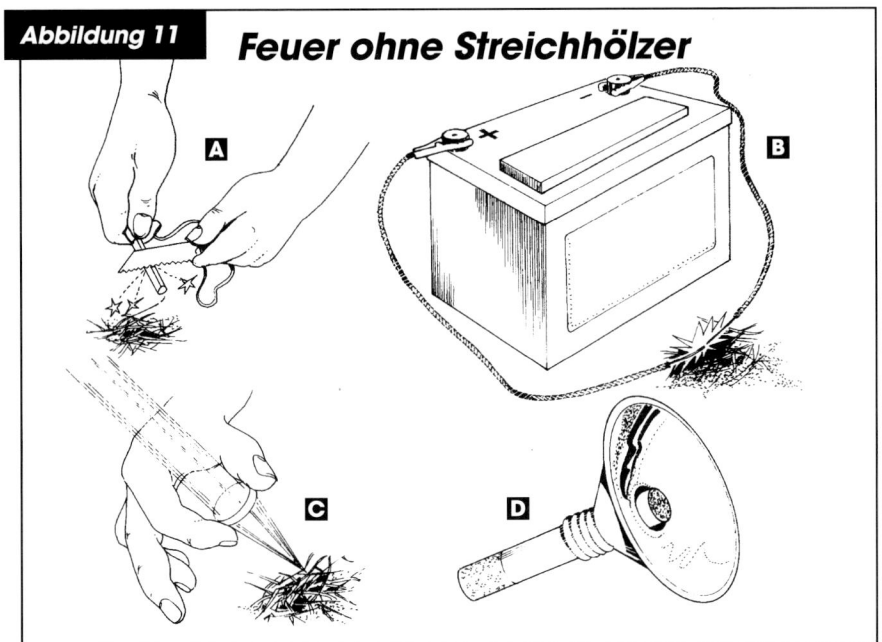

entfachen können. Es gibt hierzu eine ganze Reihe von Möglichkeiten, wovon vier in Abbildung 11 gezeigt werden. Suchen Sie eine windgeschützte Stelle oder schirmen Sie den Wind mit Ihrem Körper ab.

Feuerstein und Stahl (Abbildung 11A)
Halten Sie Feuerstein und Stahl über den Zunder. Schlagen Sie mit der Stahlkante von oben nach unten gegen den Stein. Die Funken müssen gegen den Zunder sprühen. Mit Blasen und Fächeln ist eine Glut zu erzeugen, bis sie aufflammt.

Batterien (11B)
Falls Sie eine Batterie haben, können Sie mit zwei Isolierdrähten Feuer entzünden. Schließen Sie hierzu die Drähte mit einem Ende an den positiven und den negativen Pol an, halten Sie die beiden anderen Enden an ein Stück

Draht, das nicht isoliert ist. Dieses Stück wird heiß und beginnt zu glühen. Damit kann Anmachholz entzündet werden. Entfernen Sie die Batterie, wenn das Feuer brennt.

Warnung

Lassen Sie Batterien nicht in der Nähe von Funken oder Flammen stehen: Es besteht die Gefahr einer Wasserstoffexplosion, die schwere Verletzungen auslösen kann.

Brennglas (11C)
Ein Vergrößerungsglas, eine Kameralinse, eine vergrößernden Taschenlampenlinse oder sogar ein konvexer Flaschenboden bündeln die Sonnenstrahlen und entfachen auf diese Weise Ihren Zunder.

Taschenlampen-Reflektor (11D)
Streuen Sie Zunder in die Mitte des Reflektors, wo sich sonst die Birne befindet. Stoßen Sie den Zunder von hinten durch das Loch an die Stelle, wo sich das Licht am heißesten bündelt, bis sich Rauch entwickelt. Bei dieser Methode läßt sich als Zunder auch eine Zigarette verwenden.

Bogen und Bohrer (Abbildung 12)
Sie sind eine sehr alte Methode des Feuermachens, aber auch in unserer Zeit sollte man sie in einer Überlebenssituation beherrschen.

Fertigen Sie eine Spindel aus Hartholz von rund 30–45 cm Länge und einem Durchmesser von etwa 2 cm (oder etwas weniger) an. Das eine Ende erhält eine Rundung, das andere eine stumpfe Spitze. Das abgerundete Ende paßt in einen Halteklotz aus Hartholz mit einem runden Gegenlager – bestreichen Sie diese Hohlstelle mit Fett oder Seife, um die Reibung möglichst gering zu halten.

Der Bogen wird aus einem etwa 90 cm langen und 2fi cm dicken Ast hergestellt. Bespannen Sie ihn mit einer starken Schnur oder einem Lederriemen (A).

Das Feuerbrett besteht aus weichem Holz von ungefähr 30 cm Länge, 7fi-15 cm Breite und 2 cm Dicke. Schnitzen Sie eine kleine runde Vertiefung in das Brett sowie von der Brettkante aus einen V-förmigen Einschnitt, der in der Mitte des Lochs endet: Er nimmt den Holzkohlenstaub auf, der sich durch die Erhitzung der Spindelspitze bildet.

Abbildung 12

Bogen und Bohrer

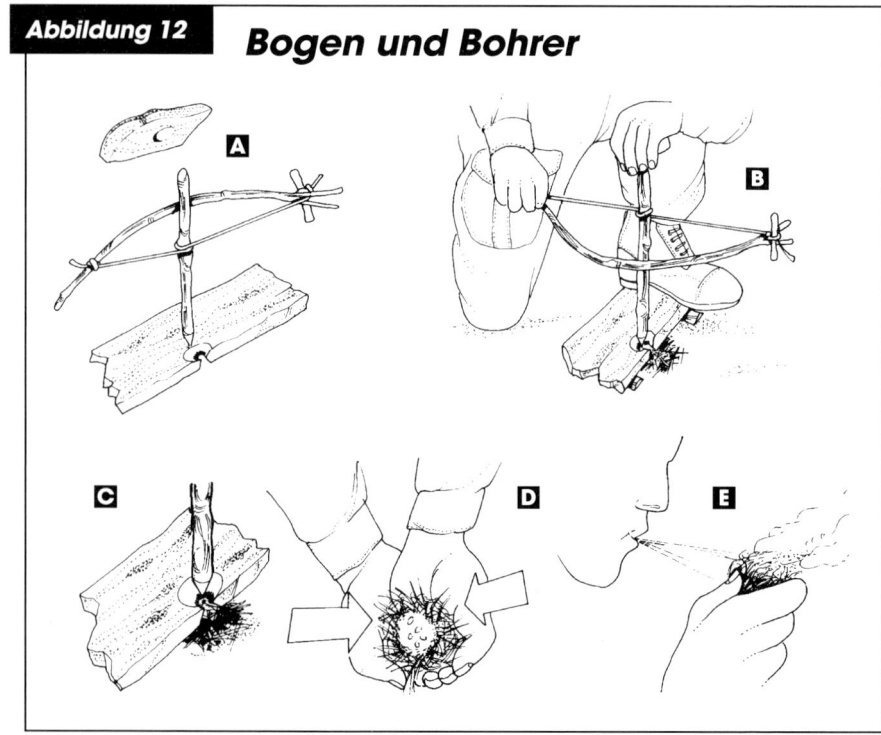

Tips für das Feuermachen

Befolgen Sie die sehr einfachen Regeln, nach denen sich auch Amerikas Elitesoldaten richten:

- *Verwenden Sie Ihre Streichhölzer nur zum Anzünden eines gut vorbereiteten Feuers – verschwenden Sie keine Streichhölzer für Zigaretten oder schlecht vorbereitete Feuer.*
- *Tragen Sie stets trockenen Zunder in einem wasserdichten Behälter bei sich.*
- *In der Arktis muß das Feuer auf einer Plattform errichtet werden, um ein Einsinken und Verlöschen zu verhindern.*
- *Eine Plattform ist auch bei Torf- oder Humusböden erforderlich, damit sich das Feuer nicht ausbreiten kann – ein schwelendes Torffeuer kann jahrelang brennen.*
- *In Wäldern ist der Boden vorher von natürlichen Abfällen zu säubern.*

Halten Sie das Feuerbrett in kniender Stellung mit einem Fuß fest. Streuen Sie unter den V-Einschnitt Zunder und schieben Sie unter das Brett zwei Stöcke, damit ein Zwischenraum zur besseren Belüftung des Zunders entsteht. Wickeln Sie die Bogensehne einmal um die Spindel und setzen Sie diese senkrecht in die Aushöhlung im Brett. Üben Sie mit dem Halteklotz Druck auf die Spindel aus und setzen Sie diese mit langgezogenen, gleichförmigen Bewegungen in Drehung, bis sich Rauch bildet (B). Erhöhen Sie die Drehgeschwindigkeit, bis dicker Rauch entsteht: Jetzt hat sich heißes Pulver gebildet, das durch Blasen zum Glühen gebracht werden kann (C).

Legen Sie nun Bogen und Spindel beiseite und streuen Sie Zunder neben die Glut (D). Verteilen Sie den Zunder rund um die Glut und bringen Sie ihn mit Blasen zum Brennen (E). Schließlich wird der brennende Zunder in eine vorbereitete Schichtung aus weiterem Zunder und feinem Anmachmaterial gelegt.

Feuerarten

Man unterscheidet – nach ihrem Verwendungszweck – verschiedene Feuertypen. Die gebräuchlichsten werden in der Abbildung 13 gezeigt. Machen Sie sich mit ihnen vertraut.

Nachtfeuer (A)

Es ermöglicht es Ihnen, unmittelbar daneben zu schlafen, ohne daß die Gefahr besteht, daß brennende Klötze gegen Sie rollen. Legen Sie dafür zwei große Klötze aus grünem Holz gegen das Feuer; damit wird brennendes Holz von Ihnen und Ihrem Unterschlupf ferngehalten. Die Durchlüftung sollte so gering als möglich gehalten werden, damit das Feuer die ganze Nacht über brennt. Beachten Sie die Position des Hitzereflektors.

Langfeuer (B)

Es wird in einem länglichen Graben angelegt; man kann sie aber auch über dem Boden aufbauen: Benutzen Sie dafür zwei parallelliegende Klötze aus grünem Holz, um die Kohle zusammenzuhalten. Die Klötze sollten mindestens 15 cm dick (je dicker, desto besser) und so angeordnet sein, daß man das Kochgeschirr darauf stellen kann. Um die Luftzufuhr zu verbessern, empfiehlt es sich, zwei etwa 2fi cm dicke Stöcke zu unterlegen.

Abbildung 13

Feuerarten

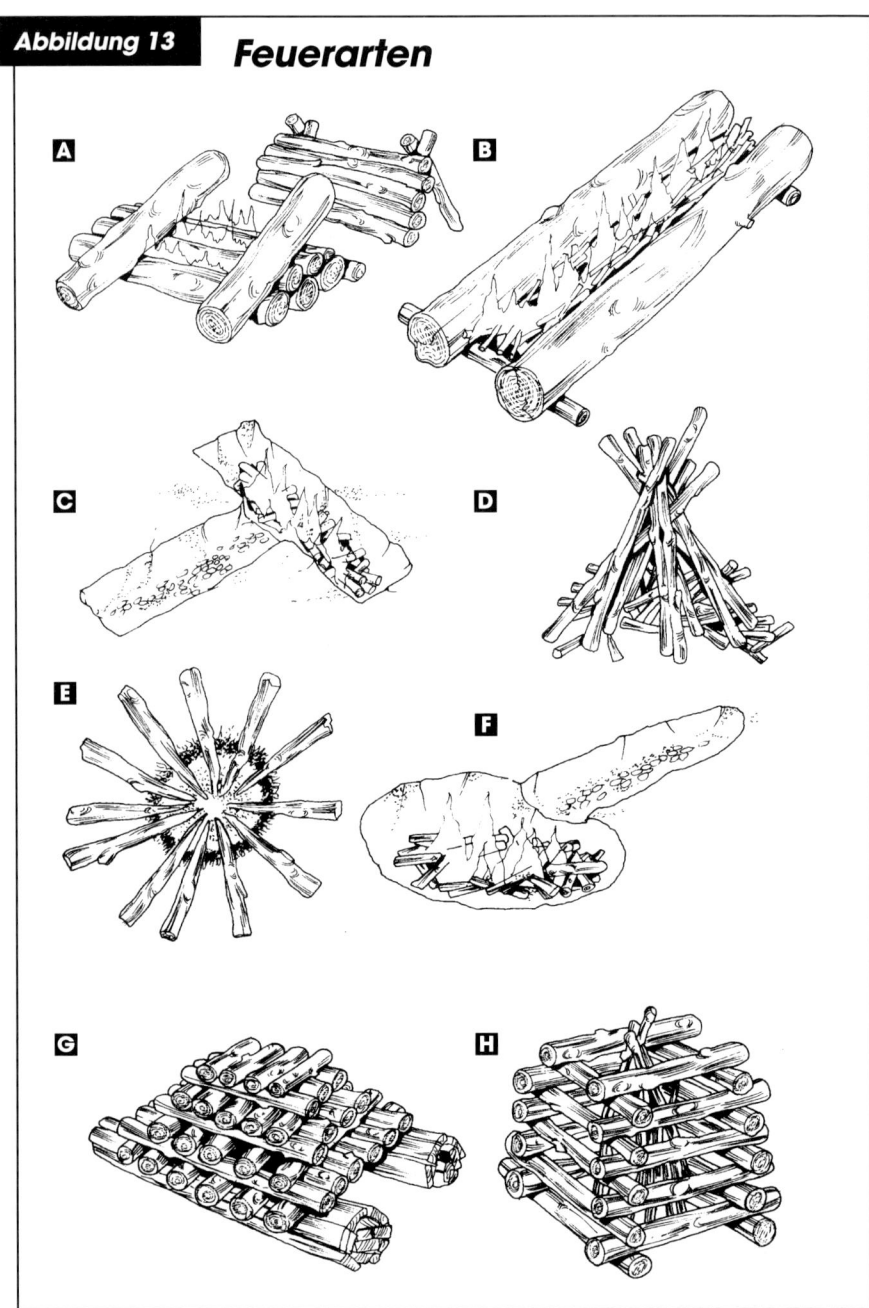

T-Feuer (C)

Es eignet sich gut zum Kochen. Das Feuer wird im oberen Quergraben unterhalten, während im unteren Teil über der Glut gekocht wird.

Tipifeuer (D)

Es eignet sich zum Kochen wie zum Wärmen – halten Sie aber genügend Brennmaterial bereit. Schütten Sie in die Mitte der Feuerstelle Zunder und stoßen Sie einen Stock in Schräglage über dem Zunder in den Boden. Bilden Sie um den Stock einen Kreis aus Anmachmaterial, und zwar mit einer dem Wind zugewandten Öffnung. Entzünden Sie das Feuer, indem Sie mit dem Körper den Wind abhalten. Das Brennmaterial wird von der dem Wind abgekehrten Seite hinzugegeben.

Sternfeuer (E)

Es spart Brennmaterial und wird dann angelegt, wenn nur ein kleines Feuer gebraucht wird. Das Feuer befindet sich in der Mitte, die Brennklötze werden nach Bedarf zugeschoben. Sie lassen sich herausziehen, wenn über der Glut gekocht werden soll. Für ein solches Feuer eignet sich am besten Hartholz.

Schlüssellochfeuer (F)

Graben Sie ein Loch in Form eines Schlüssellochs in einer vorteilhaften Richtung zum Wind; es erfüllt denselben Zweck wie ein Langfeuer.

Pyramidenfeuer (G)

Es ähnelt dem Blockhüttenfeuer, nur daß das Brennmaterial in Schichten aufliegt und nicht fachwerkartig.

Es hat eine lange Brenndauer und läßt sich auch als Nachtfeuer verwenden.

Blockhüttenfeuer (H)

Es gibt wegen der ungehinderten Sauerstoffzufuhr viel Hitze und Licht ab und eignet sich deshalb zum Kochen wie zum Signalisieren.

Transport von Feuer

Das Mitnehmen eines Feuers bei einem Standortwechsel ist in zweierlei Hinsicht von Vorteil: Erstens sparen Sie Anzündmaterial, und zweitens enthebt es Sie der Mühe, am neuen Lagerplatz ein frisches Feuer entfachen zu müssen. Feuer wurde schon zur prähistorischen Zeit transportiert, und primitivere Völker tun dies auch heute noch. Wie bei allen für das Überleben notwendigen Dingen sollten Sie auch das Herstellen von Feuerpaketen und -rollen üben, bevor Sie sie wirklich brauchen. Legen Sie immer auch eine Reserve an.

Abbildung 14 zeigt die beiden geeignetsten Methoden des Transports von Feuer. Die Feuerrollen kommen natürlich immer dann zum Einsatz, wenn kein Blechbehälter greifbar ist.

Feuerpaket (A)

Legen Sie glühende Kohlen in einen mittelgroßen Blechbehälter, streuen Sie trockenen Zunder darum, und decken Sie das Ganze mit feuchten Gräsern oder Blättern zu. Versehen Sie den Behälter mit Luftlöchern.

Feuerrolle

Sie besteht aus einem langen Stück Rinde, in dessen Mitte Sie Zundermaterial (B) legen. Drehen Sie daraus eine Rolle und binden Sie diese zusammen. Fügen Sie am einen Ende Glutstücke hinzu, damit ein Schwelbrand entsteht (C). Halten Sie die Rolle in Windrichtung (D). Falls die Rolle Feuer fängt, bringen Sie das mit Spucken oder Austreten wieder unter Kontrolle.

Es gibt noch weitere Methoden, Feuer zu transportieren: Man kann zum Beispiel ein brennendes Scheit mitnehmen, das mit Schwingen am Brennen oder Glühen gehalten wird – das allerdings erfordert viel Ausdauer und Kraft. Oder man kann glühende Kohlen in ein nicht brennbares Blatt wickeln und auf diese Weise mit sich führen. Es spricht vieles dafür, Feuer mit auf den Weg zu nehmen, nicht zuletzt deswegen, weil es die Moral stärkt. Diese Technik zu beherrschen ist von großem Vorteil.

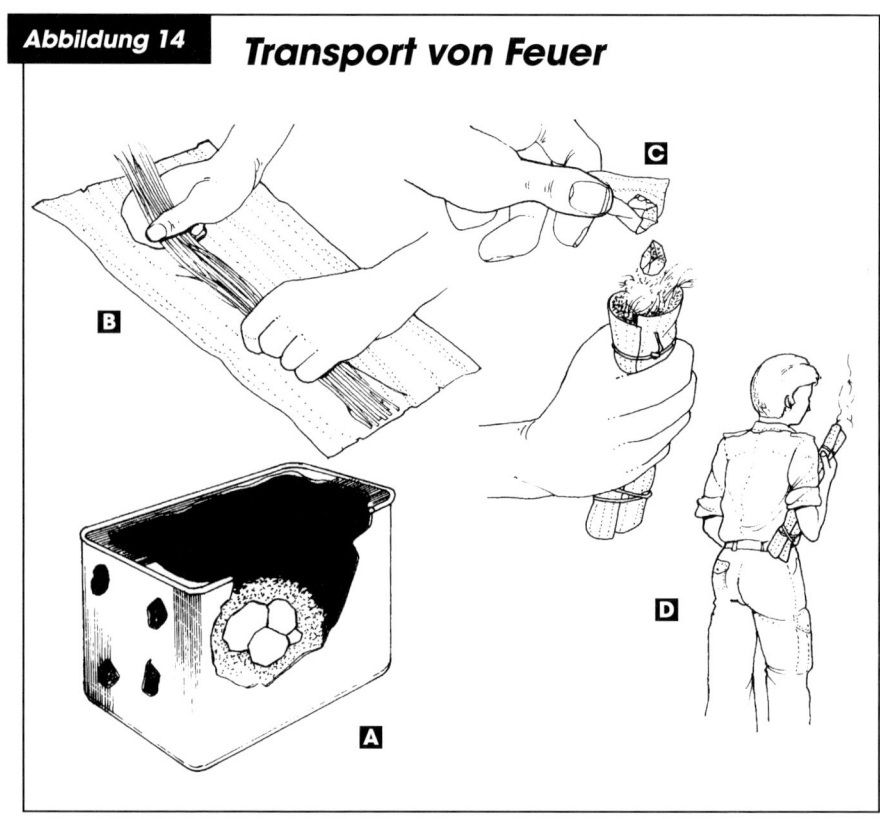

Abbildung 14 — *Transport von Feuer*

Nahrung

Pflanzliche und tierische Nahrung läßt sich immer und überall beschaffen. Beim Überlebenskampf muß man allerdings wissen, wie man Nahrung finden, erkennen, sammeln oder fangen kann. Ebenso muß man giftige und gefährliche Pflanzen und Tiere unterscheiden können.

Nahrungsmittelbedarf

Der durchschnittliche Energiebedarf pro Tag beträgt für einen Mann etwa 3000 Kalorien, für eine Frau rund 2000 Kalorien. Im Überlebensfall, der ja viel mehr Anstrengungen abverlangt, benötigen Sie natürlich mehr: 3000 bis 5000 Kalorien in warmem und 4000 bis 6000 Kalorien in kaltem Klima.

Um geistig und körperlich leistungsfähig zu bleiben, ist eine ausgewogene Ernährung notwendig. Das bedeutet, daß Sie täglich alle wichtigen Nährstoffe zu sich nehmen sollten. Dazu gehören:

Proteine: Sie sind wichtig für den Aufbau und die Heilung des Gewebes sowie als Energiequelle, wenn zu viele Anteile an Kohlehydraten und Fett vorhanden sind. Aus Proteinen bildet sich Aminosäure, die wichtig ist für das Wachstum und die Heilung von Muskeln. Proteine sind in Käse, Milch, Getreide, Fisch, Fleisch und Geflügel enthalten.

Kohlehydrate: Ihre Moleküle haben einen einfachen Aufbau und lassen sich leicht verdauen. Sie bilden die Hauptenergiequelle für den Körper. Im Überlebenskampf sollten sie die Hälfte des täglichen Kalorienbedarfs ausma-

chen. Kohlehydrate liefern Früchte, Gemüse, Schokolade, Milch und Getreide.

Fette: Sie stellen die konzentriertesten Energiequellen dar. Fette werden vom Körper abgebaut, wenn die Reserve an Kohlehydraten erschöpft ist. Fettlieferanten sind Butter, Käse, Öle, Nüsse, Eigelb, Margarine und Tierfett.

Vitamine: Sie regulieren die Lebensfunktionen des Körpers. Es gibt eine Vielzahl an Vitaminen, die sich über eine ausgewogene Ernährung beschaffen lassen.

Mineralien: Sie regulieren die Körperfunktionen und bilden wichtige Aufbaustoffe für Zähne und Knochen. Die Versorgung mit Mineralien wird wie bei den Vitaminen durch eine ausgewogene Ernährung gewährleistet.

Kochen

Unter Kochen versteht man Sieden, Schmoren, Rösten, Dämpfen und Braten: Alle diese Formen lassen sich in der Wildnis anwenden.

Sieden: Als Siedegefäße eignen sich Metallbehälter, hohle Steine (keine Steine mit hohem Feuchtigkeitsgehalt – sie können explodieren und schwere Verletzungen verursachen) und ausgehöhlte Holzstücke. Hängen Sie das

Holzgefäß über das Feuer, legen Sie erhitzte Steine ins Essen, und ersetzen Sie die erkalteten Steine durch heiße, bis das Essen siedet. Zum Kochen lassen sich auch Kokosnußschalen, Muschelschalen, Schildkrötenpanzer und gespaltener Bambus verwenden.

Schmoren: Erhitzen Sie im Feuer einen flachen Stein, und legen Sie das Fleisch darüber.

Rösten: Es eignet sich gut für Nüsse und Körner. Geben Sie diese in einen Behälter oder auf einen Stein, und erhitzen Sie sie langsam.

Backen: Bauen Sie einen behelfsmäßigen Ofen in Form einer Aushöhlung unter dem Feuer, verwenden Sie einen verschließbaren Behälter oder einen Wickel aus Blättern oder Lehm. Eine andere Backmethode besteht darin, eine Feuergrube mit trockenen Steinen auszulegen und darauf Feuer zu machen. Ent-

fernen Sie die Kohlen, sobald das Feuer niedergebrannt ist, setzen Sie den verschlossenen Behälter auf die heißen Steine, und bedecken Sie ihn mit einer Kohlen- und einer dünnen Erdschicht.

Dämpfen: Man verwendet hierfür ebenfalls eine Feuergrube. Wickeln Sie die Speise in große Blätter oder in Moos ein. Legen Sie den Wickel auf die Kohlen, decken Sie ihn mit Blättern und Moos zu, legen Sie wieder eine Schicht Speise auf und bedecken Sie diese wiederum mit Blättern und Moos. Füllen Sie die Grube auf diese Weise an. Stoßen Sie dann einen Stock durch sämtliche Schichten und versiegeln Sie die Grube mit Erde.

Braten: Gebraten wird mit Hilfe eines Spießes über offenem Feuer. Diese Methode eignet sich vor allem für Geflügel und kleinere Tiere.

Tips des britischen SAS

Überlebensküche

Die Soldaten des SAS können selbst aus den exotischsten und scheinbar ungenießbaren Geschöpfen schmackhafte und nahrhafte Mahlzeiten zubereiten.

- **Fleisch:** *In kleine Würfel schneiden und sieden. Bei Schweinefleisch ist in warmem Klima Vorsicht geboten; Wildschweine sind von Würmern und Leberegeln befallen, dasselbe kann für Wildbret gelten.*

- **Fische:** *Sie sind, in frischem Wasser gefangen, normalerweise frei von Krankheitserregern. Dämpfen, oder in Blätter eingewickelt backen.*

- **Vögel:** *Alle Aasfresser sieden; junge Vögel können auch gebraten werden.*

- **Reptilien:** *Ausnehmen und mit der Haut in heiße Glut legen; dann die aufgeplatzte Haut entfernen und das Fleisch sieden; den Kopf einer Schlange vor dem Kochen wegschneiden – einige besitzen Giftdrüsen. Frösche häuten (einige haben eine giftige Haut) und an einem Stock braten.*

- **Schildkröten:** *Sieden, bis sich der Panzer löst; das Fleisch zerschneiden und kochen.*

- **Schalentiere:** *Krabben, Hummer, Garnelen, Krebse sieden, um schädliche Organismen abzutöten; alle Meeresfrüchte verderben schnell – deshalb möglichst bald kochen.*

- **Insekten und Würmer:** *Kochen oder auf einem heißen Stein rösten; danach zerdrücken und zu Pulver mahlen, dieses als Beigabe zu Suppen und Eintopfgerichten verwenden.*

Tips des US-HEERES

Geschmackstest

Wenden Sie den unten beschriebenen Test an, um sicherzugehen, ob eine Pflanze genossen werden kann.

Doch Vorsicht: BEI PILZEN IST DIESER TEST NICHT ANWENDBAR!

■ *Testen Sie jeweils nur einen Teil der Pflanze auf einmal.*

■ *Zerteilen Sie die Pflanze in ihre Bestandteile: Blätter, Stiel, Wurzeln und dergleichen.*

■ *Stellen Sie fest, ob die Pflanze übel oder durchdringend riecht.*

■ *Essen Sie acht Stunden vor dem Test nichts mehr.*

■ *Klemmen Sie während dieser Zeit ein Exemplar der Pflanze in die Armbeuge, oder legen Sie sie auf das Handgelenk: 15 Minuten genügen bereits, um eine Reaktion festzustellen.*

■ *Nehmen Sie während der Testperiode nichts außer Wasser und die zu untersuchende Pflanze in den Mund.*

■ *Nehmen Sie nur eine geringe Menge vom Testgut.*

■ *Halten Sie das Pflanzenteil, bevor Sie es in den Mund nehmen, zuerst außen an die Lippen, um festzustellen, ob es brennt oder juckt.*

■ *Wenn nach drei Minuten keine Reaktion erfolgt, können Sie es auf die Zunge legen und während 15 Minuten dort belassen.*

■ *Erfolgt keine Reaktion, so kauen Sie ein Stückchen vollständig durch und behalten Sie es während 15 Minuten im Mund.* **Nicht hinunterschlucken!**

■ *Schlucken Sie schließlich die Probe hinunter, wenn während der ganzen Zeit keinerlei Reizungen aufgetreten sind.*

■ *Lassen Sie acht Stunden verstreichen. Entleeren Sie Ihren Magen durch Erbrechen, und trinken Sie große Mengen Wasser, sobald irgendwelche Unpäßlichkeiten auftreten sollten.*

■ *Essen Sie eine halbe Portion desselben Pflanzengerichts, und warten Sie wiederum acht Stunden. Wenn auch dann noch keine gesundheitlichen Störungen auftreten, so ist die auf diese Weise überprüfte Pflanze genießbar.*

Pflanzliche Nahrung

In allen Erdteilen gibt es Tausende eßbarer Pflanzen. Wer überleben will, sollte sich in dem Gebiet, in dem er sich aufhält, genau umschauen. Abbildung 15 zeigt einige der bekanntesten Pflanzen, die gegessen werden können. Bei unbekannten Gewächsen ist zuerst ein Geschmackstest vorzunehmen (siehe Kasten). Wichtig ist dabei, daß *alle* Pflanzenteile untersucht werden – bei manchen Pflanzen sind oft nur gewisse Teile genießbar.

Eßbare Pflanzenteile unter der Erde

Knollen finden sich gewöhnlich in der Erde. Sie enthalten einen großen Anteil an Stärke und sollten gebraten oder gesotten werden. Zu den Knollenpflanzen gehören Pfeilkraut (K), Saumfarn, Yams, Lieschgras (L), Erdmandel und Süßkartoffel.

Wurzeln und Wurzelstiele sind sehr stärkehaltig. Zu den Pflanzen mit eßbaren Wurzelstielen gehören Baobab, Goabohne, Froschlöffel, Farnkraut, Rentiermoos, Bärenklau (I), Schlangenwurz, Nabelflechte, Blumenrohr, Lieschgras, Wegwarte (Weiße Zichorie), Meerrettich, Baumfarn (M&N), Lotus, Angelika (O) und Seerose.

Warnung

Viele Pilze sind zwar genießbar, andere aber tödlich giftig. Das Thema wird weiter unten behandelt; doch schon jetzt sei davor gewarnt, Pilze als mögliche Nahrungsquelle in Betracht zu ziehen.

Zwiebeln sind zum Teil giftig, zum Beispiel Kamaswurzel (erkennbar an weißen oder gelben Blüten), andere wiederum sind eßbar, zum Beispiel Lilie, Tulpe, wilde Zwiebel (J), Camassie und Tigerlilie.

Eßbare Sprößlinge sind in ihrer Wachstumsform mit Spargel vergleichbar. Etliche können roh verzehrt werden, obschon sie gesotten besser schmecken.

Die Sprößlinge folgender Pflanzen sind genießbar: Portulak, Rentiermoos, Bambus, Fischschwanzpalme, Goabohne, Farnkraut, Schilfpalme, Wilder Rhabarber, Lieschgras, Sagopalme, Nabelflechte, Papaya, Zuckerrohr und Lotoslilie.

Pflanzen mit eßbaren Blättern

Sie bilden wahrscheinlich die umfangreichste Gruppe unter den genießbaren Pflanzen. Dazu gehören: Löwenzahn (A), Afterkreuzkraut (F), Schwanzrübe (B–D), Sauerampfer (E) und Nessel (H). Ferner lassen sich alle jungen, zarten Blätter ungiftiger Pflanzen genießen.

Einige Gewächse mit eßbaren Blättern weisen auch ein genießbares Mark auf, zum Beispiel Fischschwanzpalme, Sago, Kokosnuß, Schilfpalme und Zuckerrohr.

Innenseite von Baumrinden

Die Schicht unmittelbar über dem Holz kann roh gegessen werden. Dies gilt nicht für die äußere Rinde, die sehr viel Gerbsäure enthält.

Blütenteile

Zu den Gewächsen mit eßbaren Blüten zählen Wildrose (G), Koloquinte, Papaya, Banane, Meerrettich, Kapernstrauch und Luffaschwamm. Die Pollen haben das Aussehen von gelbem Staub und sind sehr nährstoffreich.

Früchte (Abbildung 16)

Es gibt eine Vielzahl eßbarer Früchte, sowohl süße als auch nichtsüße (Gemüse). Zu den süßen Früchten gehören Holzäpfel (A), wilde Erdbeeren (B), wilde Kirschen (C), Brombeeren (D), Schwarze Krähenbeeren (E) und Preiselbeeren (F). Zu den Gemüsefrüchten zählen Brotfrucht, Meerrettich, Vogelbeere (G&H) und Kapernstrauchfrucht.

Samen und Körner

Die Körner aller Getreidearten und mancher Gräser enthalten viel pflanzliches Protein. Zerrieben und mit Wasser vermischt, läßt sich daraus ein Brei zubereiten. Zu den Pflanzen mit eßbaren Samen und Körnern gehören Amarant, Hirse, Reis, Bambus, Nipapalme, Tamarinde, Schraubenpalme, Seerose und Portulak.

Abbildung 15

Eßbare Pflanzen

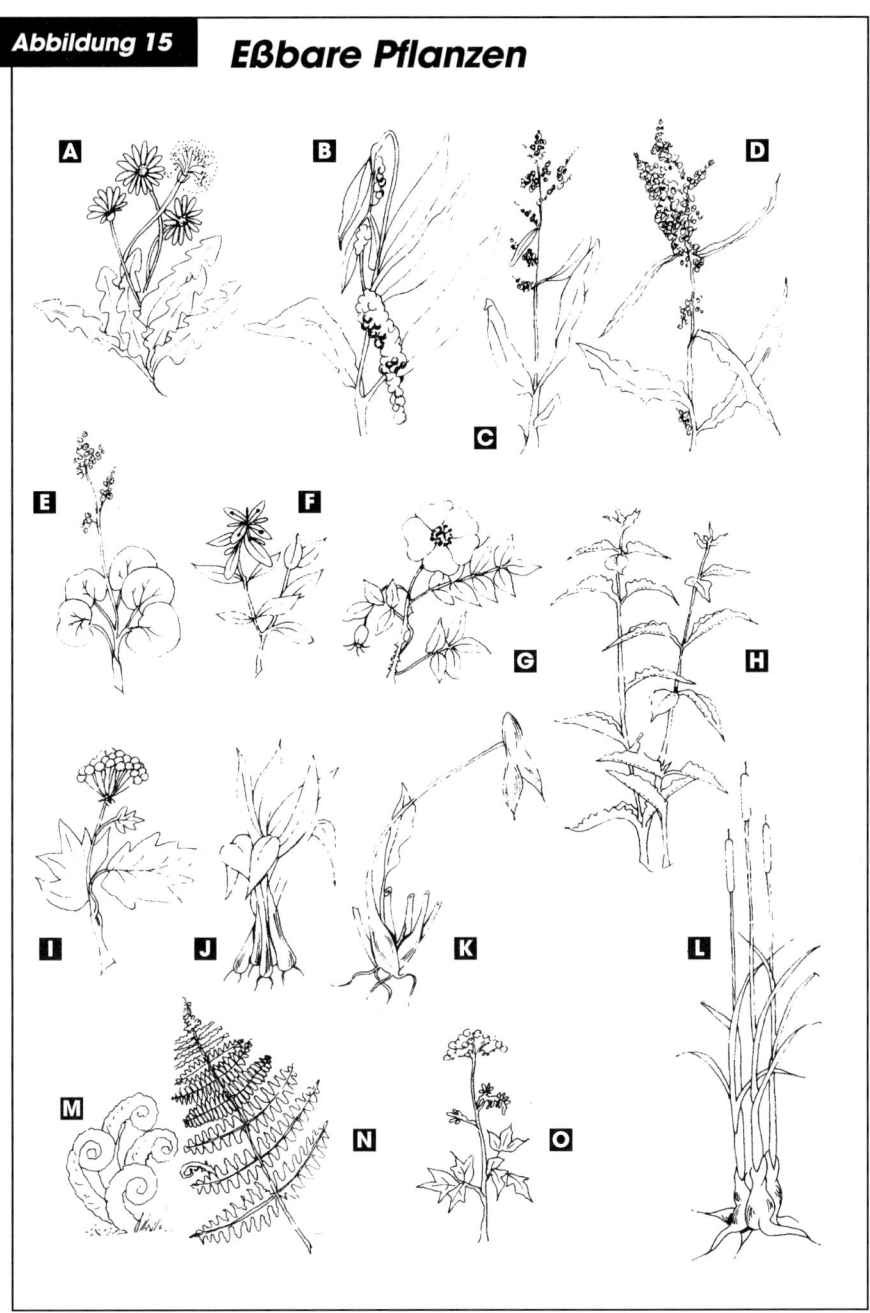

Abbildung 16

Früchte

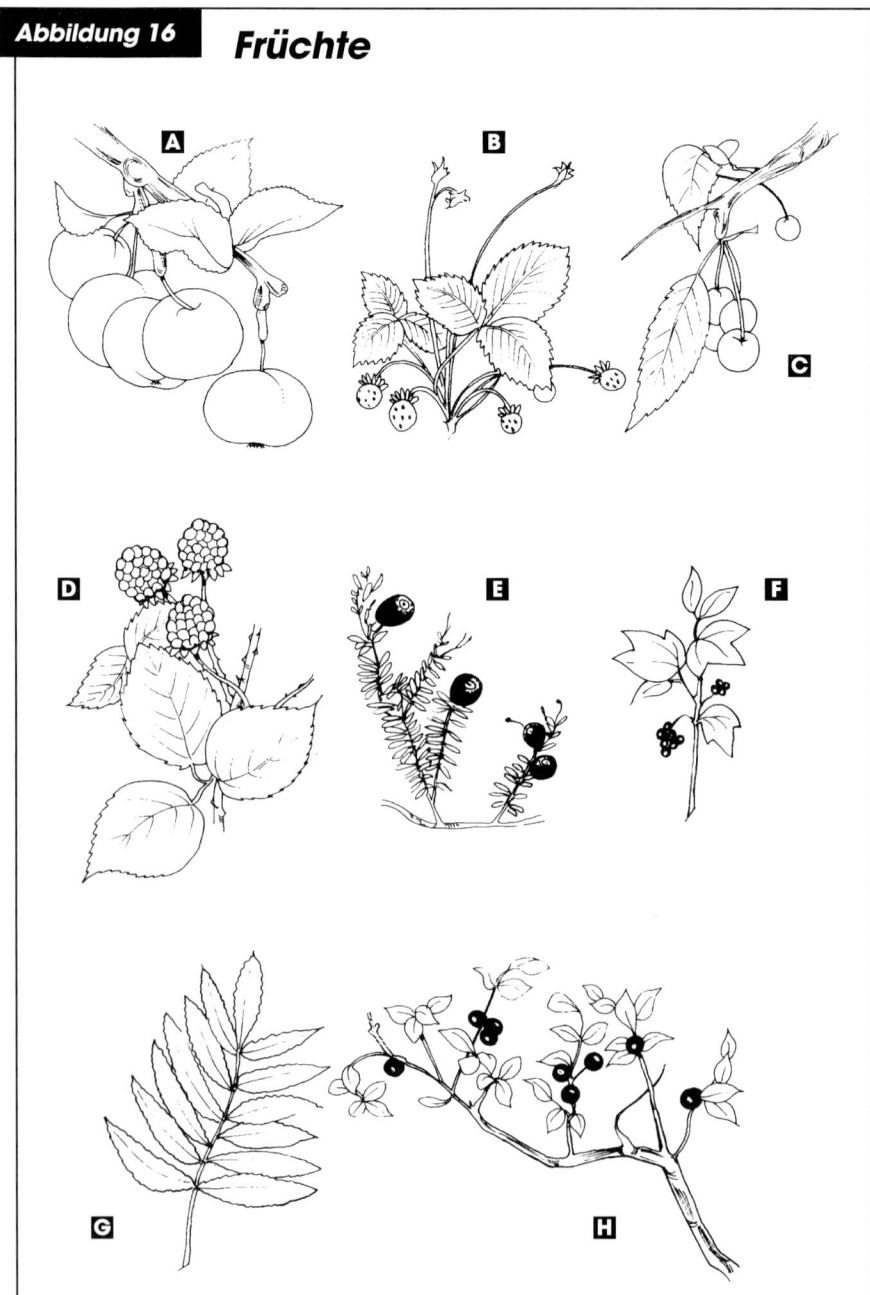

Nüsse (Abbildung 17)

Sie sind gute Proteinlieferanten. Die meisten lassen sich roh essen, einige jedoch, zum Beispiel Eicheln (D), sind gekocht bekömmlicher. Eßbare Nüssen sind Mandeln (B&H), Wassernuß (A), Bucheckern (F), Eicheln, Pinien (I), Kastanien (G), Acajounüsse (C), Haselnüsse (E) und Walnüsse.

Mark oder Fruchtfleisch: Das die Kerne umgebende Fruchtfleisch oder Mark bildet oft den einzigen genießbaren Teil vieler Pflanzen. Hierher gehören Annone, Brotfrucht und Tamarinde.

Gummiharz und Harz

Beides sind Säfte, die sich an den Außenseiten von Pflanzen ansammeln und dort erstarren. Sie sind sehr nahrhaft.

Säfte: Rankengewächse und andere Pflanzen enthalten Flüssigkeit, die unter Umständen genossen werden kann. Schneiden Sie den Blütenstengel ab, und lassen Sie die sehr nahrhafte Flüssigkeit in einen Behälter laufen. Zu den Pflanzen, deren Saft genossen werden kann, gehören:

WASSER: Akazie, Koloquinte, Agave, Saxaul, Schilfpalme, Kaktus und Rebe.

SAFT: Kokosnußpalme, Fischschwanzpalme, Sagopalme, Zuckerpalme und weitere Palmenarten.

Giftige Pflanzen

Abbildung 18 zeigt die bekanntesten und verbreitetsten Giftpflanzen, die Sie kennen müssen. Dies gilt im besonderen für Schierling und Wasserschierling – zwei der giftigsten Pflanzen überhaupt.

Abbildung 17 **Nüsse**

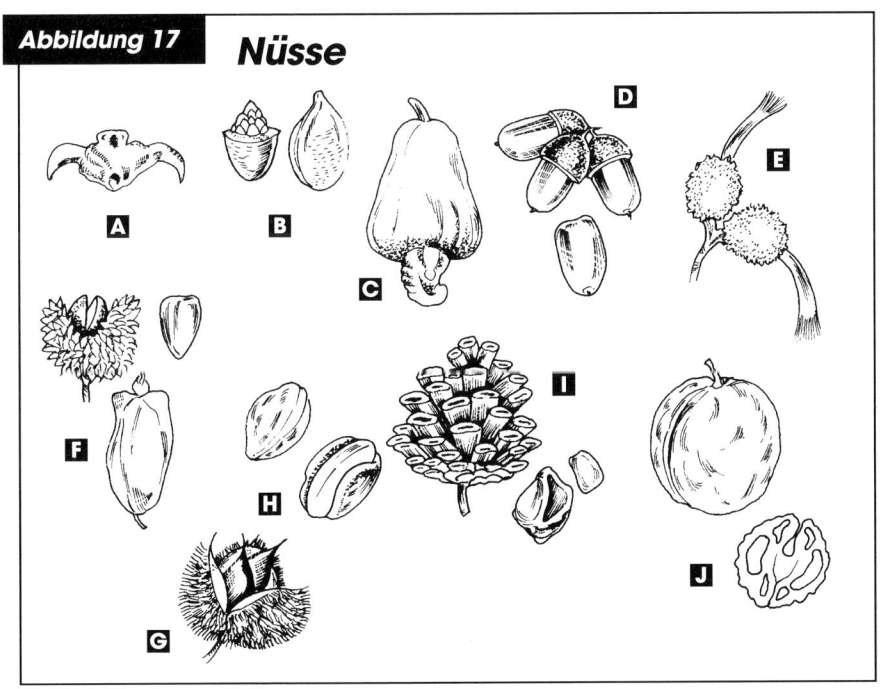

Wasserschierling (G)

Aussehen: Purpurgestreifte Stiele, hohle Wurzeltriebe (I), kleine, zwei- bis dreifach gelappte, gezahnte Blätter und kleine weiße Blüten.

Vorkommen: In Wassernähe auf der ganzen Welt.

Geruch: Unangenehm. *TÖDLICH.*

Schierling

Aussehen: Bis zu 2 m hoch, vielfach verzweigt. Hohle purpurgepunktete Stiele, grobgezahnte Blätter, auf der Unterseite heller. Dichte Büschel winziger weißer Blüten, weiße Wurzeln.

Vorkommen: Ödes Grasland auf der ganzen Welt.

Geruch: Unangenehm. *TÖDLICH.*

Giftsumach

Aussehen: Dreigeteilte Blätter, grünliche Blüten und weiße Beeren (Kontaktgift – nicht berühren!).

Vorkommen: Bewaldete Gebiete in Nordamerika.

Christophskraut (A)

Aussehen: Blätter bestehen aus mehreren gezahnten Blättchen. Kleine weiße Blüten, büschelweise an Stengelspitzen, weiße oder schwarze Beeren.

Vorkommen: Vor allem in Wäldern.

Amerikanischer Lacksumach

Aussehen: Unbehaarte, ovale Blättchen, sich paarweise gegenüberliegend, dunkelgefleckte, glatte Rinde, weiße Beeren in Büschelform (Kontaktgift – nicht berühren!).

Vorkommen: Sumpfgebiete im Südosten Nordamerikas.

Kamaswurzel (C)

Aussehen: Lange, streifenförmige Blätter, locker verteilte Büschel mit grünlich- weißen, sechsteiligen Blüten.

Vorkommen: Grasige, steinige und leicht bewaldete Gebiete in Nordamerika. *TÖDLICH.*

Stechapfel oder Jimson Weed

Aussehen: Gezackte, ovale Blätter, einzelne, große, trompetenförmige, weiße Blüte, stachelige Frucht.

Vorkommen: In den meisten Gebieten mit gemäßigtem Klima, auch Tropen.

Geruch: Widerwärtig. *TÖDLICH.*

Fingerhut

Aussehen: Tiefangesetzte Blätter mit einer großen blättrigen Ähre purpurner, rosaroter oder gelber röhrenförmiger Blüten.

Vorkommen: Öde Gebiete auf der ganzen Welt. *HOCHGIFTIG.*

Eisenhut (D)

Aussehen: Palmenförmige, stark zergliederte Blätter, behaarte, helmartige, purpurrötlich-blaue oder gelbe Blüten.

Vorkommen: Feuchte Wälder und schattige Gebiete. *SEHR GIFTIG.*

Tollkirsche

Aussehen: Ovale Blätter, solitäre, glockenförmige, purpurrötliche oder grünliche Blüten, glänzend schwarze Beeren.

Vorkommen: Wald- und Buschgebiete in Europa. *SEHR GIFTIG.*

Butterblume oder Hahnenfuß (B)

Aussehen: Glänzende, wächserne, hellgelbe Blüten mit fünf oder mehr sich überlappenden Blütenblättern.

Vorkommen: Gemäßigtes und arktisches Klima.

KANN SCHWERE ENTZÜNDUNGEN IM DARMTRAKT HERVORRUFEN.

Lupine (F)

Aussehen: Kleine Blättchen, palm- oder radspeichenförmig angeordnet. Blütenähren mit blauen, violetten, manchmal rosaroten, weißen oder gelben Blüten.

Abbildung 18

Giftige Pflanzen

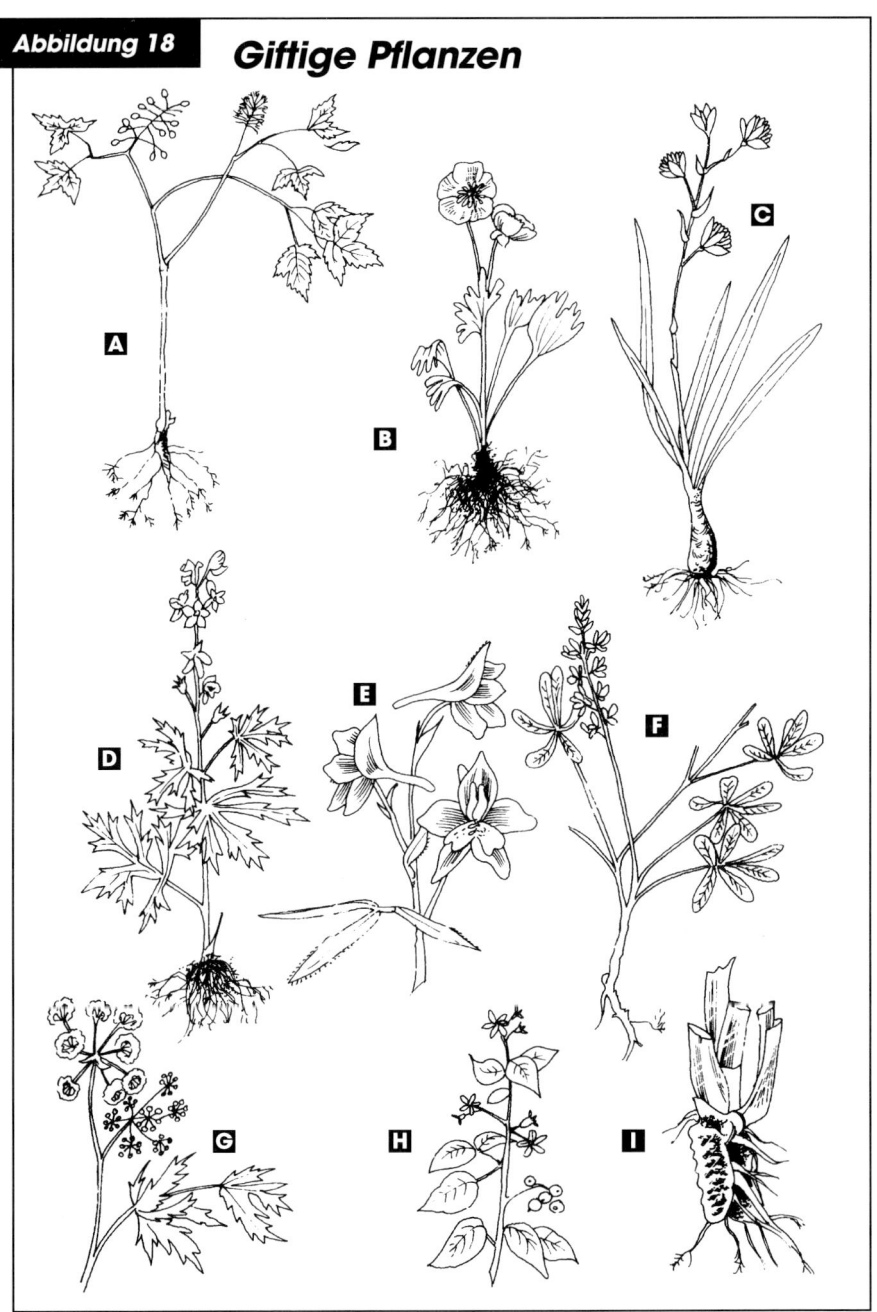

Vorkommen: Lichtungen oder mit Gras bewachsene Plätze im gemäßigten Klima. *TÖDLICH.*

Wicke oder Narrenkraut

Aussehen: Viele lanzenförmige Blättchen, sich paarweise gegenüberliegend, prächtiger fünfblättriger Blütenstand mit gelblichweißen, rosaroten bis blaßlilafarbenen und purpurnen Blüten.

Vorkommen: Grasland und Bergwiesen. *SEHR GIFTIG.*

Rittersporn (E)

Aussehen: Speichenförmig angeordnete Blättchen, dunkelpurpurne oder blaue Blüten.

Vorkommen: Fast überall. *SEHR GIFTIG.*

Bilsenkraut

Aussehen: Klebrig behaart, gezahnte, ovale Blätter, cremefarbene Blüten mit purpurnen Streifen.

Vorkommen: Nackte Böden, oft an Meeresstränden.

Geruch: Widerlich. *TÖDLICH.*

Beeren von Nachtschattengewächsen (H)

Aussehen: Beeren reifen von Grün bis Schwarz, Rot, Gelb oder Weiß. Die Pflanzen sind büschelig, die Blätter normalerweise langstielig und lanzenförmig.

MEIDEN.

Genießbare Pilze

Bodenpilze (Abbildung 19)

Folgende Pilze können gegessen werden:

Riesenbovist (F)

Aussehen: Fußballähnlich. Etwa 30 cm breit, weiß und ledrig, wird im Alter gelb.

Röhrling oder Boletus (D, I&J)

Aussehen: Bräunlicher Hut, dicker Stiel und weißes Fleisch. Ihm ähnlich ist der Butterpilz oder Goldröhrling (A).

Herbst- oder Totentrompete (B)

Aussehen: Horn- oder trichterförmig. Rauher, gekrauster, dunkelbrauner Hut und glatter, sich verjüngender, grauer Stiel.

Semmelstoppelpilz (C)

Aussehen: Hat anstelle von Lamellen oder Poren Stacheln.

Baumpilze (Abbildung 19):

Die hier angeführten, an Bäumen wachsenden Pilze sind genießbar.

Gemeiner Leberpilz (G)

Aussehen: Oben rötlich, unten rosa, rauh strukturiert, einer großen Zunge ähnlich mit blutfarbenem Saft. Geschmack herb und bitter.

Vorsicht

**Pilze können keinem Geschmackstest unterworfen werden.
Tödlich giftige Pilze weisen keinen unangenehmen Geschmack auf,
und die Vergiftungssymptome können erst nach Stunden auftreten.**

**Für Pilzvergiftungen gibt es keine Gegenmittel:
Sie müssen deshalb jeden Pilz eindeutig identifizieren –
oder andernfalls stehen lassen.**

Ständerpilz

Aussehen: Leuchtend orange-gelb, verblaßt zu gelbbraun. Schwammig-poröses, gelbliches Fleisch.

Goldgelber Zitterling (H)

Aussehen: In der Form einem Gehirn oder einer Koralle ähnlich.

Schwefelporling (E)

Aussehen: Zitronengelb bis gelb.

Abbildung 19

Genießbare Pilze

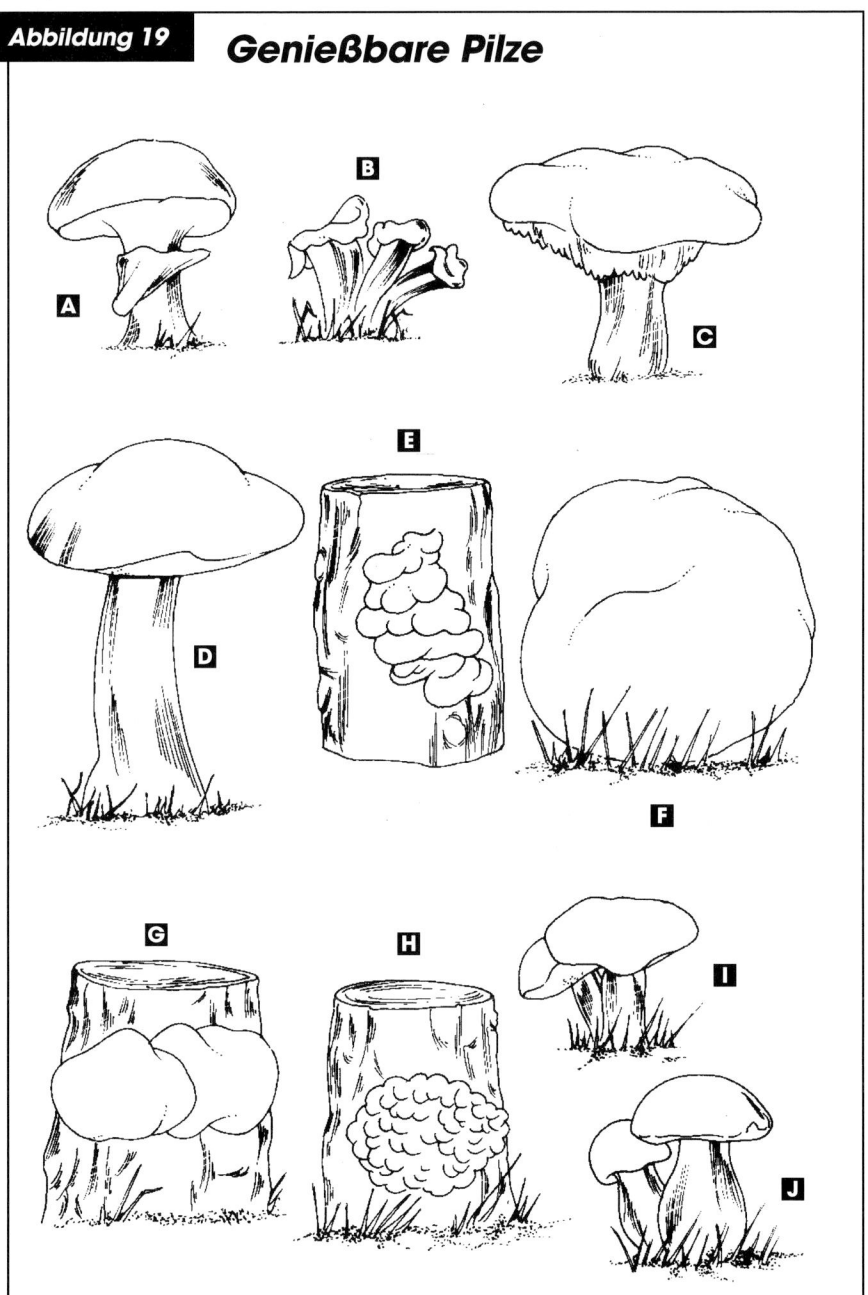

Tips des britischen SAS

Erkennen von genießbaren Pilzen

Beim Pilzesammeln ist äußerste Sorgfalt geboten. Befolgen Sie die Ratschläge des SAS:

- Lassen Sie die Finger von allen Pilzen mit weißen Lamellen, einem kelchförmigen Fortsatz (Scheide) an der Stielbasis und mit Ringen am Stiel.
- Lassen Sie alle Pilze stehen, die wurmstichig sind oder faulige Stellen aufweisen.
- Lassen Sie alle Pilze stehen, die Sie nicht eindeutig als genießbar identifizieren können.

Giftige Pilze

Die hier beschriebenen Giftpilze (Abbildung 20) dürfen *nicht* gegessen werden:

Karbolegerling
Aussehen: Stiel verfärbt sich bei Berühren gelb, an der Basis kräftig gelb.
Geruch: Riecht nach Karbol. *MEIDEN.*

Spitzhütiger Knollenblätterpilz (A)
Aussehen: Total weiß, mit großer Scheide, schuppiger Stiel, Hut mit einem Durchmesser von bis zu 12 cm.
Geruch: Süßlich, unangenehm.
TÖDLICH.

Grüner Knollenblätterpilz (B)
Aussehen: Grünlich-olivfarbener Hut mit einem Durchmesser von bis zu 12 cm, blasser Stiel, große Scheide (C&D), weiße Lamellen und weißes Fleisch.
TÖDLICH.

Fliegenpilz (E)
Aussehen: Leuchtend roter Hut mit weißen Tupfen, große Scheide (F-I), Durchmesser bis zu 22 cm.
TÖDLICH.

Pantherpilz (J)
Aussehen: Bräunlicher Hut mit weißen Tupfen, Durchmesser bis zu 8 cm, weiße Lamellen und zwei- bis dreiblättrige Ringe an der Stielbasis. *TÖDLICH.*

Riesenrötling

Aussehen: Matt, grau-weiß, stark konvexer Hut, Durchmesser bis zu 12 cm. Gelbliche bis lachsfarbene Lamellen und festes weißes Fleisch.
Geruch: Nach Bittermandeln und Rettich.
TÖDLICH.

Seetang (Abbildung 21)

Genießbarer Tang findet sich in seichtem Wasser am Fuß von Felsen, aber auch frei auf dem offenen Meer treibend. Meersalat (A) ist hellgrün, Riementang (B) olivgrün, Zuckertang (C) hat lange, flache, gelbbraune Wedel, Irisches Moos (D) purpurfarbene bis olivgrüne Wedel, Speiserotalge (E) ist purpurrot, und Purpurtang (F) besitzt rote, ins Purpurne gehende oder braune Wedel.

Tierische Nahrung

Bei der Beschaffung tierischer Nahrung sollte folgender Grundsatz gelten: Vergeuden Sie dabei nicht mehr Energie, als Sie Energie gewinnen. Wer Tiere als Nahrungsquelle nutzen möchte, muß sich die hierfür erforderliche Geschicklichkeit im Jagen und Fallenstellen aneignen.

Sie müssen wissen, welche Tiere es in der Gegend gibt, in der Sie sich aufhalten, welche

Abbildung 20

Giftige Pilze

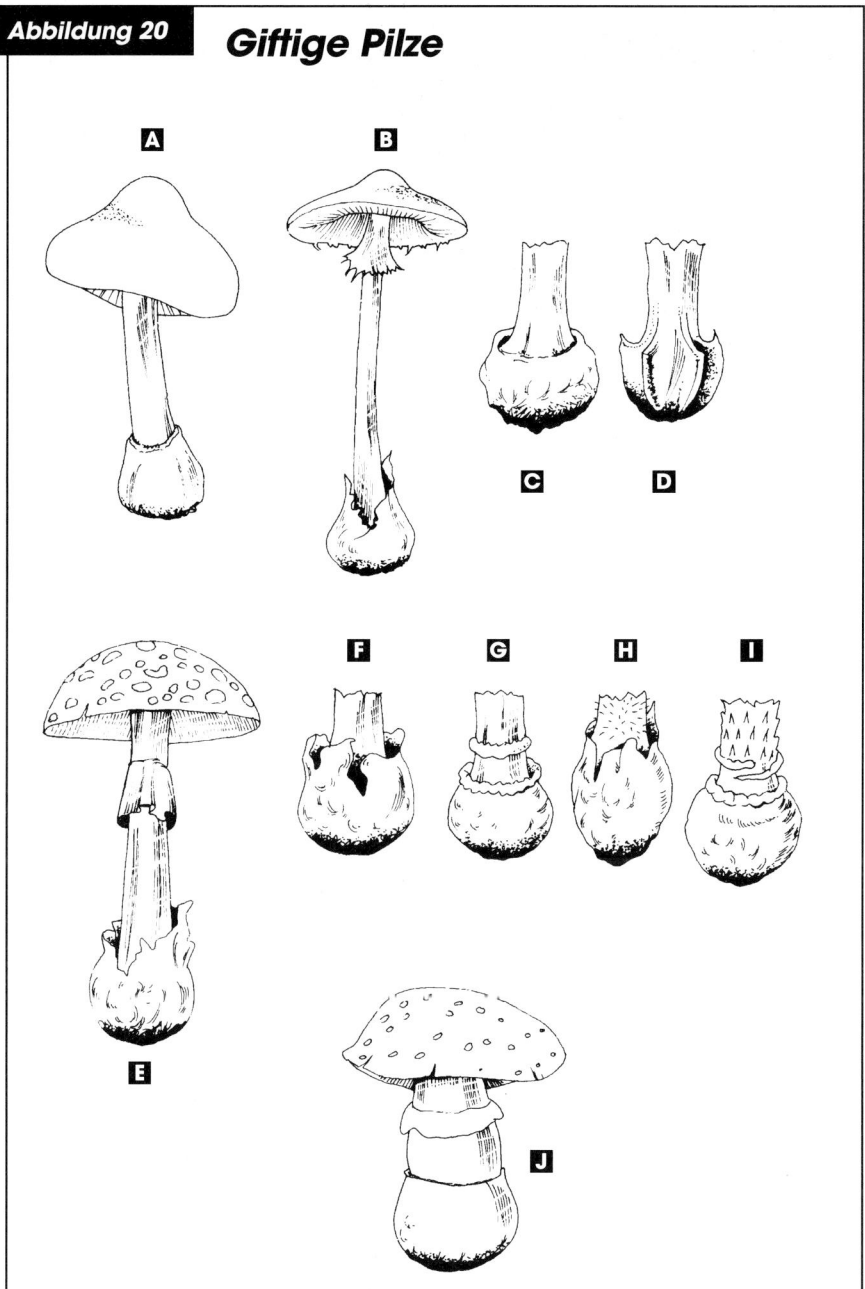

Abbildung 21

Eßbarer Tang

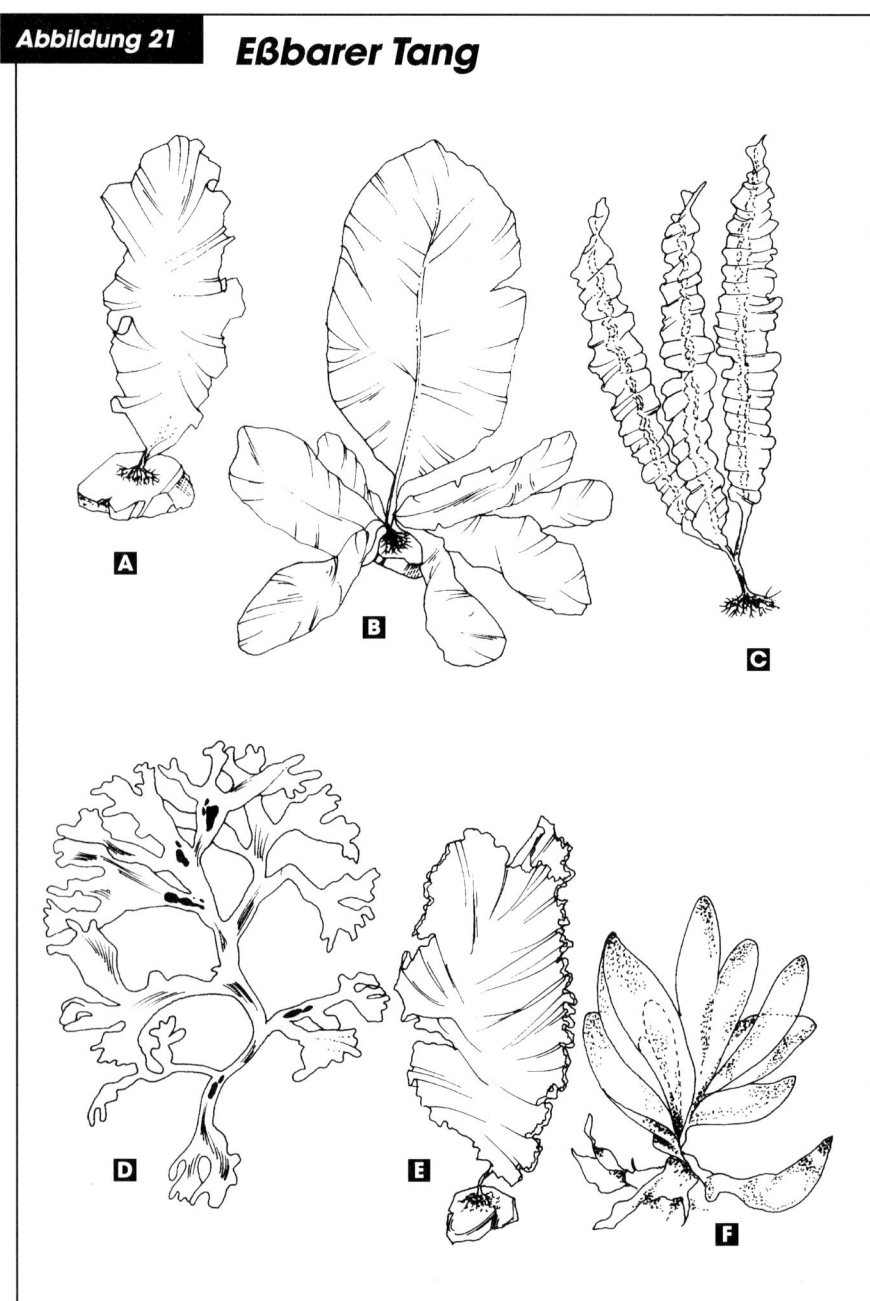

Spuren sie hinterlassen (Abbildung 22), was für Gewohnheiten sie haben, und wo sich ihre Ruheplätze befinden.

Ausgewachsene weibliche Tiere geben das beste und meiste Fleisch, aber jedes andere Tier kann als Fleischlieferant in Frage kommen. Wenn keine Schußwaffe zur Verfügung steht, sind Sie zum Beutemachen auf Schlingen und Fallen angewiesen, mit denen Sie kleinere Tiere und Vögel fangen können.

Beachten Sie die folgenden Regeln, wenn Sie eine Schußwaffe besitzen:

Bewegen Sie sich so geräuschlos und langsam als möglich; bleiben Sie von Zeit zu Zeit stehen und lauschen Sie; seien Sie aufmerksam; jagen Sie gegen den Wind oder quer dazu; nutzen Sie, wo immer Sie können, das Gelände zur Deckung. Lassen Sie sich nicht durch eine unvermutete Begegnung überraschen – dies kann zu Fehlschüssen führen.

Tiere fangen

Säugetiere sind im Überlebenskampf eine willkommene Nahrungsquelle. Man unterscheidet folgende Gruppen:

Wildkatzen: Sie gibt es von Hauskatzen aufwärts bis hin zur Größe von Löwen und Tigern. Große Katzen können nur mit dem Gewehr gejagt werden, kleinere lassen sich mit kräftigen Schlingen fangen.

Wildhunde: Sie können mit Schlingen gefangen werden. Ihr Biß ist gefährlich – geben Sie also acht.

Bären: Ihnen geht man am besten aus dem Weg. Diese großen, starken Tiere sind über kurze Strecken so schnell wie ein Pferd und können Menschen mit Leichtigkeit töten. Halten Sie sich auch von jungen Bären fern, da das Muttertier stets in der Nähe ist, und denken Sie daran, daß ein verwundeter Bär äußerst gefährlich ist. Jagen Sie – wenn überhaupt – einen Bären nur mit der Schußwaffe.

Tips der KANADISCHEN SPEZIALEINHEITEN

Verhalten auf der Jagd

Kanadas Elitetruppen verstehen es meisterhaft, in den Eiswüsten ihres Landes Tiere als Nahrung zu beschaffen, da sie mit deren Gewohnheiten vertraut sind.

- *Die Tiere selbst sind verunsichert, wenn sie einen Menschen zu Gesicht bekommen: Stehen Sie still, bewegen Sie sich behutsam. Falls Sie eine Schußwaffe besitzen, muß der erste Schuß treffen.*
- *Wildwechsel geben Hinweise auf ein häufiges Vorkommen von Tieren.*
- *Aus Spuren lassen sich Tierart, Größe, Alter und Geschlecht lesen.*
- *Exkremente geben Hinweise auf Art und Größe eines Tieres.*
- *Weidegründe und Wasserstellen sind gute Jagdplätze während der Morgen- und Abenddämmerung. Auf den zuführenden Pfaden lassen sich Schlingen und Fallen auslegen.*
- *In der Umgebung von Bauen, Schlupflöchern und Futterverstecken lohnt es sich besonders, Schlingen auszulegen.*

Der Schuß muß sofort töten, schießen Sie deshalb ins Gehirn. Man kann Bären auch mit einer Baumfalle oder einer Speerfalle erlegen, dabei ist aber sicherzugehen, daß sie tödlich wirken. Im Grunde lohnt es sich nicht, die Mühe einer Bärenjagd auf sich zu nehmen.

Wiesel, Hermeline, Nerze, Marder, Iltisse: Vorsicht vor ihren scharfen Zähnen. Sie können mit Schlingen und Baumfallen gefangen werden.

Vielfraße: Sie ähneln dem Dachs. Nur mit einer Schußwaffe angehen oder mit einer Schlinge fangen.

Dachse: Sie sind sehr bissig; man fängt sie mit Schlingen und Baumfallen.

Rinder: Größere Rinder, vor allem Bullen, können gefährlich werden. Verwenden Sie nur sehr starke Schlingen oder Fallen.

Rehwild und Antilopen: Vorsicht vor ihrem Gehörn – es kann schwere Verwundungen beibringen.

Wildschweine: Ihre Hauer können schwere Wunden verursachen. Man kann sie mit starken Schlingen, Baum- und Speerfallen fangen.

Nagetiere. Hasen sind leicht mit Schlingen zu fangen.

Reptilien: Sie können eine wertvolle Nahrungsquelle darstellen. Einige Arten sind allerdings sehr gefährlich und werden am besten in Ruhe gelassen, zum Beispiel Krokodile, Alligatoren, Gila-Krustenechsen oder Skorpionskrustenechsen (Krustenechsen sind giftig). Kröten nicht essen – sie sondern giftigen Hautschleim ab.

Schlangen: Betrachten Sie alle Schlangen als gefährlich und giftig, selbst wenn sie es nicht sein sollten. Verwenden Sie einen gegabelten Stock, um sie unmittelbar hinter dem Kopf niederzuhalten. Erschlagen Sie sie mit einem zweiten Stock mit einem Hieb auf den Kopf;

noch besser ist es, den Kopf mit einer Machete abzuschneiden. Ergreifen Sie nie eine Schlange, bevor Sie sicher sind, daß sie tot ist. Manche Schlangen können sich totstellen oder in einer Reflexbewegung noch Bisse austeilen, wenn sie bereits tot sind.

Vorsicht

Hasenfleisch enthält keine für den Menschen lebenswichtigen Vitamine und Fette. Zum Verdauen von Hasenfleisch muß der Körper eigene Mineralien und Vitamine aufwenden. Werden diese nicht ergänzt, kann sich der Mensch an Hasenfleisch buchstäblich zu Tode essen.

Schnecken und Würmer: Sie sind sehr nahrhaft, sollten jedoch nur in frischem Zustand gegessen werden. Lassen Sie Schnecken mit leuchtend farbigem Gehäuse liegen – sie sind giftig. Lassen Sie auch die Hände von tropischen Wasserschnecken: Einige besitzen tödlich wirkende Stacheln. Lassen Sie Würmer einen Tag lang nichts fressen, oder drücken Sie sie zwischen den Fingern aus.

Fallen

Zum Fangen von Tieren muß man Fallen richtig stellen können. Die hier beschriebenen Fallen sind wirkungsvoll und verhältnismäßig einfach herzustellen. Machen Sie sich mit der Herstellung von Fallen vertraut, aber auch damit, diese am richtigen Ort auszulegen.

Schlingen (Abbildung 23)
Eine Schlinge kann aus Draht (A, D & E) oder aus einem Strick (B & C) bestehen. Sie wird so ausgelegt, daß ein Tier gezwungen ist, seinen Kopf hindurchzustrecken, worauf sie sich zu-

Abbildung 22

Tierspuren

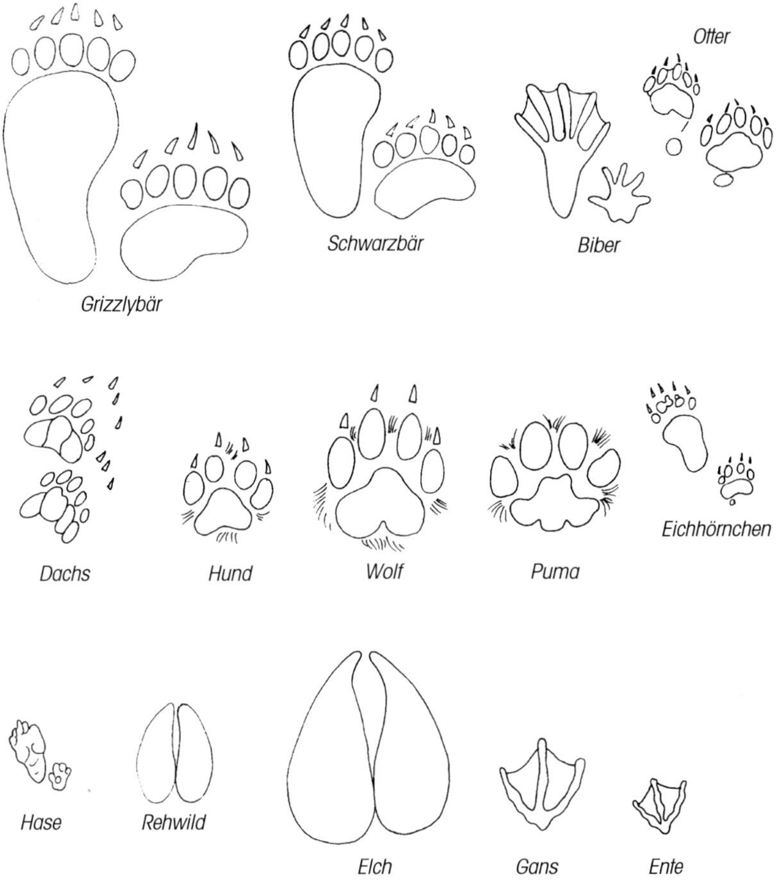

Otter

Schwarzbär

Biber

Grizzlybär

Dachs

Hund

Wolf

Puma

Eichhörnchen

Hase

Rehwild

Elch

Gans

Ente

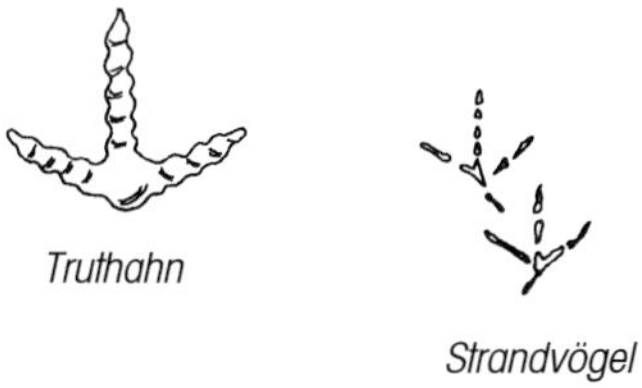

Truthahn

Strandvögel

Die größeren Abdrücke des gleichen Tiers stammen von den Hinterläufen. Ein großes, schweres Tier hinterläßt auf weichem Grund tiefe Spuren, ein kleineres Tier entsprechend flachere. Unregelmäßige Spuren deuten auf ein verletztes oder krankes Tier hin. Bei Bären gilt besondere Vorsicht, sie sind groß, kräftig und können einen auf kurze Entfernungen einholen. Dieselbe Vorsicht ist beim Puma geboten: Hier kann der Jäger leicht zum Gejagten werden!

Tips des britischen SAS

Insekten als Nahrung

Alle SAS-Soldaten haben gelernt, Insekten zu fangen und zuzubereiten. Hier die Richtlinien bei der Suche nach Insekten:

- *Seien Sie bei der Suche vorsichtig: In den Verstecken von Insekten können sich auch Skorpione, Spinnen und Schlangen verbergen.*
- *Essen Sie keine Insekten, die von Exkrementen gefressen haben: Es können Infektionen übertragen werden.*
- *Essen Sie keine grellfarbenen Insekten: Sie sind giftig.*
- *Sammeln Sie keine Raupen, die Sie auf der Unterseite von Blättern finden: Sie sondern giftige Sekrete ab.*
- *Wagen Sie sich nur im äußersten Notfall an Hornissennester: Hornissen verteidigen ihre Nester wütend, und ihre Stacheln sind zu fürchten.*
- *Kochen Sie Ameisen mindestens sechs Minuten lang, um das Gift zu neutralisieren, das in einigen vorhanden ist.*
- *Sieden Sie alle in verunreinigtem Wasser gefangenen Insekten.*

sammenzieht und es tötet – wenn auch nicht immer augenblicklich.

Ausgelegte Schlingen sollten Sie regelmäßig überprüfen: So verhindern Sie, daß eine Schlinge, die für ein bestimmtes Tier ausgelegt wurde, ein anderes Tier beispielsweise am Bein einfängt und dann qualvoll verenden läßt. In einem solchen Fall könnte sich ein Tier das eigene Bein abbeißen, um zu fliehen, oder es könnte von einem anderen Raubtier getötet und weggeschleppt werden, so daß Sie leer ausgehen.

So oder so – kontrollieren Sie regelmäßig Ihre Fallen, um festzustellen, ob ein Tier gefangen wurde und ob sie sich noch in einem funktionstüchtigen Zustand befinden. Vergessen Sie nicht, daß Sie nur einer von vielen Jägern sind – Sie können es sich nicht leisten, jede Beute zu verlieren.

Einige im Handel erhältliche Schlingen sind mit einer automatischen Sperre ausgerüstet, aber auch selbst hergestellte Schlingen

sind wirkungsvoll. Das Schlingenmaterial sollte so kräftig sein, daß es seine Beute auch zu halten vermag. Die Größe der Schlinge muß der Beute angepaßt und in der richtigen Höhe angebracht sein – siehe hierzu die folgende Tabelle:

Tierart	Schlingen-durchmesser	Höhe über dem Boden
Hase	10 cm	7,5 cm
Eichhörnchen	7,5 cm	4 cm
Kaninchen	10 cm	6 cm
Fuchs	25 cm	30 cm
Wolf	40 cm	45 cm
Biber	12 cm	2,5 cm

Schlingen auslegen (Abbildung 24)
Beim Auslegen von Schlingen ist darauf zu achten, daß sie offen sind und sich um das Tier zusammenziehen können, ferner, daß sie in der richtigen Höhe angebracht sind. Drahtschlingen eignen sich aufgrund ihrer

Richtlinien für das Auslegen von Schlingen

Die Green Berets verstehen es, mit möglichst geringem Aufwand Tiere zu fangen. Es ist vorteilhafter, mit der Natur zu arbeiten als gegen sie. Dies bedeutet auch, Fallen dort aufzustellen, wo Tiere hineingeraten können.

- *Vergewissern Sie sich, daß Ihre Fallen einwandfrei funktionieren.*
- *Kontrollieren Sie sie regelmäßig.*
- *Gehen Sie keinen Wildwechsel entlang.*
- *Legen Sie Schlingen – wo immer möglich – auf Wildwechseln aus.*
- *Versuchen Sie eine Schlinge so anzubringen, daß ein gefangenes Tier vom Boden weggehoben wird.*
- *Verwenden Sie als Köder Fischinnereien.*
- *Ordnen Sie Laub- und Blätterwerk so an, daß das Tier gezwungen wird, den Weg durch die Schlinge zu nehmen.*
- *Nähern Sie sich einem gefangenen Tier mit Vorsicht.*

Abbildung 23

Schlingen

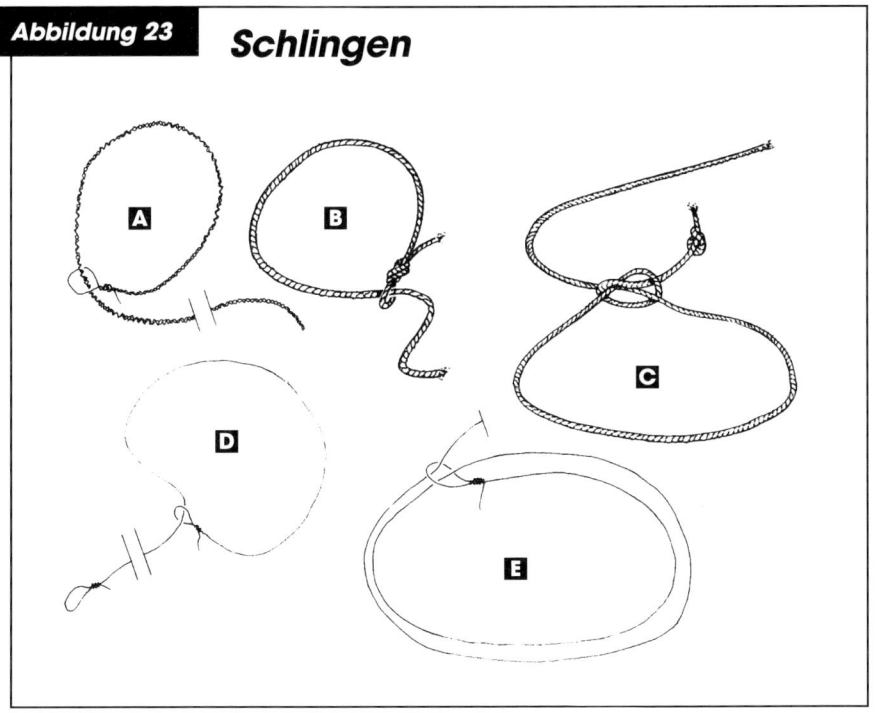

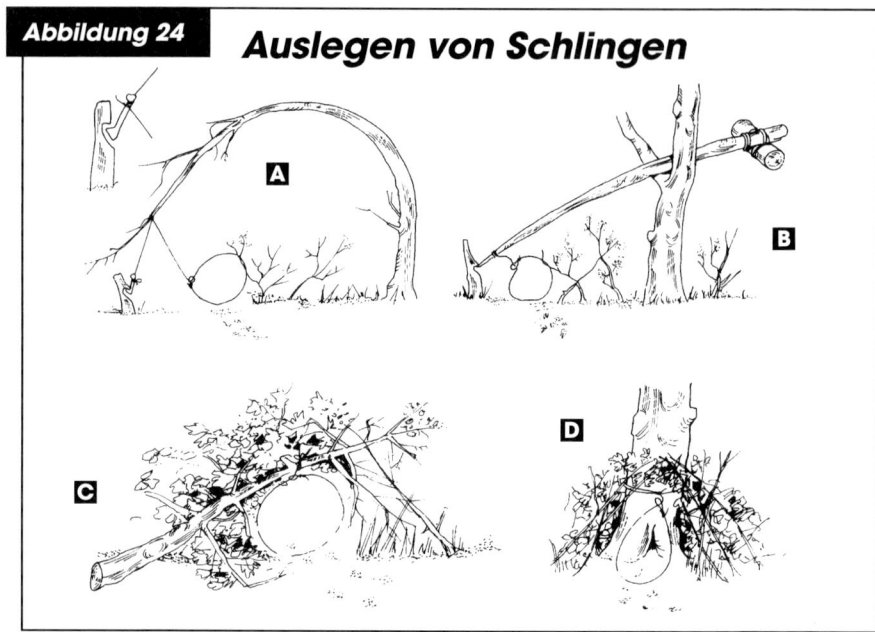

Abbildung 24

Auslegen von Schlingen

Steifheit besonders gut. Geeignete Auslege-plätze sind:

■ Stark begangene Wildwechsel (A, B & C) oder Plätze, wo Tiere zu weiden pflegen oder ein Kadaver liegt.

■ In der Nähe eines Baues oder eines Verstecks mit Futtervorräten (D).

Das Auslegen von Schlingen auf einem Wildwechsel verspricht gute Beute, denn Tiere sind im wahrsten Sinne »Gewohnheitstiere« und ändern ihre Verhaltensweise – auch ihre Routen – nur selten.

Vorsicht

Schlagfallen, besonders größere, können auch Menschen töten, und sie lassen sich sehr leicht auslösen. Merken Sie sich genau, wo Sie Ihre Fallen errichtet haben.

Schlag- oder Baumfallen (Abbildung 25)

Das Prinzip dieser Fallen ist einfach – sobald der Köder gepackt wird, fällt ein schwerer Gegenstand auf das Beutetier und tötet es. Es gibt verschiedene Arten von Auslösern, die entweder durch eine Berührung oder beim Erfassen des Köders betätigt werden.

Beim Berührungsauslöser löst das Tier die Schlagfalle aus, indem es einen Strick, Stock oder Pfosten berührt oder darauf tritt. Beim Köderauslöser wird das Tier vom Köder angelockt und, wenn es daran zerrt, vom niederfallenden Gewicht erschlagen.

Speerfallen (Abbildung 26)

Diese Art von Fallen können eine sehr gute Wirkung erzielen. Die Speerfalle besteht aus einem unter Spannung stehenden Schlagarm, verbunden mit einem Auslöser und bestückt mit einer Spitze, die das Tier trifft, sobald es den Auslöser betätigt. **Vorsicht: Diese Fallen können tödlich wirken – treten Sie daher immer von hinten an sie heran!**

Vogelfallen

Es gibt verschiedene erfolgversprechende Arten, um Vögel zu fangen. Eine äußerst simple Methode besteht darin, einen Stein in einen Köder zu verpacken und ihn in die Luft zu werfen. Der Vogel wird versuchen, den Köder zu schlucken, wobei sich der darin verborgene Stein in seinem Schnabel verfängt und den Vogel zur Erde zwingt, wo Sie ihn erschlagen können. Weitere Fallenarten sind:

Hängende Schlingen: Hängen Sie quer über einen Fluß und unmittelbar über dem Wasserspiegel eine mit Schlingen bestückte Leine.

Haken mit Köder: Mit Angelhaken, die mit Früchten oder anderem Futter bestückt sind, lassen sich ebenfalls Vögel fangen; die Haken verfangen sich dabei in den Kehlen der Vögel.

Schlingenreihe (Abbildung 27): Befestigen Sie an einem Ast oder Zweig eine Reihe von Schlingen von 1,2–2,5 cm Durchmesser nahe beieinander. Wählen Sie hierzu die Nähe eines Schlaf- oder Nistplatzes. Beim Anflug oder beim Niederlassen werden sich die Vögel darin verfangen.

Fischen

Das Fangen von Fischen (Abbildung 28) kann beim Kampf ums Überleben von un-

---

Tips des US-HEERES

Herstellung eines Vierer-Auslösers

Ein solcher Auslöser in der Form einer 4 (siehe Abbildung 25) ist sehr leicht herzustellen. Er wird bei Schlagfallen verwendet. Hier die Bauanleitung:

Stützarm (senkrechte Stütze)
- *Schneiden Sie das Ende winklig und vierkantig zu, so daß es in die Nut im Auslösearm paßt.*
- *Schneiden Sie in Bodennähe eine Nut als Gegenlager für die Nut im Köderarm ein.*

Auslösearm
- *Schneiden Sie das obere Ende so zu, daß der Schläger eine sichere Auflage bis zum Zeitpunkt des Auslösens erhält.*
- *Schneiden Sie nahe am oberen Ende eine in den Stützarm passende Nut ein.*
- *Schneiden Sie das untere Ende winklig zu, damit es in die Kerbe im Köderarm paßt.*

Köderarm
- *Schneiden Sie an einem Ende eine Nut als Gegenlager für den Auslösearm ein.*
- *Spitzen Sie das andere Ende zum Aufspießen des Köders zu.*
- *Schneiden Sie an der Stelle eine Nut ein, wo er sich mit dem Stützarm kreuzt; diese beiden Nuten müssen eine feste Verbindung beider Arme gewährleisten.*
- *Unterlegen Sie den Auslöser mit einem Stein oder Holzstück, damit er nicht einsinken kann.*

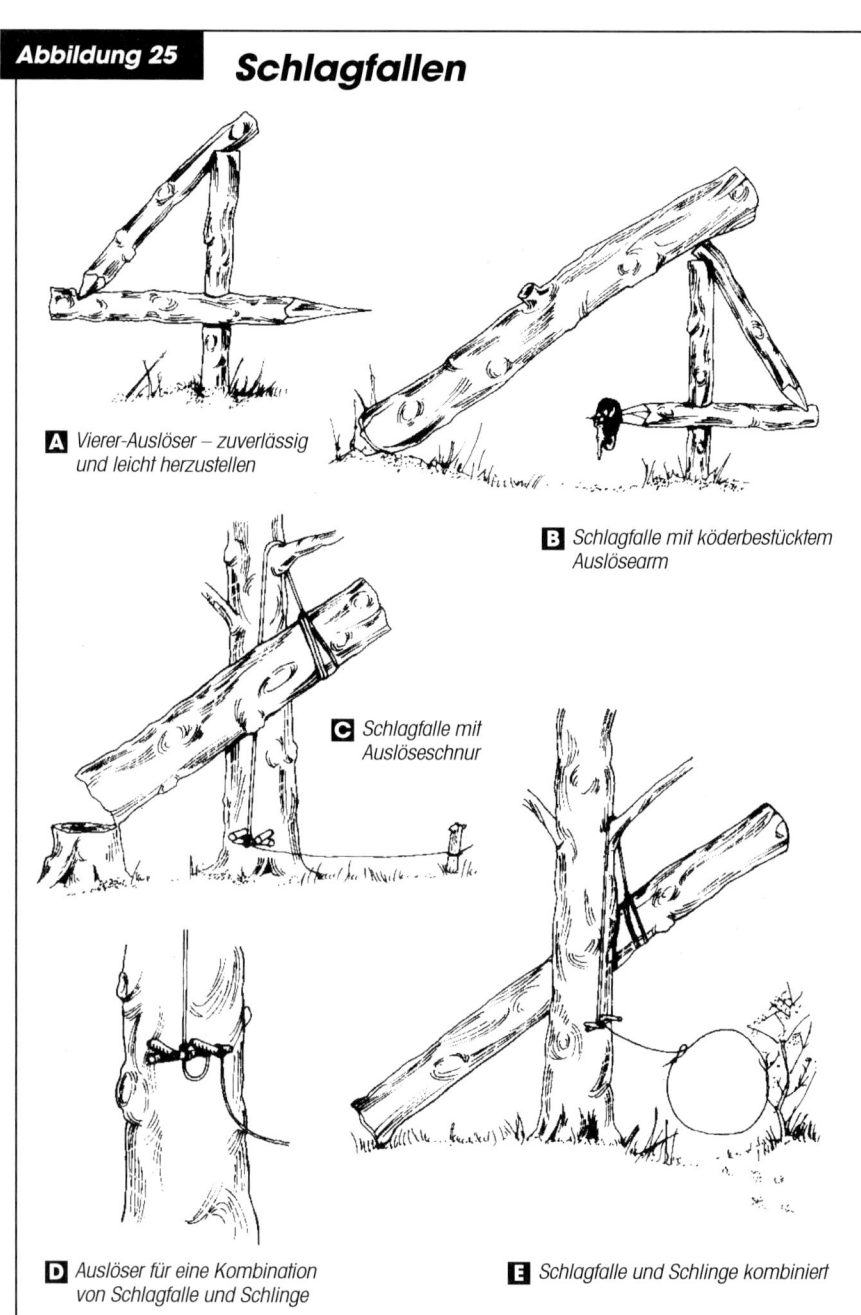

Abbildung 25

Schlagfallen

A Vierer-Auslöser – zuverlässig und leicht herzustellen

B Schlagfalle mit köderbestücktem Auslösearm

C Schlagfalle mit Auslöseschnur

D Auslöser für eine Kombination von Schlagfalle und Schlinge

E Schlagfalle und Schlinge kombiniert

Abbildung 26

Speerfallen

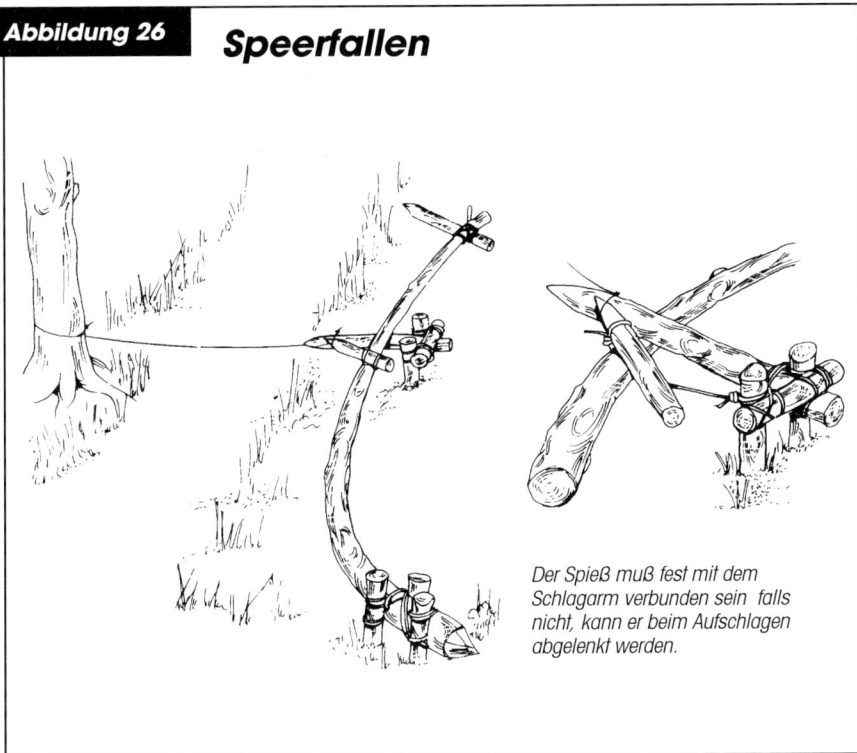

Der Spieß muß fest mit dem Schlagarm verbunden sein falls nicht, kann er beim Aufschlagen abgelenkt werden.

Tips zum Fangen von Fischen

Die Soldaten aller Eliteeinheiten werden im Fangen von Fischen in der Wildnis instruiert. Versuchen Sie diese Anweisungen in einem Überlebensfall zu befolgen.

■ *Verwenden Sie – wenn möglich – natürliche Köder.*

■ *Verwenden Sie keine zu großen Angelhaken – eher zu kleine als zu große.*

■ *Behalten Sie eine erfolgreiche Fangmethode bei.*

■ *Wechseln Sie die Methode und/oder den Köder, wenn Sie keine Fische fangen.*

■ *Bewahren Sie Augen und Innereien als Köder für den nächsten Tag auf.*

■ *Versuchen Sie auch, mit dem Speer zu fischen – dies kann sehr erfolgreich sein.*

■ *Fische werden bei einem Wetterwechsel freß- und damit beißlustiger.*

■ *Essen Sie keine Schalentiere, die bei Hochflut nicht mit Wasser bedeckt sind.*

■ *In den Tropen sind Muscheln während des Sommers giftig.*

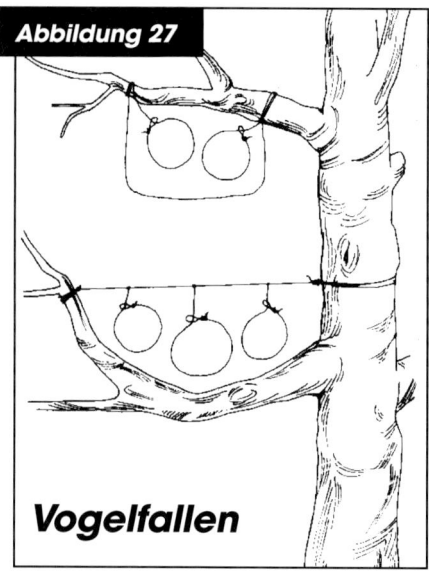

Abbildung 27

Vogelfallen

Fliegenfischen

Diese Methode wird angewendet, wenn die Fische an der Wasseroberfläche jagen. Benützen Sie hierzu eine improvisierte Angelrute mit Schnur (G). Werfen Sie die Fliege flußaufwärts und lassen Sie sie abwärts treiben. Experimentieren Sie mit Fliegen verschiedener Größe und Farben. Bei sehr kaltem Wetter bringt diese Methode nichts, weil keine Insekten fliegen und Fische deshalb auch nicht jagen.

Fischen mit mehreren Setzangeln (D & E)

Werfen Sie hierfür eine lange Leine mit mehreren Angelhaken aus, und lassen Sie diese über Nacht im Wasser. Verwenden Sie zwei Leinen – die eine mit Ködern am Grund, die andere mit Ködern über dem Grund.

Wandnetz (F)

Ein Wandnetz wird quer durch einen Fluß gespannt. Die Fische verfangen sich mit ihren Kiemen in den Maschen. Beschweren Sie die untere Netzkante mit Steinen, um das Netz am Grund zu verankern. Eine weitere Fangmethode besteht aus einer Fischfalle aus Steinen und Felsstücken, in die man Fische treiben kann (C).

Aufbrechen von Wild

Schneiden Sie nach dem Töten eines Tieres dessen Kehle durch, um es ausbluten zu lassen. Fangen Sie das Blut nach Möglichkeit auf, denn es ist reich an Vitaminen und Mineralien. Legen Sie den Kadaver mit der Bauchseite nach oben gegen eine Böschung, wenn dies möglich ist (Abbildung 29).

Beginnen Sie mit einem Schnitt um den Anus. Schneiden Sie bei einem männlichen Tier die Haut parallel zum Penis auf, ohne diesen zu berühren (A). Greifen Sie mit dem Zeige- und dem Mittelfinger zwischen die Haut

schätzbarem Wert sein. Fische gibt es überall auf der Welt – im Meer, in Flüssen oder Seen –, und sie lassen sich vergleichsweise leicht fangen. Angelhaken und Bleigewichte in der Überlebensausrüstung sind deshalb ihr Gewicht in Gold wert. Die hier beschriebenen Methoden zeigen Ihnen, wie Sie mit Leine, Haken und Gewicht Fische fangen können. Zum Landen (Bergen) großer Fische sollten Sie sich einen behelfsmäßigen Fischhaken (H) anfertigen.

Grund- und Floßfischen (A & B)

Versehen Sie die Angelschnur mit einem Schwimmer, einem Bleigewicht oder Stein sowie mit einem oder mehreren köderbestückten Haken, und lassen Sie sie entweder auf den Grund sinken oder im Wasser treiben. Ergreifen Sie die Leine für den Anhieb (schnelle Zugbewegung, die den Haken im Fischschlund festsetzt), und warten Sie auf einen Biß. Ziehen Sie von Zeit zu Zeit an der Schnur.

Abbildung 28

Fischen

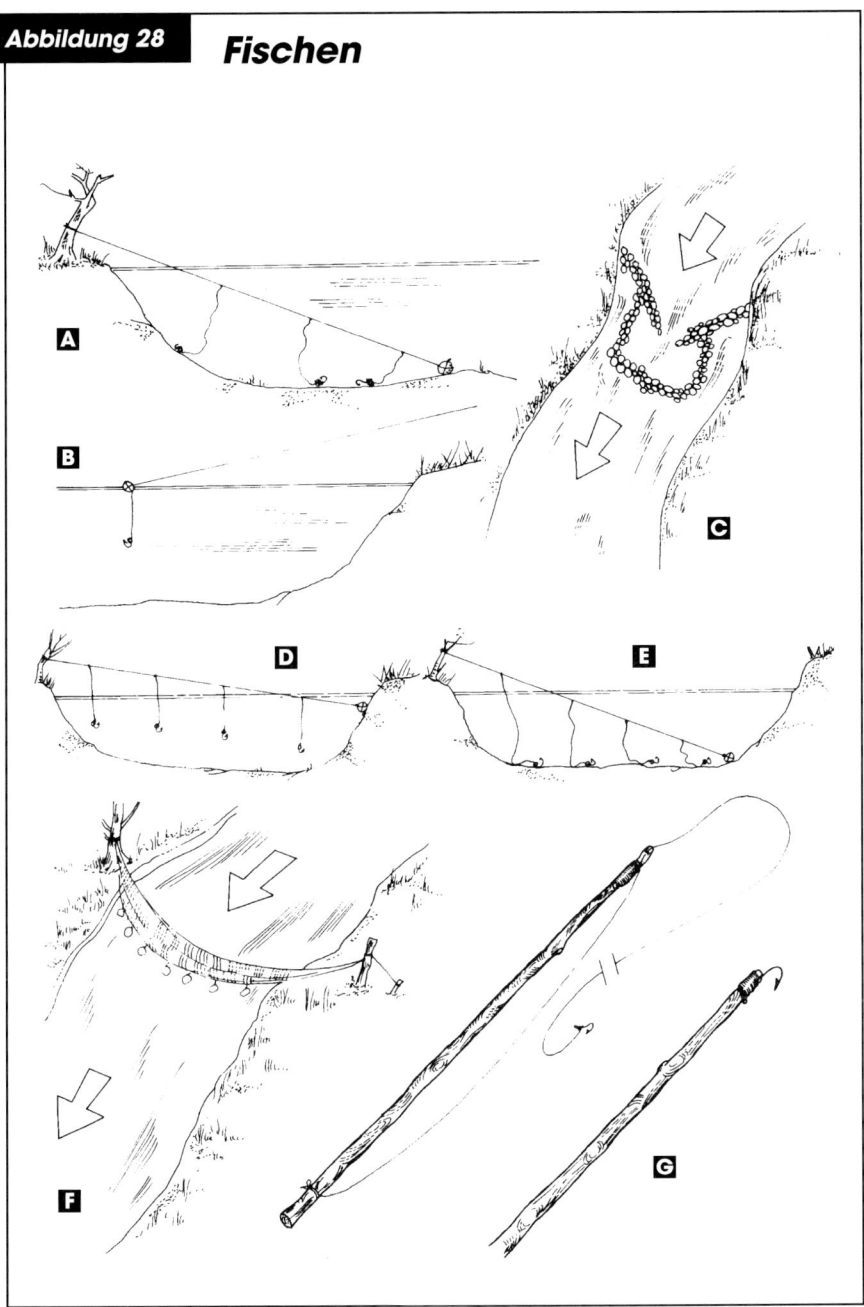

Abbildung 29

Aufbrechen von Wild

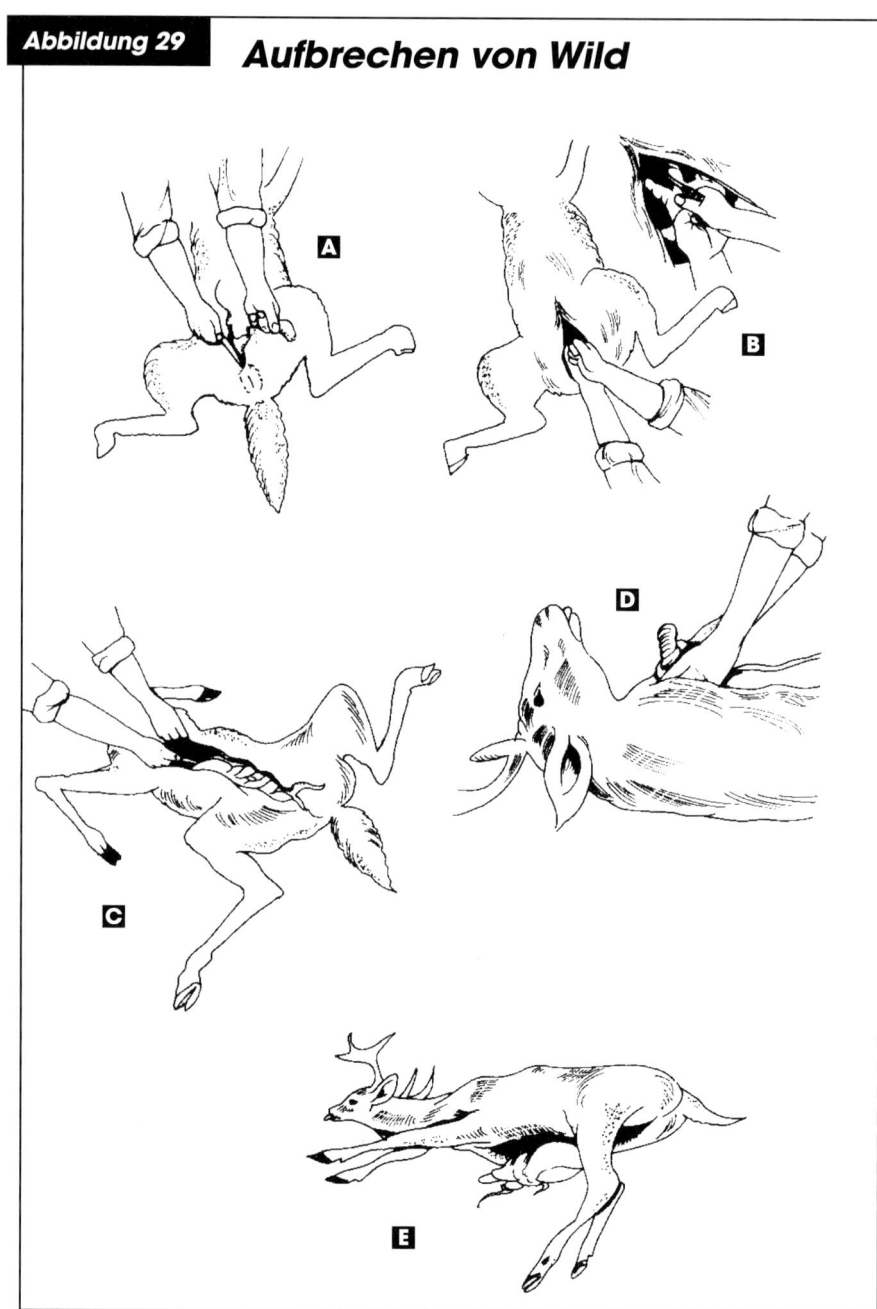

und das Gewebe, das die Innereien umschließt. Führen Sie die Messerklinge zwischen den beiden Fingern, und schneiden Sie aufwärts bis zum Kinn (B). Zertrennen Sie das Zwerchfell am Brustkorb, ebenso den Beckenknochen, und entfernen Sie den Anus (C). Schlitzen Sie sodann die Brust auf, und entfernen Sie von der Luftröhre soviel wie möglich (D). Drehen Sie den Kadaver zur Seite, um die Eingeweide herauszuziehen (E).

Häuten

Legen Sie das Tier auf den Rücken (Abbildung 30). Schneiden Sie die Haut in einer geraden Linie vom Schwanzknochen bis in die Höhe des Nackens auf (A-B-C). Eine scharfe Klinge ist dabei von Vorteil. Ziehen Sie die Haut auseinander, bis Sie mit Zeige- und Mittelfinger zwischen die Haut und die Schutzhülle der Eingeweide greifen können. Halten Sie das Messer mit der Schneide nach oben zwischen den Fingern, und schneiden Sie die Haut in Richtung Brustkorb auf, ohne dabei die Schutzhülle zu verletzen. Die Handinnenfläche ist Ihnen zugekehrt (Abbildung 29).

Vom Brustkorb an brauchen Sie nicht mehr dieselbe Sorgfalt aufzuwenden. Nehmen Sie die Finger weg, stoßen Sie die Klinge unter die Haut, und schneiden Sie sie auf bis Punkt C. Nach diesem zentralen Schnitt folgen die Querschnitte, ausgehend von der Linie A–C. Schneiden Sie die Innenseite der Läufe bis zu den Knie- und Sprunggelenken auf. Dann führen Sie einen Rund-

schnitt gleich oberhalb der Knie (Vorderläufe) und der Sprunggelenke (Hinterläufe).

Schließlich folgt der letzte Querschnitt bei Punkt C in Form eines Schnitts rund um den Nacken und hinter den Ohren. Nun kann gehäutet werden.

Beginnen Sie an den sich kreuzenden Schnittstellen. Drehen Sie den Kadaver, nachdem Sie die eine Seite so weit wie möglich gehäutet haben, zur Seite und ziehen Sie die Haut auf der Rückseite ab. Breiten Sie die gelöste Haut aus, um zu verhindern, daß das Fleisch mit dem Boden in Berührung kommt, wenn das Tier umgedreht wird. Wiederholen Sie den ganzen Vorgang auf der anderen Seite, bis die ganze Haut abgezogen ist.

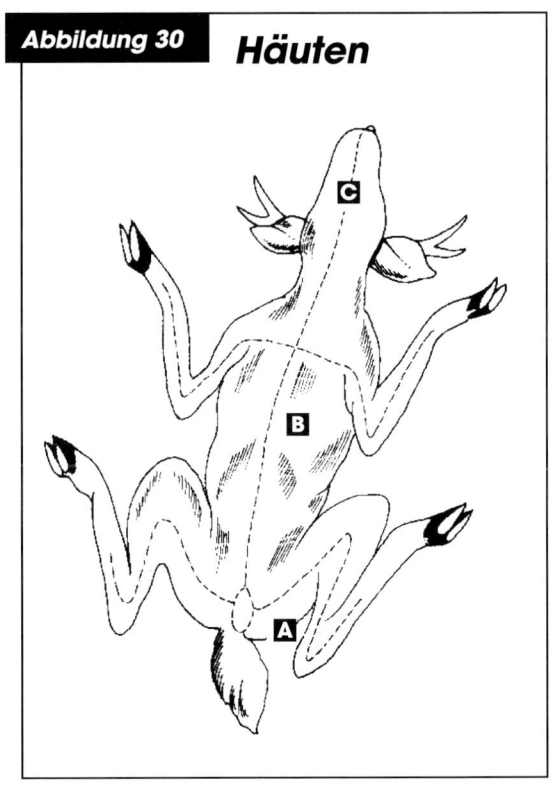

Abbildung 30 *Häuten*

Erkennen von kranken Tieren

Die einzelnen Teile können Sie wie folgt verwenden:

Innereien: Herz, Leber und Nieren können gegessen werden, aber scheiden Sie verfärbte Stücke aus.
Blut: Es eignet sich zum Zubereiten von Suppen.
Fett: Ebenfalls für Suppen geeignet.
Haut: Als Leder für Kleidungsstücke verwendbar.
Knochenmark: Sehr nahrhaft.
Knochen: Eignen sich zur Herstellung von Werkzeugen und Waffen.

Fische filetieren

Wie man am besten Fische filetiert, zeigt Abbildung 31. Schlitzen Sie den Fisch auf der Bauchseite vom Anus her bis unmittelbar hinter die Kiemen auf (A), und entfernen Sie die inneren Organe (B). Danach wird das Fleisch gesäubert und gewaschen, Flossen und Schwanz werden abgeschnitten (C). Schneiden Sie sodann den Rücken bis aufs Rückgrat auf, und führen Sie das Messer darum herum bis auf die Höhe der Kiemen (D). Lösen Sie schließlich das Fleisch mit dem Daumen vom Rückgrat her ab (E). Die Gräten sollten sich dabei mit dem Rückgrat vom Fleisch trennen (F).

Zubereitung von Schlangen

Abbildung 31

Fische filetieren

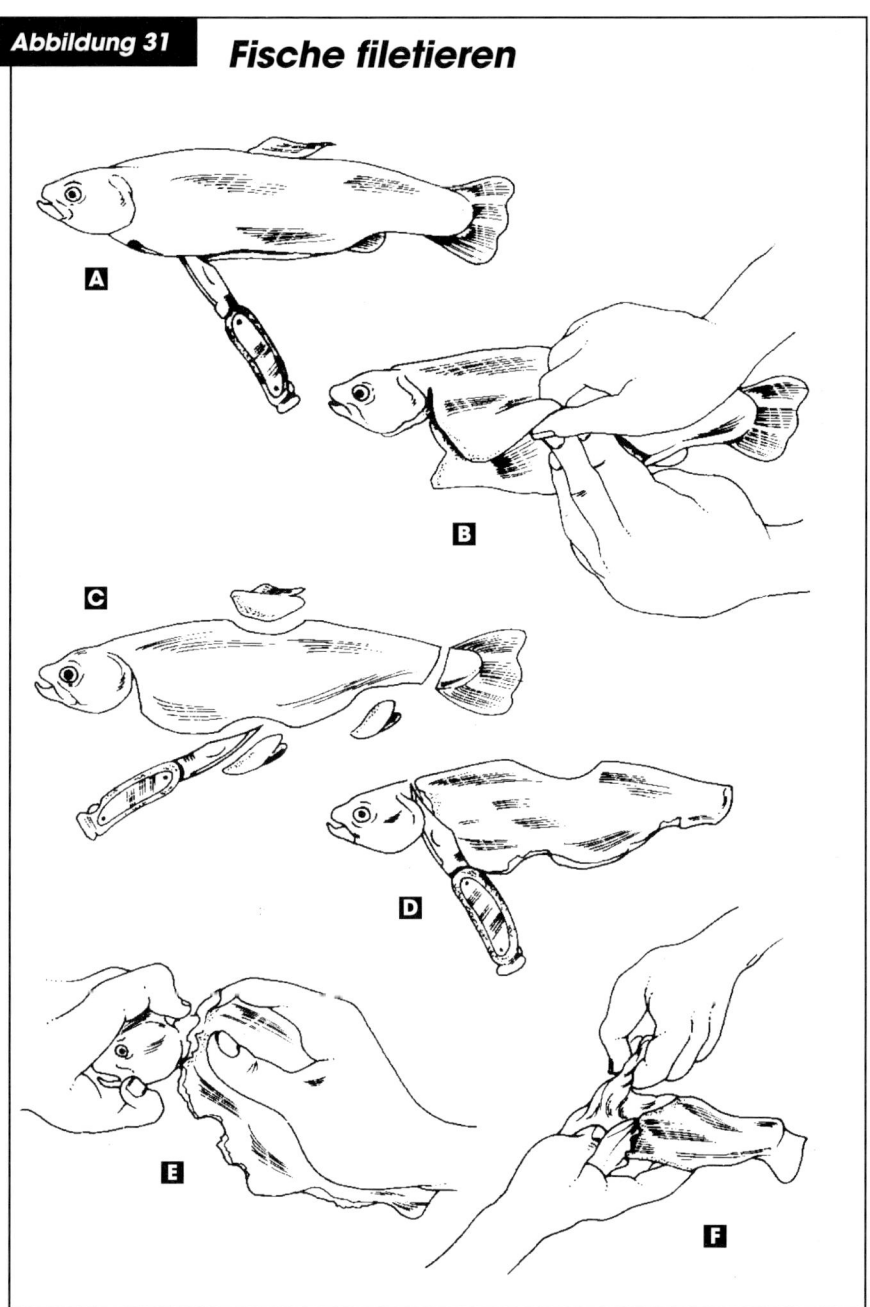

Unterschlupf

In einer Überlebenssituation müssen Sie zum Schutz vor Wind, Kälte und Nässe entweder einen Unterschlupf suchen oder selbst einen errichten. Eignen Sie sich die grundlegenden Kenntnisse an, um in der Wildnis am richtigen Ort und mit geeignetem Material einen Unterschlupf bauen zu können.

Besondere Unterschlupftypen werden in den Kapiteln besprochen, die auf das Überleben in verschiedenen Geländearten eingehen. Es gibt aber einige allgemeine Merkpunkte, die überall ihre Gültigkeit haben. Selbstverständlich wird man sich auch mit einem natürlichen Unterschlupf zufriedengeben, wenn man von einem Unwetter überrascht wird oder verletzt oder erschöpft ist. Eine Bodenvertiefung zum Beispiel kann mit Steinen und Felsstücken, die man im Kreis aufeinander schichtet, erhöht werden.

Es ist ein Irrtum zu glauben, daß Sie in warmem und trockenem Klima einen Unterschlupf kaum oder gar nicht benötigen. Was für eine Temperatur am Tag auch geherrscht haben mag – nachts wird es kalt sein, und in warmen Gebieten wechselt das Wetter ebensooft wie in kalten Gegenden. Darüber hinaus bietet ein Unterschlupf auch Schutz vor unvorhergesehenen Gefahren und vor wilden Tieren: Schlangen zum Beispiel werden von der Körperwärme angezogen, und es ist bekannt, daß sie sich schon in Schlafsäcken von Menschen verkrochen haben, die im Freien übernachteten. Glauben Sie also nicht, daß Sie in der Wildnis ohne Unterschlupf auskommen können.

Tips des britischen SAS

Anforderungen an einen Unterschlupf in der Wildnis

SAS-Soldaten sind geübt im Bau von robusten Unterständen, die den verschiedensten Anforderungen genügen. Solche Anforderungen sind:

- *Schutz vor Kälte*
- *Schutz vor Wind*
- *Schutz vor Insekten*
- *Schutz vor Schnee*
- *Schutz vor Nässe*
- *Schutz vor Sonne*

Ungeeignete Plätze für einen Unterschlupf

SAS-Soldaten sind bei einem Einsatz hinter feindlichen Linien oft gezwungen, in kürzester Frist einen Unterschlupf zu errichten. Folgende Standorte kommen dabei nicht in Frage:

- *Eine dem Wind ausgesetzte Hügel- oder Bergkuppe: Sie ist zu kalt und zu windig.*
- *Ein Talgrund oder eine tiefe Senke: Hier sammelt sich Nässe an, und nachts ist man dem Frost ausgesetzt.*
- *Zu Wasserstellen führende Pfade: Sie sind oftmals Wildwechsel.*
- *Plätze unter Bäumen mit Bienen- oder Hornissennestern oder mit abgestorbenem Holz: Verdorrte Äste könnten beim nächsten kräftigen Wind herunterstürzen.*
- *Unter einem freistehenden Baum: Er kann Blitze anziehen.*

Standortwahl

Die Wahl eines geeigneten Standorts für einen Unterschlupf ist äußerst wichtig.

Wenn Sie einen schlechten Platz wählen, werden Sie wahrscheinlich bald an einer geeigneteren Stelle noch einmal einen Unterschlupf bauen müssen – und dadurch wertvolle Zeit verlieren. Suchen Sie nicht erst am späten Nachmittag nach einem anstrengenden Tagesmarsch einen Platz: Sie werden zu müde sein und nicht in der Stimmung, eine klare Beurteilung vorzunehmen – Sie werden mit Sicherheit eine schlechte Wahl treffen und gezwungen sein, ungeeignete Materialien zu verwenden.

Wetter

Das Wetter kann eine Schlüsselstellung einnehmen, wenn es um die Wahl des Platzes und die Bauweise des Unterschlupfs geht. Niederungen in kalten Regionen haben beispielsweise tiefe Nachttemperaturen und sind kalten Fallwinden ausgesetzt. Talsohlen weisen eindeutig tiefere Temperaturen auf als höher gelegene Landstriche. Errichten Sie deshalb in kalten Regionen Ihren Unterschlupf an einem Ort, der von der Sonne beschienen wird (falls sie überhaupt herauskommt), und vergessen Sie nicht, soviel Isoliermaterial wie möglich zu verwenden.

In der Wüste muß ein Unterschlupf vor Hitze und Kälte schützen – Nässe spielt hier keine Rolle.

Wind

In warmen Gebieten sind Unterstände an Stellen zu errichten, die einer kühlenden Brise ausgesetzt sind – jedoch nicht Sand- oder Staubwinden, die Schäden anrichten können. In kalten Regionen muß der Platz vor eisigen Winden und Schneetreiben geschützt sein.

Regen, Hagel und Schnee

Sie können zur Gefahr werden. Bauen Sie keinen Unterschlupf in Abflußrinnen und an Orten, die von Sturzfluten oder Schlammbächen überspült oder die lawinengefährdet sind.

Insekten

Insekten können an einem Lagerplatz zum Problem werden. Wählen Sie einen Ort, wo ständig etwas Wind weht: Hier ist das Aufkommen von Insekten nicht so groß. Meiden Sie Plätze an stehendem Wasser, da es Mücken, Bienen, Wespen und Hornissen anzieht. Bauen Sie auch keinen Unterschlupf auf oder neben einem Ameisenhügel – es sei denn, Sie möchten ständig gebissen und gestochen werden.

Werfen Sie beim Bau eines Unterschlupfs auch einen Blick nach oben: Im Baum über Ihnen könnte ein Bienen- oder Hornissennest sein. Achten Sie desgleichen auf dürre Äste: Sie könnten beim nächsten Sturm oder starken Wind auf Sie und Ihren Unterschlupf herunterbrechen.

Wichtig

Halten Sie Ihren Unterschlupf trocken, indem Sie ringsum einen Abflußgraben ziehen. Sorgen Sie dafür, daß der Unterschlupf gut belüftet ist, besonders wenn Sie darin zu kochen beabsichtigen.

Unterschlupfarten

Die Art eines Unterschlupfs ist abhängig von den Rahmenbedingungen und vom verfügbaren Material. Es ist oft von Vorteil, zunächst einen behelfsmäßigen Unterschlupf als provisorischen Schutz vor den Elementen zu bauen, bis Sie genügend Zeit haben, etwas Stabileres zu errichten, vor allem bei Dunkelheit und Kälte.

Suchen Sie einen natürlichen Unterschlupf, etwa einen überhängenden Felsen oder einen Hang, wenn kein geeignetes Material zu finden ist. Lassen Sie sich in offenem Gelände mit dem Rücken gegen den Wind nieder und benutzen Sie als Windfang einen Erd- oder Steinhaufen sowie Ihre Ausrüstungsgegenstände.

Im folgenden werden einige natürliche Unterschlupfmöglichkeiten aufgezählt, die einem Überlebenden zur Not Schutz bieten:

- Sträucher und Äste, die bis zum Boden reichen oder halb gebrochen sind. Verdichten Sie diese mit zusätzlichen Ästen und Zweigen.
- Natürliche Senken schützen vor dem Wind, achten Sie aber darauf, daß herunterfließendes Wasser an den Seiten abgeleitet wird. Benutzen Sie als Dach ein paar starke Äste, überdeckt mit Zweigen und Grasnarben.
- Baumstümpfe: Höhlen Sie deren windabgewandte Seite aus, und bilden Sie aus Ästen ein Schutzdach.
- Mit Steinen oder kleineren Felsstücken können Sie Ihre Wände seitlich erhöhen. Verstopfen Sie zum Schutz vor dem Wind die Lücken zwischen den Steinen mit Grassoden oder mit Blättern, vermischt mit Schlamm.
- Höhlen bieten einen ausgezeichneten Schutz. Errichten Sie einen Windschirm am Eingang, wenn sich die Höhle in einer Felswand oder im Gebirge befindet; das hält sie wärmer. Sie können hierzu Steine, Felsstücke oder Erdziegel verwenden. Zünden Sie ein Feuer im Hintergrund der Höhle an – der Rauch eines Feuers im Vordergrund würde nach hinten gewirbelt und Sie ersticken.

Es gibt zweifellos sehr viele Möglichkeiten für den Bau eines Unterschlupfs in der Wildnis. Lassen Sie Ihre Phantasie walten, aber beachten Sie immer die Grundregeln.

Seile und Knoten

Jeder Überlebende muß mit Seilen und Knoten umgehen können. Unterschätzen Sie nicht den Nutzen solcher Kenntnisse – sie sind nicht nur eine große Hilfe in Überlebenssituationen, sie können Ihnen sogar das Leben retten.

Beim Überlebenskampf ist es wichtig und nützlich, daß man mit Seilen umgehen und die für bestimmte Anwendungen geeignetsten Knoten binden kann, zum Beispiel beim Bau eines Unterschlupfs, zum Zusammenbinden von Gepäck, zum Sichern von Gegenständen, beim Fertigen von Werkzeugen und Waffen und sogar bei der Ersten Hilfe. Entscheidend ist, daß das Binden von Knoten geübt wird, bevor man sie im Notfall benötigt.

Seile

Die herkömmlichen Materialien zur Herstellung von Seilen sind Hanf, Kokosnußfaser oder Sisal, doch eignet sich jedes andere Material mit biegsamen sowie genügend langen und kräftigen Fasern.

Seile werden heute vielfach aus Nylon und anderen Kunststoffen hergestellt. Diese Seile sind stark und leicht und widerstehen Wasser, Insekten und Fäulnis. Sie haben aber auch ihre Nachteile: Sie schmelzen unter Hitzeeinwirkung, werden bei Nässe glatt und können reißen, wenn sie über scharfkantigen Felsen belastet werden. Beim Kauf eines Seils müssen daher alle diese Faktoren berücksichtigt werden.

Fachbegriffe

Machen Sie sich mit den folgenden Fachbegriffen vertraut, es erleichtert Ihnen den Umgang mit Knoten:

Stek: Wird verwendet, um zwei Seile miteinander zu verbinden oder ein Seil an einem Ring oder einer Schlaufe zu befestigen.

Bucht: Schlinge oder U-förmige Biegung eines Seils.

Schlag: Wird verwendet, um ein Seil an einen Stamm oder Pfahl zu befestigen.

Knoten: Verknüpfung an einem Seil oder einer Leine.

Leine: Einzelner Strang.

Schlinge: Faltung oder Verdoppelung eines Seils, durch die ein anderes Seil gezogen werden kann. Provisorische Schlingen werden mit Hilfe von Knoten gebildet, permanente Schlingen durch Spleißen.

Überhandschlag oder -törn: Entsteht, wenn das lose Ende des Seils über das stehende Ende geführt wird.

Seil (auch Leine genannt): Verflechtung mehrerer Stränge.

Rundtörn (auch bloß Törn): Liegt vor, wenn das lose Ende einen Kreis in der Richtung des stehenden Teils verläßt.

Loses Ende (auch loses Part): Freies Ende eines Seils.

Stehendes Ende (auch stehendes Part): Unter Spannung stehender Teil des Seils mit Ausnahme des losen Endes.

Törn (Schlag): Bezeichnet die Seilführung um ein Objekt, wobei das lose Ende in die dem stehenden Ende entgegengesetzte Richtung verläuft.

Unterhandschlag oder -törn: Liegt vor, wenn das lose Ende unter dem stehenden Ende durchgeführt wird.

Knoten

Für jeden Zweck gibt es einen geeigneten Knoten. Die unten aufgeführten Knoten sind in einer Überlebenssituation äußerst hilfreich. Üben Sie sowohl das Knüpfen als auch das Lösen der Knoten, damit Sie im Bedarfsfall ein Seil auch sofort losbinden können. Es bestehen vier grundlegende Anforderungen an einen Knoten: Er muß leicht zu knüpfen und zu lösen sein; er muß auch in Seilmitte leicht zu knüpfen sein; er sollte geknüpft werden können, wenn das Seil gespannt ist; und er darf sich unter Spannung nicht lösen. Die folgenden Knoten erfüllen diese Anforderungen:

Reffknoten (Abbildung 32)
Er wird auch Kreuzknoten oder Rechteckknoten genannt (siehe unten). Eine Variante dieses Knotens besteht darin, daß das Ende eines Seils zu einer Bucht gelegt und das lose Ende des andern Seils durch und um diese Bucht geführt wird. Das lose Ende des zweiten Seils wird vom stehenden Ende der Bucht aus durchgezogen. Wird dieser Vorgang andersherum ausgeführt, kommen die beiden losen Enden einander gegenüber zu liegen. Diese Variante heißt dann Diebsknoten.

Überhandknoten (Abbildung 33A)
Er ist für sich allein genommen an sich von geringer Bedeutung. Man verwendet ihn als

---

Tips der EINZELKÄMPFER des US-HEERES — Seilpflege

Amerikas Aufklärungsspezialisten gehen wie folgt mit Seilen um, wenn sie im Gebirge zu operieren haben:

- *Treten Sie nicht auf die Seile, die am Boden ausgelegt sind.*
- *Legen Sie Seile nicht über scharfe Ecken und Kanten.*
- *Verwahren Sie Seile möglichst in trockenem Zustand; lassen Sie naß gewordene Seile trocknen, um sie vor dem Verrotten zu schützen.*
- *Halten Sie ein Seil nur so lange verknotet oder unter Belastung, als es notwendig ist; hängen Sie Seile nicht an Nägel.*
- *Gehen Sie mit Nylonseilen sorgfältig um: Reibungshitze kann Fasern zum Schmelzen bringen.*
- *Kontrollieren Sie regelmäßig, ob ein Seil Abnutzungs-, Schnitt- oder Schimmelspuren aufweist. Schneiden Sie schadhafte Stücke ab, und schützen Sie die Seilenden vor dem Ausfransen.*
- *Kletterseile dürfen nie gespleißt werden.*

Abbildung 32

Abbildung 33

Reff-knoten

Einfache Knoten

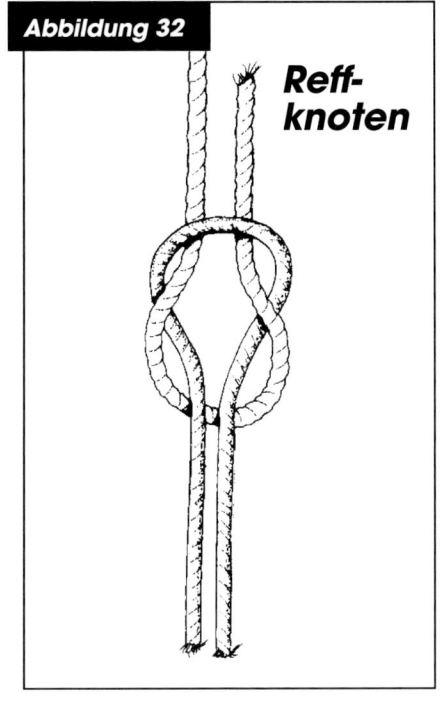

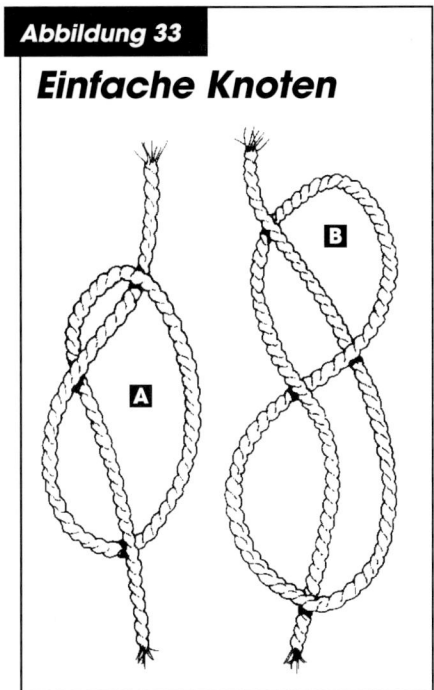

Stopperknoten oder um zu verhindern, daß ein Seilende ausfranst. Oft ist er Bestandteil eines anderen Knotens. Bilden Sie am Ende eines Seils eine Schlinge, und führen Sie das lose Ende durch diese Schlinge.

Achtknoten (Abbildung 33B)

Er ist größer als der Überhandknoten und wird ebenfalls als Stopperknoten verwendet, um zu verhindern, daß das Ende eines Seils durch eine Halterung gleitet. Bilden Sie mit dem stehenden Ende eine Schlaufe, führen Sie das lose Ende darum herum und zurück durch die Schlaufe – ziehen Sie ihn dann fest.

Rechteckknoten (Abbildung 34A)

Dieser Knoten dient zum schlupfsicheren Verknüpfen zweier Seile von **gleicher Stärke**.

Für Seile unterschiedlicher Stärke eignet er sich nicht, ebenfalls nicht für Nylonseile, da die Gefahr besteht, daß er sich durch Schlupf löst. Der Knoten eignet sich gut im Bereich der Ersten Hilfe, da er am Körper des Patienten flach anliegt.

Halten Sie die losen Enden beider Seile in entgegengesetzter Richtung parallel zueinander. Führen Sie das lose Ende des einen Seils unter dem stehenden Ende des andern Seils hindurch. Spreizen Sie beide losen Enden vom ersten Kreuzungspunkt weg, und kreuzen Sie sie nochmals (1). Dabei kommen die losen Enden parallel zu ihren stehenden Enden zu liegen, und der Knoten kann festgezogen werden (2). Zu beachten ist, daß die losen Enden parallel zu den stehenden Enden desselben Seils zu liegen kommen. Unter erhöhtem Zug

Abbildung 34

Zusammenbinden von Seilen

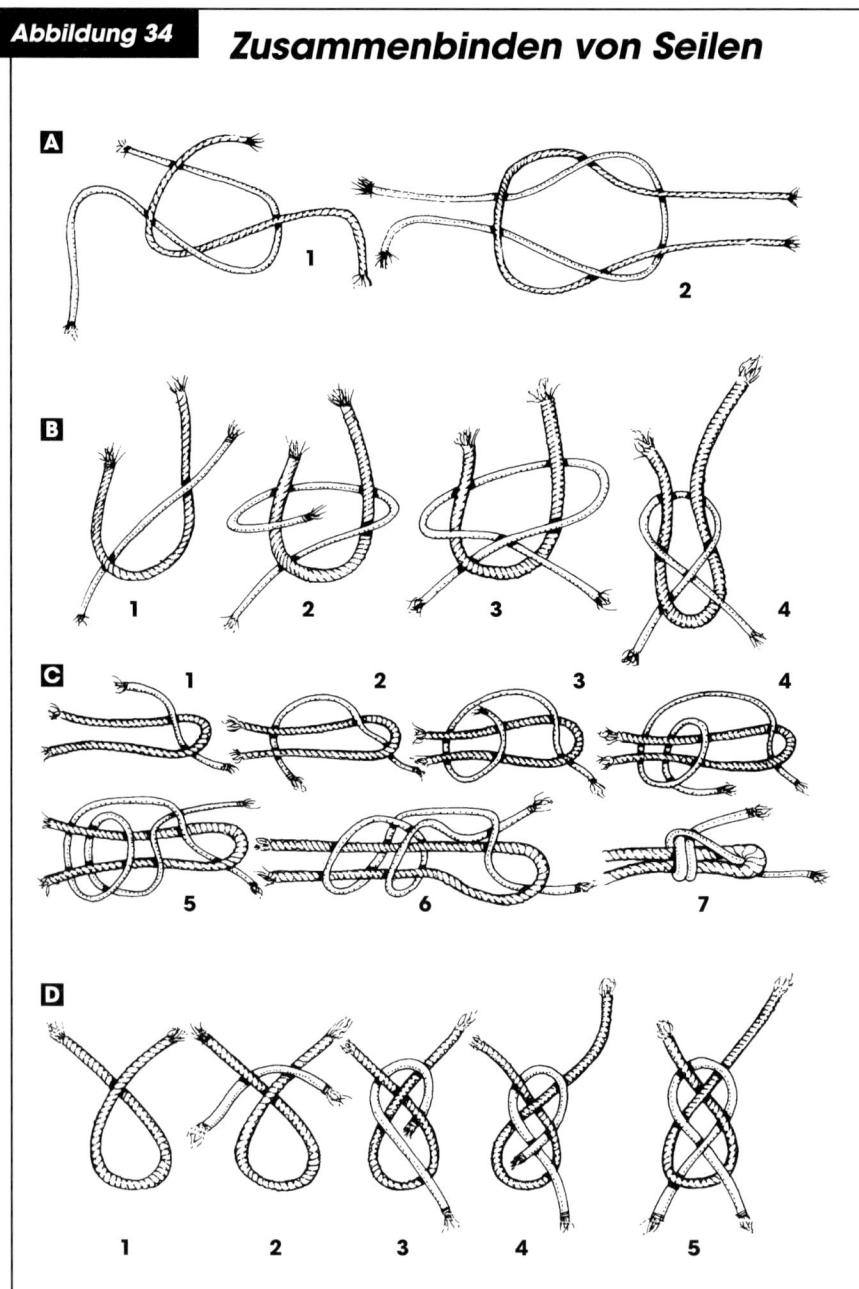

verstärkt sich die Verknüpfung eines Rechteckknotens. Andererseits läßt er sich leicht lösen, indem man die beiden Buchten auseinanderzieht.

Schotstek (Abbildung 34B)

Mit diesem Knoten werden Seile von *ungleicher Stärke* miteinander verknüpft.

Führen Sie das lose Ende des dünneren Seils durch eine Bucht des dickeren (1). Dann wird es um beide Enden des dickeren Seils geschlungen (2) und zurück unter das dünnere Seil geführt (3). Danach läßt sich der Knoten festziehen (4). **Dieser Knoten zieht sich unter leichter Belastung zu, kann sich bei nachlassender Belastung jedoch lösen.**

Doppelter Schotstek (Abbildung 34C)

Dieser Knoten wird zum Verknüpfen zweier Seile mit *gleicher* oder *verschiedener Stärke* verwendet, aber auch zum Verknüpfen nasser Seile und zum Befestigen eines Seils an einer Öse.

Knüpfen Sie zunächst einen Schotstek (1–5). Ziehen Sie aber das lose Ende nicht fest. Legen Sie mit dem losen Ende des dünneren Seils einen zusätzlichen Törn um beide Seiten der Bucht im dickeren Seil (6). Dann erst den Knoten festziehen (7). Dieser Knoten schlupft (rutscht) auch unter schweren Lasten nicht, bleibt aber lösbar

Trossenstek (Abbildung 35D)

Dieser Knoten wird für schwere Lasten und zum Verbinden dünner Taue oder starker Seile verwendet. Er zieht sich auch unter starkem Zug nicht unlösbar zu.

Bilden Sie mit dem einen Seil eine Schlaufe (1). Führen Sie das lose Ende des andern Seils hinter dem stehenden Ende durch (2) und dann über das lose Ende desjenigen Seils, mit dem die Schlaufe gebildet wurde. Dann wird das lose Ende von unten her durch die Schlaufe gezogen (3), über das stehende Ende des eigenen Seils gelegt (4) und schließlich nochmals durch die Schlaufe gesteckt (5).

Schlaufen

Palstek (Abbildung 35A)

Mit diesem Knoten wird am Ende eines Seils eine Schlinge geknüpft. Er läßt sich sehr leicht wieder lösen.

Führen Sie das lose Ende durch das Objekt, das am Seil befestigt werden soll, und bilden Sie im stehenden Ende des Seils eine Schlaufe (1). Dann wird das lose Ende von unten her durch die Schlaufe geführt (2), um das stehende Ende gelegt (3) und von oben her nochmals durch die Schlaufe gesteckt (4). Damit kommt das durch die Schlaufe gezogene lose Ende parallel zum ebenfalls durch die Schlaufe laufende Seil zu liegen. Zum Schluß wird der Knoten festgezogen.

Dreifacher Palstek (Abbildung 35B)

Er dient zum Knüpfen einer Schlinge oder der Halterung eines Bootsmannsitzes (in Verbindung mit einem kleinen Brett) und ist darüber hinaus auch als Rettungsschlinge zu verwenden.

Bilden Sie mit dem losen Ende etwa 3 m hinter dem Seilende eine Schlinge (1). Die Bucht bildet das neue lose Ende, womit ein Palstek geknüpft wird (2–4). Die rechts liegende Schlinge dient als Rückenstütze, in die andern beiden Schlingen werden die Beine gesteckt.

Doppelter Palstek (Abbildung 35C)

Dieser Knoten wird meist nicht am Seilende geknüpft, sondern an irgendeinem Punkt des

Abbildung 35

Schlaufen

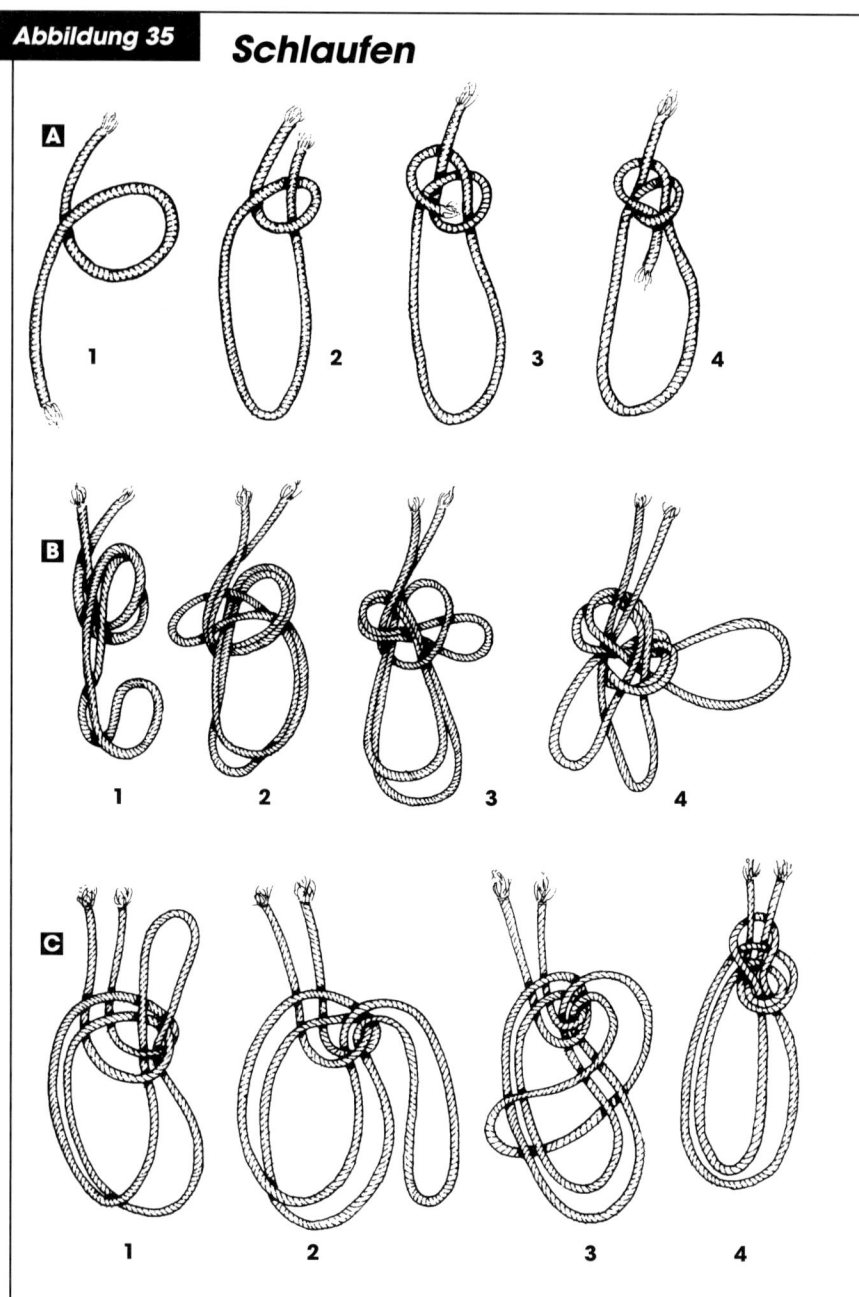

Seils. Der Knoten ist einfach zu knüpfen, und er rutscht nicht.

Wenn er am Seilende angebracht werden soll, nimmt man das Seil für diesen Abschnitt doppelt.

Zum Knüpfen wird das Seil an der betreffenden Stelle doppelt genommen und dann eine Schlinge wie beim Palstek gebildet (1). Das Ende der Bucht wird durch die Schlinge geführt (2), über den ganzen Knoten gelegt (3) und schließlich festgezogen (4).

Steks

Steks (Abbildung 36) dienen dem Befestigen von Seilen an Pfosten, Pfählen und Stangen. Die gebräuchlichsten dieser Knoten, die in einer Überlebenssituation sehr nützlich sein können, werden im folgenden beschrieben.

Halber Schlag (Halbstek) (Abbildung 36A)

Er wird angewendet, um ein Seil mit einem Holzstück oder mit einem dickeren Seil zu verknüpfen. **Dieser Knoten ist nicht sehr belastbar!**

Führen Sie das Seil um das Holz, dann über das stehende Ende und durch die Schlinge.

Holzfällerknoten (Zimmermannsknoten)
(Abbildung 36B)

Dieser Stek wird zum Schleppen oder Heben schwerer Gegenstände verwendet. Führen Sie das lose Ende mindestens zweimal um sich selbst und nicht um das stehende Ende, da der Knoten sonst nicht hält.

Holzfällerknoten und Halbstek
(Abbildung 36C)

Diese Variante, auch Ankerstek genannt, garantiert eine festere Verbindung von Seil und schwerem Gegenstand.

Knüpfen Sie zuerst einen Halbstek und mit dem restlichen losen Ende einen Holzfällerknoten. Dieser verhindert, daß der Halbstek unter dem Zuggewicht rutscht.

Webeleinstek (Abbildung 36D)

Er dient zum Befestigen eines Seils an einem Pfosten oder einem Rohr.

In der Mitte eines Seils werden zwei Törns gebildet, die übereinander zu liegen kommen (1). Danach werden die beiden Schlingen über den Pfosten gelegt und festgezogen (2).

Soll dieser Stek am Seilende geknüpft werden, muß man mit dem losen Ende zwei Törns um den Pfosten beschreiben, und zwar so, daß der erste Törn das stehende Ende kreuzt und das lose Ende beim zweiten Törn unter sich selbst durchgeführt wird.

Rundtörn mit zwei Halbsteks
(Abbildung 36E)

Auch dieser Knoten wird zum Befestigen eines Seils an einem Pfosten, Rohr oder anderen Objekten verwendet.

Beschreiben Sie mit dem losen Ende zwei vollständige Törns um den Pfosten. Dann wird das lose Ende um das stehende Ende geschlungen und unter sich selbst zurück geführt, um einen Halbstek zu bilden. Anschließend wird ein zweiter Halbstek geknüpft. Befestigen Sie das lose Ende am stehenden Ende; das verleiht dem Knoten eine zusätzliche Festigkeit.

Stopperstek (Rollstek) (Abbildung 36F)

Dieser Knoten garantiert eine schlupfsichere Verbindung von Seil und Pfosten.

Das stehende Ende des Seils wird entgegen der Zugrichtung entlang des Pfostens ausgelegt (1). Mit dem losen Ende werden zwei Törns um das stehende Ende und den

Abbildung 36

Steks

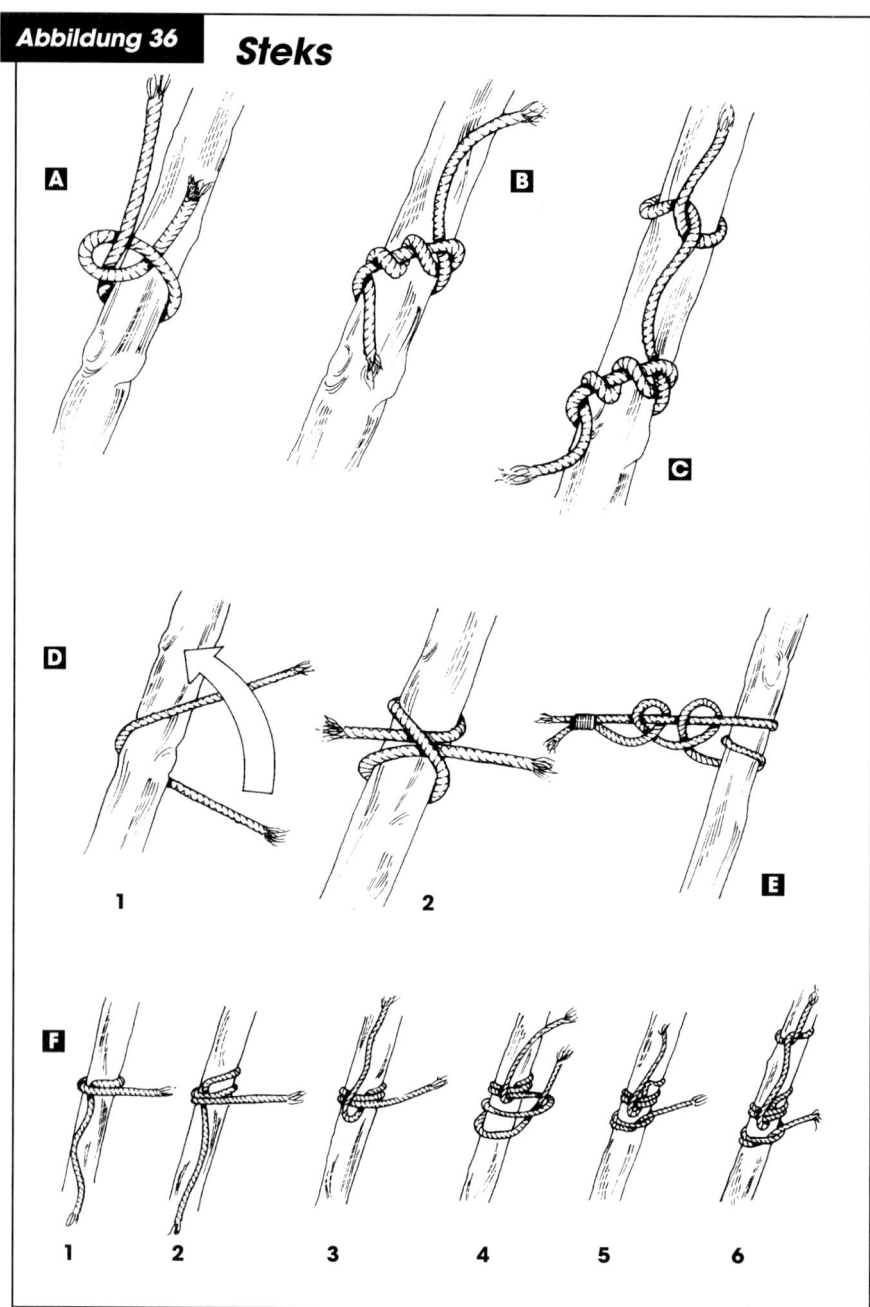

Herstellung von Bindematerial aus Sehnen und Rohhaut

Sehnen und Rohhaut eignen sich hervorragend zur Herstellung von Schnüren und Seilen.

Aus Sehnen

■ *Trennen Sie die Sehnen noch am gleichen Tag aus dem Tierkörper heraus.*

■ *Zerklopfen Sie die getrockneten Sehnen zu Fasern.*

■ *Befeuchten Sie die Fasern und drehen Sie diese zu einem Strang zusammen; verflechten Sie die Stränge, wenn stärkeres Bindematerial benötigt wird.*

Aus Rohhaut

■ *Ziehen Sie dem Tier die Haut ab, und entfernen Sie alles Fett und sämtliche Fleischreste.*

■ *Breiten Sie die Haut aus, und glätten Sie sie.*

■ *Schneiden Sie die Haut in Streifen.*

■ *Tränken Sie die Streifen 2–4 Stunden lang in Wasser, bis sie weich und geschmeidig sind.*

Pfosten geschlagen (2). Richten Sie danach das stehende Ende auf die Zugrichtung aus (3). Beschreiben Sie mit dem losen Ende zwei Törns (4), und ziehen Sie es unter dem ersten Törn durch (5). Knüpfen Sie zum Schluß mit dem stehenden Ende etwa 30 cm vom Stopperstek entfernt einen Halbstek, um der Verbindung eine größere Sicherheit zu verleihen (6).

Laschings

Laschings (Abbildung 37) werden beim Bau von Unterständen, Gestellen für die Ausrüstung, von Flößen und anderen Konstruktionen verwendet. Die gebräuchlichsten sind die Viereck- oder Querbalkenzurring, die Kreuzzurring und die Zurring an sich. Sie lassen sich sehr einfach knüpfen, sollten aber eingeübt werden.

Viereckzurring (Abbildung 37A)

Dieser Knoten wird für die Verbindung sich

kreuzender Elemente verwendet. Er leistet gute Dienste beim Bau von Unterständen.

Binden Sie unmittelbar unter der Kreuzungsstelle einen Webeleinstek (1). Die Törns kommen dabei von innen nach außen zu liegen (2). Halten Sie das Seil gestrafft. Es werden drei bis vier Törns benötigt. Führen Sie das Seil entgegen dem Uhrzeigersinn über und unter beiden Balken hindurch. Beschreiben Sie auf diese Weise drei oder vier Kreise und dann einen ganzen Törn um einen Balken sowie einen Kreis in die entgegengesetzte Richtung (3). Schließen Sie die Verbindung mit einem Webeleinstek ab, und zwar am selben Balken, an dem Sie begonnen haben (4).

Kreuzzurring (Abbildung 37B)

Auch mit diesem Knoten werden Balken im rechten Winkel miteinander verbunden. Er bildet eine Alternative zu der Viereckzurring und ist dann vorzuziehen, wenn die Balken nicht ganz rechtwinklig ausgerichtet sind oder unter

Abbildung 37

Laschings

A

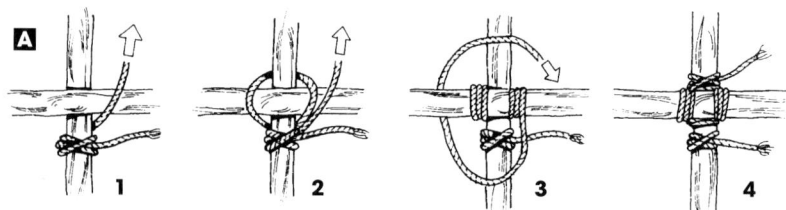

1   **2**   **3**   **4**

B

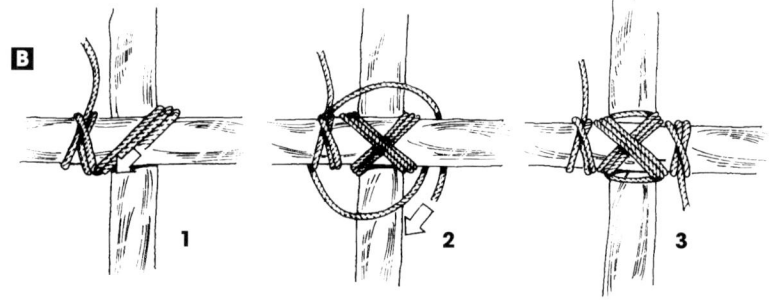

1   **2**   **3**

C

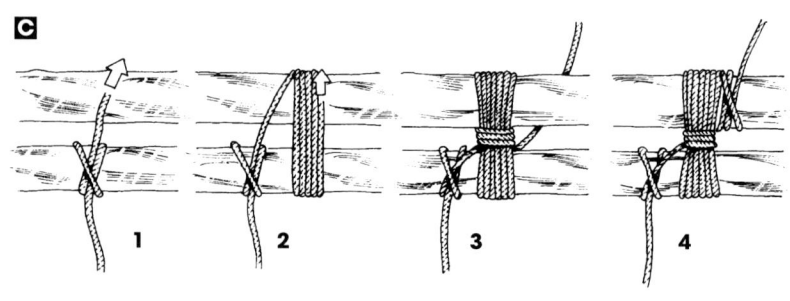

1   **2**   **3**   **4**

starker Belastung stehen und deshalb eine festere Verbindung benötigen.

Beginnen Sie mit einem Webeleinstek am Kreuzungspunkt, und machen Sie drei Törns um die beiden Balken (1). Die Törns müssen nebeneinander und nicht übereinander zu liegen kommen. Es folgen drei weitere Törns, diesmal aber quer über den ersten drei Törns. Ziehen Sie sie fest an.

Die beiden Balken werden mit zwei diagonalen Törns festgezurrt (2), und abgeschlossen wird mit einem Webeleinstek am selben Balken, an dem Sie begonnen haben (3).

Zurring (Abbildung 37C)

Die Zurring dient dem Aneinanderbinden zweier oder mehrerer Balken. Legen Sie diese nebeneinander aus, und beginnen Sie mit einem Webeleinstek an einem außen liegenden Balken (1). Verbinden Sie dann die Balken mit sieben oder acht lockeren Törns (2), und zurren Sie diese Verbindungen zwischen den Balken fest (3). Den Abschluß bildet ein Webeleinstek am gegenüberliegenden Balken (4).

Sie können die Zurring auch zur Herstellung eines Dreibeins verwenden. Verbinden Sie drei Stangen in der oben beschriebenen Weise, und verankern Sie die Stangenenden sicher im Boden. Auch A-Rahmen lassen sich herstellen, indem Sie zwei Stangen mit einer Zurring zusammenbinden. Achten Sie ebenfalls auf eine sichere Verankerung der Stangenenden im Boden. Überprüfen Sie den Knoten, das Seil – oder was immer Sie als Bindematerial verwenden – regelmäßig, besonders wenn die Konstruktion unter Belastung steht.

Provisorische Gegenstände

Aus natürlichen Materialien kann ein erfinderischer Überlebender Ersatzwerkzeuge, Waffen, Gerätschaften und selbst Kleidungsstücke anfertigen, die oft nützlicher sind als handelsübliche Ware.

Wer es versteht, aus natürlichen Materialien seiner Umgebung Ersatzkleider oder behelfsmäßige Werkzeuge herzustellen, hat in einer Überlebenslage einen großen Vorteil. Die Werkzeuge und Waffen, die auf diese Art angefertigt werden, sind zwar sehr einfach, aber sie sind im Kampf ums Überleben außerordentlich hilfreich. Darüber hinaus hebt es Ihre Moral, wenn Sie imstande sind, Geräte selbst herzustellen. Nichts wirkt deprimierender, als wenn ein Werkzeug oder eine Waffe kaputtgeht. Doch im Wissen um Ihre Fähigkeit, einen behelfsmäßigen Ersatz selbst herstellen zu können, wird sich Ihr Gemütszustand bald wieder stabilisieren. In einer solchen Situation sind Ihrer Phantasie keine Grenzen gesetzt.

Kleidung

Bergen Sie nach einem Flugzeugabsturz aus den Trümmern soviel an Handtüchern, Tischdecken, Gardinen, Kissen und Sitzüberzügen wie möglich.

Fast alle Stoffarten lassen sich als Unterlagen, Kleiderersatz und zu Ihrem Schutz verwenden – seien Sie erfinderisch.

Isolierung

Sie können die Isolierwirkung von Kleidern erhöhen, wenn Sie mehrere Schichten tragen (siehe Kapitel »Kleidung«). Tragen Sie zwei Paar Socken, und polstern Sie diese dazwischen mit trockenem Gras oder Moos aus. Heruntergefallenes Laub (zur Herbstzeit) eignet sich sehr gut zum Isolieren. Stopfen Sie es zwischen die Kleidung, in die Ärmel und den Hosenbund. Papier, Federn, Tierhaare und Flaum geben ebenfalls Isoliermaterial ab.

Schutz vor Nässe

Aus Plastikbeuteln oder -folien lassen sich Hüllen zum Schutz vor der Nässe anfertigen.

Lieschgras

ein weitverbreitetes Isoliermaterial

Lieschgras wächst überall auf der Welt mit Ausnahme der Waldgebiete des hohen Nordens. Als Sumpf- und Moorpflanze findet man es an Seen, Tümpeln und totem Gewässer von Flüssen. Der faserige Flaum am Stengelkopf hat eine daunenähnliche Isolierwirkung, wenn er zwischen die Kleider gestopft wird.

Gute Dienste leisten auch größere Stücke aus Birkenrinde. Schneiden Sie die rauhe äußere Rinde weg und schieben Sie die weiche und geschmeidige Innenrinde zwischen die Unterkleider; dies schützt vor dem Regen. Hierfür eignet sich auch andere leicht abzuschälende Rinde. Kleidungsstücke kann man mit Tierfett abdichten.

Dies ist jedoch bei extremer Kälte zu unterlassen, weil dadurch die Isolierwirkung zu stark beeinträchtigt wird.

Fußbekleidung

Schuhsohlen können aus Gummireifen hergestellt werden. Stechen Sie an den Rändern Löcher zum Durchziehen von Riemen ein, die über den eingewickelten Füßen zusammengeknüpft oder mit Oberteilen aus Stoff vernäht werden können. Denken Sie daran: Mehrere Wickelschichten sind besser als nur eine.

Aus Leder lassen sich Mokassins formen. Setzen Sie den Fuß auf das Leder und schneiden Sie ein Stück mit einem 8 cm weiteren Umriß heraus. Versehen Sie die Ränder mit Riemen, und ziehen Sie diese über dem eingewickelten Fuß zusammen; verstärken Sie die Bindung mit einem über Kreuz geführten Riemen über dem Rist.

Werkzeuge und Waffen
Keulen

Eine Keule bildet wahrscheinlich trotz ihrer Einfachheit eines der nützlichsten Werkzeuge in einer Überlebenssituation. Sie läßt sich auf einfachste Weise herstellen und sehr leicht ersetzen. Versuchen Sie, wo immer Sie auch sein mögen, sich eine Keule zu beschaffen: Sie wiegt ihr Gewicht in Gold auf.

Schneiden Sie hierfür einen Ast von 5–6 cm Durchmesser und etwa 75 cm Länge zu. Eine solche Keule hilft Ihnen beim Absuchen von Schlingen und Fallen, zum Töten gefangener Tiere oder als Jagdwaffe für Tiere, die sich nur langsam fortbewegen können.

Drahtsägen (Abbildung 38)

Mit Hilfe eines biegsamen Astes können Sie eine Bügelsäge (A) und, wenn Sie höhere Anforderungen stellen, eine Bocksäge (B) herstellen. Benutzen Sie dazu den Sägedraht aus Ihrer Überlebensbüchse (siehe Kapitel »Ausrüstung«).

Steinwerkzeuge

Geeignet sind Feuerstein, Obsidian, Quarz, Hornstein und anderes glasartiges Material.

Tips des britischen SAS

Kleidertips

Uniformen werden in längeren Einsätzen oft zerschlissen.
Deshalb lernen die Truppen, behelfsmäßige Kleidungsstücke anzufertigen.

- *Befestigen Sie an einem Gürtel oder einem Halstuch lange Blätter und Fasern; Sie erhalten so ein Hemd oder einen Umhang.*
- *Schneiden Sie in eine Decke oder einen Teppich einen Durchschlupf für den Kopf und binden Sie diesen Poncho um die Hüften zusammen.*
- *Noch vorteilhafter ist es, Tierhäute mit dem Pelz auf der Innenseite zusammenzunähen, um die Isolierwirkung zu steigern.*

Keule mit Schlaggewicht

Eine der technisch auf dem höchsten Stand stehenden Armeen lehrt ihre Angehörigen, wie man ein derart primitives Werkzeug herstellt und zum Zerschlagen, Hämmern oder zum Töten von Tieren verwendet.

- *Wählen Sie keine zu großen oder zu schweren Einzelteile.*
- *Suchen Sie einen Stein, der sich aufgrund seiner Form sicher an der Keule befestigen läßt.*
- *Nehmen Sie für den Stiel ein längsgemasertes Stück Hartholz.*
- *Befestigen Sie den Stein am Stiel. Spalten Sie hierzu das Holz oder höhlen Sie den Stein aus, so daß Sie ihn über das Stielende stülpen können; dann festbinden.*
- *Kontrollieren Sie regelmäßig, ob die Verbindung noch hält.*

Steine können in ihrer natürlichen Form oder – an einem Stiel befestigt – als Hammer eingesetzt werden. Von Steinen mit glasartiger Struktur lassen sich Splitter schlagen, die zum Schneiden geschärft werden können. Verwenden Sie zum Abschlagen einen anderen Stein, wobei der Schlagwinkel 90 Grad betragen soll, um die notwendige Wirkung zu erzielen. Das Herstellen von Steinwerkzeugen verlangt einige Übung.

Abbildung 38

Sägen

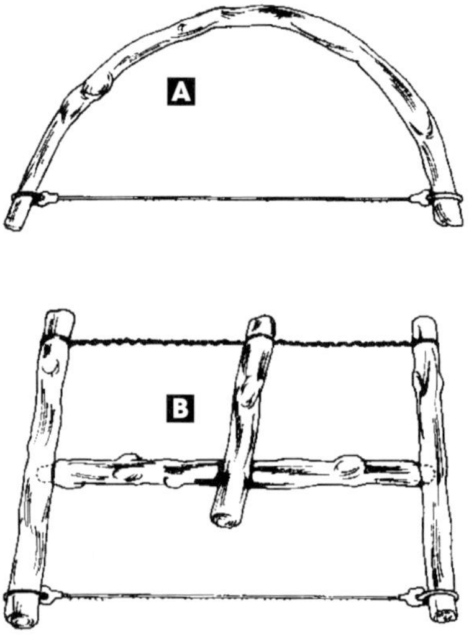

Knochenwerkzeuge

Werfen Sie das Gerippe eines größeren Tieres nicht fort. Geweih oder Hörner können zum Graben, Aushöhlen und Hämmern verwendet werden. Knochen lassen sich mit einem Messer formen. Ein Schulterblatt zum Beispiel kann man spalten und in dessen Kante Zähne schnitzen – Sie erhalten so eine Säge. Auch die Knochen kleinerer Tiere sind nützlich – Rippen lassen sich zuspitzen, andere Knochen schärfen und an einem Ende mit einem glühenden Draht durchbohren: Das Ergebnis ist eine robuste Nadel.

Bogen und Pfeile (Abbildung 39)
In nicht abgelagertem Holz hält die Spannung nur über kurze Zeit an. Fertigen Sie deshalb mehrere Bogen an, so daß Sie Ersatz haben, wenn einer seine Spannkraft verliert. Das beste

Bogenmaterial liefert Eibenholz, aber je nach Region, in der Sie sich befinden, müssen Sie auf andere Holzarten ausweichen. Der Bogenarm sollte rund 120 cm lang sein, in der Mitte mit einem Umfang von etwa 5 cm und an den Enden auf 1,5 cm zulaufend. Versehen Sie zum Anbringen der Sehne die Enden mit einer 1,2 cm tiefen Kerbe. Reiben Sie den Bogen mit Öl oder Tierfett ein.

Rohleder eignet sich am besten für die Sehne, aber auch jedes andere Material wird seinen Dienst tun. Die Sehne sollte nicht zu straff gespannt sein (A), die restliche Spannung kommt beim Schuß hinzu. Befestigen Sie die Sehne mit einem Rundtörn und zwei Halbsteken (siehe Kapitel »Seile und Knoten«).

Die Pfeile sollten aus gerade gewachsenem Holz angefertigt werden, etwa 60 cm lang und 6 mm dick. Schneiden Sie in das eine Ende als Sehnenauflage eine 6 mm tiefe Kerbe. Die Befiederung kann aus Federn, Papier, leichter Leinwand oder aus Blättern hergestellt werden. Lassen Sie beim Spalten einer Feder je 20 mm Kiel an beiden Enden stehen, damit sie am Pfeilschaft befestigt werden können. Am besten bestückt man einen Pfeil mit drei Federn in gleichem Abstand zueinander. Die Pfeilspitzen können aus Blech (B), Feuerstein (C) oder Knochen (D) bestehen, man kann das zugespitzte Holz aber auch im Feuer härten (E). Vergessen Sie nicht, das hintere Schaftende für die Auflage auf der Sehne einzukerben.

Legen Sie zum Schießen einen Pfeil auf die Sehne, und heben Sie den Bogen bis auf Augenhöhe an. Halten Sie den Bogen mit der linken Hand (als Rechtshänder) in der Mitte

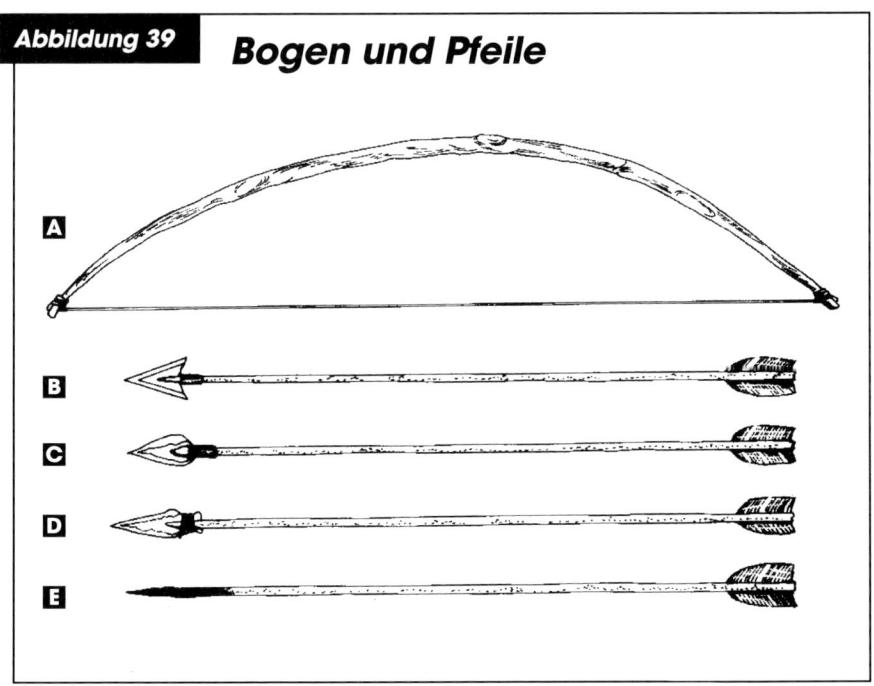

Abbildung 39 **Bogen und Pfeile**

des Arms, wobei die Faust als Pfeilauflage dient. Halten Sie den Bogen mit ausgestrecktem Arm, während Ihre rechte Hand die Sehne strafft. Der Pfeil befindet sich dabei auf Augenhöhe. Erfassen Sie über den Pfeil das Ziel, und lassen Sie die Sehne los. Dies darf nicht ruckartig geschehen. Nehmen Sie zur Jagd immer Reservepfeile mit, am besten in einem Köcher, und sorgen Sie dafür, daß die Pfeile nicht naß werden.

Besteck (Abbildung 40)
Schöpf- und Eßlöffel können aus einem großen Stück Holz mit einer Astgabelung geschnitzt werden (A), wobei der abzweigende Astteil als Handgriff dient. Halten Sie Ausschau nach ungewöhnlich geformten Ästen, die sich zum Zuschneiden eignen (C). Eine höhere

Festigkeit wird gewährleistet, wenn die Konturen längs der Maserung verlaufen. Aus einem Stock läßt sich ferner eine einfache Gabel schnitzen (B).

Das Schnitzen ist eine Kunst für sich – es lohnt aber, sich darin zu üben, wenn Sie Zeit haben. Sie können damit nicht nur nützliche Gegenstände anfertigen, es hilft auch, die Zeit zu vertreiben und hebt die Moral, besonders nachts, wenn Sie nicht wissen, was Sie tun sollen. Jede Holzart hat ihre eigene Schnitzqualität, und mit ein bißchen Übung werden Sie lernen, welches Holz am zweckdienlichsten ist. Platanenholz ist weich und läßt sich leicht schnitzen. Buchenholz dagegen ist hart und für Anfänger ungeeignet. Haselholz ist biegsam und zäh, leicht schnitzbar, aber splittert gern. Eschenholz ist zwar nicht leicht zu

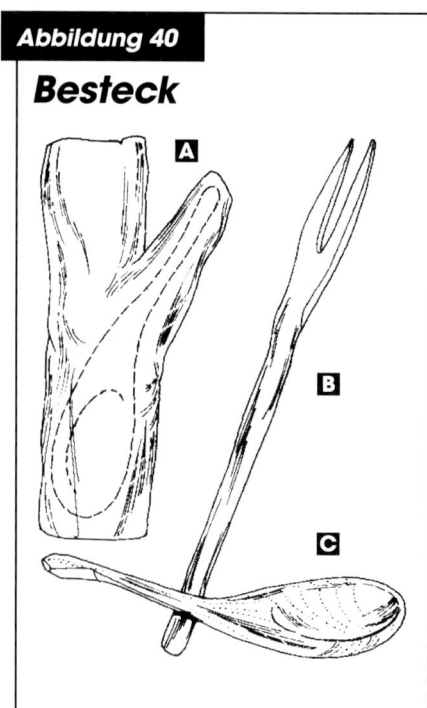

Abbildung 40

Besteck

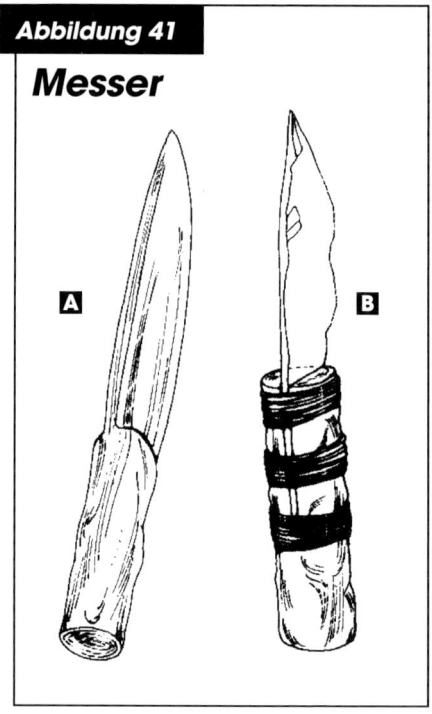

Abbildung 41

Messer

Fertigung eines Metallmessers

Ein Messer ist für das Überleben von unschätzbarem Wert.
Tragen Sie deshalb immer eines bei sich.
Ersetzen Sie es im Falle von Bruch oder Verlust durch ein anderes.

- *Suchen Sie ein Stück weiches Eisen mit einer klingenähnlichen Gestalt.*
- *Legen Sie es auf eine harte Unterlage, und hämmern Sie es in die gewünschte Form.*
- *Schleifen Sie es mit Hilfe eines rauhen Steins scharf.*
- *Befestigen Sie die Klinge an einem Holzgriff.*

schnitzen, eignet sich aber vorzüglich für Werkzeuggriffe, Pfeilbogen und andere Waffen. Birke ist ein gutes Schnitzholz, verwittert jedoch rasch. Eibenholz ist sehr hart und elastisch, es eignet sich deshalb besonders für Pfeilbogen, Löffel und Näpfe.

Achten Sie beim Schnitzen darauf, daß Sie sich nicht schneiden. Schnitzen Sie nicht in Richtung zum Körper, wenn Sie müde sind oder das Messer schlecht schneidet, und lassen Sie sich Zeit bei dieser Tätigkeit.

Andere Gebrauchsgegenstände

Holz und Rinde sind in einem Überlebensfall sehr nützliche Materialien. Selbst wenn Sie nicht zu schnitzen beabsichtigen, bieten Bäume und Äste die Möglichkeit zur Herstellung von Gerät. Aus der inneren Rindenschicht der Birke können Vorratsbehälter, ja sogar behelfsmäßige Kochgefäße angefertigt werden, denn dieses Material läßt sich zusammennähen oder verknüpfen.

Bambus liefert Trinkbecher und Vorratsgefäße. Schneiden Sie den Bambus knapp unter einem Vegetationspunkt durch und unterhalb des folgenden nochmals. Damit steht Ihnen ein Trinkbecher zur Verfügung, glätten Sie aber zuerst die Schnittränder, so daß Sie beim Trinken nicht durch Splitter verletzt werden.

Ein gegabelter Stock kann ein sehr nützliches Lagerzubehör bilden. Wenn Sie ihn neben einem Feuer in einem Winkel von etwa 45 Grad in den Boden treiben und einen längeren Stock quer darüber legen, erhalten Sie eine Aufhängevorrichtung für einen Kochtopf. Noch vorteilhafter ist es, für diesen Zweck zwei Gabelstützen für die Querstange einzusetzen.

Messer (Abbildung 41)

Behelfsmäßige Messer können aus Holz (A), Knochen, Steinen, Metall oder sogar aus Glas (B) hergestellt werden. Ein Messer mit Glasklinge erhalten Sie, indem Sie ein Stück Holz spalten, die Glasscherbe dazwischen schieben und den Griff fest zusammenbinden. Für ein Messer mit Knochenklinge eignet sich sehr gut der Laufknochen eines Rehwildes oder eines anderen mittelgroßen Tieres. Formen Sie das eine Ende zu einer Klinge, das andere zu einem Griff. Auch ein abgetrennter Konservendosendeckel kann als Messer verwendet werden, indem Sie ihn in ein Holzstück treiben.

Speere (Abbildung 42)

Speere können bei der Jagd oder beim Fischfang eingesetzt werden. Die einfachste Art eines Speers bildet ein zugespitzter Stock (A). Die Spitze kann allerdings leicht brechen oder stumpf werden. Speerspitzen lassen sich

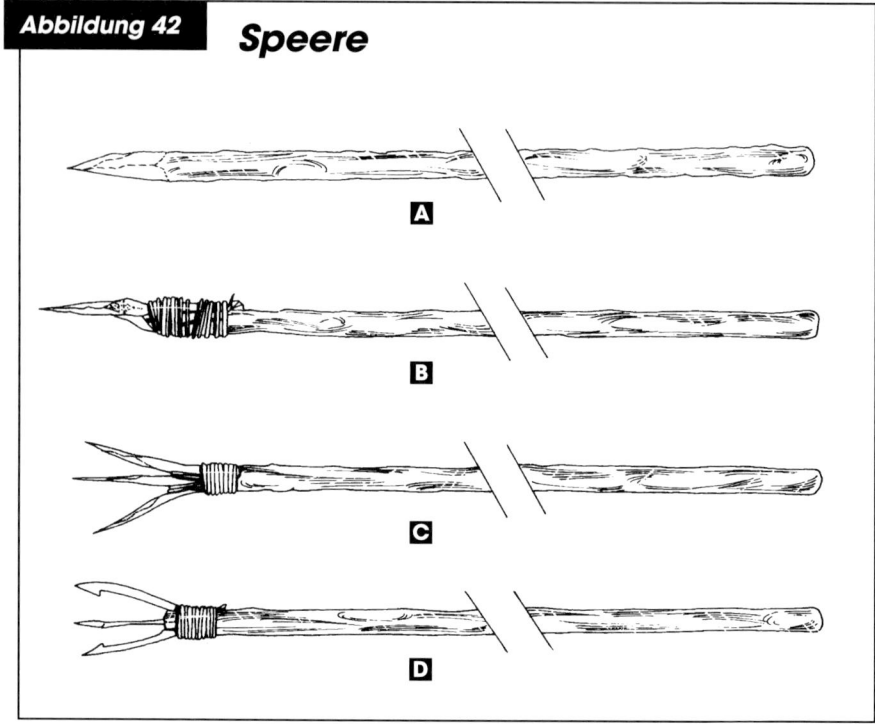

Abbildung 42

Speere

aus Geweihteilen, Knochen (B), Feuerstein oder Blech fertigen. Einen Dreizack zum Fischefangen erhält man, indem das Speerende gespalten und gespreizt wird – für eine dauernde Spreizung sorgen Keilstücke, die in die Spalten getrieben werden (C). Denselben Zweck erfüllen auch Knochenteile (D).

Angelhaken und -leinen
Angelhaken lassen sich aus Nadeln, Dornen, Nägeln, Knochen oder Holz formen. Große Fische kann man mit einer Schlinge fangen, zum Beispiel Hechte, die oft in krautbewachsenen Uferzonen jagen. Befestigen Sie zu diesem Zweck am Ende eines Stocks eine Schlinge. Auch ein Bambusrohr läßt sich gebrauchen; bei ihm können Sie die Leine durch das Rohrinnere ziehen. Um die Schlinge über den Fisch zu bringen, muß sie vom Schwanz her langsam und vorsichtig nach vorne geführt werden (zum Fischfang allgemein siehe Kapitel »Nahrung«).

Rohleder
Dieses außerordentlich nützliche Material kann aus jeder Tierhaut gewonnen werden. Die Herstellung verlangt zwar einigen Aufwand, doch er lohnt sich. Rohleder läßt sich für vieles verwenden, so zur Herstellung von Schnüren, Seilen und Scheiden für Messer und Werkzeuge.

Als erstes ist sämtliches Fett und Muskelgewebe zu entfernen – größere Stücke wegschneiden und den Rest mit einem Messer

Abbildung 43

Katapult und Bola

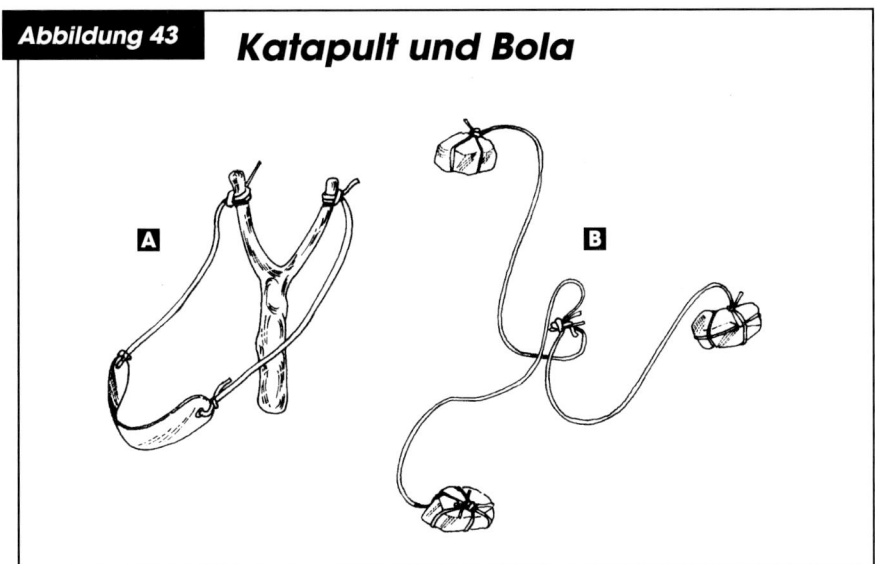

oder einer Feuersteinklinge abschaben. Um die Haare zu entfernen, ist eine dicke Schicht aus Holzasche aufzutragen und mit ein bißchen Wasser zu befeuchten, dann wird die Haut zusammengerollt und für ein paar Tage an einem kühlen Ort gelagert. Wenn das Haar herauszufallen beginnt – hierfür ist eine regelmäßige Kontrolle erforderlich –, breiten Sie die Haut über einem Baumstamm aus und schaben die Haare mit einem Messer oder einer Steinklinge ab. Wenn sämtliche Haare entfernt sind, wird die Haut gewaschen und über einen Rahmen gespannt. Lassen Sie sie langsam an einem schattigen Platz trocknen. Rohleder ist in trockenem Zustand sehr hart, kann aber in Wasser eingeweicht werden.

Katapult (Abbildung 43A)
Beschaffen Sie sich eine Astgabel in Y-Form und ein elastisches Band, zum Beispiel von einem Reifenschlauch. Befestigen Sie in der Bandmitte ein Stück Leder, und binden Sie die Gummienden an die Gabelarme. Als Wurfgeschosse eignen sich Steine. Nach etwas Übung kann man damit recht sicher treffen.

Eine Schleuder wirbelt man über dem Kopf im Kreis und läßt schließlich ein Riemenende los, um das Geschoß in Richtung Ziel fliegen zu lassen. Verwenden Sie bei der Vogeljagd – ob mit Katapult oder Schleuder – für einen Schuß immer mehrere Steine.

Bola (Abbildung 43B)
Wickeln Sie Steinbrocken in Stoffstücke ein und verknoten Sie diese Pakete mit Riemen von etwa 90 cm Länge, knüpfen Sie die anderen Riemenenden zusammen. Geworfen wird eine solche Bola, indem man sie am Verknüpfungspunkt über dem Kopf im Kreis wirbelt und dann losläßt. Die wirbelnden Steine decken einen relativ weiten Kreis ab. Ziele sind Vögel im Flug oder die Läufe von Tieren, die an der Flucht gehindert, getötet werden können.

Erste Hilfe

Erste Hilfe in der Wildnis ist nicht schwierig, doch Sie müssen sich darin gründlich auskennen, damit Sie notfalls schnell und entschieden handeln können. Rasches Handeln gewährleistet oft den Erfolg. Lernen Sie in diesem Kapitel die erforderlichen Techniken kennen.

Jeder sollte wissen, wie er sich bei Verletzungen, gesundheitlichen Störungen und Erkrankungen zu verhalten hat. Dieses Kapitel vermittelt dem Überlebenden die Grundkenntnisse der Ersten Hilfe. Lernen Sie die hier beschriebenen Techniken. In einer Überlebenssituation können Sie auf sich selbst gestellt und fern der Zivilisation sein – dann sind Sie darauf angewiesen, jede Art von Krankheit selbst zu behandeln.

Erste Maßnahmen
Bei jedem Unglück mit unter Umständen vielen Verletzten müssen Sie zunächst sicher sein, daß Ihnen selbst keine Gefahr droht, wenn Sie sich den Opfern nähern. Achten Sie auf elektrische Leitungen, Gasrohre, herabfallende Trümmer, gefährdete Bauten und Wrackteile. Bei einer ersten Untersuchung sollte ein Patient nicht bewegt werden. Wenn jedoch Gefahr droht, müssen Sie ihn und sich selbst an einen sicheren Platz bringen.

Atmet der Patient, so überzeugen Sie sich, daß sich keine Fremdkörper in seinem Mund befinden. Stoppen Sie dann ernsthafte Blutungen und bringen Sie den Patienten in die Seitenlage (Abbildung 44). **Unterlassen Sie dies jedoch, wenn seine Wirbelsäule verletzt ist** (siehe unten). Drehen Sie den Patienten, falls er auf dem Rücken liegt, vorsichtig auf die Seite, indem Sie ihn an den Kleidern über der Hüfte fassen: In dieser Stellung wird die Atmung nicht durch Flüssigkeit oder Erbrochenes behindert, auch die Zunge kann nicht nach hinten rutschen und den Atemweg blockieren.

Bringen Sie einen Patienten mit Verdacht auf eine Wirbelsäulenverletzung *nicht* in die

Erste-Hilfe-Ausrüstung

Sie sollten stets über eine gute Erste-Hilfe-Ausrüstung verfügen. Verletzungen müssen in einer Überlebenssituation sofort behandelt werden. Es ist daher von großem Vorteil, die Mittel hierfür zur Hand zu haben. Sparen Sie beim Kauf einer solchen Ausrüstung nicht, denn es könnte um Ihr Leben gehen.

Erste-Hilfe-Maßnahmen

Dies sind die Erste-Hilfe-Maßnahmen, wie sie der britische SAS für den Notfall vorschreibt. Weichen Sie nicht davon ab. Richtiges Handeln bedeutet Leben retten. Halten Sie die angegebene Reihenfolge ein.

- *Wiederbelebung und Aufrechterhaltung der Atem- und Herztätigkeit*
- *Blutstillung*
- *Versorgung von Wunden und Verbrennungen*
- *Ruhigstellung von Frakturen*
- *Schockbehandlung*
- *Ist ein Opfer mehrfach verletzt, gelten folgende Prioritäten: Atmung, Herztätigkeit und Blutungen.*

Seitenlage: Dies könnte zu einer dauernden Lähmung oder gar zum Tod führen. Sorgen Sie statt dessen für eine künstliche Luftröhre, um die Atmung aufrecht zu erhalten und gegebenenfalls eine Mund-zu-Mund-Beatmung durchführen zu können.

Führen Sie eine künstliche Luftröhre zu ungefähr einem Drittel ihrer Länge ein, indem Sie diese vom Gaumen her um 180 Grad nach unten schwenkend in die Halsröhre stoßen. Der Patient wird so wieder atmen können. Allerdings kann sich Schleim ansammeln, was sich mit Husten und gurgelnden Geräuschen bemerkbar macht – Sie müssen daher den Patienten überwachen. Wenn sich Schleim anzusammeln beginnt, müssen Sie ihn mit dem Schleimentferner absaugen. Nehmen Sie ein Röhrchen oder einen Halm, wenn kein solches Gerät zur Verfügung steht.

Aufrechterhaltung der Atemfunktion

In einer Überlebenssituation muß jeder wissen, wie man die Herz- und die Lungenfunktion wiederbelebt und die Luftröhre freimacht. Sobald die Atem- und Herztätigkeit ei-

ner Person aufhört, gilt sie als klinisch tot. Vier bis sechs Minuten nach diesem Zeitpunkt beginnt das Hirn Schaden zu nehmen. Rund zehn Minuten nach dem Herzstillstand tritt der Gehirntod ein, was den biologischen Tod bedeutet und nicht rückgängig zu machen ist. Der klinische Tod dagegen läßt sich in vielen

Abbildung 44

Lagern in Seitenlage

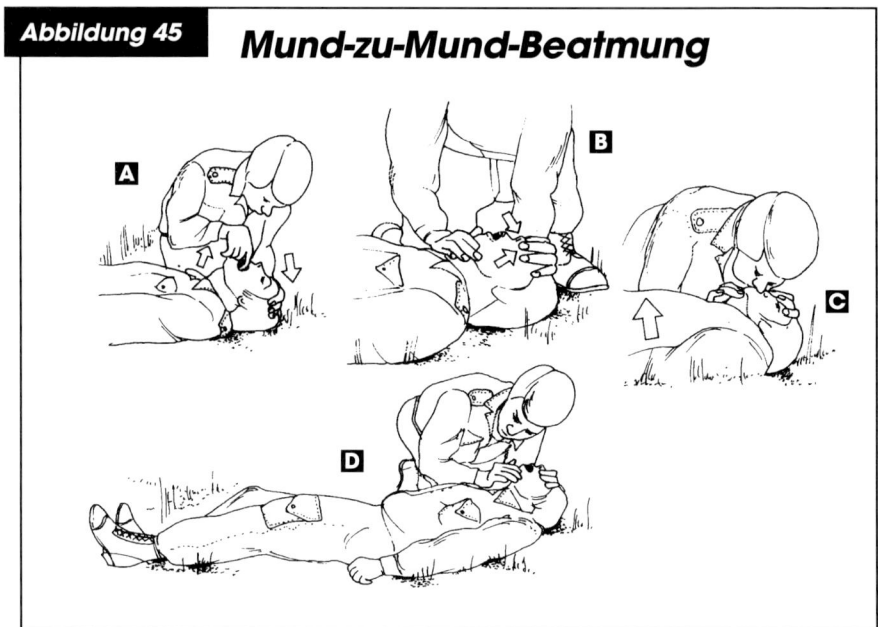

Abbildung 45

Mund-zu-Mund-Beatmung

Fällen rückgängig machen. Sobald die Atmung eines Patienten aussetzt, müssen Sie ihn sofort beatmen. Ein Atemstillstand hat folgende Ursachen:

- Verstopfung der oberen Luftwege infolge Gesichts- und Halsverletzungen oder durch Fremdkörper
- Ersticken
- Verbrennungen und Krämpfe in den Luftwegen infolge Einatmung von Rauch, Gasen oder Feuer
- Ertrinken oder Stromschlag
- Eindrücken des Brustkastens
- Sauerstoffmangel

Mund-zu-Mund-Beatmung (Abbildung 45)
Drehen Sie den Patienten auf den Rücken. Öffnen Sie die Atemwege, und überprüfen Sie die Atemtätigkeit. Hierzu müssen Sie den Kopf nach hinten biegen, indem Sie mit der Hand die Stirn nach hinten drücken. Dadurch öffnet sich der Mund und hoffentlich auch der Atemweg.

Zwei andere Methoden: Sie fassen mit der einen Hand an die Stirn und mit den Fingern der anderen Hand unter das Kinn, oder Sie fassen mit der einen Hand an die Stirn und greifen mit der anderen unter den Nacken.

Die Anwendung dieser drei Methoden kann allerdings eine Wirbelsäulenverletzung verschlimmern. Bei Verdacht auf Wirbelsäulenverletzung empfiehlt sich folgende Methode: Stützen Sie sich mit den Ellenbogen am Boden ab, und fassen Sie mit beiden Händen an den Kiefer des Patienten. Drücken Sie den Kiefer nach vorn, wobei die Zeigefinger den größten Druck ausüben sollten. Auf diese Weise wird der Atemweg frei. Als nächstes entfernen Sie alle Rückstände aus Mund und Rachen (A). Halten Sie Ihr Ohr nahe an den Mund des

Patienten, um zu hören und zu fühlen, ob er noch atmet. Beobachten Sie gleichzeitig, ob sich der Brustkasten noch hebt und senkt.

Atmet der Patient nicht mehr, so geben Sie vier schnelle Atemstöße direkt in seinen Mund, dabei pressen Sie ihm die Nase zu (B). Achten Sie darauf, daß Ihr Mund dicht anliegt. Diese Atemstöße sollten so rasch erfolgen, daß sich die Lunge während der Intervalle nicht entleert (C). Beobachten Sie, ob sich der Brustkasten von selber senkt (D).

Versichern Sie sich, daß sich der Brustkasten hebt, wenn Sie Luft einblasen. Geschieht dies nicht, ist der Luftweg womöglich verstopft – drehen Sie den Patienten zur Seite, und klopfen Sie zwischen seine Schulterblätter, um die Verstopfung zu lösen.

Geben Sie ihm danach so rasch wie möglich sechs Atemstöße, und setzen Sie die Beatmung in einer Frequenz von zwölf Stößen in der Minute fort, bis die Atmung wieder einsetzt. Diese Beatmung kann Sie über längere Zeit beanspruchen, geben Sie nicht auf! Beatmen Sie aber nie eine Person, die bereits wieder von alleine atmet.

Mund-zu-Nase-Beatmung

Wenden Sie diese Methode an, wenn eine Mund-zu-Mund-Beatmung nicht möglich ist. Dies ist dann der Fall, wenn der Patient schwere Verwundungen am Kiefer, an den Lippen oder im Mund erlitten hat oder sich der Kiefer nicht öffnen läßt. Dichten Sie hierzu den Mund des Patienten mit der Hand ab, und beatmen Sie ihn durch die Nase. Gehen Sie dabei wie bei der Mund-zu-Mund-Beatmung vor (siehe oben).

Verstopfte Atemwege

Wenn es Ihnen nicht gelingt, Luft in die Lungen zu blasen, ist wahrscheinlich die Luftröhre verstopft. Lösen Sie die Verstopfung mit den Fingern. Falls dies nicht möglich ist, müssen Sie den Atemweg mit der Behandlungsmethode bei Erstickungsanfällen frei machen (siehe unten).

Wiederbelebung des Herz-Lungen-Kreislaufs (Abbildung 46)

Diese Art der Wiederbelebung wird dann notwendig, wenn die Herzfunktion des Patienten ausgesetzt hat. In diesem Fall haben Sie die Person nicht nur zu beatmen, sondern auch deren Brustkasten in rhythmischen Druckfolgen zusammenzupressen, damit das Herz die Blutzirkulation in Gang hält. Die Herztätigkeit kann auf diese Weise wiederbelebt werden. Legen Sie den Patienten mit dem Brustkorb nach oben flach auf den Boden (A). Tasten Sie mit den Fingern die Rippenenden ab, um das untere Ende des Brustbeins zu finden (B). Legen Sie den Zeigefinger auf diesen Punkt, und messen Sie einen Abstand nach oben von zwei Fingerbreiten (C). Tun Sie dies so genau als möglich. Legen Sie die Fläche der anderen Hand unmittelbar oberhalb der messenden Finger auf die Brust des Patienten: Dies ist die Stelle, wo sich das Herz befindet. **Vorsicht: Sie können die Leber des Patienten beschädigen, wenn Sie den Druck zu tief ansetzen.**

Legen Sie nun die andere Hand über die erste, die sich in der Position über dem Herzen befindet. Der ganze Vorgang geschieht im Knien, wobei sich Ihre Schultern direkt über dem Brustbein des Patienten befinden sollten, damit Sie den Druck senkrecht zum Herzen hin ausüben können (D). Drücken Sie den Brustkasten etwa 2 cm ein, und zwar in fließenden, kräftigen und rhythmischen Bewegungen – niemals in ruckartigen. Die Frequenz der Druckbewegungen beträgt bei Erwachsenen 80, bei Kindern 100 und bei

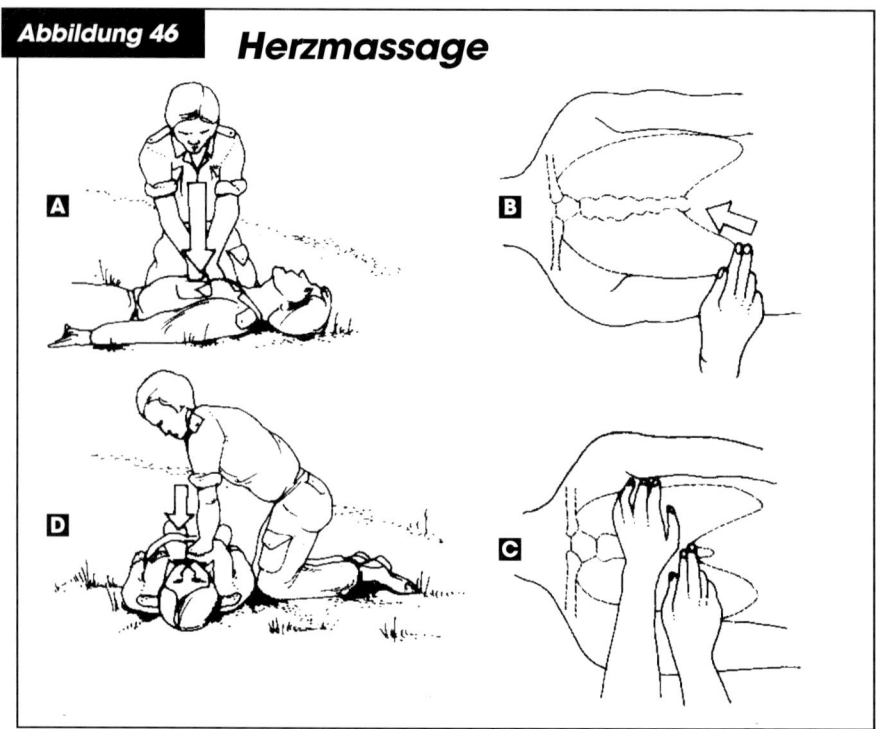

Abbildung 46

Herzmassage

A B C D

Kleinkindern 100–120 in der Minute. Es hilft Ihnen sehr, wenn Sie laut mitzählen: eins – und, zwei – und, drei – und…

Geben Sie nicht auf, fahren Sie mindestens eine Stunde lang fort, wenn nötig! Wechseln Sie einander ab, wenn mehrere Helfer anwesend sind!

Wiederbelebung durch zwei Personen

Eine Person führt die künstliche Beatmung durch, und zwar mit einem Atemstoß nach jeweils fünf Massagestößen. Die andere Person führt die Massage in einer Frequenz von 60 Stößen in der Minute aus, dies unter lautem Zählen: einundzwanzig, zweiundzwanzig, dreiundzwanzig…Nach jeweils einer oder zwei Minuten läßt der die Beatmung durchführende Helfer die Massage stoppen, um den Puls zu überprüfen. Dies geht wie folgt vor sich: Der Beatmende fühlt zunächst den Puls, während die Massage fortgesetzt wird, um die Zirkulation aufrechtzuerhalten. Dann erst läßt er den anderen Helfer anhalten, um die Pulsmessung fortzuführen und zu prüfen, ob die Atmung wieder eingesetzt hat.

Ist kein Puls festzustellen, verabreicht der Beatmende einen vollen Atemstoß und befielt die Fortsetzung der Massage. Ist Puls vorhanden, aber keine Atmung, teilt er dies mit und setzt die Beatmung mit einem Atemstoß pro fünf Sekunden fort. Sind Puls und Atmung vorhanden, kann der Patient mit allem weiteren versorgt werden.

Bei der Wiederbelebung mit zwei Helfern ist folgendes zu beachten:

- Die Person, welche die Beatmung ausführt, muß sich nach dem Zählrhythmus der anderen, die die Massage ausübt, richten.
- Der Beatmende muß auf die Zahl Vier hin tief Atem holen, um dem Patienten am Ende der fünften Druckbewegung, wenn sich der Brustkasten zu heben beginnt, die Luft einzublasen.
- Wenn die beiden Helfer ihre Plätze wechseln wollen, gibt der Beatmende nach der fünften Kompression einen Atemstoß mehr und wechselt dann erst die Stellung. Gleichzeitig führt der andere Helfer einen Fünf-Sekunden-Test von Puls und Atmung durch. Ist weder Puls noch Atmung festzustellen, führt der Beatmende einen Beatmungsstoß aus, bevor die Wiederbelebungsbemühungen fortgesetzt werden.

Ersticken

Anzeichen von Ersticken sind:

- Griff des Patienten an seine Kehle;
- Unfähigkeit, zu sprechen;
- Keuchen und Atemnot;
- Unfähigkeit, kräftig zu husten;
- Blaufärbung des Gesichts (bei Bewußtlosen);
- Regloser Brustkorb (bei Bewußtlosen).

Erleidet ein Patient Erstickungsanfälle (Abbildung 47), so machen Sie die Atemwege mit einem Finger frei und vergewissern sich, daß die Zunge nicht nach hinten gerutscht ist und dabei die Atemwege blockiert (siehe oben). Schlagen Sie viermal auf den Rücken (A), wobei darauf zu achten ist, daß der Kopf des Patienten tiefer als die Brust liegt. Schlagen Sie schnell und kräftig gegen die Wirbelsäule zwischen den Schulterblättern, ohne aber den Patienten zu verletzen.

Tips der KANADISCHEN SPEZIALEINHEITEN

Wiederbelebung des Herz-Lungen-Kreislaufs

Mit einer Herzmassage kann ein Patient am Leben erhalten werden. Gehen Sie Punkt für Punkt wie folgt vor:

- *Prüfen Sie, ob der Patient bei Bewußtsein ist.*
- *Legen Sie die Atemwege frei.*
- *Stellen Sie fest, ob der Patient atmet (beobachten, lauschen, fühlen).*
- *Geben Sie vier rasch aufeinander folgende Atemstöße.*
- *Überprüfen Sie den Puls (gleichzeitig feststellen, ob der Patient atmet).*
- *Suchen Sie die Druckstelle zur Herzmassage.*
- *Nehmen Sie die korrekte Handlage ein.*
- *Beginnen Sie mit 15 Kompressionsstößen, und geben Sie dann...*
- *...zwei schnelle Atemstöße nach jeder Serie von 15 Kompressionen.*
- *Geben Sie nach vier Serien von je 15 Kompressionen zwei Atemstöße, und überprüfen Sie dann mindestens fünf Sekunden lang Puls und Atmung.*

Wenden Sie den Heimlich-Griff an, wenn diese Maßnahmen fehlschlagen. Stellen oder knien Sie sich dabei hinter den Patienten, und umschlingen Sie ihn mit den Armen (B). Greifen Sie mit den Händen so ineinander, daß Sie mit der Daumenseite der Fäuste zwischen der Hüfte und den Rippen Druck ausüben können (C). Pressen Sie ruckartig viermal nach oben. Wenn dieser Versuch scheitert, beginnen Sie nochmals mit vier Schlägen gegen den Rücken. Wiederholen Sie so lange, bis die Atemwege frei sind oder der Patient das Bewußtsein verliert.

Bringen Sie den Patienten, wenn er das Bewußtsein verliert, in die Seitenlage, und versetzen Sie ihm vier Rückenschläge. Bringt dies keinen Erfolg, geben Sie dem Patienten vier Schläge mit dem Handballen gegen den Bauch. Ergreifen Sie danach dessen Unterkiefer und Zunge, und ziehen Sie den Kiefer nach vorne und nach oben, um den Mund zu öffnen. Reinigen Sie den Mund mit dem Zeigefinger, und bringen Sie den Kopf in die Lage zur Wiederbelebung (siehe oben).

Führen Sie vier schnelle Luftstöße aus, wenn keine Atmung festzustellen ist. Wenn sich die Lungen nicht dehnen, so wiederholen Sie den Vorgang mit vier Schlägen gegen den Rücken, vier Stößen in den Bauch, Mundreinigung, Atemkontrolle und vier Luftstößen. Beginnen Sie mit der Wiederbelebung, wenn kein Puls festzustellen ist.

Wenn Sie selbst einen Erstickungsanfall haben und allein sind, versetzen Sie sich mit

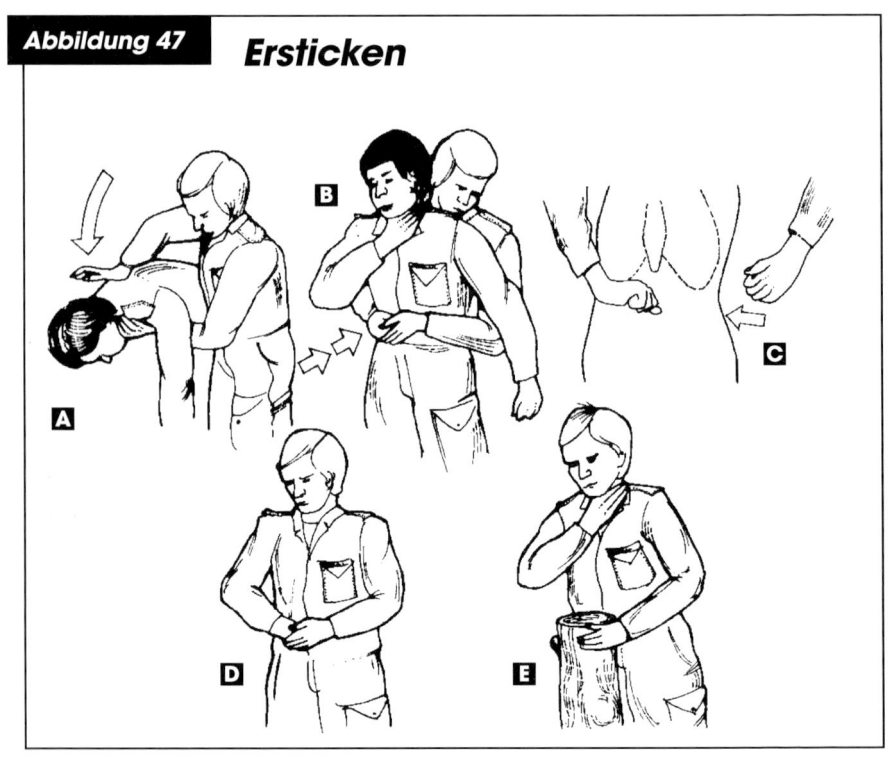

Abbildung 47 *Ersticken*

der Hand selbst die Bauchstöße (D), oder nehmen Sie einen stumpf aufragenden Gegenstand zu Hilfe – einen Erdhaufen, einen Baumstrunk (E) oder eine Stuhllehne.

Interkrikothyreotomie (Abbildung 48)
Diese Maßnahme sollte nur angewendet werden, wenn alle andern Versuche zur Befreiung der Atemwege fehlschlugen. Die Operation – ein Schnitt zwischen Schildknorpel und Ringknorpel – ist zwar einfach, aber doch nicht ungefährlich. Sterilisieren Sie die Partie rund um den Adamsapfel, ebenso die Instrumente (Klinge, Skalpell oder Federmesser und Schlauch).

Suchen Sie durch Tasten mit dem Finger die Einbuchtung zwischen dem Adamsapfel (Schildknorpel) und dem kleineren Ringknorpel unmittelbar darunter (A).

An dieser Stelle ist ein kleiner, etwa 1–2 cm tiefer Einschnitt vorzunehmen; aber nicht tiefer schneiden. Führen Sie dann den Schlauch (Röhre) ein, so daß Luft in die Lunge gelangen kann. Fixieren Sie den Schlauch mit einem Klebeband oder einem Verband (B).

Obschon diese Operation einfach auszuführen ist, besteht doch die Gefahr, daß der Kehlkopfnerv, die Speiseröhre oder der obere Teil der Lunge verletzt wird. Sie müssen daher vor dem Schnitt absolut sicher sein, die richtige Stelle gefunden zu haben.

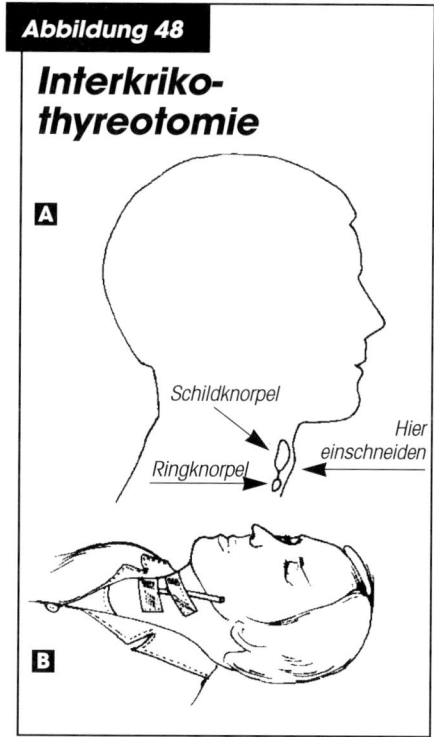

Abbildung 48

Interkriko-thyreotomie

A

Schildknorpel

Ringknorpel

Hier einschneiden

B

Abbildung 49

Frakturen

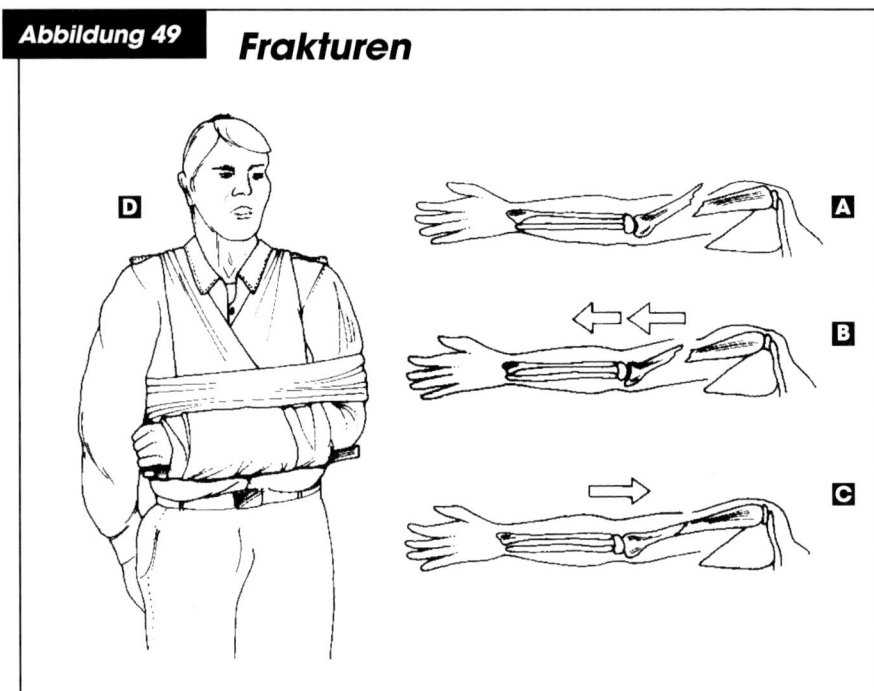

Brüche und Frakturen

Eine Fraktur ist eine Absplitterung, eine Spaltung oder ein Bruch eines Knochens. Ein Ermüdungsbruch ist ein Riß des Knochengewebes.

Es gibt offene und geschlossene Frakturen. Bei einer offenen Fraktur tritt der Knochen aus der Haut heraus, oder es kann ein Gegenstand von außen her die Haut durchdrungen und den Knochen gebrochen haben.

Bei einer geschlossenen Fraktur ist zwar der Knochen gebrochen, durchdringt aber die Haut nicht. Ein gebrochenes Glied muß in der Stellung geschient werden, wie Sie es vorfinden, um eine weitere Schädigung während des Transports ins Krankenhaus zu vermeiden. Verwenden Sie zur Fixation des Gliedes Polsterwatte oder anderes weiches Material.

Geschlossene Fraktur (des Arms)

Wenn die Einlieferung in ein Hospital nicht möglich ist, müssen Sie die Behandlung selbst vornehmen. Bei Verdacht auf eine geschlossene Fraktur ist zunächst der Puls am Handgelenk zu überprüfen. Falls die Blutzirkulation unterbrochen ist (die Hand fühlt sich kalt an, oder es ist kein Puls festzustellen), muß die Durchblutung des Unterarms wieder hergestellt werden, da das gebrochene Glied sonst später amputiert werden müßte. Stellen Sie durch Kneifen fest, ob noch Gefühl in der Hand vorhanden ist; wenn nicht, liegt eine komplizierte Fraktur vor. Versuchen Sie durch kontinuierliches Ziehen, die Funktion von Puls und Nerven wieder in Gang zu setzen.

Machen Sie sich keine Sorgen, wenn die Nervenfunktion nur teilweise wieder eintritt:

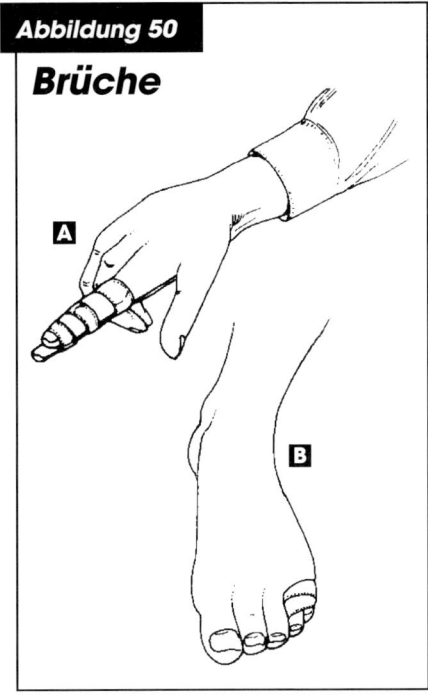

Abbildung 50

Brüche

A

B

Man kann in diesem Fall die Rückkehr in die Zivilisation abwarten, und sehr oft läßt sich eine vollständige Nervenreaktion mit chirurgischen Mitteln wiederherstellen. Damit können Sie den Patienten beruhigen.

Lassen Sie das Glied nun langsam locker, und überprüfen Sie die Puls- und Nervenfunktion. Bleibt sie bestehen, können Sie mit dem Schienen beginnen; dabei ist das Glied auf beiden Seiten des Bruches ruhigzustellen. Eine innere Blutung, erkennbar an einer starken Verfärbung, kann durch leichtes Pressen und Anheben unter Kontrolle gebracht werden, vorausgesetzt, es liegt keine Knochenabsplitterung vor.

Stoppen Sie bei Verdacht auf eine Absplitterung den Blutfluß am Druckpunkt (siehe unten), der der Bruchstelle am nächsten liegt;

lagern Sie dann das Glied hoch, und legen Sie kalte Packungen auf.

Offene Fraktur (des Arms; Abbildung 49)
Stellen Sie zuerst fest, ob eine schwere Blutung vorliegt (siehe Wunden und Verbände). Überprüfen Sie die Nervenreaktionen, und säubern Sie die Wunde sowie das herausragende Ende des Knochens von Knochensplittern und allen Fremdkörpern (A). Versuchen Sie danach, das Glied durch behutsames Ziehen zu richten und die Wunde zu schließen (B). Prüfen Sie, ob die Bruchstellen sauber aneinander anliegen (C). Schienen sie so (D), daß der Zugang zur Wunde frei bleibt. Überprüfen Sie regelmäßig den Puls und die Nervenreaktionen. Notfalls müßten Sie den Knochen neu richten.

Brüche (Abbildung 50)
Üblicherweise kommen in einem Überlebensfall Zehen- und Fingerbrüche am häufigsten vor. Ein gebrochener Finger muß gerichtet und mit Holz oder anderem Material geschient werden (A). Gebrochene Zehen richtet man und fixiert sie an heilgebliebenen Nachbarzehen (B).

Wirbelsäulenverletzungen
Jede Verletzung an der Wirbelsäule kann zu Lähmungen führen und womöglich zum Tod. Zeichen für eine Wirbelsäulenverletzung sind: Rückenschmerzen, verbunden mit Lähmungserscheinungen; Deformierungen an der Wirbelsäule; Schmerzen beim Berühren der Wirbelsäule; andauernde Erektion des Penis; Stellung der Arme oberhalb des Kopfes, ohne sie bewegen zu können; Verlust der Kontrolle über die Blase. Zur Behandlung von Wirbelsäulenverletzungen siehe Kasten auf der nächsten Seite.

Genickbruch

Stellen Sie den Nacken des Patienten mit einem Halskragen ruhig. Sie können auch eine Tuchrolle unter den Nacken schieben und den Kopf stabilisieren, indem Sie zu beiden Seiten Sandsäcke oder mit Sand oder Erde beschwerte Stiefel anbringen. Halten Sie den Patienten in vollkommener Ruhelage, und hoffen Sie auf baldige Rettung.

Gebrochene Rippen

Legen Sie einem Patienten mit oberen Rippenbrüchen mit zwei langen Tuchstreifen einen Druckverband quer über die Schulter der verletzten Seite an; der Patient muß während des Verbindens den Atem anhalten. Bei Brüchen von unteren Rippen polstern Sie zunächst die Bruchstelle mit Filz oder Schaumgummi ab. Dann lassen Sie wiederum den Patienten den Atem anhalten, während Sie einen Druckverband um die verletzte Seite des Rumpfes anlegen.

Eine weitere Methode, Rippenbrüche zu versorgen, besteht in einer elastischen Bandage um den Rumpf vom unteren Ende des Brustkastens bis nach oben an die Brustwarzen. Welche Methode auch immer gewählt wird, es dauert vier bis sechs Wochen, bis ein Rippenbruch verheilt ist. Für den Patienten ist während dieser Zeit möglichst große Ruhe von Vorteil.

Schädelbruch

Anzeichen für einen Schädelbruch kann aus dem Ohr oder der Nase fließendes hellrotes Blut sein. Bringen Sie den Patienten in die Seitenlage, mit der blutenden Seite nach unten. Sorgen Sie für einen ungehinderten Abfluß und eine vollkommen ruhige und bequeme Lage.

Blutungen, Wunden und Verbände

Eine starke Blutung muß sofort gestoppt werden. Üben Sie bei Venen- oder Kapillarblutungen unmittelbar auf die blutende Stelle einen Druck aus. Dasselbe können Sie auch bei leichteren arteriellen Blutungen tun. Blutende Extremitäten sollten über Herzhöhe gehalten

---

Tips der GREEN BERETS

Behandlung von Wirbelsäulenverletzungen

Wirbelsäulenverletzungen sind äußerst gefährlich – beim Bewegen des Patienten ist größte Vorsicht geboten!

- *Schieben Sie dem Patienten ein gefaltetes Tuch unter das Kreuz, wenn er auf dem Rücken liegt; damit wird verhindert, daß Knochenfragmente die Wirbelsäule verletzen oder auf sie einen Druck ausüben.*
- *Schieben Sie dem Patienten ein gefaltetes Tuch unter die Hüfte, wenn er mit dem Gesicht nach unten liegt.*
- *Bewegen Sie die Wirbelsäule immer wie eine starre, nicht biegsame Einheit.*
- *Verwenden Sie zum Transportieren eine feste Trage oder ein Brett von größerer Länge als der Patient.*

Abbildung 51
Verbände

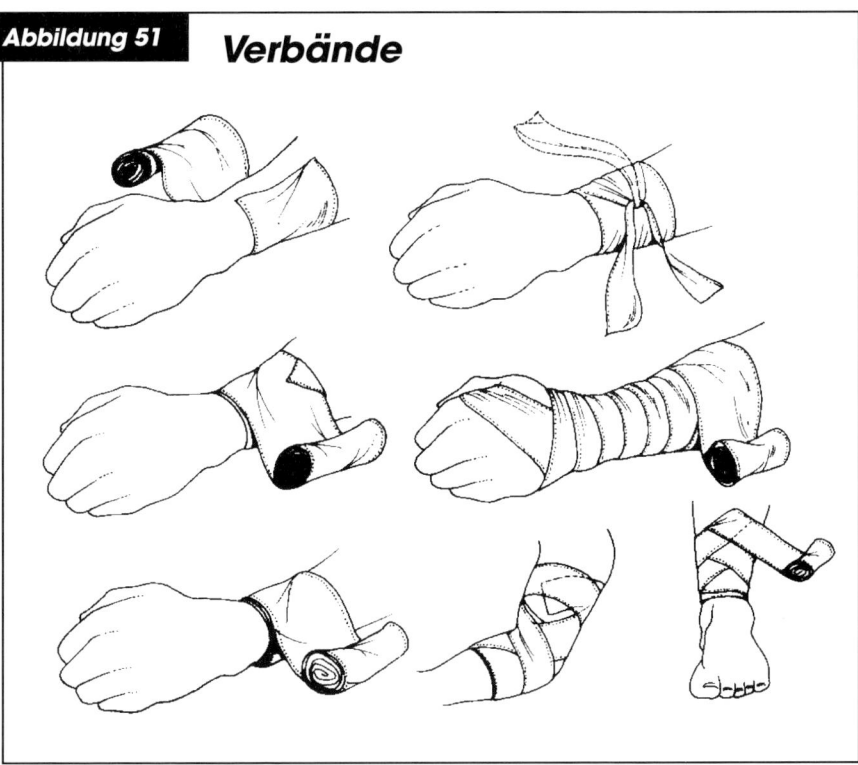

Tips des britischen **SAS**
Wundbehandlung

Wunden müssen unbedingt vor Infektionen geschützt werden.
Der SAS gibt folgende Anweisungen zur Wundbehandlung in der Wildnis:

■ *Reinigen Sie eine Wunde von innen nach außen.*

■ *Wechseln Sie die Verbände, wenn sie naß geworden sind, übel zu riechen*
beginnen oder die Schmerzen ansteigen und die Wunde zu klopfen beginnt –
dies sind Anzeichen einer Infektion.

■ *Örtlich begrenzte Infektionen können mit einem Breiumschlag behandelt werden.*
Verwendbar ist alles, was sich zerdrücken läßt: Reis, Rinden, Saatkörner. Kochen
Sie einen Brei, und schlagen Sie ihn in ein Tuch ein. Legen Sie den Umschlag
auf die Wunde, und zwar so heiß wie möglich.

■ *Ein in ein Tuch gewickelter heißer Stein, den man auf die Wunde legt, kann ebenfalls*
zur Heilung beitragen.

werden. Zur Blutstillung läßt sich verschiedenstes Material verwenden, vorausgesetzt, es ist sauber. Der Druck sollte fest und ununterbrochen während 5–10 Minuten aufrecht erhalten werden. Decken Sie die Wunde mit einem Verband ab (Abbildung 51).

Druckpunkte bei arteriellen Blutungen

- **Schläfe: vor dem Ohr**
- **Gesicht unter den Augen: seitlich am Kiefer**
- **Schulter oder Oberarm: über dem Schlüsselbein**
- **Ellbogen: Innenseite des Arms**
- **Unterarm: in der Armbeuge**
- **Hand: am Handgelenk**
- **Oberschenkel: zwischen Leiste und Oberschenkel**
- **Unterschenkel: an der Oberseite des Knies**
- **Fuß: am Fußgelenk**

Arterielle Blutungen

Solche Blutungen sind sehr ernsthafter Natur. Um den Blutfluß zum Stillstand zu bringen, muß man die Hauptschlagader oberhalb der blutenden Stelle abdrücken. Die Stellen, an denen sich die Arterie relativ leicht über einem Knochen zusammendrücken läßt, heißen Druckpunkte (siehe auch Hinweiskasten und Abbildung 52, E).

Aderpressen (Abbildung 52)

Sie sind anzuwenden, wenn Blutungen durch andere Maßnahmen nicht gestoppt werden können, und lassen sich nur am Oberarm unmittelbar unter der Achselhöhle und am

Abbildung 52

Aderpressen

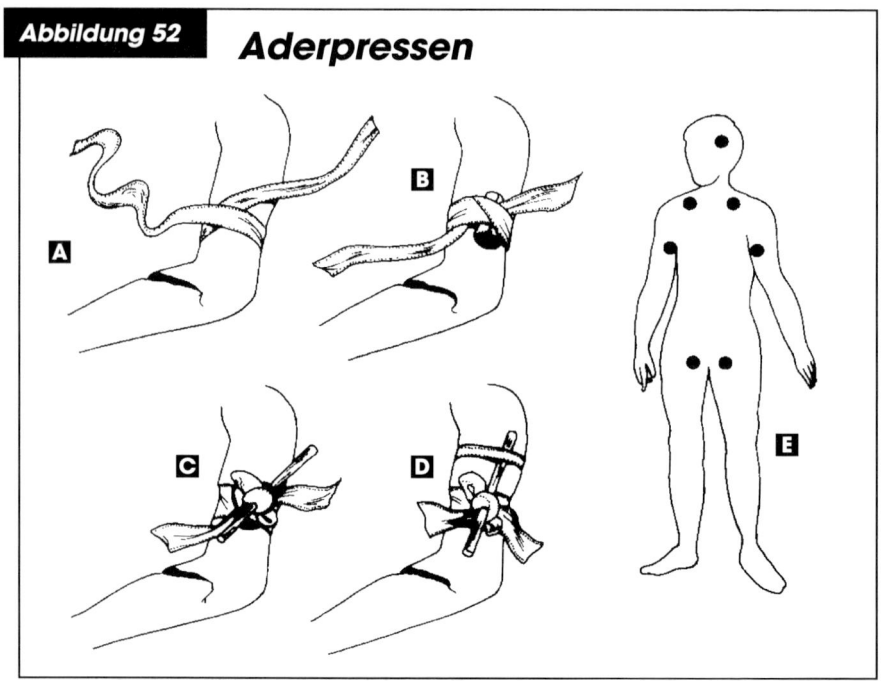

Behandlung von Verstauchungen

SAS-Soldaten kämpfen meist zu Fuß, weshalb Fußverstauchungen möglichst erfolgreich zu behandeln sind.

■ *Baden Sie das verstauchte Glied in kaltem Wasser, um die Schwellung abklingen zu lassen.*

■ *Legen Sie einen Stützverband an, ohne aber die Blutzirkulation zu beeinträchtigen.*

■ *Lagern Sie das verletzte Glied hoch, und bleiben Sie vollkommen ruhig.*

■ *Ziehen Sie bei einer Fußverstauchung den Stiefel nicht aus, solange Sie marschieren müssen: Der Stiefel übernimmt die Funktion einer Schiene. Wenn Sie den Stiefel ausziehen, schwillt die Verletzung an, was ein Wiederanziehen unmöglich macht.*

Oberschenkel anlegen. Sie benötigen hierzu einen Tuchstreifen von **mindestens** 5 cm Breite (A). Schlingen Sie den Streifen um das Glied, und machen Sie einen halben Knoten (B). Danach legen Sie einen Stock über den Knoten und knüpfen ihn mit einem doppelten Knoten fest (C). Drehen Sie nun den Stock, bis die Blutung aufhört (D).

Achtung: Das Lockern einer Aderpresse kann einen schweren, lebensgefährlichen Schock auslösen, hervorgerufen durch Gifte, die sich im abgebundenen Glied gebildet haben und nun ins Herz zurückfließen. Man muß sich beim Anlegen einer Aderpresse bewußt sein, daß das verletzte Glied möglicherweise amputiert werden muß.

Innere Blutungen

Sie werden durch einen heftigen Aufschlag, durch Knochenbrüche oder tiefe Wunden verursacht. Anzeichen für innere Blutungen sind Mattigkeit, Schwindelgefühle, bleiche, feuchtkalte Haut, Blut im Urin, Blut im Stuhl, schwarzer, teeriger Stuhl, Erbrechen und Husten von Blut.

Wunden

Säubern Sie eine Wunde mit steriler Salzlösung oder sauberem Wasser – dabei nur tupfen, nicht reiben. Decken Sie die Wunde, wenn sie nicht zu tief ist, mit einem einfachen Verband ab. Tragen Sie auf die Wunde eine antibiotisch wirkende Salbe auf, bevor Sie einen sterilen Verband anlegen.

Amputation

Wenn aus irgendeinem Grund ein Körperglied zerfetzt wurde, müssen Sie zunächst die Blutung stoppen und eine Schockbehandlung vornehmen (siehe unten). Säubern und desinfizieren Sie die Wunde, tragen Sie ein Antibiotikum auf, und legen Sie einen Deckverband an. Über diesen Verband legen Sie ein steriles Gazepolster und darüber eine feste Bandage. Wiederholen Sie diese Behandlung täglich. Dabei müssen Sie jeweils die gelblichen Krusten und totes Gewebe entfernen.

Schneiden Sie, wenn amputiert werden muß, das Glied möglichst nahe an der Wunde ab (Sie benötigen hierzu eine Säge). Falls keine Säge zur Verfügung steht, muß das Glied am nächstgelegenen Gelenk abgetrennt wer-

Abbildung 53

Nähen von Wunden

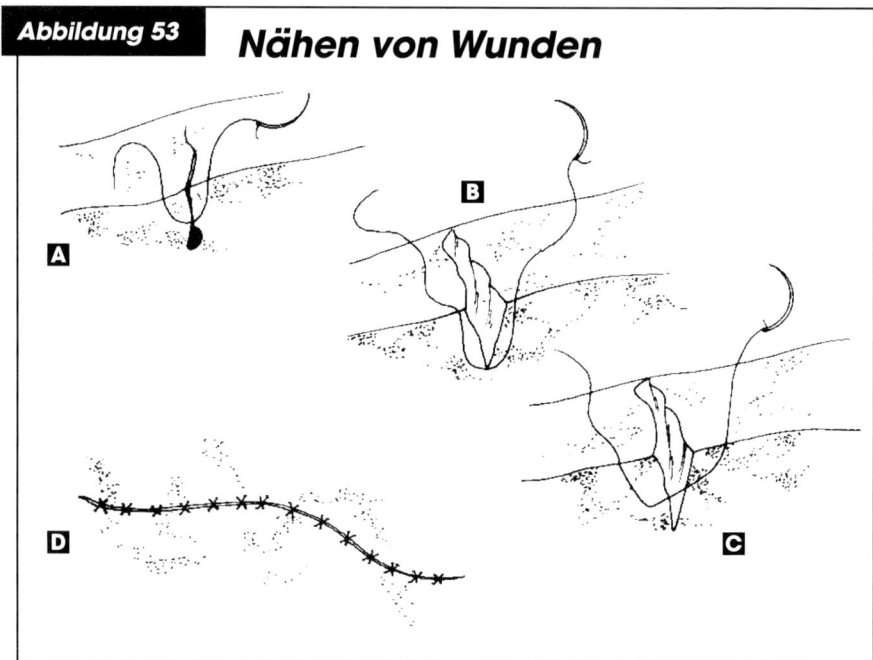

den. Legen Sie zuerst eine Aderpresse an, und schneiden Sie dann die Haut und das darunter liegende Gewebe durch. Lassen Sie die Haut zurückweichen und sägen Sie den Knochen oder das Gelenk durch. Schnüren Sie die Arterien ab (siehe unten), und schützen Sie den Stummel mit einer leichten Bandage.

Nähen von Wunden (Abbildung 53)
Eine tiefe Wunde, bei der ein Verband nicht ausreicht, muß genäht werden. Dabei dürfen keine Luft- oder Bluteinschlüsse auftreten (A). Zum Nähen benötigen Sie eine Nadelklemme (eine Zange oder Pinzette mit Kerbe) und Nähmaterial. Genäht wird mit einzelnen Stichen. Jeder Stich sollte bis an das Wundende geführt werden (B), um die Bildung von Taschen zu verhindern (C) und auf beiden Seiten der Wunde genügend Gewebe zu be-

lassen, um die Wundränder zusammenzufügen (D).

Verknüpfen Sie die Nahtenden mit einem Reffknoten (siehe Kapitel »Seile und Knoten«). Bilden Sie hierzu eine Schlinge um den Nadelhalter (A), führen Sie das Fadenende durch die Schlinge (B), und ziehen Sie sie fest (C); dann bilden Sie mit dem Nadelhalter eine Schlinge in der entgegengesetzten Richtung (D), führen das Fadenende durch die Schlinge (E) und ziehen erneut fest (F). Lassen Sie die Nähte zehn Tage in der Wunde. Danach können Sie sie mit einer feinen Schere zerschneiden und mit einer Zange oder Pinzette herausziehen.

Arterien abbinden
Klemmen Sie das Blutgefäß mit einer Arterienklemme (feststellbare Zange) in Rich-

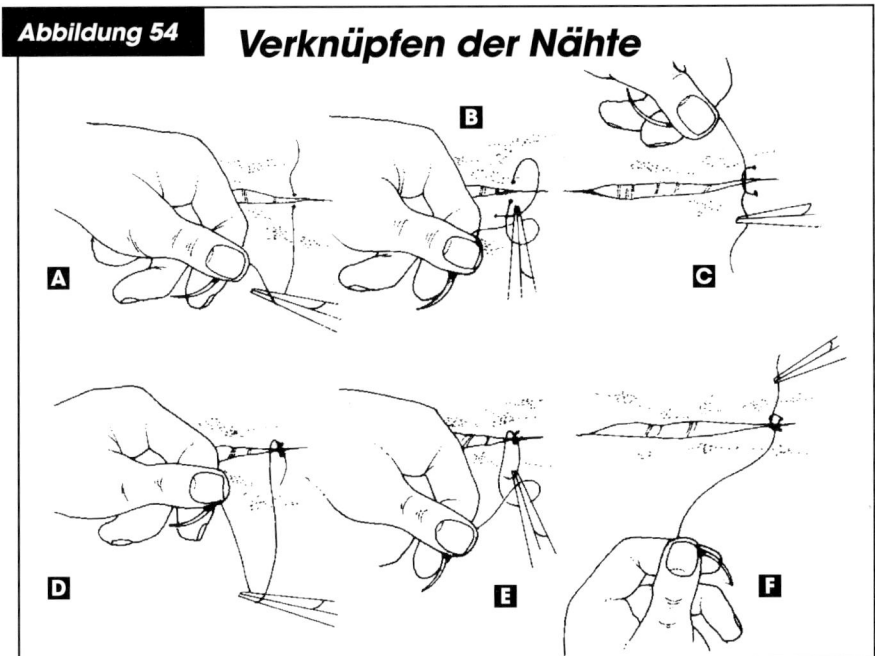

Abbildung 54

Verknüpfen der Nähte

tung zum Herzen ab, und verknüpfen Sie das Ende der Ader zu einem Reffknoten; danach reinigen, desinfizieren und verbinden Sie die Wunde.

Verbände
Gebrauchte Verbände sollten nicht wieder verwendet werden, da sie Giftstoffe enthalten. In einer Überlebenssituation jedoch, bei der Sie unter Umständen in Streifen geschnittene Kleidungsstücke verwenden müssen, haben Sie vielleicht keine andere Wahl. Waschen Sie den Stoff gründlich aus, und kochen Sie ihn mindestens 15 Minuten lang.

Zerrungen, Stauchungen und Ausrenkungen
Auch damit ist in einem Überlebensfall zu rechnen. Eine Zerrung bedeutet entweder den Riß oder die Überdehnung eines Muskels. Bei einer Stauchung ist mit einem Gelenk verbundenes Gewebe verzogen oder gerissen. Eine Ausrenkung schließlich liegt vor, wenn infolge eines Sturzes, eines Schlages oder einer anderen Gewalteinwirkung ein Gelenk aus seiner Pfanne gesprungen ist. Stellen Sie bei Zerrungen das Glied ruhig, und legen Sie zur Schmerzlinderung kalte Umschläge an. Das verletzte Glied sollte gestreckt gehalten werden, um Schwellungen und Schmerzen zu verringern. Behandeln Sie eine solche Verletzung wie eine Fraktur (siehe nächste Seite).

Ausrenkungen (Abbildung 55)
Als Folge einer Ausrenkung treten Schwellungen und große Schmerzen auf (A & B). Das Gelenk muß wieder eingerenkt werden, bevor dies wegen der Schwellung und der

Muskelkrämpfe zu schwierig wird (die Gelenkmuskeln beginnen sich sehr rasch zu verkrampfen). Wenn das Einrenken unterlassen wird, riskiert man einen Wundbrand (Gangrän) oder eine bleibende Deformierung.

Beachten Sie zwei Punkte, wenn Sie ein Glied wieder einrenken müssen:

- Tun Sie es richtig.
- Tun Sie es so rasch als möglich.

Ziehen Sie das Gelenk auseinander, und bewegen Sie das ausgerenkte Glied in jene Richtung, in welcher es sich im Normalzustand selbst bewegt. Dabei sollte das Gelenk wieder ausgerichtet und der Druck von den Blutgefäßen und Nerven genommen werden (C). Kontrollieren Sie danach die Nervenfunktion. Wiederholen Sie den Versuch, wenn ein Nerv eingeklemmt sein sollte. Kalte Auflagen helfen die Schmerzen zu lindern und die Schwellung abklingen zu lassen. Stellen Sie das Glied bis zur vollständigen Heilung ruhig.

Krankheiten

Besondere Krankheiten kommen in späteren Kapiteln zur Sprache. Sie müssen sich ganz allgemein über die Erkrankungsgefahren einer Überlebenssituation im klaren sein. Die Hauptgefahr wird dabei von krankheitsübertragenden Insekten ausgehen:

- Läuse können Typhus übertragen und Fieberanfälle verursachen.
- Stechmücken können Malaria, Denguefieber und andere Krankheiten übertragen.
- Fliegen können Schlafkrankheit, Typhus, Cholera und Ruhr übertragen.
- Flöhe können Pest übertragen.
- Zecken können Fleckfieber übertragen.
- Bienen- und Wespenstiche werden allergisch reagierenden Personen gefährlich.

Vergiftungen

In einer Überlebenssituation liegt die größte Gefahr, sich zu vergiften, im Genuß von gifti-

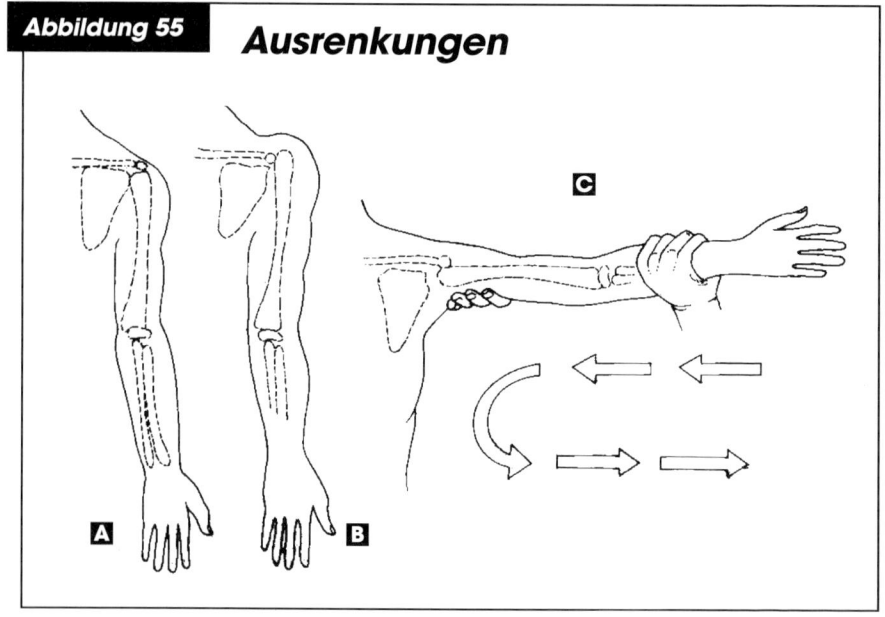

Abbildung 55 *Ausrenkungen*

Abwehr von Insekten

Das US-Heer, das oft in insektenreichen Gebieten eingesetzt wird, sieht eine ganze Reihe von Maßnahmen zur Abwehr von Insekten vor: Unterschätzen Sie nicht die Gefahren, die von Insekten ausgehen.

- *Suchen Sie Ihren Körper mindestens einmal täglich nach Insekten ab.*
- *Überdecken Sie eine Zecke mit Vaseline, Schweröl oder Harz, damit sie erstickt. Die Zecke wird sich lösen, und Sie können sie entfernen. Ergreifen Sie sie hierzu an der Maulpartie, die sich in die Haut gebohrt hat. Waschen Sie danach Ihre Hände, und reinigen Sie die Wunde jeden Tag.*
- *Waschen Sie sich mit Wasser und Seife, wenn Sie sich in einer von Milben oder Termiten verseuchten Gegend aufgehalten haben.*
- *Entfernen Sie den Stachel und den Giftsack mit einem Fingernagel oder einem Messer, wenn Sie von einer Biene oder Wespe gestochen wurden. Nicht ausdrücken. Stichstelle mit Wasser und Seife waschen und eine kühlende Kompresse auflegen.*
- *Lindern Sie den durch einen Insektenstich hervorgerufenen Juckreiz mit kalten Kompressen, mit einer Kühlsalbe aus Schlamm und Asche, mit Löwenzahnsaft, Kokosnußfleisch oder zerstoßenen Knoblauchblättern.*

gen Pflanzen, Tieren und Meeresfrüchten (siehe Kapitel »Nahrung«) oder darin, gebissen oder gestochen zu werden. Hüten Sie sich vor Bissen oder Stichen von Spinnen, Tausendfüßlern, Skorpionen und Ameisen. Sie können sehr schmerzhaft sein, Krankheiten verursachen oder gar zum Tod führen.

Versuchen Sie zu erfahren, welche Tiere in dem Gebiet vorkommen, in dem Sie sich aufhalten werden. Bisse von Skorpionen und Spinnen behandeln Sie, indem Sie die Wunde reinigen und versuchen, das Gift mit dem Mund auszusaugen oder es mit Drücken herauszupressen, was nicht unbedingt gelingen wird.

Falls Sie Tabak bei sich haben, kauen Sie ein Stück davon und legen Sie es auf die Bißstelle; das wird den Schmerz lindern. Behandeln Sie einen Biß wie eine offene Wunde (siehe oben).

Schlangenbisse

Entgegen der weitverbreiteten Meinung ist die Gefahr, im Überlebenskampf von einer Giftschlange gebissen zu werden, sehr gering. Trotzdem kann dies geschehen – und dann sollten Sie wissen, wie man solche Verletzungen behandelt. Es gibt zwei Kategorien von Schlangengiften: Blutgifte und Nervengifte. Es gibt sogar Schlangen, die beide Arten verspritzen. Die Schlangen selbst lassen sich wie folgt einordnen:

- Crotalidae – Grubenottern
- Elapidae – Korallenschlangen, Kraits (Paragudas), Kobras, Mambas und Nattern
- Hydrophiinae – Seeschlangen
- Colubridae – Baumschlangen

Schlangenbiß-Symptome

Crotalidae: Schwellung an der Bißstelle, die

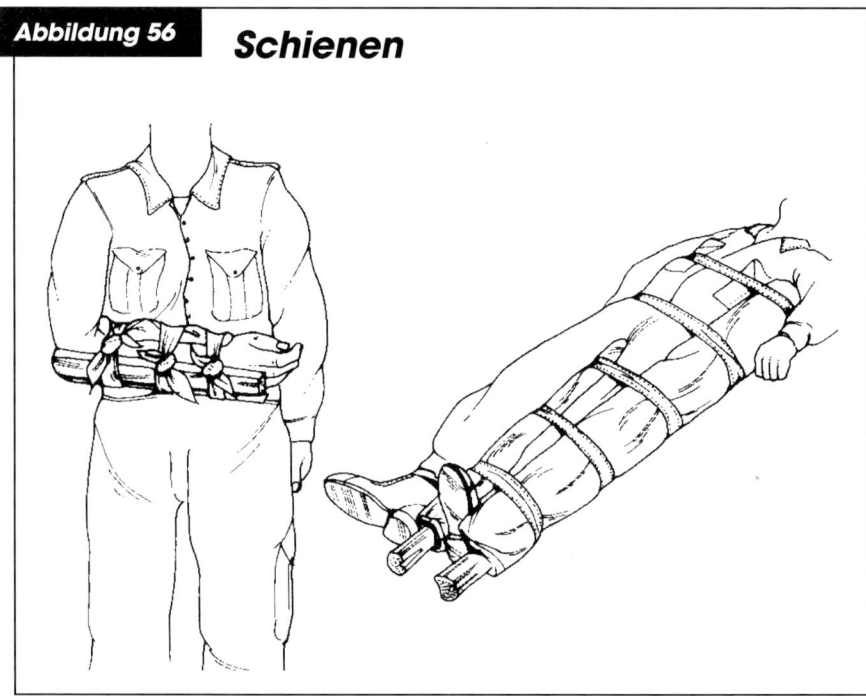

Abbildung 56 *Schienen*

Tips des britischen SAS

Behandlung bei Vergiftungen

Als Folge ihrer über 50jährigen Kampferfahrung in exotischen Erdteilen sind die Soldaten des SAS erprobt in der Behandlung von Vergiftungen.

■ *Erbrechen Sie sich, wenn der Verdacht besteht, daß Sie giftige Pflanzen gegessen haben.*

■ *Nehmen Sie als Alternative ein Gegenmittel ein: Mischen Sie Tee und Holzkohle mit einem gleichen Anteil an Magnesiummilch, falls greifbar. Die Holzkohle absorbiert das Gift und führt es aus dem Körper ab.*

■ *Waschen Sie die Haut, die mit Gift in Berührung gekommen ist, mit Wasser und Seife, und entfernen Sie die kontaminierten Kleidungsstücke.*

■ *Spülen Sie die Hand, die mit chemischen Giften in Berührung gekommen ist, mit Wasser. Versuchen Sie aber herauszufinden, welche Eigenschaften die betreffenden Chemikalien aufweisen.*

■ *Bringen Sie eine Person, die Gift eingeatmet hat, an die frische Luft, öffnen Sie ihre Kleider, und nehmen Sie eine künstliche Beatmung vor.*

Behandlung
von Schlangenbissen

Nach Schlangenbissen in der Wildnis wenden die Green Berets folgende Behandlungsmethoden an:

- *Töten Sie die Schlange, die gebissen hat: Sie werden sich danach besser fühlen, zudem ist die Identifizierung der Schlange leichter möglich.*
- *Lassen Sie den Patienten sich niederlegen, stellen Sie das verletzte Glied sofort ruhig.*
- *Halten Sie den Patienten warm, und beruhigen Sie ihn.*
- *Beginnen Sie – entsprechend der Schlangenart – mit der Behandlung.*

Crotalidae:

- *Bißwunde 0,3–0,6 cm tief einschneiden, und zwar in der Richtung, in der der Muskel verläuft. Kein Kreuzschnitt und kein Schnitt in Gelenke.*
- *Wunde mit einem mechanischen Hilfsmittel aussaugen; den Mund hierfür nur verwenden, wenn es nicht anders geht, und nur, wenn keine Karieslöcher, Verletzungen oder Entzündungen vorhanden sind.*
- *Die Wunde NICHT einschneiden und aussaugen, wenn innerhalb einer Stunde ein Gegengift verabreicht werden kann; dasselbe gilt, wenn nach dem Biß mehr als eine Stunde verstrichen ist.*
- *Keine Aderpresse, keinen Druckverband anlegen; Wunde nicht kühlen.*
- *Dem Patienten nichts zu essen und keinen Alkohol zu trinken geben.*
- *Dem Patienten in kurzen Abständen kleine Mengen Wasser zu trinken geben.*
- *Als Schockprävention eine Kochsalzlösung intravenös spritzen.*
- *Gegengift spritzen.*
- *Wenn nötig, zur Schmerzlinderung Morphin oder ein anderes geeignetes Schmerzmittel verabreichen.*

Elapidae und Colubridae:

- *Bindon Sie das betroffene Glied über einem der Bißwunde nächstgelegenen Knochen ab (oberhalb des Knies oder unterhalb des Ellbogens), und zwar fest genug, um die Blutzirkulation zu stoppen. Die Presse muß alle 20 Minuten für 30 Sekunden gelockert werden, um frisches Blut in die Wundgegend fließen zu lassen.*
- *Gegengift spritzen.*
- *Kein Morphin oder andere Mittel geben, die die Atemtätigkeit herabsetzen.*

Hydrophiinae:

- *Gegengift ist das einzige Behandlungsmittel; es nützt nichts, die Wunde einzuschneiden und auszusaugen.*

sich allmählich ausdehnt. Sie setzt nach etwa drei Minuten ein und hält bis zu einer Stunde an. Die weiteren Folgen sind starke Schmerzen an der Bißstelle, Blutungen der inneren Organe, erkennbar an blutigem Urin, Zerstörung von Blut- und anderen Gewebezellen. Das Opfer leidet an starken Kopfschmerzen und großem Durst, der Blutdruck fällt, der Puls erhöht sich entsprechend, und die Blutung dehnt sich auf das umliegende Gewebe aus. Nach einem schweren und unbehandelten Biß kann innerhalb von 24 bis 48 Stunden der Tod eintreten, oder es besteht die Gefahr, ein Glied zu verlieren. Otternbisse sind weltweit die häufigsten Schlangenbisse.

Elapidae und Colubridae: Unregelmäßiges Schlagen des Herzens, Abfallen des Blutdrucks, Schwäche- und Erschöpfungszustände, starke Kopfschmerzen, Schwindelanfälle, getrübte Sicht, Verwirrung, Verlust der Muskelkoordination und Zittern, Atemnot, Brennen und Prickeln, übermäßiges Schwitzen, Gefühllosigkeit in den Gliedern und Fußsohlen, Schüttelfrost, Übelkeit, Erbrechen, Durchfall und Bewußtlosigkeit.

Hydrophiinae: Der Biß ist gewöhnlich nicht schmerzhaft. Dennoch sollte er ein bis zwei Stunden vor Auftreten der Symptome bemerkt werden: Muskelschmerzen und Steifheit, Schmerzen in den Armen, im Nacken und im Rumpf, innerhalb von drei Stunden rötlichbrauner Urin, ferner Nervengiftsymptome wie bei den Elapidae-Bissen. Der Tod tritt innerhalb von 12 bis 24 Stunden ein, wenn keine Behandlung erfolgt.

Bei allen Opfern von Schlangenbissen ist eine Schockbehandlung erforderlich. Wenn kein Gegengift zur Hand ist, muß das verletzte Glied eingebunden werden, und zwar von oberhalb der Wunde bis über die Wunde. **Keine Aderpresse anlegen.** Kühlen mit kaltem Wasser oder Eis.

Tips der KANADISCHEN SPEZIALEINHEITEN

Behandlung von Brandverletzungen

Militärpersonen haben mit Sprengstoffen und Munition umzugehen, die schreckliche Verbrennungen verursachen können. Die kanadischen Elitetruppen behandeln Brandwunden wie folgt:

- ■ *Wunde sofort mit kaltem sterilem Wasser kühlen.*
- ■ *Alle Fremdkörper entfernen.*
- ■ *Wunde mit Superoxyd auswaschen und mit Jod leicht überdecken. Danach eine antibiotische Salbe auftragen.*
- ■ *Wunde mit nichthaftender steriler Gaze abdecken. **Keinen** luftundurchlässigen Verband anbringen.*
- ■ *Den Verband **jeden** Tag erneuern und die Wunde mit einem sterilen Gazetupfer und Superoxyd reinigen.*
- ■ *Täglich alles tote Gewebe (weißlich, gelblich) entfernen.*
- ■ *Die Wunde immer wieder reinigen und verbinden.*

Schockbehandlung

Schock kann zum Tod führen. Es gilt deshalb, die Symptome zu erkennen und eine entsprechende Behandlung vorzunehmen.
Folgen Sie den Anweisungen des US-Heeres:

- *Lagern Sie den Patienten, wenn er bei Bewußtsein ist, flach, die Beine aber um 15–20 cm erhöht.*
- *Bringen Sie einen bewußtlosen Patienten in die Seiten- oder Bauchlage mit zur Seite gedrehtem Kopf, um Ersticken zu verhindern.*
- *Lassen Sie den schockgelagerten Patienten ruhig liegen.*
- *Wechseln Sie durchnäßte Kleider möglichst rasch gegen trockene aus.*
- *Betten Sie den Patienten auf eine isolierende Schicht aus Kleidern oder Zweigen, und schirmen Sie ihn vor Wettereinflüssen ab.*
- *Halten Sie den Patienten warm: mit heißer Flüssigkeit, mit Ihrem Körper oder mit Nahrung.*
- *Geben Sie dem Patienten nur zu trinken oder zu essen, wenn er bei Bewußtsein ist; geben Sie ihm nichts, wenn er eine Bauchwunde erlitten hat.*
- *Der Patient sollte mindestens 24 Stunden ruhen.*

Verbrennungen

In einer Überlebenssituation können Verbrennungen lebensgefährlich sein. Man unterscheidet drei Verbrennungsgrade, nach denen sich die Behandlung richtet:

- Eine Verbrennung ersten Grades bedeutet eine oberflächliche Verbrennung der Haut. Ungefährlich.
- Eine Verbrennung zweiten Grades ist eine tiefere Hautverbrennung. Die Brandwunden sind sehr rot, es bilden sich Blasen; starke Schmerzen bis zu 48 Stunden. Es kommt zu Flüssigkeitsverlust, und es besteht Infektionsgefahr.
- Eine Verbrennung dritten Grades reicht bis in tiefere Gewebe. Sehr großer Flüssigkeitsverlust und Infektionsgefahr. Die Wunde ist gewöhnlich verkohlt, das Opfer leidet unter großen Schmerzen.

In einem Überlebensfall ist Flüssigkeit oral einzugeben. Sehr viel Wasser zu trinken geben, aber den Urinfluß beobachten. Weniger zu trinken geben, wenn viel Urin ausgeschieden wird. Unter Umständen ist eine Schockbehandlung notwendig.

Schock

Ein Schock tritt auf, wenn die Blutgefäße eines Patienten zu wenig durchblutet werden. Ursachen sind Blutungen aus Wunden, innere Blutungen wie bei Oberschenkelbrüchen sowie Flüssigkeitsverlust infolge Schwitzen, Erbrechen oder Durchfall.

Anzeichen für einen Schock sind eine bleiche, kalt und klamm anzufühlende Haut, ein schneller und leichter Puls, schnelles und oberflächliches Atmen.

Sorgen Sie dafür, daß der Patient frei atmen kann (siehe Kapitel »Erste Hilfe«).

Gebrochene Glieder müssen versorgt (siehe oben) und geschient werden (Abbildung 56). Lagern Sie den Patienten warm und ruhig.

Es ist gefährlich und deshalb zu unterlassen, einen Schockpatienten unsanft zu behandeln. Dies erscheint selbstverständlich, doch könnte im Bemühen, dem Patienten zu helfen, zu forsch vorgegangen werden. Handeln Sie mit Bedacht.

Natürliche Heilmittel

Verwenden Sie zur Behandlung von Krankheiten Pflanzen, Kräuter und natürliche Substanzen aus Ihrer Umgebung. Bedenken Sie, daß viele moderne Medikamente aus gewöhnlichen Pflanzen hergestellt werden. Durch Einweichen von Blättern oder Blüten lassen sich Aufgüsse gewinnen, durch Kochen von Wurzeln ein Sud. Wenden Sie die so gewonnen Dosen dreimal täglich an; nehmen Sie stets frische Pflanzen und Blüten. Widerstehen Sie der Versuchung, zu große Dosen zu verabreichen – dies kann mehr schaden als nützen.

Reinigen von Wunden und Entzündungen

(äußerlich anwenden)
AUFGÜSSE: Kamille, Labkraut, Nesseln, Ulme, Weißer Andorn (keine Wurzeln), Sanikel (keine Wurzeln), Gänsefingerkraut (keine Wurzeln), Wundkraut (keine Wurzeln) und Schafgarbe (keine Wurzeln)
SUDE: Klette, Schwarzwurz, Malve, Sumpfmalve und Eichenrinde
SÄFTE: Vogelmiere und Brunnenkresse

Antisepticum

(äußerlich und innerlich anwenden)
Knoblauchsaft, Malvenblätter und -blüten, Sumpfmalve (Sud), Meerrettich und Thymian

Fieber Kamille, Holunder, Ulme, Linde

Erkältung und Halsentzündungen

AUFGÜSSE: Odermennig oder Ackermennig, Heidelbeere, Natterwurz, Borretsch (Gurkenkraut), Kamille, Schwarzwurz, Weißer Andorn, Linde, Lungenkraut, Malve, Sumpfmalve, Minze, Nesselblätter, Wegerich, Sanikel, Thymian und Schafgarbe
SUDE: Angelika, Klette, Sumpfmalve, Eichenrinde, Hagebutte und Weidenrinde

Durchfall

AUFGÜSSE: Natterwurz, Brombeere, Ulmenrinde, Haselnußblätter, Sumpfmalve, Minze
SUDE: Heidelbeeren, Preiselbeeren und Eichenrinde

Entwurmen

AUFGÜSSE: Farnkrautwurzeln, Braunwurz und Rainfarn (Gänsefingerkraut)

Es gibt einige weitere Behandlungsmethoden, die Sie kennen sollten. Versuchen Sie, Holzkohle zu schlucken, wenn Sie unter Ruhr leiden. Als Ersatz können Sie auch Baumrinde 12 bis 36 Stunden lang kochen, ersetzen Sie dabei das verdampfende Wasser. Das Resultat ist eine schwarze, übelriechende Substanz, aber Sie wird Ihnen helfen. Tee enthält Gerbsäure (Tannin), womit sich Ruhr ebenfalls behandeln läßt. Wenn Sie Würmer haben, trinken Sie eine kleine Menge Benzin – Sie werden sich dabei übel fühlen, aber den Würmern wird es noch schlechter bekommen.

Zum Reinigen von Wunden können auch Maden eingesetzt werden. Halten Sie die Wunde an die freie Luft: Die Maden werden, besonders in warmem Klima, sehr bald auftauchen. Achten Sie aber darauf, daß sie nicht das gesunde Gewebe befallen, nachdem sie das kranke vertilgt haben.

Richtungsbestimmung und Signalgebung

Es ist unerläßlich, daß Sie die Methoden der Richtungsbestimmung beherrschen, wenn Sie von der Wildnis in die Zivilisation zurückfinden wollen. Sie müssen auch wissen, auf welche Weise man einem Suchflugzeug Signale geben kann.

Falls Sie als Trekker zu Fuß unterwegs sind, haben Sie sich bereits zuvor mit der Gegend, in die Sie sich begeben wollten, vertraut gemacht und sind mit den entsprechenden Karten ausgerüstet. Studieren Sie diese genau, sie geben Ihnen Auskunft über die Art des Geländes und helfen Ihnen, Ihre Route zu bestimmen. Machen Sie sich zusätzlich Notizen über die Windrichtung, Sonnenauf- und Untergangszeiten sowie über das Wetterverhalten. Alle diese Dinge leisten wertvolle Hilfe bei der Ortsbestimmung. Im Überlebensfall werden Sie wahrscheinlich keine Karte besitzen; um so wichtiger ist es, soviel wie möglich über die Art des Geländes zu wissen.

Zur Richtungsbestimmung gehört nicht nur das Kartenlesen: Dazu kommt das Erkennen des Landschaftsbildes, das Finden sichtbarer Orientierungspunkte, und Sie müssen das Kartenbild auf die Landschaft übertragen können.

Karten

Eine Karte muß den Anforderungen entsprechen. Eine Karte in großem Maßstab, die jede Einzelheit anzeigt, ist zum Beispiel nutzlos, wenn die Reise über Tausende von Kilometern führt. Dies erscheint selbstverständlich, aber es gibt viele Leute, die dem keine Beachtung schenken.

Karten enthalten eine Menge Informationen. Lernen Sie diese zu interpretieren und anzuwenden.

Höhenlinien: Sie zeigen die Geländeform an. Die Höhen der Linien werden meistens in Metern angegeben (entsprechende Angaben in Fuß/feet finden sich gegebenenfalls auf dem Kartenrand).

Relieftönung: Sie gibt die Geländeneigungen in verschiedenen Farben an.

Maßstab: Er ist auf dem Rand vermerkt. Der Maßstab ist eine Verhältniszahl, die eine Strecke auf der Karte ins Verhältnis zur tatsächlichen Strecke setzt.

Zeichenerklärung: Sie ist auf dem Rand enthalten und bezeichnet die topographischen Symbole, die auf der Karte verwendet werden. Nicht auf jeder Karte finden sich die gleichen Zeichen; deshalb muß die Zeichenerklärung auf jeder Karte besonders beachtet werden.

Verkleinerungsmaßstab: Er ist auf dem Rand in Form eines Lineals angegeben und dient zur Umrechnung von Distanzen auf der Karte auf die natürlichen Distanzen. Oft haben Karten drei oder mehr Entfernungslineale mit verschiedenen Maßangaben wie zum Beispiel in Land- und Seemeilen und Kilometern.

Äquidistanz: Auch diese Angabe befindet sich auf dem Kartenrand. Sie gibt den vertikalen Höhenunterschied zwischen den benachbarten Höhenlinien an.

Schwarze Signaturen: Sie kennzeichnen künstliche Gebilde wie Straßen, Gebäude, Rohrleitungen. Auch Felsen werden schwarz gekennzeichnet.

Blaue Signaturen: Sie kennzeichnen Wasserflächen wie Seen, Meere, Flüsse und Sümpfe.

Grüne Signaturen: Sie kennzeichnen Grünflächen wie Gehölze, Wälder, Weinberge.

Braune Signaturen: Sie kennzeichnen alle Reliefangaben wie etwa Höhenlinien.

Rote Signaturen: Sie kennzeichnen Hauptverkehrswege.

Dunkelblaue Signaturen: Sie kennzeichnen Autobahnen (USA)

Gelbe Signaturen: Sie kennzeichnen Nebenstraßen.

Die drei Nordpole

Die Nordrichtung, die das Koordinatennetz auf der Karte angibt, kann von der Nordrichtung, welche die Kompaßnadel anzeigt, abweichen.

Geographischer Nordpol: Er errechnet sich nach Sonne oder Sternen.

Gitternetznorden: Er stimmt überein mit den senkrechten Koordinatenlinien der Karte und dient zur Richtungsbestimmung mit der Karte.

Magnetischer Nordpol: Das ist der Punkt, auf den die Kompaßnadel zeigt; er dient zur Richtungsbestimmung mit dem Kompaß.

Diese Unterschiede sind bei einer genauen Richtungsbestimmung zu beachten. Sie wird Ihnen ermöglicht, wenn Sie einen verstellbaren Kompaß besitzen und die Abweichung kennen (Mißweisung oder Deklination), die der Kompaß und die Kartenkoordinaten vom geographischen Nordpol aufweisen. Den magnetischen Nordpol kann man ferner mit Hilfe des Polarsterns, mit einer Uhr oder mit Hilfe des Kreuzes des Südens bestimmen (siehe unten).

Gebrauch der Karte

Achten Sie bei der Wahl der Karten darauf, daß Sie Ihren Anforderungen entsprechen.

Dazu gehört ein geeigneter Maßstab (1:25.000, 1:50.000 oder dergleichen). Das wichtigste aber ist, daß Sie die Angaben auf einer Karte richtig lesen, also auf die natürlichen Gegebenheiten übertragen können.

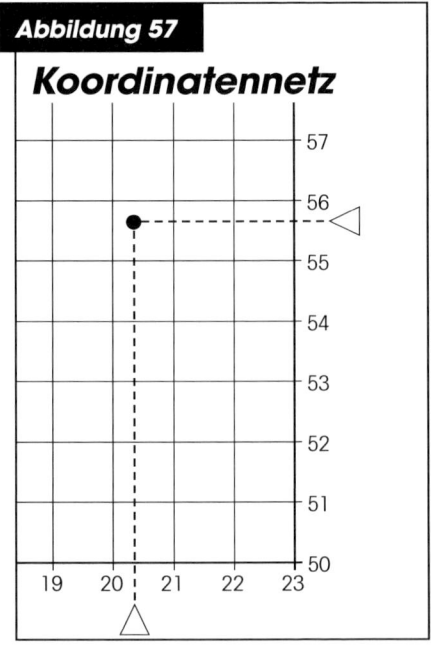

Abbildung 57

Koordinatennetz

Koordinatengitter oder -netze

Es sind Quadrate, die zur Distanzbestimmung auf einer Karte dienen. Ein bestimmter Punkt auf einer Karte kann in Koordinaten angegeben werden, gewöhnlich mit einer sechsstelligen Zahl (Abbildung 57). Diese Zahl gibt mit den ersten drei Ziffern die Lage des Punktes in der Horizontalen, mit den zweiten drei Ziffern in der Vertikalen innerhalb eines Koordinatenquadrats an.

Die Entfernungen innerhalb eines Quadrats wird in Zehnteln gemessen. Der Punkt in Abbildung 57 liegt somit auf den Koordinaten 205556.

Signaturen

Mit Hilfe der Signaturen, des Koordinatennetzes, des Kartenmaßstabes und der Distanzangaben können Sie leicht zwei Punkte auf einer Karte bestimmen und die ungefähre Zeit berechnen, die aufzuwenden ist, um von einem Punkt zum andern zu gelangen.

Höhenlinien

Die Bodenerhebungen und -senkungen eines Gebiets werden auf der Karte mit Höhenlinien dargestellt. Das Studium dieser Linien versetzt Sie in die Lage, sich ein Bild von der Höhenaufteilung einer Landschaft zu machen.

Abbildung 58

Höhenlinien

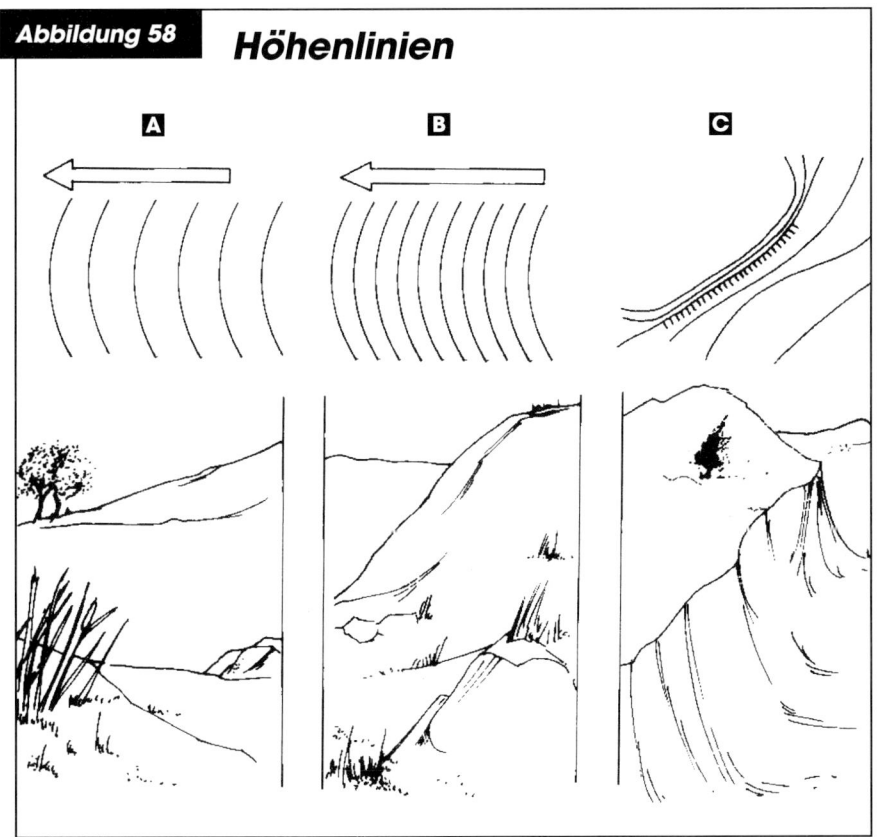

Zeichnen eigener Karten

Zeichnen Sie eine eigene Karte, wenn Sie keine andere zur Verfügung haben.
Sie brauchen dazu Papier, Schreibzeug und ein gutes Auge.

■ *Begeben Sie sich zum besten Aussichtspunkt, und sehen Sie sich das Gelände genau an.*

■ *Halten Sie die Richtung der Gebirgskämme fest, und merken Sie sich ihre Zahl.*

■ *Fertigen Sie eine Karte an, wobei Sie die weißen Stellen erst ausfüllen, sobald Sie mehr Informationen von anderen Aussichtspunkten aus gewonnen haben.*

■ *Halten Sie auf der Karte alle Besonderheiten fest, zum Beispiel alleinstehende Bäume und auffällige Geländeformen.*

■ *Zeichnen Sie in Ihre Karte die Plätze ein, wo Sie Ihre Fallen ausgelegt haben und Nahrung und Brennmaterial zu finden sind. Dies wird Ihnen und Ihren Gefährten von großem Nutzen sein.*

Höhenlinien geben die vertikale Entfernung von einer Bezugsfläche an, hier der Meereshöhe: Jede Höhenlinie stellt also eine bestimmte Höhe über Meer dar. Die Distanz zwischen zwei Höhenlinien, die sogenannte Äquidistanz, bezeichnet den vertikalen Höhenunterschied. Diese Äquidistanz ist auf dem Kartenrand angegeben.

Höhenlinien werden im allgemeinen in Braun gedruckt, wobei jede fünfte Linie stärker ausgezogen ist. Diese Linien (Zählkurven) sind jeweils in einer Unterbrechung mit der entsprechenden Höhenangabe versehen.

Mit Hilfe der Höhenlinien können Sie auf der Karte die Höhe jedes beliebigen Punktes berechnen:

■ Suchen Sie auf dem Kartenrand die Angaben zum Äquidistanzwert und zum Maßstab.

■ Suchen Sie auf der Karte die Zählkurve, die dem Punkt am nächsten liegt, dessen Höhe Sie berechnen wollen.

■ Zählen Sie die Höhenlinien, die zwischen der Zählkurve und dem gesuchten Punkt

liegen. Die Entfernung vom Ausgangspunkt zum Zielort, ob nach oben oder nach unten, ergibt sich aus der Multiplikation der Anzahl Höhenlinien, die durchquert werden müssen.

Mit etwas Übung lassen sich mit Hilfe der Höhenlinien folgende Geländeformen herauslesen und erkennen:

HÜGEL: Ein Punkt oder eine kleine Fläche auf erhöhtem Grund. Ein Hügel fällt gewöhnlich auf allen Seiten ab; die Höhenlinien gleichen deshalb kreisförmigen Wasserwellen.

TAL: Ein Geländeverlauf mit einer bestimmten Grundhöhe, umgeben von Geländeerhebungen. Die Höhenlinien erscheinen hier oft in U-Form und parallel zu einem größeren Tal verlaufend, bis sie dessen Höhenlinien durchqueren.

GELÄNDEEINSCHNITT: Ein weniger stark ausgebildeter Geländeverlauf ohne Grundhöhe. Das Gelände steigt beidseitig an bis zum oberen Endpunkt. Die Höhenlinien erscheinen in V-Form, wobei deren Spitzen in Richtung des Endpunkts verlaufen.

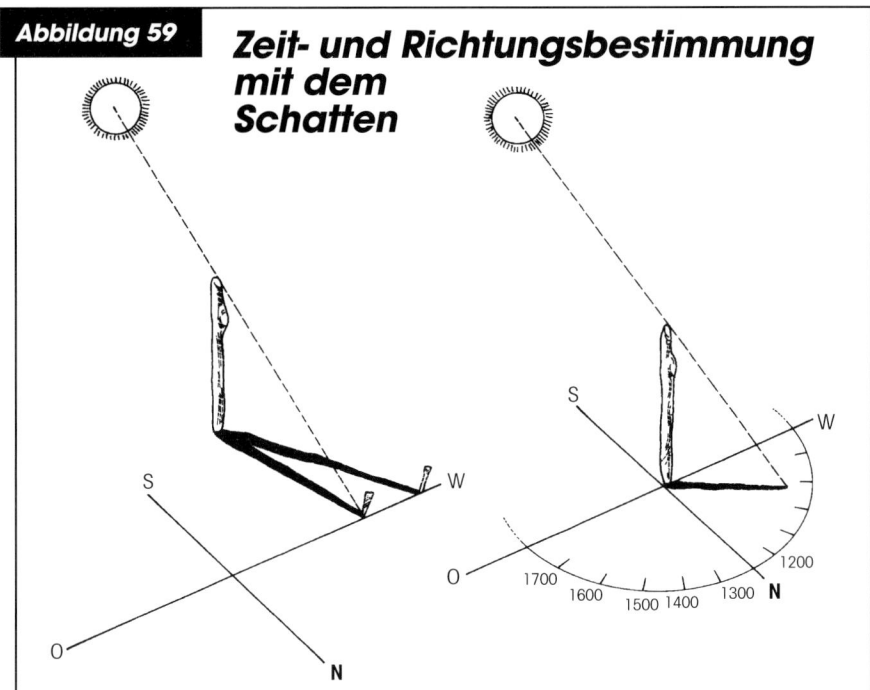

Abbildung 59

Zeit- und Richtungsbestimmung mit dem Schatten

SENKE: Ähnlich einem Hügel, nur daß die Höhenlinien gegen den Mittelpunkt an Höhe abnehmen.

Die Zwischenräume der Höhenlinien (Abbildung 58) geben den Neigungsgrad eines Geländes an. Höhenlinien mit gleichmäßigen und weiten Zwischenräumen zeigen eine leichte, gleichförmige Neigung an (A), wogegen gleichmäßige, aber eng zueinander stehende Linien eine gleichförmige steile Neigung darstellen (B). Ein jäher Abhang oder Geländeabbruch wird oft mit gestrichelten Kurven (C) gekennzeichnet, wobei die Striche immer nach unten weisen.

Entfernungslineale

Dies sind Maßstäbe, die auf den Kartenrand gedruckt sind und mit denen man die tatsächlichen Entfernungen in einem Gelände ausmessen kann. Vom Nullpunkt nach rechts sind die vollen Maßeinheiten angegeben, nach links die Einheiten in Zehnteln.

Bestimmung der Luftlinie auf der Karte

Legen Sie ein Stück Papier mit geradem Rand auf die Karte, und markieren Sie beide Punkte auf dem Papier. Messen Sie dann am Entfernungslineal die Länge der Luftlinie zwischen diesen beiden Punkten.

Richtungsbestimmung

Wenn Sie in einem Überlebensfall beabsichtigen, den Standort zu wechseln, müssen Sie feststellen können, wo Norden, Süden, Osten und Westen sind. Erst dann können Sie Ihre

Richtungsbestimmung mit dem Schatten (Abbildung 59)

Die US-Marineinfanterie benützt eine bewährte Methode zur Positionsbestimmung mit Hilfe eines Stocks und des Schattens.

■ *Stecken Sie einen Stock in den Boden. Markieren Sie die Schattenspitze mit einem Stein.*

■ *Warten Sie 10–12 Minuten, bis die Schattenspitze einige Zentimeter weitergerückt ist. Markieren Sie auch diese Stelle mit einem Stein.*

■ *Ziehen Sie eine Gerade durch die beiden Markierungen, um die ungefähre Ost-West-Linie zu erhalten (die Sonne erhebt sich im Osten und geht im Westen unter – der Schatten bewegt sich in umgekehrter Richtung).*

■ *Ziehen Sie eine weitere Linie im rechten Winkel zur Ost-West-Linie, um eine ungefähre Nord-Süd-Linie zu erhalten.*

■ *Ein schräg stehender Stock beeinflußt die Genauigkeit dieser Schattenspitzen-Methode nicht; sie ist daher auch in Schräglagen anwendbar.*

Marschrichtung festlegen und vermeiden, daß Sie sich verirren oder im Kreis gehen.

Die Sonne erhebt sich zwar im Osten und geht im Westen unter, aber *nicht* mit absoluter Genauigkeit. Auf der nördlichen Halbkugel steht die Sonne an ihrem höchsten Punkt genau im Süden, auf der südlichen Halbkugel andererseits weist der Höchststand genau nach Norden. Die Richtung, in die der Schatten wandert, zeigt an, auf welcher Halbkugel Sie sich befinden: Auf der nördlichen wandert der Schatten im Uhrzeigersinn, auf der südlichen gegen den Uhrzeigersinn.

Es gibt einige einfache Methoden, mit denen man in einer Notfallsituation Zeit und Richtung bestimmen kann, jedoch ist hierzu die Sonne erforderlich: mit Hilfe des Schattens (Abbildung 59), mit der Schattengleichstand-Methode (Abbildung 60) und mit einer Uhr (Abbildung 61). Die Uhr muß mit Stunden- und Minutenzeiger ausgerüstet sein, es darf also keine Digitaluhr sein. Die Schatten-

Abbildung 60

Schattengleichstand

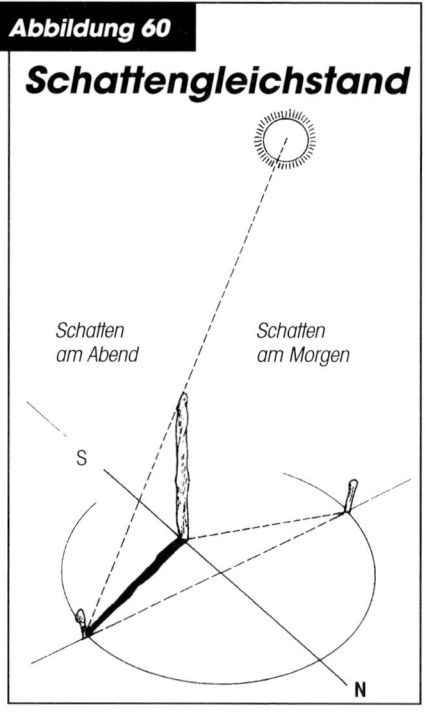

Schatten am Abend

Schatten am Morgen

S

N

spitzen-Methode eignet sich gut für Stichproben unterwegs – sie funktioniert tagsüber immer, wenn die Sonne scheint.

Schattenspitzen-Methode (Abbildung 59)
Mit dieser Methode kann auch die Uhrzeit ermittelt werden. Stecken Sie einen Stock senkrecht im Kreuzungspunkt der Ost-West-Linie und der Nord-Süd-Linie in den Boden. Die West-Linie zeigt immer 06.00 Uhr an, die Ost-Linie 18.00 Uhr, und zwar überall auf der Erde. Die Nord-Süd-Linie zeigt folglich den Mittag an. Der durch den Stock geworfene Schatten dieser Sonnenuhr dient als Stundenzeiger. Dieser Schatten bewegt sich entweder im Uhrzeigersinn oder gegen den Uhrzeigersinn, je nach Standort und Jahreszeit; an der Art und Weise, die Zeit an dieser Sonnenuhr abzulesen, ändert sich jedoch nichts.

Die Uhr zeigt zwar bei Sonnenaufgang stets 06.00 Uhr, bei Sonnenuntergang 18.00 Uhr an. Trotzdem bietet diese Methode einen brauchbaren Ersatz für eine Uhr.

Schattengleichstand-Methode
(Abbildung 60)
Diese Methode ist eine genauere Variante der Schattenspitzen-Methode, benötigt aber auch mehr Zeit. Stoßen Sie einen Stock senkrecht in eine ebene Bodenfläche, wo er mindestens einen 30 cm langen Schatten werfen kann. Markieren Sie am Morgen (am günstigsten etwa 10 Minuten vor dem Höchststand der Sonne) die Spitze des Schattens.

Ziehen Sie genau von diesem Punkt aus einen Kreis um den Stock als Mittelpunkt. Der Schatten wird um so kürzer, je näher der Mittag heranrückt. Dann wird er wieder länger, bis er wieder die Kreislinie berührt. Markieren Sie diesen Berührungspunkt, und verbinden Sie die beiden Punkte mit einer Geraden. Dadurch erhalten Sie die Ost-West-Linie, wobei die Markierung, die am Morgen angebracht wurde, nach Westen weist. Noch einmal: Die zweite Marke ist dann zu setzen, wenn die Schattenspitze den Kreis wieder berührt.

Tips des US-HEERES

Richtungsbestimmung mit der Uhr (Abbildung 61)

An jedem Punkt der Erde können Sie die Nord- und Südrichtung mit Hilfe einer Uhr bestimmen.
Voraussetzung ist eine Uhr mit Analoganzeige, also mit Zeigern.

- *Auf der nördlichen Halbkugel ist der Stundenzeiger auf die Sonne zu richten.*
- *Die Linie in der Mitte zwischen dem Stundenzeiger und 12.00 Uhr zeigt Richtung Süden. Wenn Sie unsicher sind, welches Ende der Linie nach Norden weist, so denken Sie daran, daß die Sonne vor 12.00 Uhr im Osten und nachmittags im Westen steht.*
- *Auf der südlichen Halbkugel richten Sie die Ziffer Zwölf auf die Sonne. Die Nordlinie befindet sich genau zwischen dieser Ziffer und dem Stundenzeiger.*
- *Vergewissern Sie sich, daß Ihre Uhr die Lokalzeit anzeigt.*

Sterne

Eine Richtungsbestimmung kann auch mit Hilfe des Sternenhimmels vorgenommen werden. Für Gefahrensituationen sollte man daher die Positionen folgender Sterne kennen:

Polarstern (Abbildung 62): Er weicht nie mehr als ein Grad vom nördlichen Himmelspol ab. Zur Richtungsbestimmung ist er wahrscheinlich einer der nützlichsten Sterne.

Großer Wagen: Er befindet sich sehr nahe am nördlichen Himmelspol. Seine beiden äußeren Sterne zeigen genau auf den Polarstern.

Kassiopeia: Auch dieser Stern ist in der Nähe des nördlichen Himmelspols zu finden.

Falsches Kreuz: Ein großes Sternenkreuz in der Nähe des Kreuzes des Südens.

Wahres Kreuz: Ein anderer Name für das Kreuz des Südens.

Kohlensack: Die dunkle Himmelsregion direkt über dem Südpol.

Himmelsäquator: Er ist eine Projektion des Erdäquators in den Himmel und überschneidet die Horizontlinie genau an den Ost- und Westpunkten des Kompasses. Jeder Stern am Himmelsäquator geht daher genau im Osten auf und im Westen unter. Sie können diese Sterne zur Richtungsbestimmung bei Nacht benützen oder mit ihrer Hilfe überprüfen, ob Ihre Richtungsbestimmung bei Tag stimmt. Die am Himmelsäquator relativ gut sichtbaren Sterne werden im folgenden aufgelistet.

Der Himmelsäquator

Die folgende Liste zählt die Sternbilder auf, die nahe am Himmelsäquator liegen und mit bloßem Auge zu erkennen sind. Zur angeführ-

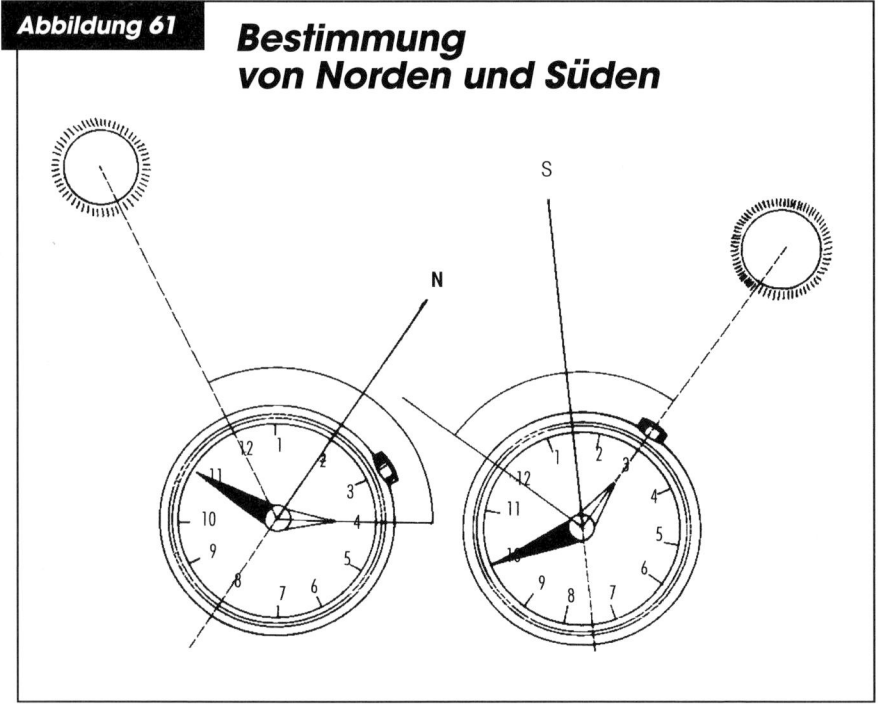

Abbildung 61

Bestimmung von Norden und Süden

Abbildung 62

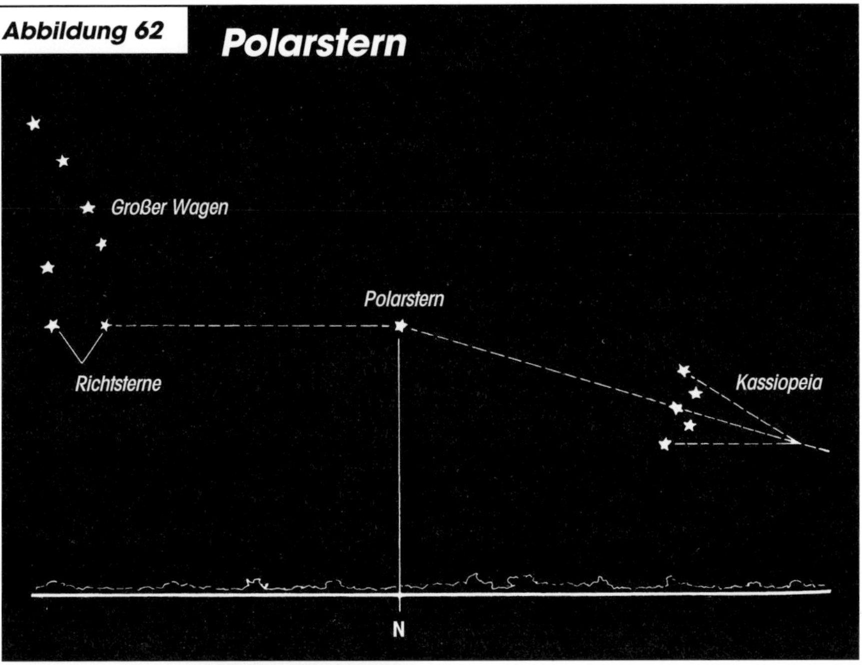

Polarstern

Großer Wagen

Polarstern

Kassiopeia

Richtsterne

N

Abbildung 63

Orion

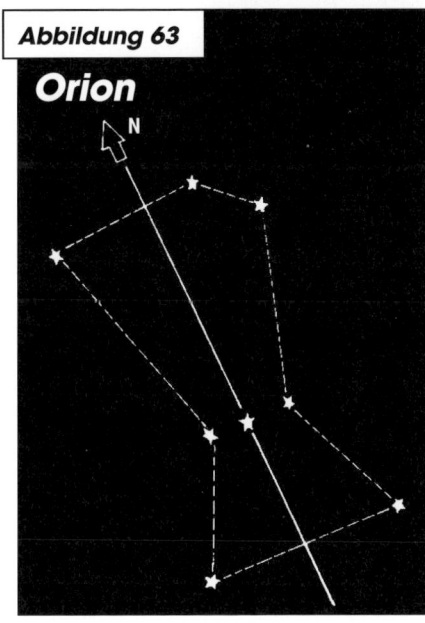

N

ten Jahreszeit befinden sich diese Sternbilder jeweils auf dem höchsten Punkt ihrer Umlaufbahn.

Januar: Eridanus und Stier
Februar: Hase, Orion und Einhorn
März: Kleiner Hund, Zwillinge und Krebs
April: Sextant und Löwe
Mai: Becher, Jungfrau und Rabe
Juni: Bärenhüter
Juli: Schlangenträger, Waage und Ophiuchus
August: Schlange, Herkules und Schild
September: Adler und Delphin
Oktober: Steinbock, Füllen, Pegasus und Wassermann
November: Fisch
Dezember: Walfisch und Widder

Orion (Abbildung 63): Er geht über dem Äquator auf und kann von beiden Halbkugeln aus gesehen werden. Er wandert genau in ost-westlicher Richtung.

Das Kreuz des Südens

(Abbildung 64)

Das Kreuz des Südens, bestehend aus fünf Sternen, kann auf der südlichen Halbkugel zur Bestimmung der Südrichtung verwendet werden; leider ist dieses Sternbild nicht so leicht zu finden wie der Polarstern. Um die Süd-richtung zu finden, denkt man sich eine Linie entlang des Kreuzes, verlängert sie um das Viereinhalbfache und zieht von diesem Punkt eine Vertikale an den Horizont.

Sternenbewegung am Himmel

Die Bewegung der Sterne kann Ihnen helfen, die Position zu ermitteln. Visiert man einen Stern während 15 Minuten über zwei feste Punkte an, stellt man fest, daß er wandert. Für die nördliche Halbkugel gelten folgende Regeln:

- Steigt ein Stern auf, blicken Sie genau nach Osten.
- Sinkt ein Stern, blicken Sie nach Westen.
- Beschreibt der Stern einen Bogen nach rechts, blicken Sie nach Süden.
- Beschreibt der Stern einen Bogen nach links, blicken Sie nach Norden.

Auf der südlichen Halbkugel gelten die um-gekehrten Richtungen.

Der Mond

Geht der Mond vor Sonnenuntergang auf, be-findet sich seine beleuchtete Seite im Westen. Geht er dagegen nach Sonnenuntergang auf, befindet sich die beleuchtete Seite im Osten. Geht der Mond zur selben Zeit auf, wenn die Sonne versinkt, herrscht Vollmond; dabei

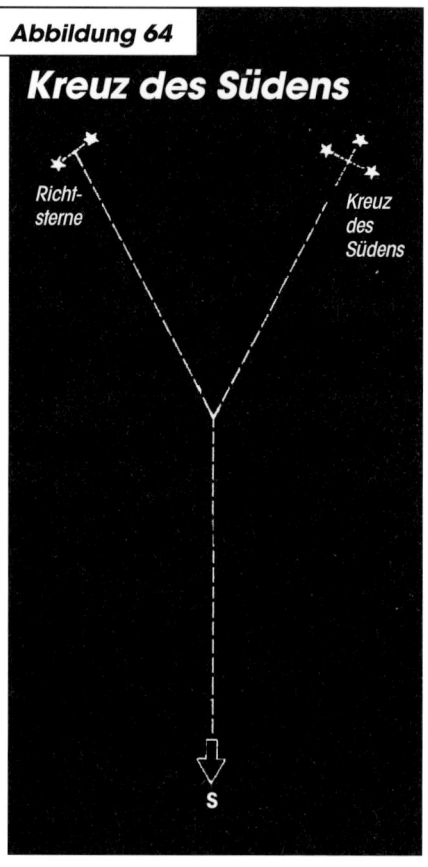

Abbildung 64

Kreuz des Südens

nimmt er folgende Positionen ein: Osten um 18.00 Uhr, Südosten um 21.00 Uhr, Süden um 23.59 Uhr, Südwesten um 03.00 Uhr und Westen um 06.00 Uhr.

Natürliche Richtungsweiser

Sie können eine Richtungsbestimmung mit Hilfe natürlicher Zeichen vornehmen, wenn aufgrund der Wetterbedingungen weder Son-ne, Sterne noch Mond zu sehen sind. Solche Anhaltspunkte sind jedoch nicht sehr genau und müssen mit Vorsicht angewendet werden. Dennoch gelten folgende *allgemeinen* Regeln:

Bäume: Im Normalfall ist der Laubbestand auf der Sonnenseite dichter; auf der nördlichen Halbkugel ist dies die Südseite, auf der südlichen Halbkugel die Nordseite.

Nadelbäume und Weiden: Sie neigen sich der Sonnenseite zu.

Gefällte Bäume: Ihre Jahresringe stehen auf der Nordseite weiter auseinander.

Moos: Es wächst eher auf der dunklen und feuchten Seite der Wirtspflanze.

Bäume mit rauher Borke: Sie sind auf der Nordseite rauher.

Vögel und Insekten: Sie bauen ihre Nester auf der windabgekehrten Seite – hier muß man also die vorherrschende Windrichtung kennen.

Koppelnavigation

Die Koppelnavigation ist eine bewährte Art, über Teilziele an ein Endziel zu gelangen. Man benötigt hierzu jedoch Schreibzeug und Papier. Die Methode besteht darin, vor Antritt des Marsches die ganze Strecke in Teilstrecken aufzugliedern, zu vermessen und aufzuzeichnen. Dies ermöglicht Ihnen, jederzeit Ihre Position zu bestimmen, entweder indem Sie Ihrem Lageplan folgen oder Ihren Standort im Gelände mit der aufgezeichneten Route vergleichen.

Sie benötigen für diese Methode eine Reihe von Hilfsmitteln: eine Karte zur Routenwahl und zum Aufzeichnen der Route während des Marsches, einen Kompaß zur Richtungsbestimmung, einen Winkelmesser zum Aufzeichnen von Richtungen und Entfernungen auf der Karte sowie eine Streckenskizze und ein Tagebuch. Die Streckenskizze enthält die Aufzeichnung der gesamten geplanten Wegstrecke, und das Tagebuch dient zum Festhalten der zurückgelegten Teilstrecken.

Zeichnen Sie zuerst auf der Karte die Route ein, und fertigen Sie dann die Streckenskizze an. Halten Sie für jede Teilstrecke Entfernung und Richtung fest. Erst nach Fertigstellung der Streckenskizze sind Sie marschbereit. Halten Sie während des Marsches jede Position und die Distanzen zwischen den Positionen fest; dazu dient das Tagebuch – das Gedächtnis allein genügt nicht. Wenn Sie aufgrund des Geländes gezwungen sind, von der geplanten Route abzuweichen, müssen Sie die Streckenskizze angleichen und dies im Tagebuch festhalten.

Für den Marsch mit Karte und Kompaß ist es erforderlich, daß Sie Ihre durchschnittliche Schrittlänge kennen. Diese Schrittlänge hängt jedoch auch von gewissen äußern Bedingungen ab:

Neigungen: Die Schrittlänge vergrößert sich beim Abwärtsgehen und verkleinert sich beim Aufwärtsgehen, wenn auch nicht zu sehr bei leichten Geländeneigungen.

Wind: Wind von vorne verkürzt den Schritt, Rückenwind verlängert ihn.

Bodenbeschaffenheit: Geröll, Schlamm, Sand, hohes Gras, Tiefschnee und dergleichen vermindern die Schrittlänge.

Wetter: Schnee, Regen und Eis verkürzen die Schrittlänge.

Kleidung: Eine zu große Kleiderlast verkürzt den Schritt, auch Schuhe können dasselbe bewirken, wenn sie stark haften.

Signalisieren

Im Überlebensfall müssen Sie imstande sein, Signale zu geben, die von einem Suchtrupp, besonders von Flugzeugen aus, gesehen werden können. Das Signalsystem muß im voraus geplant werden, damit es im Bedarfsfall sofort einsatzbereit ist. Einem Flugzeug kann man sich am besten mit Rauch und Feuer bemerkbar machen, falls kein Funkgerät oder Leuchtraketen zur Verfügung stehen. Drei

Tips des britischen SAS

Signalfeuer

Lernen Sie vom britischen SAS, wie man Signalfeuer macht. Es muß bereits beim ersten Mal gelingen – eine zweite Chance gibt es vielleicht nicht!

- *Halten Sie grüne Äste, Gummi oder Öl zur Raucherzeugung griffbereit.*
- *Umranden Sie das Feuer mit Erde, wenn in der Umgebung Pflanzenwuchs oder Bäume vorhanden sind.*
- *Machen Sie auf freien Plätzen Feuer, nicht zwischen Bäumen, wo das Blätterwerk das Signal verdeckt.*
- *Bauen Sie an einem Fluß oder See für das Signalfeuer ein Floß, das Sie verankern oder festbinden.*

Feuer oder drei Rauchsäulen sind internationale Notsignale.

Im Handel erhältliche Signalgeber

Nach einer Notlandung mit dem Flugzeug oder in einem Rettungsboot stehen Ihnen wahrscheinlich eines oder mehrere Signalsysteme zur Verfügung. Sind Sie als Trekker unterwegs, sollten Sie unbedingt mit einigen der unten aufgeführten Signalgebern ausgerüstet sein:

Sender/Empfänger: Kann Ton und Stimme senden und empfangen.

Notsender: Kann nur Ton aussenden.

Funkgerät: Survival-Funkgeräte funktionieren gewöhnlich nur in Sichtlinie; zum Senden eignet sich daher am besten offenes, hindernisfreies Gelände.

Leuchtfackeln: Fackeln für den Einsatz bei Tage verbreiten leuchtend-farbigen Rauch, Fackeln für die Nacht leuchten sehr hell und können von weit her gesehen werden.

Signalraketen: Sie eignen sich besonders in zerklüftetem Gelände oder bei schlechten Wetterbedingungen.

Leuchtspurmunition: Sie kann, falls vorhanden, auch zum Signalisieren verschossen werden; beim Abfeuern wird eine orangerote Leuchtspur erzeugt. Jedoch: **Nie auf ein Flugzeug zielen!**

Farbmarkierer: Dies ist ein sich rasch ausbreitendes Pulver, das eine Wasseroberfläche grün oder orange färbt.

Paulin-Signale: Das sind gummierte Nylonmarkierer mit einer blauen und einer gelben Seite.

Pfeife: Pfeifen eignen sich sehr gut zum Signalisieren auf kurze Distanzen.

Lichtsignale: Taschenlampen oder Blitzlichter sind auch über größere Entfernungen auszumachen.

Signalspiegel: Unter idealen Bedingungen kann ein Spiegelblitz bis zu 160 km Entfernung gesehen werden.

Rauch

Bei Tage ist Rauch über weite Entfernungen sichtbar. Signalfeuer sollten vorbereitet, geschützt und instand gehalten werden, damit sie sofort entzündet werden können. Der Rauch sollte einen Kontrast zum Gelände bilden. Weißen Rauch erhalten Sie mit grünem Laub, Moos oder feuchtem Holz, schwarzen Rauch, wenn Sie dem Feuer Gummi oder öldurchtränkte Lappen beigeben. Zum Erzeugen von Rauch eignet sich am besten ein Blockhüttenfeuer (siehe Kapitel »Feuer«). Es gewährleistet einen guten Luftdurchzug, und es lassen sich auch grüne Äste auflegen. Legen Sie das rauchentwickelnde Material auf den Holzstoß und brennen Sie ihn an, wenn sich ein Suchflugzeug in unmittelbarer Nähe befindet. In Schnee und Eis errichten Sie das Feuer auf einer Plattform, damit es nicht einsinkt.

Feuer

Es eignet sich hervorragend zum Signalisieren bei Nacht. Dazu wird ein lichtstarkes Feuer benötigt (siehe Kapitel »Feuer«); ein brennender Baum kann die Aufmerksamkeit auf wirkungsvolle Weise auf sich ziehen. Man wählt am besten harzreiche und grüne Bäume aus. Bei anderen Bäumen stecken Sie trockenes Holz zwischen die unteren Äste und legen dann Feuer. Die Flammen werden darauf auf das Laub des Baumes übergreifen. Wählen Sie aber einen abseits stehenden Baum, damit Sie keinen Waldbrand entfachen.

Spiegel

An sonnigen Tagen können Sonnenstrahlen mit Spiegeln, poliertem Kochgeschirr, Gürtelschnallen oder anderen Gegenständen reflektiert werden. Üben Sie diese Signalisierungsart, bevor Sie sie benötigen. Spiegelsignale können bei normalen Bedingungen bis zu 100 km, in Wüstengebieten bis zu 160 km weit gesehen werden.

Boden-Luft-Signale (Abbildung 65)

Es gilt mehrere Faktoren zu beachten, um mit Boden-Luft-Signalen Erfolg zu haben. In erster Linie ist darauf zu achten, daß ein Pilot aus der Luft auch erkennt, daß es sich um Signale handelt.

Größe: Signale sollten so groß als möglich sein, damit sie aus der Luft ausgemacht werden können.

Proportion: Signale müssen in den richtigen Größenverhältnissen ausgelegt werden, damit sie aus der Höhe erkennbar sind.

Form: Geben Sie den Signalen eine geradlinige und rechtwinklige Form; gerade Linien und rechte Winkel kommen in der Natur nicht vor.

Kontrast: Die Signale müssen sich von ihrem Hintergrund abheben.

Auf Schnee: Mit Farbe umrandete Signale erhöhen die Kontrastwirkung.

Auf Gras: Auf Grasflächen lassen sich Signale einbrennen.

Vorsicht

**Richten Sie einen Spiegelstrahl
nie länger als
einige Sekunden auf das
Cockpit eines Flugzeugs –
der Pilot könnte geblendet werden.**

Orangefarbenes Material: Auf grünem oder braunem Hintergrund sticht Orange nicht heraus, sondern vermengt sich mit der Umgebung.

Konturen: Umranden Sie Signale mit grünen Zweigen, Reisig oder Steinen, so daß sie einen Schattenrand werfen, oder bringen Sie die Signale mit Hilfe von Stöcken erhöht über dem Boden an, so daß sie ihren eigenen Schatten werfen.

Auslegeort: Ein Signal sollte auf freiem Gelände ausgelegt werden, damit man es von allen Seiten sehen kann.

Signalbedeutung: Ein Signal sollte den Rettungsdienst über Ihre Gesamtsituation ins Bild setzen.

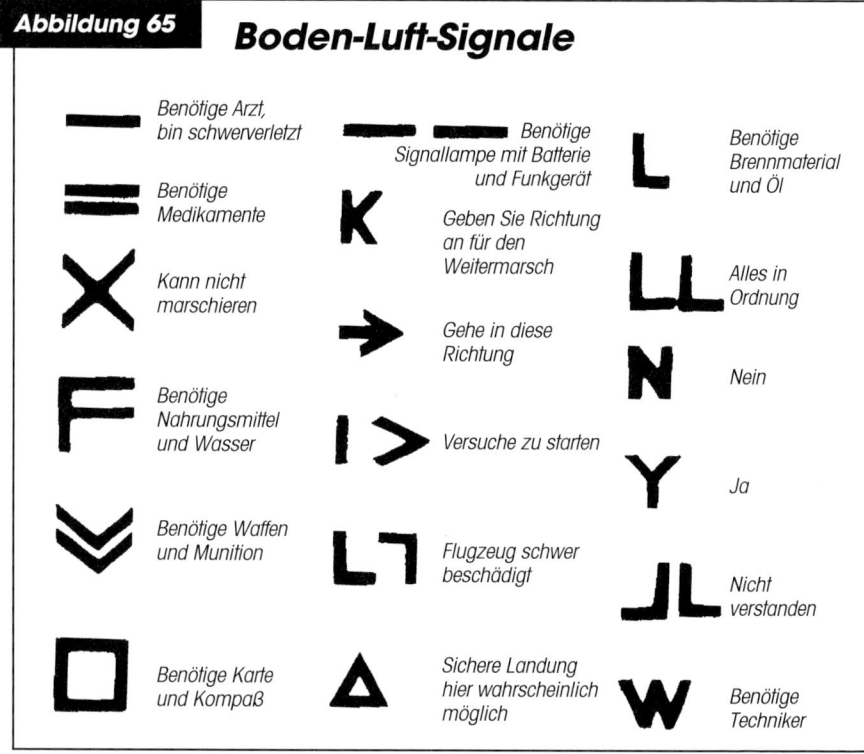

Abbildung 65

Boden-Luft-Signale

Signal	Bedeutung
▬	Benötige Arzt, bin schwerverletzt
▬▬	Benötige Medikamente
X	Kann nicht marschieren
F	Benötige Nahrungsmittel und Wasser
⋙	Benötige Waffen und Munition
□	Benötige Karte und Kompaß
▬ ▬▬	Benötige Signallampe mit Batterie und Funkgerät
K	Geben Sie Richtung an für den Weitermarsch
➜	Gehe in diese Richtung
I >	Versuche zu starten
L ⌐	Flugzeug schwer beschädigt
△	Sichere Landung hier wahrscheinlich möglich
L	Benötige Brennmaterial und Öl
LL	Alles in Ordnung
N	Nein
Y	Ja
JL	Nicht verstanden
W	Benötige Techniker

Abbildung 65 zeigt die international geltenden Notsignale. Lernen Sie sie auswendig oder, noch besser, nehmen Sie ein Verzeichnis mit. Legen Sie die Signale so groß wie möglich aus, mindestens 10 m lang und 3 m breit. Graben Sie zum Signalisieren bei Nacht die Konturen des Zeichens in den Boden, den Schnee oder den Sand, gießen Sie Benzin hinein und zünden Sie es an. Ein solches Signal ist nicht nur bei Nacht zu sehen, sondern wegen der eingebrannten Umrisse auch tagsüber.

Machen Sie im Fall einer Rettung sämtliche Signale unkenntlich, damit sie nicht von einem andern Flugzeug bemerkt werden, das dann eine Rettungsaktion einleitet.

Morsezeichen (Abbildung 66)
Botschaften lassen sich auch mit Hilfe von Morsezeichen übermitteln. Das kann mit einer Taschenlampe, einem spiegelnden Gegenstand, einer improvisierten Flagge oder mit Tönen geschehen. Beim Morsen mit der Flagge bedeutet ein Rechtsschwung mit anschließendem 8-Zeichen einen Punkt, ein Linksschwung mit anschließendem 8-Zeichen einen Strich.

Körpersignale
Abbildung 67 zeigt eine Reihe von Signalen, die vom Flugzeug aus zu verstehen sind. Um ein unmißverständliches JA oder NEIN zu signalisieren, sollte man in der Hand ein Tuch

Abbildung 66

Morsezeichen

A	• –	M	– –	Y	– • – –
B	– • • •	N	– •	Z	– – • •
C	– • – •	O	– – –	1	• – – – –
D	– • •	P	• – – •	2	• • – – –
E	–	Q	– – • –	3	• • • – –
F	• • – •	R	• – •	4	• • • • –
G	– – •	S	• • •	5	• • • • •
H	• • • •	T	–	6	– • • • •
I	• •	U	• • –	7	– – • • •
J	• – – –	V	• • • –	8	– – – • •
K	– • –	W	• – –	9	– – – – •
L	• – • •	X	– • • –	0	– – – – –

Abbildung 67

Körpersignale

Empfangsgerät ist betriebsbereit

Ja

Kann bald weitergehen, bitte warten, wenn möglich

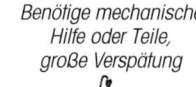

Benötige mechanische Hilfe oder Teile, große Verspätung

Hier nicht landen

Bitte aufnehmen, Flugzeug aufgegeben

Nachricht abwerfen

Alles in Ordnung, nicht warten

Nein

Hier landen (Landerichtung anzeigen)

Benötige DRINGEND medizinische Hilfe

halten. Beachten Sie auch den Wechsel zwischen der frontalen und der seitlichen Körperhaltung sowie den Einsatz der Beine. Führen Sie die Signale immer in unmißverständlicher und überdeutlicher Form aus – die Entfernung zu einem Flugzeug ist groß. Ein Flugzeug, das Ihre Botschaft verstanden hat, zeigt dies mit dem Wackeln der Tragflächen oder in der Nacht durch *grünes* Blinken seiner Positionslichter an. Hat der Pilot die Signale nicht verstanden, läßt er sein Flugzeug kreisen; bei Nacht sendet er *rote* Blinkzeichen aus. Wenn der Pilot die erste Mitteilung empfangen und verstanden hat, können Sie eine weitere übermitteln. Bewahren Sie dabei Geduld, und verwirren Sie den Piloten nicht.

Schattensignale

Sie können, wenn richtig angewendet, sehr wirkungsvoll sein. Wählen Sie hierzu einen freien, weiten Platz und sehen Sie zu, daß sich die Signale deutlich von ihrer Umgebung abheben. Je nach Gelände sind beim Bau von Schattensignalen folgende Regeln zu beachten:

Arktischer Winter: Bilden Sie Mauern aus Schneeblöcken, und zwar entlang der Linie, auf der Sie die Blöcke herausgeschnitten haben.

Arktischer Sommer: Errichten Sie Mauern aus Steinen, Grasziegeln oder Holz.

Winter unterhalb der Schneegrenze: Stecken Sie grüne Zweige in den Schnee, und errichten Sie darum einen Wall aus Büschen und Ästen.

Sommer unterhalb der Baumgrenze: Häufen Sie Steine aufeinander, nehmen Sie totes Holz, Baumstämme und ausgestochene Grasziegel.

Bergrettungscode

Die unten aufgeführten Zeichen sind international anerkannte Bergrettungssignale. Sie sollten sie nicht nur kennen, sondern auch übermitteln können. Tragen Sie stets etwas bei sich, womit Sie Signale geben können.

SOS

Das Signal »Safe our Souls« wird mit folgenden Raketen-, Ton oder Lichtsignalen übermittelt:

Leuchtrakete: Rot schießen.

Tips des **US-HEERES**

Signalisieren mit natürlichen Materialien

In der Wildnis können Sie zum Signalisieren natürliche Materialien aus Ihrer Umgebung zu Hilfe nehmen.

- *Mit Sträucher- oder Schneehaufen können Sie Schatten werfen.*
- *Treten Sie Buchstaben oder andere Zeichen in den Schnee, und legen Sie die Trittspuren mit kontrastreichem Material wie Zweigen oder Ästen aus.*
- *Auf Sand können Sie Symbole aus Steinblöcken, Pflanzen oder Seegras formen.*
- *Schneiden Sie in buschbewachsenem Gelände Signalzeichen in den Pflanzenteppich.*
- *Heben Sie in der Tundra Gräben aus, oder legen Sie ausgestochene Erdziegel mit der Oberseite nach unten aus.*
- *Verwenden Sie in jedem Gelände entsprechend kontrastreiches Material, damit die Signale von Flugzeugen aus zu sehen sind.*

Ton: drei kurze Töne, drei lange Töne, drei kurze Töne; in Minutenintervallen wiederholen.
Licht: drei kurze Blitze, drei lange Blitze, drei kurze Blitze; in Minutenintervallen wiederholen.

»Benötige Hilfe«

Diese Information wird wie folgt signalisiert:
Leuchtrakete: Rot schießen.
Ton: sechs Töne rasch hintereinander; in Minutenintervallen wiederholen.
Licht: sechs Blitze rasch hintereinander; in Minutenintervallen wiederholen.

»Nachricht verstanden«

Wird wie folgt signalisiert:
Leuchtrakete: Weiß schießen.
Ton: drei Töne rasch hintereinander; in Minutenintervallen wiederholen.
Licht: drei Blitze rasch hintereinander; in Minutenintervallen wiederholen.

Zur Basis zurückkehren

Wird wie folgt signalisiert:
Leuchtrakete: Grün schießen.
Ton: anhaltende Folge von Tönen
Licht: anhaltende Folge von Blitzen

Informationssignale (Abbildung 68)
Sie werden hinterlassen, wenn Sie Ihren Standort (Absturzstelle oder Lager) aufgeben. Zeigen Sie mit einem Pfeil an, in welche Richtung Sie sich gewandt haben. Markieren Sie alle Ihre Wege.

Rettung

Sobald der Rettungsdienst Ihren Standort entdeckt hat, werden die Rettungsmaßnahmen in Gang gesetzt. Zu Land wird dies gewöhnlich mit einem Flugzeug oder Helikopter geschehen, zu Wasser mit einem Schiff oder Boot. Versetzen Sie sich dabei in die Lage der Rettungsmannschaft, und seien Sie sich bewußt, daß Wetter- und Geländeverhältnisse dem Rettungsflugzeug Schwierigkeiten bereiten können. Halten Sie sich, wann immer möglich, von Überhängen, Felsen oder steilen Abhängen fern.

Rettung mit dem Hubschrauber

Ein Helikopter wird zur Rettung entweder auf dem Boden aufsetzen oder über dem Boden schweben. In größeren Höhen ist gewöhnlich eine Landung erforderlich, da die Maschine zum Schweben nicht die nötige Kraft aufbringt. Personen, die im Wasser treiben, werden normalerweise per Winde geborgen. Wenn ein Hubschrauber zu Ihrer Rettung aufsetzen muß, so nähern Sie sich ihm nicht von hinten; dort befinden Sie sich für die Mannschaft in einem toten Winkel, und der Heckrotor gefährdet Sie. Hüten Sie sich auch vor den Rotorblättern, wenn Sie sich hangabwärts dem Helikopter nähern. Sorgen Sie ferner dafür, daß nicht irgendwelche Gegenstände – wie Fallschirm oder Zelt – in den Sog der Rotorblätter gelangen. Entfernen Sie solche Gegenstände vor einer Landung, auch Blätter und Zweige.

Markieren Sie möglichst den Landeplatz mit einem großen H (mindestens 3 m groß), wobei das verwendete Material gut im Boden verankert sein muß.

Befeuchten Sie nach Möglichkeit den Boden, wenn Sie sich in einem Sandgebiet befinden, damit nicht zuviel Dreck aufgewirbelt wird. Schneeoberflächen sollten Sie festtreten, so gut es geht, denn weicher und nasser Schnee haftet am Flugzeug, und Pulverschnee behindert, wenn er aufgewirbelt wird, die Sicht des Piloten.

Wenn Sie mit der Winde an Bord eines schwebenden Hubschraubers gezogen werden müssen, so lassen Sie das Kabel zuerst den Boden berühren, bevor Sie es ergreifen. Der Grund liegt in der statischen Elektrizität, die jedes Flugzeug aufbaut; diese muß sich zuerst entladen, sonst würden Sie beim Zugreifen einen elektrischen Schlag erleiden. Streifen Sie sich selbst den Stropp (Ring oder Schlinge) über, und geben Sie mit dem aufwärts gerichteten Daumen das Zeichen zum Aufziehen. Geben Sie keine anderen Zeichen, heben Sie vor allem nicht die Arme – Sie könnten dabei aus dem Stropp gleiten.

Lassen Sie alles mit sich geschehen, was der Mann an der Winde tut, und gehorchen Sie ihm aufs Wort. Wenn man Sie von der Winde gelöst hat, wird man Ihnen einen Platz zuweisen. Nehmen Sie diesen sofort ein, und schnallen Sie sich an. Die Anweisungen der Besatzung müssen strikt befolgt werden. Seien Sie vorsichtig beim Verlassen der Maschine, warten Sie, bis die Rotorblätter stillstehen.

Rettung mit einem Flugzeug
Nähern Sie sich dem gelandeten Flugzeug erst, wenn es zum Stillstand gekommen ist und der Pilot oder ein anderes Besatzungsmitglied Ihnen ein entsprechendes Zeichen gegeben hat.

Informieren Sie den Rettungsdienst über mögliche weitere Überlebende, die von der Gruppe getrennt worden sind.

Abbildung 68

Wegmarken

Dies ist die Marschrichtung

Nach links abbiegen

Nach rechts abbiegen

Gefahr

DIE NATUR-GEWALTEN

Die Natur wird zum stärksten Feind eines Überlebenden, wenn er es nicht versteht, sich ihre Kräfte nutzbar zu machen. Eisschollen, Gebirge, Wüsten, Dschungel und Meere können den Tod bringen, wobei überall besondere Gefahren lauern. Sie müssen daher lernen, mit diesen feindlichen Naturgewalten umzugehen und sie zu meistern.

Die Polargebiete

Eisige Temperaturen, frostige Winde und ein scheinbar unfruchtbares Land - dies sind nur einige der Gefahren, die Ihnen in den Kältegebieten begegnen. Um am Leben zu bleiben, müssen Sie die entsprechenden Methoden durch und durch beherrschen.

Geländemerkmale

Es gibt zwei Typen von Kältegebieten: das Schneeklima und das Eisklima. Neben der andauernden Kälte ist der Wind die andere große Gefahrenquelle. In der Antarktis wurden Windgeschwindigkeiten bis zu 177 km/h gemessen. Tiefe Temperaturen und Wind bewirken die sogenannte Windkälte. Eine Windgeschwindigkeit von beispielsweise 32 km/h senkt eine Temperatur von −14 °C auf −34 °C. Das kann für den Überlebenskampf sehr gefährlich werden: Ungeschützte Körperteile können binnen Sekunden gefrieren.

Schneeklima

Dazu gehören die Gebiete zwischen dem 35. und 70. Breitengrad. Die Baumgrenze bildet dabei die Linie, an der das Schneeklima in die Eistundra übergeht. Das Schneeklima selbst weist zwei Typen auf: das kontinentale subarktische Klima und das feucht-kontinentale Klima.

Kontinentale Subarktis

Diese zeichnet sich durch extreme Temperaturunterschiede aus, die von −43 °C bis +44 °C reichen. Diese Gebiete sind das ganze Jahr über geprägt von Kälte, Schneefall und Feuchtigkeit; der Sommer ist kalt und kurz. Der Winter bildet die vorherrschende Jahreszeit in der Subarktis. In einem solchen Klima mit 6–7 Monaten Frost ist die Feuchtigkeit im Boden mehrere Meter tief gefroren.

Gefahr

Windkälte kann zu Erfrierungen führen und lebensgefährlich werden. Denken Sie daran, daß Sie beim Gehen, Laufen oder Skifahren Fahrtwind erzeugen, der zu Erfrierungen führen kann.

Das feuchte Kontinentalklima (Norden der Vereinigten Staaten, Kanada und Zentralasien) befindet sich zwischen dem 35. und 60. Breitengrad. Aufgrund der polaren und tropischen Luftmassen, die hier aufeinandertreffen, zeichnen sich diese Regionen durch starke jahreszeitliche Kontraste und wechselnde Wetterverhältnisse aus. Die Sommertemperaturen schwanken zwischen 16–21 °C, die Wintertemperaturen zwischen –9 und +4 °C; es herrscht heftiger Schneefall.

Beide Klimatypen zeichnen sich durch ihre extrem dunklen und hellen Jahreszeiten aus. Im Winter sind die Nächte lang, wenn nicht gar durchgehend. Das kann das Überleben schwierig machen, denn da es keine direkte Sonneneinstrahlung gibt, bleiben die Temperaturen sehr tief. Das fehlende Tageslicht ermöglicht keine großen Aktivitäten außerhalb des Unterschlupfs; dagegen können Mond, Sterne und Nordlichter willkommene Lichtquellen bilden. Dazu kommt, daß das ständige Eingeschlossensein in einem engen Unterschlupf den Gemütszustand belastet. In solchen Momenten hilft Ihnen der Gedanke, daß die Perioden der vollständigen Dunkelheit nicht lange andauern werden.

Schneegebiete sind Landschaften mit Nadelbaumwäldern, durchsetzt mit zahlreichen Seen und Sumpfgebieten. Die Küsten zeigen teils flache Strandgebiete, teils schroff abfallende Felsufer mit Gletschern in höheren Lagen. Den Pflanzenwuchs bilden im Übergang zur Tundra Zedern, Fichten, Tannen, Kiefern, Zwergweiden, Birken und Erlen.

Eisklima

Man unterscheidet drei Klimatypen: das maritim-subarktische Klima, das Klima der Tundra und das Gletscherklima.

Das maritime subarktische Klima zeichnet sich durch einen bewölkten Himmel und starke Winde aus. Dieses Gebiet liegt zwischen dem 50. und 60. Grad nördlicher Breite und dem 45. und 60. Grad südlicher Breite. Das

Tips des US-HEERES

Fortbewegung in Schnee- und Eisregionen

Militärische Operationen in Schnee- und Eisregionen können mit einer Menge Schwierigkeiten verbunden sein, nicht zuletzt wegen der unvorhersehbaren Wetterentwicklung. Das US-Heer hat hierfür folgende Richtlinien aufgestellt:

■ *Es können sogenannte »Whiteouts« auftreten, das heißt, infolge der Schneedecke und einer dichten Bewölkung fließen Sonnenlicht und vom Boden reflektiertes Licht ineinander über, so daß die Konturen verwischen. Man läuft dabei Gefahr, in Gletscherspalten, über Klippen oder Abhänge zu stürzen.*

■ *Die schlechte Sicht erschwert die Richtungsbestimmung. Ein Kompaß ist zwar erforderlich, aber magnetische Störungen machen es schwer, die richtige Route zu halten.*

■ *Im Sommer trifft man auf eine Vielzahl von Mooren, Sümpfen und stehenden Gewässern, die nur schwer zu durchqueren sind. Zudem treten an diesen Stellen massenhaft Insekten auf, die unbedeckte Körperteile befallen. Verwenden Sie Insektenschutzmittel, falls vorhanden.*

■ *In Gebirgsgegenden gibt es Gletscherspalten und Gletscherströme, in die man hineinstürzen kann: Prüfen Sie die Festigkeit des Bodens mit einem Stock.*

■ *In Waldgebieten ist es während der kalten Monate leichter, sich auf Skiern oder Schneereifen fortzubewegen.*

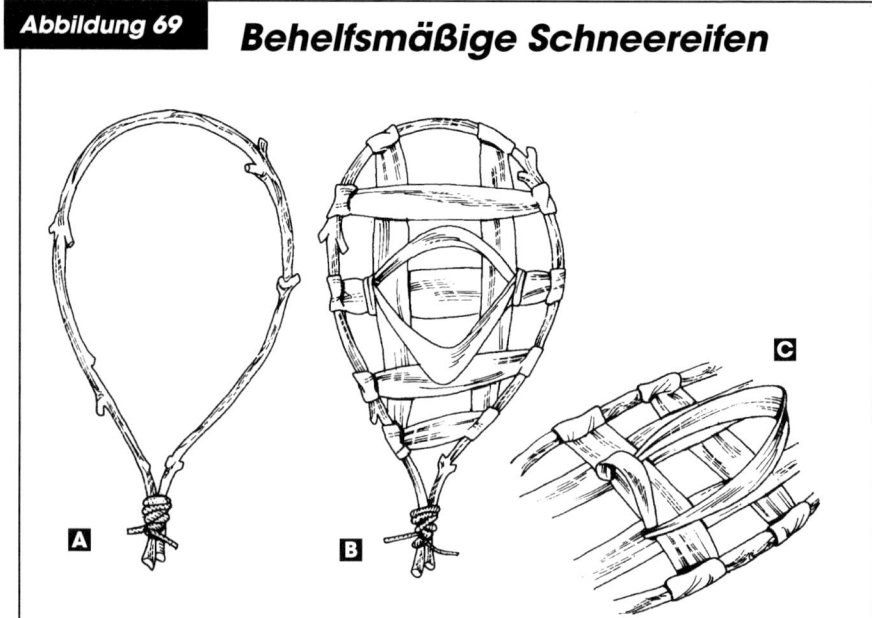

Abbildung 69 — *Behelfsmäßige Schneereifen*

A B C

Klima der Tundra erstreckt sich nördlich des 55. Breitengrades und südlich des 50. Breitengrades. Die Temperaturen steigen nie über -10 °C, und die Wolkendecke reißt das ganze Jahr über fast nie auf. Auf der Erde gibt es drei Eisregionen: Grönland, die Antarktis und die Arktis.

Die Verhältnisse sind äußerst unwirtlich: weite, zerklüftete Gebirge, steiles Gelände, Schnee- und Eisfelder, Gletscher und heftige Winde. Die karge Vegetation besteht aus arktischer Birke, Sträuchern und Krautpflanzen, Gräsern, Schwarzer Krähenbeere und Preiselbeere. Dazu kommen Moose und Flechten. Die Pflanzen in der Tundra sind im Vergleich zu denen wärmerer Regionen kleinwüchsiger. In Tälern und an Flüssen können sie aber doch etwa Manneshöhe erreichen. Sie neigen ferner dazu, sich teppichartig über den Boden auszubreiten.

Fortbewegung

Aufgrund der harten Verhältnisse sollte der Standplatz nur verlassen werden, wenn Gefahr droht oder in der Nähe von bewohntem Gebiet Hoffnung auf Rettung besteht. Wenn Sie sich zu Fuß auf den Weg machen, so nehmen Sie nur mit, was Sie auch tragen können. Sie werden mehr Kalorien verbrauchen und stärker Schwitzen, das heißt mehr Wasser benötigen als sonst, und beides muß ersetzt werden. Behelfsmäßige Schneereifen (Abbildung 69) sind unerläßlich. Verwenden Sie zu ihrer Herstellung Weidenruten oder anderes biegsames Holz (A), versehen Sie sie mit Querstreben (B) und Schlaufen zum Hineinschlüpfen (C).

Verlassen des Lagers

Hinterlassen Sie bei der Aufgabe eines Lagers ein Signal, das den Rettungsmannschaften

Abbildung 70

Signale
aus Schneeblöcken

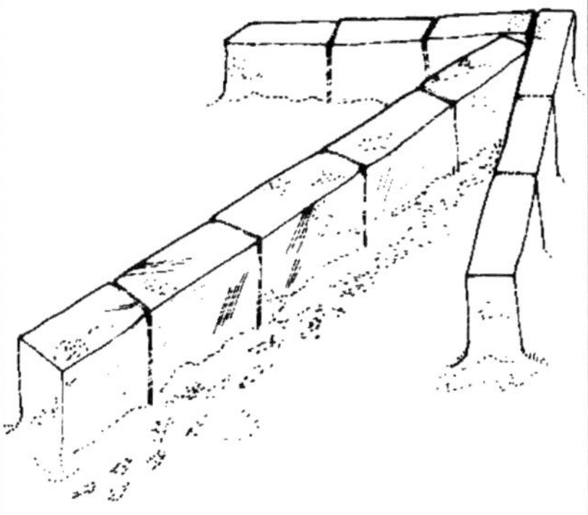

die Richtung weist, in die Sie aufgebrochen sind. In Schneeregionen eignet sich hierzu ein Schattensignal aus Schneeblöcken am besten (Abbildung 70).

Es muß auf offenem Gelände errichtet und möglichst groß sein sowie genau in die Richtung weisen, die Sie eingeschlagen haben. Hinterlassen Sie von Zeit zu Zeit weitere Signale, damit man Ihnen folgen kann.

Signalisieren

Halten Sie einen spiegelnden Gegenstand stets für den Fall griffbereit, daß ein Flugzeug erscheint, oder tragen Sie in der Tasche Brennmaterial mit, das sich rasch entzünden läßt. Auch Leuchtraketen oder Fackeln, falls Sie welche haben, sollten griffbereit sein. Es bietet sich Ihnen vielleicht nur eine Chance: Verspielen Sie sie nicht dadurch, daß Sie unvorbereitet sind.

Navigation

In der Nähe der Pole ist der Kompaß leider ein ungeeignetes Hilfsmittel. Richten Sie sich in der Nacht nach den Sternen, und nehmen Sie tagsüber die Schattenspitzenmethode zu Hilfe (siehe Kapitel »Richtungsbestimmung und Signalgebung«).

Treffen Sie vor jedem Aufbruch eine sorgfältige Routenwahl, um nicht in Sumpf- und Morastgebiete zu geraten. Unter zusätzlicher Kälte und Nässe zu leiden, ist sicher nicht Ihre Absicht. Folgen Sie möglichst einem Wasserweg: Die meisten Siedlungen befinden sich an einem Fluß oder Strom. Außerdem können Sie Ihren Feuchtigkeitsverlust ausgleichen. Ferner haben Sie die Möglichkeit, Fische oder Tiere, die zur Tränke gehen, zu fangen. Und wahrscheinlich können Sie sich mit eßbaren Pflanzen versorgen, die am Ufer gedeihen.

Widerstehen Sie der Versuchung, ein Floß zu bauen, um sich auf einem Fluß treiben zu lassen: Die Flüsse im Norden haben meist eine starke Strömung, sie sind kalt und gefährlich und können ein Floß in Stücke reißen. Sie werden den Fluß nicht kennen, und selbst wenn sein Lauf ruhig erscheint, so könnten doch Felsen unter der Wasserlinie verborgen sein, die ein Floß in Sekundenschnelle auseinanderreißen.

Beachten Sie stets folgende Punkte, wenn Sie in Schnee- und Eisregionen eine Richtungsbestimmung vornehmen:

- Schlechte oder nicht vorhandene Straßen oder Wege sind für die Navigation quer durch die Landschaft unbrauchbar.
- Schneetreiben, Nebel und lange Nächte setzen die Sichtverhältnisse im Winter herab.
- Schneefälle können Wegspuren und Orientierungspunkte zudecken, was zu Fehlnavigation führen kann.

- Im Winter sind die Tage nur sehr kurz.
- Es treten magnetische Störungen auf: Die Navigation mit dem Kompaß ist daher unzuverlässig.
- Es gibt unter Umständen für das Gebiet, wo Sie sich befinden, keine Karten in großem Maßstab.
- Sie können einer Vielzahl von Seen, Tümpeln und Wasserläufen begegnen, die auf Ihrer Karte nicht verzeichnet sind. Dies kann verwirrend wirken und die Marschzeiten verlängern.

Kleidung und Ausrüstung

(Siehe auch Bekleidung bei kaltem Wetter im Kapitel »Kleidung«.) Vor Kälte und Wind ist der ganze Körper zu schützen, besonders Kopf und Füße. Indem Sie aktiv bleiben, halten Sie zugleich auch die Blutzirkulation aufrecht. Vermeiden Sie aber zu starkes Schwitzen: Lockern Sie die Kleidung, oder ziehen Sie Kleidungsstücke aus, sobald Ihnen zu warm wird. Halten Sie auch, so gut es geht, Ihre Kleidung sauber: Schmutz und Fett verstopfen die Luftzwischenräume in der Kleidung und beeinträchtigen die Isolationswirkung. Setzen Sie eine Schutzbrille auf, damit Sie nicht schneeblind werden.

Das Marschieren auf Schnee und Eis ist äußerst anstrengend. Auf einer harten Schneedecke sind Skier empfehlenswert; bei tiefem, lockerem Schnee eignen sich Schneereifen eher. Sie lassen sich aus Ästen herstellen. Hängen Sie zum Laufen die Schuhspitzen in Schlaufen ein, und ziehen Sie die Hinterenden der Schneereifen nach.

Schließlich müssen Sie Ihre Finger schützen: Tragen Sie irgendwelche Handschuhe. Fassen Sie bei extremer Kälte kein Metall mit bloßen Händen an, sonst erleiden Sie eine Kälteverbrennung. Stecken Sie frierende Hände in der Kleidung unter die Achselhöhlen, halten Sie sie gegen den Magen oder zwischen den Beinen. Sie können die Hände

Tips des britischen SAS

Navigation in Polarregionen

Richten Sie sich nach den Empfehlungen des SAS; nehmen Sie nur zuverlässige Richtungsweiser zu Hilfe. Arbeiten Sie mit der Natur.

- *Bestimmen Sie beim Marschieren auf der gefrorenen See die Richtung nicht mit Hilfe von Eisbergen oder anderen Geländepunkten: Die Strömungsrichtung kann sich ändern.*
- *Meiden Sie Eisberge: Der größte Teil ihrer Masse befindet sich unter Wasser, und sie können unvermittelt kentern, besonders wenn Sie sie mit Ihrem Gewicht belasten.*
- *Halten Sie sich von Gletscherabbrüchen fern, wenn Sie auf dem Wasser unterwegs sind: Es können ohne Vorwarnung Tausende von Tonnen Eis ins Meer stürzen.*
- *Wandernde Wildgänse fliegen bei Tauwetter Richtung Land, und die meisten Seevögel begeben sich tagsüber aufs Meer, kehren aber abends aufs Festland zurück: Sie zeigen also an, in welcher Richtung Land zu suchen ist.*
- *Wolken zeigen eine dunkle Unterseite, wenn sie sich über offenem Wasser, Waldgebieten und schneefreiem Land befinden, eine weiße Unterseite über zugefrorenem Meer und Schneefeldern. Frisches Eis erzeugt ins Graue gehende Reflexionen.*

auch warmhalten, wenn Sie sie in den Handschuhen abwechselnd ballen und locker lassen.

Gefahren

Die größte Bedrohung geht von der intensiven Kälte aus. Schützen Sie sich deshalb, auch vor dem Wind; errichten Sie einen Unterschlupf (siehe unten). Achten Sie auf Ihre Gesundheit: Sie könnten sonst Opfer verschiedenster Krankheiten werden, zum Beispiel von Dehydrierung, Erfrierungen, Sonnenbrand und Fußbrand.

Dehydrierung

Das erste Anzeichen, daß Sie unter Wasserentzug oder Austrocknung leiden, ist dunkelgelbe Färbung des Urins. Weitere Symptome sind Appetitlosigkeit, verlangsamte Bewegungen, Schläfrigkeit und erhöhte Temperatur.

Zur Vermeidung von Wasserentzug müssen Sie bei kaltem Wetter große Mengen Flüssigkeit trinken: Wasser, Tee, Suppe. Alkohol ist zu meiden, da er Gleichgültigkeit bewirkt und die Gefahr von Erfrierungen erhöht.

Hypothermie

Bei abnormer Auskühlung sinkt die Körpertemperatur unter die Normalwerte von 36–38 °C; dies kann lebensgefährlich werden.

Die Symptome sind (in dieser Reihenfolge): Frösteln, unkontrollierbares Zittern (Schwierigkeit, Finger und Hände unter Kontrolle zu halten); heftiges Zittern (Schwierigkeiten beim Sprechen); Abnahme und Aufhören des Zitterns; Verlust des logischen Denkens; Entschlußunfähigkeit; Bewußtlosigkeit und Tod.

Achten Sie auf jedes Anzeichen von Frösteln und Zittern. Seien Sie vor allem auf

Tips der KANADISCHEN LUFTWAFFE — Verhalten im Polargebiet

Die Piloten der kanadischen Luftwaffe operieren im Norden ihres Landes über sehr unwirtlichen Gebieten. Wenn sie im Notfall aussteigen, müssen sie sich zurechtfinden können.

Im Sommer:

- *Meiden Sie dichtbewachsene Gebiete, zerklüftetes Terrain, Landstriche mit weichem Boden, Sümpfen und Seen, insektenverseuchte Gegenden.*
- *Durchqueren Sie Wasserläufe, die von Gletschern gespeist werden, frühmorgens, bevor die Strömung zu reißend wird.*
- *Marschieren Sie auf Kämmen und Wildpfaden, überprüfen Sie dabei regelmäßig die Marschrichtung.*

Im Winter:

- *Marschieren Sie nicht bei Blizzards oder extremer Kälte: Machen Sie Lager, und schonen Sie Ihre Kräfte.*
- *Achten Sie beim Begehen gefrorener Flüsse auf Stellen mit dünnem Eis und Luftblasen. Prüfen Sie die Festigkeit des Bodens mit einem Stock.*

Hygiene im Polargebiet

In Schnee- und Eisregionen ist auf Sauberkeit zu achten. Befolgen Sie die Richtlinien der Green Berets.

- *Wechseln Sie täglich die Socken, und waschen Sie sich die Füße. Ziehen Sie, wenn dies nicht möglich ist, Stiefel und Socken aus und massieren und trocknen Sie die Füße. Pudern Sie sie mit Fußpulver ein.*
- *Putzen Sie täglich die Zähne. Nehmen Sie einen Finger oder um einen Zweig gewickelten Stoffstreifen zu Hilfe, wenn keine Zahnbürste vorhanden ist.*
- *Wechseln Sie wöchentlich mindestens zweimal die Unterwäsche. Ist dies nicht möglich, so kneten, schütteln und lüften Sie sie zweimal wöchentlich mindestens zwei Stunden lang.*

der Hut, wenn das Zittern abnimmt und aufhört: Dies ist das äußerste Warnzeichen.

Unterkühlung ist mit Wärme zu behandeln. Brechen Sie Ihre Tätigkeit ab, und halten Sie sich vor der Kälte fern. Machen Sie Feuer, trocknen Sie sich, trinken Sie heiße Flüssigkeit, essen Sie Schokolade. Trinken Sie **keinen Alkohol**: Dabei geht noch mehr Körperwärme verloren!

Bringen Sie eine unterkühlte Person an einen windgeschützten Ort wie einen Unterschlupf; ziehen Sie ihr die nassen Kleider aus, und ersetzen Sie diese durch trockene. Legen Sie erhitzte Steine oder mit heißem Wasser gefüllte Flaschen in die Nähe des Halses, der Leisten und unter die Achselhöhlen. Zünden Sie ein Feuer an. Gegebenenfalls müssen Sie Wiederbelebungsversuche machen (siehe Kapitel »Erste Hilfe«).

Fußbrand

Eine solche Verletzung entsteht, wenn die Füße Kälte und Nässe ausgesetzt werden. Im Frühstadium erscheinen Fuß und Zehen bleich und fühlen sich taub, kalt und steif an. Das Gehen fällt schwer, der Fuß schwillt an und beginnt zu schmerzen. Tragen Sie Sorge, daß ein Fußbrand nicht fortschreitet – am Ende könnte eine Amputation nötig werden. Das beste Mittel gegen diese Verletzung sind saubere und trockene Socken und Stiefel. Trocknen Sie naß gewordene Füße so rasch wie möglich. Halten Sie die Füße, wenn die Stiefel und Socken naß geworden sind, ständig in Bewegung, indem Sie die Zehen hin- und herbewegen und die Hacken gegeneinanderschlagen. Ziehen Sie die nasse Fußbekleidung sobald wie möglich aus. Behandeln Sie die Füße im Falle eines Fußbrandes behutsam; reiben oder massieren Sie sie nicht: Waschen Sie sie sorgfältig mit Wasser und Seife, trocknen Sie sie, und legen Sie sie dann hoch. Unternehmen Sie keine Märsche.

Erfrierungen

Es gibt drei Grade von Erfrierungen. Beim ersten Grad wird nur die äußere Hautschicht betroffen, beim zweiten Grad treten Blasenbildungen auf, und beim dritten Grad werden auch tiefere Hautschichten geschädigt. Erfrierungen können ernsthafte Folgen nach sich ziehen und zum Verlust von Zehen, Fingern,

Armen und Beinen oder gar zum Tode führen. Ursachen sind eine unangemessene Kleidung, Müdigkeit, übermäßiger Alkoholgenuß, verminderte Blutzirkulation und lange Kälteeinwirkung.

Erfrierungen ersten Grades treten gewöhnlich an den Ohren, den Fingerspitzen, Zehenspitzen und an der Nasenspitze auf. Dabei wird die Haut weiß, aber es treten keine Schmerzen auf.

Bei Erfrierungen zweiten Grades wird die Haut weiß, wächsern und steif. Die betroffene Stelle fühlt sich taub an und zeigt eine blaue oder purpurfarbene Umrandung.

Eine Erfrierung dritten Grades bedeutet ein vollständiges Gefrieren eines Körperteils. Die Stelle ist weiß, hart und vollständig gefühllos.

Leichte Erfrierung werden behandelt, indem man sie zudeckt. Andere Erfrierungen dürfen Sie nie auftauen, wenn die Gefahr einer erneuten Erfrierung besteht. Erst wenn Sie sich an einem geschützten Platz befinden, dürfen Sie die Erfrierung in lauwarmem Wasser auftauen. Das Fleisch sollte dabei eine rosarote oder rote Farbe annehmen; es treten heftige Schmerzen auf. Im Verlauf des Tages werden sich Blasen bilden, die Sie **nicht** aufstechen dürfen – sie werden nach 2–3 Wochen von selbst aufbrechen. Behandeln Sie die offenen Blasen dann wie Brandwunden (siehe Kapitel »Erste Hilfe«).

Bei schweren Erfrierungen bildet sich über der betroffenen Stelle eine schwarze harte Schale. Entfernen Sie sie nicht. Sie bildet einen Schutz für das geschädigte Gewebe und wird sich nach 3–6 Wochen von selbst lösen. Die verletzte Stelle sollte nach sechs bis zwölf Monaten vollständig geheilt sein. Merken Sie

Tips des britischen SAS

Vorbeugung gegen Erfrierungen

Die Soldaten des SAS halten sich oft zu Übungszwecken in der Arktis auf. Sie kennen die Gefahren von Erfrierungen und wissen sich davor zu schützen.

■ *Schneiden Sie Grimassen, um Erstarrungen im Gesicht zu lösen; bewegen Sie die Hände.*

■ *Beobachten Sie sich und andere, ob weiße, wächserne Hautflecken auftreten, vor allem im Gesicht sowie an Ohren und Händen.*

■ *Tragen Sie keine enganliegenden Kleider, sie behindern die Zirkulation.*

■ *Ziehen Sie Ihre Kleidung im Schlafsack an.*

■ *Tragen Sie geeignete Kleider, wenn Sie sich im Freien aufhalten. Trocknen Sie naß gewordene Kleider so rasch wie möglich.*

■ *Entfernen Sie den Schnee von der Kleidung, bevor Sie den Unterschlupf aufsuchen, sonst schmilzt er und durchnäßt sie.*

■ *Halten Sie die Hände trocken. Tragen Sie Handschuhe, und berühren Sie kein Metall mit bloßen Händen, sonst erleiden Sie eine Kälteverbrennung.*

■ *Bleiben Sie bei großer Müdigkeit wachsam; bleiben Sie im Lager, wenn Sie sich krank fühlen.*

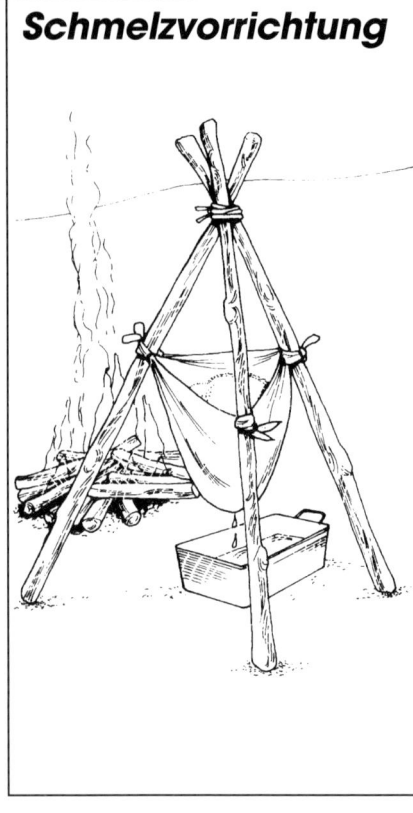

Abbildung 71

Schmelzvorrichtung

zu gewinnen suchen. Einmal an Land, wälzen Sie sich im Schnee, um das Wasser aus den Kleidern zu pressen. Suchen Sie dann den Unterschlupf auf und kleiden Sie sich trocken an. **Eile ist das oberste Gebot.**

Sonnenbrand

Einen Sonnenbrand bekommt man ziemlich leicht, da die Sonnenstrahlen von Schnee und Eis reflektiert werden. Gefährdet sind Lippen, Augenlider und Nase: Schützen Sie die Stellen mit Sonnenschutzcreme (auch die Innenseite der Nasenflügel).

Schneeblindheit

Tragen Sie eine Schutzbrille. Bei Schnee-blindheit röten und entzünden sich Ihre Augen. Verbinden Sie die Augen, und warten Sie ab, bis die Entzündung zurückgeht. Fertigen Sie eine behelfsmäßige Brille aus Pappe oder Baumrinde an, wenn Sie keine Sonnengläser besitzen (siehe Kapitel »Provisorische Gegen-stände«).

Gefährliche Tiere

In den nördlichen Waldgebieten und Einöden sind Bären zu erwarten. Gehen Sie ihnen aus dem Weg, wenn Sie können: Es sind starke, gefährliche Tiere, die auch töten können. Halten Sie sich von Eisbären fern, es sei denn, Sie besitzen ein Gewehr. Nehmen Sie sich auch vor Walrossen und Elefantenrobben in acht.

sich: nicht auftauen in kaltem Wasser; nicht ans Feuer halten; nicht massieren, vor allem nicht mit Schnee.

Sturz ins Wasser

Wenn Sie ins Wasser fallen, müssen Sie sofort handeln, sonst werden Sie innerhalb von we-nigen Minuten tot sein (es stockt Ihnen buch-stäblich der Atem, Sie verlieren die Kontrolle über die Muskeln und werden von heftigem Schütteln befallen). Sobald Sie ins Wasser ge-fallen sind, müssen Sie so schnell wie mög-lich und unter Aufbietung aller Kräfte das Ufer

Giftige Pflanzen

Nicht essen dürfen Sie Wasserschierling, Beeren des Christophskrauts, arktischen Hah-nenfuß, Lupine, Rittersporn, Narrenkraut, fal-sche Nieswurz oder Kamaswurzel. Diese Pflanzen sind alle sehr giftig (siehe Kapitel »Nahrung«).

Wasser- und Nahrungssuche

Um im Polargebiet zu überleben, benötigt man einen ständigen Nachschub an Nahrungsmitteln und Wasser. Vor allem der Bau von Unterständen und Signalsystemen ist sehr anstrengend und erhöht den Bedarf an Nahrung und Flüssigkeit.

Wasser

Zum Glück gibt es in den Polargebieten Wasser im Überfluß: in Seen, Flüssen, Tümpeln, in Schnee und Eis. Wasser aus Oberflächengewässern muß gereinigt werden: Lassen Sie das Wasser für eine Weile stehen, damit Schlamm- und Schmelzteile absinken können. Essen Sie keinen ungeschmolzenen Schnee und kein Eis; dies senkt die Körpertemperatur, verursacht Dehydrierung oder leichte Erfrierungen im Mund.

Bauen Sie zur Umwandlung von Schnee und Eis in Trinkwasser eine Schmelzvorrichtung (Abbildung 71). Geben Sie Schnee auf ein durchlässiges Tuch, und hängen Sie es mit den Ecken an ein Gestell neben einem Feuer. Das heruntertropfende Wasser wird dabei von einem Behälter aufgefangen.

Nahrung

In den Schnee- und Eisregionen findet man zum Überleben sowohl pflanzliche als auch tierische Nahrung – nur muß man wissen, wo und wann.

Pflanzen

Folgende in der Arktis vorkommenden Pflanzen eignen sich gut für den Speiseplan, besonders Flechten, die schon manchem als Überlebensnahrung gedient haben.

Rottanne

Aussehen: Sie erreicht eine Höhe von bis zu 23 m und hat gelbgrüne Nadeln.

Eßbare Teile: Junge Sprossen können roh oder gekocht gegessen werden, ebenso die innere Borkenschicht, nachdem man sie gesotten hat. Die Nadeln lassen sich zu Tee aufgießen (siehe Kapitel »Erste Hilfe«).

Nordamerikanische Schwarzfichte

Aussehen: Kleiner als die Rottanne, mit kürzeren Nadeln.

Eßbare Teile: Junge Sprossen, roh oder gekocht, ebenso die gesottene innere Borkenschicht. Nadeln zu Tee aufgießen.

Tips des US-HEERES
Eisberge als Wasserquelle

Eisberge bestehen aus Süßwasser und können beim Überleben als Wasserquelle dienen, allerdings ist dabei Vorsicht geboten.

■ *Nehmen Sie sich in acht – auch große Eisberge können kentern und Sie ins Wasser schleudern. Ihre Hauptmasse liegt unter dem Wasserspiegel, was zu einer erheblichen Gefährdung führen kann.*

■ *Trinken Sie kein Wasser von frischem Meereis. Nehmen Sie älteres Eis: Es hat eine bläuliche oder schwärzliche Tönung und läßt sich leicht zerbrechen. Solches Eis ist salzfrei.*

■ *Schnee und Eis können durch Gischt salzgetränkt sein. Schütten Sie salzig schmeckendes Wasser weg.*

Labradortee

Aussehen: Immergrüner Strauch von etwa 30–90 cm Höhe. Seine Blätter sind schmal mit eingebogenen Rändern; die Unterseite ist weißlich oder grau. Die Blüten sind weiß und fünfblättrig.

Eßbare Teile: Aus den Blättern läßt sich ein erfrischender Tee zubereiten.

Arktische Weide

Aussehen: Runde, an der Oberseite glänzende Blätter; gelbe Blütenkätzchen.

Eßbare Teile: Sprossen (im Frühling), Blätter, die Innenseite der Rinde und die geschälten Wurzeln.

Farnkraut

Aussehen: grün.

Eßbare Teile: Nur junge Stengel von etwa 15 cm Länge, am besten gedämpft.

Prachtbrombeere

Aussehen: Sie ähnelt einer kleinen wilden Himbeere, hat dreiteilige dornenlose Blätter, purpurrötliche Blüten und saftige rote oder gelbe Beeren.

Eßbare Teile: Die Beeren können roh gegessen werden.

Bärentraube

Aussehen: Keulenförmige, immergrüne, lederartige Blätter; weiße oder rosarote Blüten und rote Beeren.

Eßbare Teile: Die Pflanze ist gekocht eßbar.

Isländisches Moos

Aussehen: Ledrig, mit grau-grünem oder bräunlichem, bis etwa 10 cm hohem Geflecht, bestehend aus vielen streifenförmigen Zweigen.

Eßbare Teile: Alle Teile mehrere Stunden einweichen und dann garen.

Rentiermoos

Aussehen: Flechtengewächs von 5–10 cm Höhe, bestehend aus großen Büscheln mit hohlen, rundlichen, ins Graue gehenden Stengeln und Zweigen – ähnlich der Form von Rentiergeweihen.

Eßbare Teile: Alle Teile mehrere Stunden einweichen und gar kochen.

Nabelflechte

Aussehen: Flechten von rundlichem, blasenähnlichem Wuchs, grauer oder bräunlicher Farbton, an Felsen wachsend.

Eßbare Teile: Alle Teile mehrere Stunden einweichen und gar kochen.

Tiere

Es gibt verschiedene Tiere in der Schnee- und Eisregion, die der Nahrungsbeschaffung dienen können, darunter auch Arten, denen aufgrund ihrer Größe und Gefährlichkeit aus dem Weg zu gehen ist, außer man ist im Besitz einer Feuerwaffe (siehe oben).

Karibus: Diese Wandertiere sind im gesamten Norden Kanadas und Alaskas verbreitet. In Nordsibirien reichen ihre Wandergründe bis zum 50. Breitengrad. Man trifft sie auch im Westen von Grönland an. Im Sommer halten sie sich in Küstennähe oder im Gebirge auf, im Winter weiden sie in der Tundra. **Vorsicht vor ihrem Geweih!**

Rentiere: Sie kommen in Nordkanada, Alaska und in Teilen Sibiriens und Grönlands vor. Wie die Karibus halten sie sich im Sommer in Küstennähe und im Gebirge auf, im Winter in der Tundra. **Vorsicht vor ihrem Geweih!**

Moschusochsen: Sie sind im Norden Grönlands und auf den Inseln der kanadischen Halbinsel zu finden. **Auch hier gilt Vorsicht – vor allem männliche Tiere können gefährlich werden!**

Schafe: In Schneeregionen anzutreffen. Im Winter steigen sie in Täler und tiefer gelegene Gebiete hinunter.

Wölfe: Treten in Schneeregionen auf und strei-

Kanadas Spezialisten für den Winterkrieg sind Experten, wenn es ums Überleben in der Eiswüste geht. Lernen Sie ihre Jagdtricks kennen.

■ *Einem Karibu können Sie sich auf allen Vieren nähern; diese Verhaltensweise vermag auch die Aufmerksamkeit eines Wolfs zu wecken, da er Sie für ein Tier hält.*

■ *Elche sind in dichtem Buschwerk oder an Seeufern anzutreffen.*

■ *Bergziegen oder Schafen kann man sich gegen den Wind nähern, wenn sie weiden und ihre Köpfe gesenkt halten.*

■ *Moschusochsen hinterlassen rinderähnliche Spuren und Dung.*

■ *Hasen schlagen, wenn sie aufgescheucht werden, oft einen Bogen und kehren an denselben Platz zurück.*

■ *Nähern Sie sich Robben, wenn sie schlafen, und zwar gegen den Wind.*

■ *Moor- und Schneehühner sind ziemlich zahm, man kann sich ihnen leicht nähern.*

fen gewöhnlich paarweise oder in Rudeln herum.

Füchse: Kommen in Schneeregionen vor. Am häufigsten trifft man sie an, wenn Lemminge und Mäuse in großer Zahl auftreten.

Bären: Schlafen den Winter über. Diese kräftigen Tiere sind zu meiden.

Hasen: Halten sich in der Tundra auf und können im Winter wie im Sommer gejagt werden.

Lemminge: Kommen ebenfalls in der Tundra vor und sind leicht in Fallen zu fangen.

Eichhörnchen: Leben in der Tundra und bevorzugen geschützte Plätze. Legen Sie Schlingen in schattigen Geländeeinschnitten aus. Eichhörnchen sind Winterschläfer. Im Sommer trifft man sie in großer Zahl auf Sandbänken großer Flüsse an. *Eichhörnchen verteidigen sich wütend: Ihre Zähne verursachen böse Bißwunden!*

Murmeltiere: Sie sind in felsigen Bergregionen zu Hause. Um ihre Baue zu finden, muß man auf Felsen achten, die mit orangefarbenen Flechten bewachsen sind.

Enten: Sie bauen ihre Nester im Sommer in der Nähe von Tümpeln in den Küstenebenen oder an Seen und Flüssen.

Schwäne: Nisten im Sommer auf kleinen, mit Gras bewachsenen Inseln.

Gänse: Versammeln sich im Sommer in der Nähe großer Flüsse oder Seen.

Moorhühner: Treten in den sumpfigen Waldgebieten Sibiriens auf und sind auch im Winter anzutreffen.

Schneehühner: Auch sie sind in den Sumpfwäldern Sibiriens zu finden. Man sieht sie oft paar- oder scharweise bei der Nahrungssuche an grasbewachsenen oder weidenbestandenen Böschungen.

Robben: Sie bilden eine leichte Beute, wenn sie sich auf Eisschollen aufhalten und ihre Jungen haben, die im März oder April zur Welt kommen. Neugeborene Robben können nicht schwimmen und sind daher leicht zu fangen.

Kraniche: Nisten in und an Sümpfen, Moorgebieten und Seen in der Tundra.

Eulen: Sie kommen überall in den Eisregionen vor.

Walrosse: Zahlreich im Eisgebiet. **Sie können sehr aggressiv und gefährlich werden! Nur mit einer Schußwaffe bejagen!**

Versuchen Sie, einen Fleischvorrat anzulegen, indem Sie ein großes Tier oder mehrere kleine auf einmal fangen. Fleisch oder Fisch hält man am besten durch Einfrieren frisch. Bewahren Sie diese Vorräte außerhalb der Reichweite von Räubern über dem Boden auf. Garen Sie das Fleisch immer vollständig durch. Die Lebern von Robben oder Eisbären dürfen *nicht* gegessen werden – sie enthalten gefährliche Konzentrationen von Vitamin A. Ein Tier muß man ausbluten lassen, ausweiden und häuten, solange es noch warm ist. Ernähren Sie sich nicht ausschließlich von Hasen- oder Kaninchenfleisch – das könnte Ihren Tod bedeuten (siehe Kapitel »Nahrung«).

Eisfischen (Abbildung 72)
In zugefrorenen Seen halten sich Fische gewöhnlich im tiefsten Wasser auf. Schneiden Sie über dieser Stelle ein Loch ins Eis, und setzen Sie eine Angel aus. Fertigen Sie aus Stoff oder Papier einen Bißanzeiger an, und befestigen Sie ihn an einem Stöckchen. Verbinden Sie dieses Stöckchen im rechten Winkel mit einem kräftigen Stock, der länger ist als der Durchmesser des Eislochs. Knüpfen Sie schließlich die Angelleine an das dem Bißanzeiger entgegengesetzte Ende des Stöckchens, und legen Sie diese Fangvorrichtung neben das Loch: Beißt nun ein Fisch an, so wird der Anzeiger nach oben schnellen. In den Schnee- und Eisregionen kommen folgende Fische vor:
Dorsche: Meerfisch.
Schellfische: Meerfisch.
Seeskorpione: Üblicherweise im Meer zu fangen.

Hammelfleischfische: Meerfisch.
Langusten: Während der warmen Jahreszeit leicht zu fangen.
Schnecken: In der warmen Jahreszeit leicht zu fangen.
Teufelskrabben: Sie gehören zu den fleischigsten und schmackhaftesten Krabbenarten der Welt. Im Frühling kommen sie nahe ans Ufer und können in tiefem Wasser mit der Angelleine gefangen werden, aber auch durch ein Eisloch (siehe oben).
Lachse: In Süßwasserflüssen und -seen zu finden.
Forellen: Ebenfalls in Süßwassergebieten zu finden.
Äschen: Dieser silbergraue Süßwasserfisch gleicht dem Lachs und kommt in größerer Zahl in den Schnee- und Eisregionen vor.

Seien Sie vorsichtig, wenn Sie sich von Fischen ernähren. Verzehren Sie keine Schalentiere, die nicht von der Flut überdeckt wurden. Essen Sie niemals Schalentiere, die be-

Abbildung 72

Eislochfischen

reits tot sind oder sich beim Berühren nicht fest schließen.

Die Eier von Lachsen, Heringen und Süßwasserstören sind bedenkenlos zu genießen, nicht aber die von Seeskorpionen, die man an ihren glänzenden Köpfen erkennt. Miesmuscheln, die im Polargebiet vorkommen, sind unter Umständen sehr giftig. Wenn Muscheln die einzige Nahrungsquelle bilden, so essen Sie nur Tiere aus tiefen Meeresbuchten. Entfernen Sie das schwarze Fleisch, und essen Sie nur das weiße.

Aufbewahrung und Zubereitung von Nahrungsmitteln

In einer Überlebenssituation darf keine Gelegenheit versäumt werden, sich Nahrung zu beschaffen. Warten Sie nie damit ab – wenn Sie zum Beispiel auf eine Herde Karibus stoßen, denken Sie nicht, Sie hätten genügend Zeit zur Verfügung: Die haben Sie nicht! Karibus sind Wandertiere. Am nächsten Morgen könnten sie bereits verschwunden sein und mit ihnen eine kostbare Gelegenheit zur Nahrungsbeschaffung. Sie sollten deshalb versuchen, so viele Exemplare wie möglich zu erlegen – und dies gilt für alle Tiere, denen Sie begegnen. Dann allerdings stellt sich das Problem, das Fleisch vor dem Verderben zu schützen.

Im Winter kann das Fleisch, wie schon erwähnt, gefroren werden. Die Hauptschwierigkeit wird aber sein, das Tier so rasch wie möglich abzuhäuten und sein Fleisch in Stücke zu schneiden. Gehen Sie beim Zubereiten und Aufbewahren von Fleisch wie folgt vor:

Wildbret: Ziehen Sie dem Tier die Haut ab (siehe Kapitel »Nahrung«). Schneiden Sie das Fleisch in kleine Stücke, und bewahren Sie Leber, Herz und Lunge auf. Die Lebern von Eisbären und Robben dürfen Sie nicht essen, denn sie enthalten eine tödliche Konzentration von Vitamin A. In der Arktis sind schon Menschen krank geworden, weil sie die Lebern von Hunden gegessen hatten, die sich selbst zur Hauptsache von Robben ernährt hatten.

Legen Sie nach dem Zerteilen des Fleisches ein Proviantlager an, und zwar in erhöhter Lage, zum Beispiel auf einer Plattform. Bedecken Sie das Versteck mit Zweigen, um Vögel fernzuhalten. Legen Sie das Proviantlager nicht im Camp an: Es könnte im Sommer Bären anziehen, und ein auf Ihrem Lagerplatz herumschnüffelnder Bär wäre sicher das letzte, was Sie sich wünschen würden.

Fleisch, das nicht sofort verzehrt wird, muß haltbar gemacht werden. Bewahren Sie es deshalb an einem möglichst kühlen Ort auf. Hängen Sie das in Streifen geschnittene Fleisch an einem kühlen, schattigen Platz auf. Die Luft wird die äußere Schicht des Fleisches trocknen. Räuchern Sie das Fleisch über einem Feuer, ohne es zu erhitzen. Verwenden Sie hierfür kein Nadelholz, da dieses den Geschmack verdirbt. Geräuchertes Fleisch kann ziemlich lange aufbewahrt werden, wenn man es kühl und trocken lagert.

Noch haltbarer ist geräuchertes Trockenfleisch. Schneiden Sie das Fleisch in lange, dünne Streifen, und hängen Sie diese an ein Gestell – zum Trocknen an der Sonne oder über einem Feuer. Unterhalten Sie gleichzeitig ein rauchendes Hartholzfeuer. Erhitzen Sie das Fleisch, sobald es sich trocken anfühlt, während einiger Minuten an diesem Feuer. Entfernen Sie die Streifen, wenn sie sich heiß anfühlen, und lassen Sie sie weiter trocknen, bis sie hart werden: Auf diese Weise behandeltes Fleisch wird sehr lange haltbar bleiben. Sie können es entweder kauen oder im Wasser kochen.

Eine andere Methode besteht darin, die Fleischstreifen zuerst in salzigem Wasser zu tränken und erst danach zu trocknen. Kochen Sie zur Herstellung der Salzlösung in einem Behälter Meerwasser, wobei Sie die verdampfte Menge immer wieder ergänzen. Füllen Sie zum Schluß den Behälter auf, und lassen Sie die Lösung abkühlen. Verwenden Sie kein ungekochtes Meerwasser, da der Salzgehalt zu gering ist: Das Fleisch erhält zwar einen salzigen Geschmack, wird aber nicht lange haltbar bleiben.

Fisch: Versuchen Sie gefangene Fische lebend im Wasser aufzubewahren, damit sie frisch gegessen werden können. Ziehen Sie hierzu eine Schnur durch den Unterkiefer des Fisches, und verknoten Sie diese. Dann geben Sie den Fisch ins Wasser zurück und binden die Schnur am Ufer fest. Auf diese Weise kann der Fisch Nahrung aufnehmen und über mehrere Tage am Leben bleiben. Wenn Fische oder Schalentiere über weite Entfernungen zu transportieren sind, muß man sie feucht und kühl halten und vor Sonne schützen. Tote Fische können Sie zwei Tage lang in einem Verdunster aufbewahren: Legen Sie dazu die Fische an einen schattigen Ort, und bedecken Sie sie mit feuchtem Gras und Tang.

Bau eines Unterschlupfs

In Polarregionen ist es geboten, so rasch wie möglich dem Wind zu entfliehen und in irgendeinem Unterschlupf Schutz zu suchen. Bei natürlichen Unterständen ist zu beachten, daß sie nicht auf der windabgekehrten Seite eines Felsens liegen, wo sie vom Schnee verweht und zugedeckt werden können. Meiden muß man auch lawinengefährdete Stellen.

Zu den Faktoren, die für den Bau eines Unterschlupfs entscheidend sind, gehören das Gelände, die natürlichen Hilfsmittel, die Wetter- und Schneebedingungen. Kämpfen Sie nicht gegen die Natur an, sondern arbeiten Sie mit ihr. In einer Gegend, wo es Bäume gibt, kann man zum Beispiel eine Unterkunft mit Firstdach oder Schrägdach errichten, in der Arktis über der Baumgrenze dagegen eine Schneehütte oder einen Schneegraben.

Für den Bau eines Unterschlupfs aus Schneeblöcken benötigt man ein Sägemesser, ein Schneemesser, eine Schaufel oder eine Machete zum Zuschneiden der Blöcke. Der Schnee sollte so fest sein, daß er Ihr Gewicht tragen kann. Suchen Sie eine Stelle mit tiefer Schneeverwehung, die es erlaubt, Blöcke aus der Vertikalen zu schneiden – das ist weniger anstrengend. Es lohnt sich, Schnee von einer gleichmäßig festen Struktur zu suchen, der keine Hohlstellen oder weiche Schichtungen aufweist. Die Blöcke sollten einen Grundriß von etwa 45x50 cm und eine Dicke von 10–20 cm haben.

Beachten Sie die folgenden Punkte beim Bau eines Unterschlupfs in Schnee und Eis:

- Legen Sie nie Werkzeug in den Schnee; es geht dabei verloren.
- Arbeiten Sie nie übereilt, sonst passieren Unfälle und Fehler.
- Arbeiten Sie mit der Natur, nicht gegen sie.
- Trinken Sie während des Bauens soviel Wasser wie möglich: Dehydrierung bedeutet Lebensgefahr.
- Verschwenden Sie beim Arbeiten keine Energie. Sorgen Sie dafür, daß Brennmaterial in der Nähe ist.
- Ziehen Sie, wenn es Ihnen während der Arbeit zu warm wird, Kleidungsstücke aus: Schwitzen könnte eine Unterkühlung zur Folge haben.
- Nehmen Sie sich beim Planen des Baus genügend Zeit, um die Umgebung zu begutachten.

Unterschlupf in der Arktis

Rußlands Elite-Soldaten, die in der Arktis operieren, sind Experten für das Kämpfen und Überleben in den kältesten Gebieten der Welt. Hier ihre Tips für den Bau eines Unterschlupfs.

■ *Schlafen Sie nicht auf dem nackten Boden: Isolieren Sie ihn mit Tannenzweigen, trockenem Gras, dürrem Moos oder dürren Blättern.*

■ *Schneiden Sie kein Holz zu, das für den Bau eines Unterschlupfs zu groß ist; das verbraucht wertvolle Energie und erfordert mehr Bindematerial als nötig.*

■ *Für die tragenden Bauelemente sind die größten und kräftigsten Stangen zu verwenden.*

■ *Lassen Sie Ausrüstungsmaterial nicht verstreut herumliegen: Bewahren Sie es an einem Ort auf, wo Sie es immer finden.*

■ *Lassen Sie ein Feuer brennen, während Sie den Unterschlupf bauen. Es wärmt, hält die Moral aufrecht und dient später zum Erhitzen von Trinkwasser.*

■ *Verwenden Sie zum Zusammenbinden der Äste den Webeleinstek und den Reffknoten.*

■ Berücksichtigen Sie beim Bau eines Unterschlupfs im Sommer, daß Insekten vom Wind bestrichene Plätze, Rauch und gewisse Pflanzen – wie Eiben – nicht mögen.

■ Belegen Sie zum Schutz vor Kälte und Nässe den Boden des Unterschlupfs mit Tannenästen oder anderem Isoliermaterial.

Leben im Unterschlupf

Ungeachtet des Typs Ihres Unterschlupfs gibt es eine Reihe von Regeln zu beachten, damit der Aufenthalt so bequem wie möglich ausfällt.

Eingänge: Halten Sie die Zahl der Ein- und Ausgänge in Grenzen, damit nicht zuviel Wärme entfliehen kann. Dichten Sie die Eingänge ab, um Brennmaterial zu sparen, das ohnehin knapp genug sein wird.

Tätigkeiten: Wenn Sie schon hinausgehen, sammeln Sie gleichzeitig Brenn- und Isoliermaterial sowie Schnee oder Eis zum Einschmelzen. Vergeuden Sie keine Zeit.

Waffen: Bewahren Sie eine Feuerwaffe außerhalb des Unterschlupfs auf. Dadurch wird vermieden, daß Kondenswasser eindringt und die Waffe nicht zündet.

Latrine: Erleichtern Sie sich, wenn möglich, nicht im Freien. Graben Sie Nebenkammern, und benützen Sie eine als Toilette. Falls dies nicht möglich ist, verwenden Sie zum Urinieren Blechbüchsen und für die große Notdurft Schneeblöcke.

Isolierung: Sorgen Sie immer für eine dicke Bodenisolierung, auch dann, wenn Sie einen Schlafsack besitzen.

Improvisation: Oberkleider lassen sich als Matratzen verwenden, Hemd und Unterhose zusammengerollt als Kopfkissen.

Schlafsäcke: Halten Sie Schlafsäcke trocken und sauber, schütteln Sie sie aus. Kehren Sie zum Trocknen die Innenseite nach außen, klopfen Sie den Reif heraus. Seien Sie vorsichtig, wenn Sie einen Schlafsack gegen ein Feuer halten, damit er nicht zu brennen beginnt.

Schnee: Entfernen Sie Schnee von den Kleidern, bevor Sie den Unterschlupf aufsuchen. An den Kleidern haftender Schnee schmilzt in der warmen Unterkunft und wird zu Eis, wenn Sie wieder nach draußen gehen: Es ist leichter, Kleider trocken zu halten, als sie später trocknen zu müssen.

Kälte: Strampeln Sie mit den Beinen, oder schlagen Sie mit den Händen gegen die Innenseite des Schlafsacks, wenn Sie in der Nacht frieren.

Die unten beschriebenen Schutzbauten bieten einen guten Schutz in Schnee- und Eisgebieten. Achten Sie darauf, daß sich auf dem Dach der Unterkunft nicht zuviel Schnee ansammelt – es könnte sonst zusammenbrechen.

Schneekuppel (Abbildung 73)
Diese Art Unterschlupf läßt sich in kurzer Zeit und ohne große Anstrengung errichten. Sie benötigen dazu jedoch irgendein großes Kleidungsstück oder einen Poncho. Schichten Sie zunächst nicht zu lange Äste und Zweige zu einem Haufen, und decken Sie ihn mit dem Kleidungsstück zu (A).

Häufen Sie sodann Schnee darüber, wobei Sie eine Lücke für den Eingang freilassen. Entfernen Sie Holz und Kleidungsstück, wenn die Schneedecke hart gefroren ist (B). Formen Sie schließlich zum Verschließen des Eingangs eine Kugel aus Holzstücken, die Sie in ein Tuch einrollen (C). Vergessen Sie nicht, den Boden dieser Hütte mit grünen Zweigen zu isolieren.

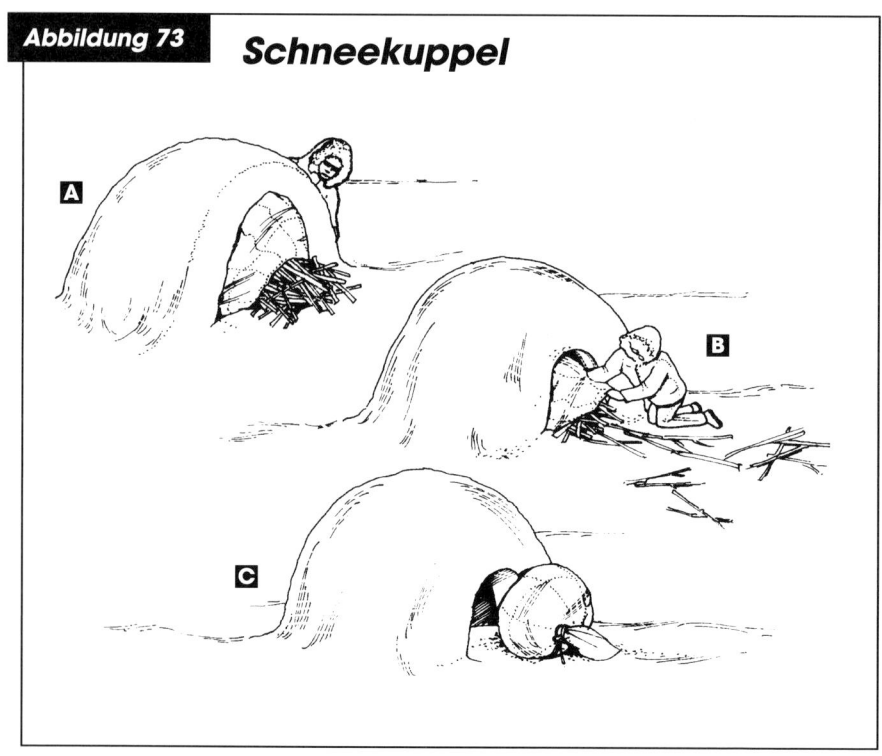

Abbildung 73

Schneekuppel

Schneehöhle (Abbildung 74)

Eine Schneehöhle kann auf offenem Gelände mit tiefem und kompaktem Schnee gebaut werden. Suchen Sie hierzu eine dem Wind abgekehrte Lage an einem Abhang oder eine Uferböschung mit tiefen Schneeverwehungen.

Die Stelle für den Eingang ist so zu wählen, daß er nicht von Schnee verschüttet wird und kein Wind in die Höhle dringen kann. Graben Sie zunächst einen Tunnel von etwa 1 m Länge in den Schneehang. Dann höhlen Sie im rechten Winkel dazu zu beiden Seiten eine Kammer aus. Die Längsseite dieser Höhle muß im rechten Winkel zum Eingang liegen.

Die Höhle weist zwei Ebenen auf: Die untere befindet sich unmittelbar hinter dem Tunneleingang, wo sich die kalte Luft sammelt und

Platz zum Kochen und zum Verstauen der Ausrüstung ist. Die Höhle muß hoch genug sein, damit man sich zum Sitzen aufrichten kann. Die Decke sollte gewölbt sein: Erstens aus Gründen der Stabilität und zweitens, damit Schwitzwasser nicht herabtropft, sondern seitlich herabrinnt. Der Liegeplatz ist erhöht anzulegen, höher als der höchste Punkt des Tunneleingangs. Auf diesem Niveau kann sich die wärmere Luft in der Höhle ansammeln (A). Die Decke muß mindestens 30 mm dick sein, und um die Wärme zurückzuhalten, wird der Eingang mit einem Rucksack, einem Poncho oder einer Schneekugel verschlossen. Vergessen Sie nicht die Bodenisolation. Die Höhle sollte ferner mindestens zwei Belüftungslöcher haben – eines in der Decke, das andere am

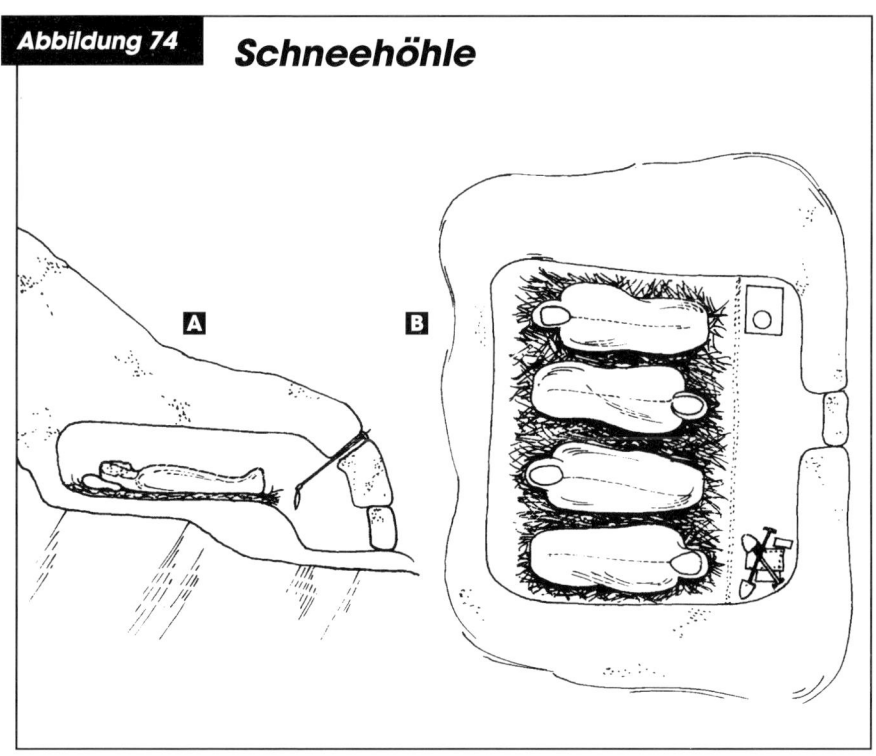

Abbildung 74

Schneehöhle

Eingang. Vor allem beim Kochen oder Heizen ist für eine gute Belüftung zu sorgen. Verwenden Sie zum Schutz vor der Kälte Äste oder anderes Isoliermaterial (B).

Schneegraben (Abbildung 75)
Diese Variante bietet vorübergehend Schutz, bis eine stabilere Unterkunft errichtet ist. Suchen Sie eine größere Schneeverwehung von mindestens 1 m Tiefe, schneiden Sie den Schnee blockweise heraus, so daß ein Graben entsteht, der etwas breiter ist als ein Schlafsack und lang genug, daß Sie sich ausstrecken können (A). Ummauern Sie den Graben mit Schneeblöcken (B), und überdecken Sie ihn mit großen Platten, die auf der Innenseite gewölbt sind (C). Vergessen Sie das Belüftungsloch nicht! Ein solcher Schneegraben sollte nicht zu lange als Unterschlupf dienen. Bauen Sie ein Iglu, wenn Sie sich für längere Zeit am selben Ort aufhalten müssen (siehe unten).

Iglu (Abbildung 76)
Während Jahrhunderten von den Eskimos verwendet, eignet sich das Iglu hervorragend als längerfristige Unterkunft im Polargebiet. Ziehen Sie im Schnee einen Kreis mit einem Durchmesser von 2fi–3 m, der den Innenraum des Iglus bezeichnet. Schneiden Sie Schneeblöcke zu, etwa 12 Stück; dann können Sie mit dem Bau beginnen. Fügen Sie ei-

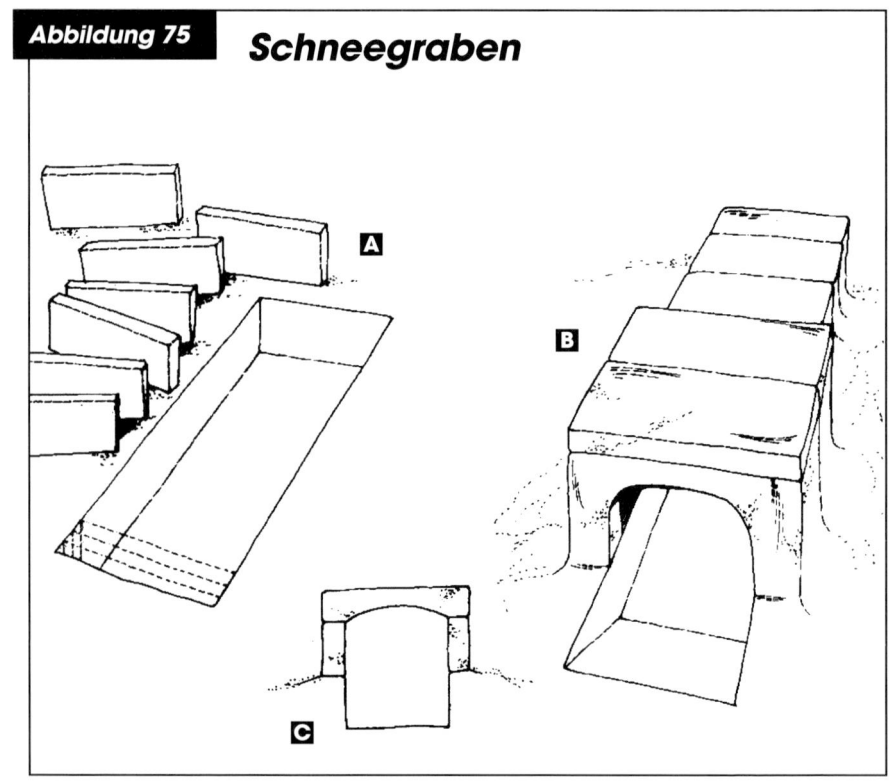

Abbildung 75 | *Schneegraben*

ne erste Reihe zu einem Kreis zusammen, wobei die Fugen der Blöcke radial aufs Zentrum des Iglus weisen. Als nächstes gibt man dieser Reihe eine spiralförmige Steigung, wie in Abbildung 76A zu sehen ist. Dabei spielt es keine Rolle, in welche Richtung diese Steigung weist. Darüber kommt nun die nächste Reihe zu liegen (B). Dabei darf man nicht vergessen, die Oberseite dieser Blöcke anzuschrägen, damit die Mauer eine entsprechende Neigung nach innen zu erhält (C). Für das Setzen des Schlußblocks (D) sollte das Loch länger als breit sein, damit der Block nach oben durch das Loch in seine Lage gehoben werden kann. Bauen Sie dann zum Schluß einen Tunneleingang (E).

Das Innere des Iglus sollte aus drei Ebenen bestehen: aus einer vertieften Ebene am Eingang zum Auffangen der Kaltluft, aus einer Kochebene und einer Schlafebene (F). Verputzen Sie die Kuppel und alle Fugen mit Pulverschnee, der in gefrorenem Zustand die Isolierung verstärkt. Von Vorteil ist ferner, rings um das Iglu einen Windschutz zu errichten: Dies bewahrt die Hütte vor Erosion. Vergessen Sie die Belüftungslöcher nicht, und isolieren Sie die Liegeebene mit geeignetem Material.

Die Kochebene sollte von der Liegeebene aus bequem zu erreichen sein, so daß man sich zum Kochen nicht zu erheben braucht. Durch heftigen Wind getriebener Schnee kann durch seine Erosionswirkung dem Iglu gefähr-

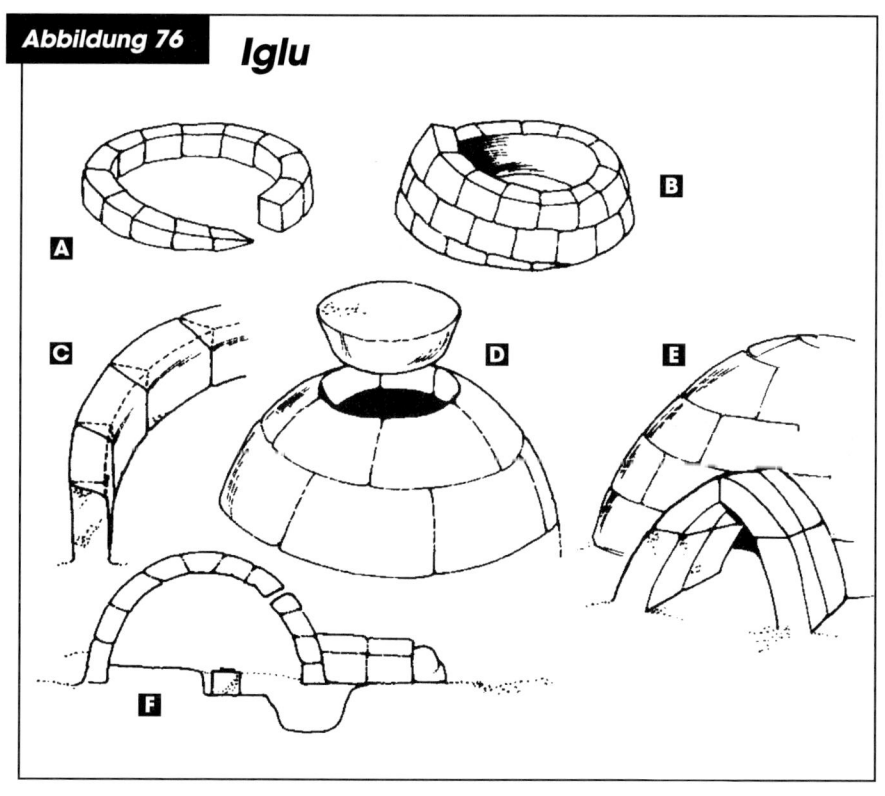

Abbildung 76 **Iglu**

lich werden: Errichten Sie deshalb einen Schneewall zum Schutz vor solchen Einwirkungen.

Die Schlafsäcke werden nebeneinander ausgebreitet, und zwar mit dem Kopfteil zum Eingang gerichtet. Zur Ausstattung des Iglus können ferner gehören:

Ofen: Plazieren Sie ihn in der Nähe des Eingangs, und treiben Sie über ihm Pflöcke in die Igluwand, um daran Töpfe aufzuhängen.

Kleiderhalter: Treiben Sie Stöcke in die Wand über der Heizquelle. Daran können Sie Kleider trocknen und Essensrationen auftauen, die nicht gekocht werden müssen. Denken Sie daran, zuerst den Schnee von den Kleidungsstücken zu klopfen: Lassen Sie nie Schnee an den Kleidern schmelzen.

Eingang: Verwenden Sie zum Verschließen des Iglus eine Schneekugel; lassen Sie den Eingang tagsüber offen, versperren Sie ihn nachts.

Miniaturiglu: Bauen Sie ein kleineres Iglu neben dem großen, wenn dieses zu eng wird. Schneiden Sie in die Wand des Iglus einen Durchgang zum Nebenlager.

Braten, backen und grillen Sie innerhalb des Iglus keine Nahrungsmittel. Erhitzen Sie Dosenkonserven im Wasser.

Baumgrubenhütte (Abbildung 77)

Suchen Sie einen großen, im Tiefschnee stehenden Baum mit dichten, herabhängenden Ästen. Erweitern Sie die durch den Schneefall verursachte natürliche Vertiefung. Errichten Sie ein Dach aus Ästen und Zweigen, und polstern Sie die Grubenwände und den Boden mit dem gleichen Material aus. Eine solche Hütte kann Ihnen für eine gewisse Zeit als Unterschlupf unterhalb der Baumgrenze dienen. Achten Sie beim Bau darauf, daß sich der Schnee nicht von den herabhängenden Ästen löst.

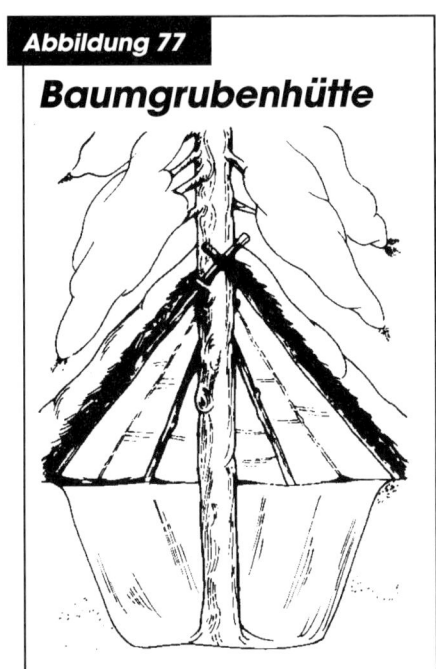

Abbildung 77

Baumgrubenhütte

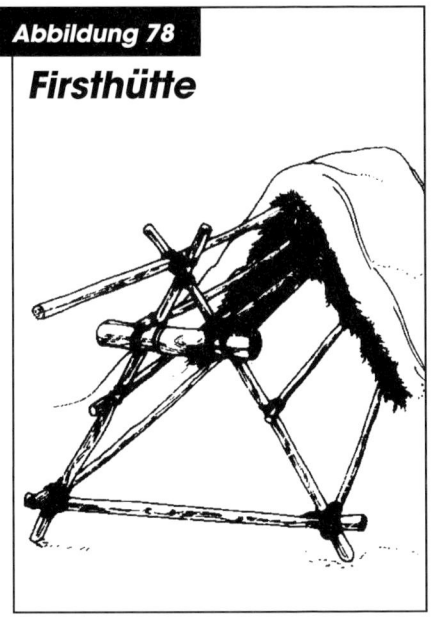

Abbildung 78

Firsthütte

Abbildung 79

Schrägdachhütte

Firsthütte (Abbildung 78)

Dies ist ein sehr einfacher und in verhältnismäßig kurzer Zeit zu errichtender Unterschlupf. Wichtig ist, daß die Träger kräftig genug sind, um das Gewicht der Konstruktion auszuhalten. Die horizontal verlaufenden Stangen werden mit Ästen belegt, ebenfalls der Boden. Auf die Abdeckung kommt Schnee, und für den Eingang ist eine Schließvorrichtung anzufertigen.

Für den Bau einer solchen Firsthütte benötigen Sie folgendes Material: eine 3fi–5fi m lange, von Ästen und Aststummeln befreite Giebelstange; ungefähr 2 m lange Stangen für ein Zweibein; Stoff zum Überdecken des Rahmengestells oder zugeschnittene Äste (siehe Abbildung); Bindematerial; 14 Pflöcke, wenn Sie den Rahmen mit Tüchern decken wollen.

Binden Sie die beiden Stangen für das Zweibein auf Augenhöhe übers Kreuz zusammen, legen Sie die Firststange mit dem dünneren Ende über dieses Kreuz, und befestigen Sie sie mit einem Reffknoten (siehe Kapitel »Seile und Knoten«). Das Zweibein und die Firststange sollten zueinander einen 90°-Winkel, das Zweibein selbst einen Winkel von ungefähr 60° bilden.

Wenn Sie den Hüttenrahmen mit Tuch überziehen, so befestigen Sie es zunächst mit einem Webeleinstek am vorderen Ende der Firststange, spannen Sie dann das Tuch mit den Pflöcken, indem Sie hinten beginnen und, von der einen auf die andere Seite wechselnd, nach vorne rücken. Schlagen Sie die Pflöcke schräg ein, damit das Tuch gespannt bleibt.

Achten Sie darauf, daß die Stangen, die Sie für den Bau des Rahmens verwenden, keine Aststummel oder andere rauhen Vorsprünge aufweisen, damit Sie sich beim Hinaus- oder Hineinschlüpfen nicht verletzen. Zum Bedecken der Hütte mit natürlichen Materialien ist die Schindelbauweise angebracht, das heißt, man beginnt unten und läßt die nachfolgende Schicht die vorhergehende überlappen. So kann das Wasser ablaufen. Diese Deckschichten dürfen nicht zu dünn ausfallen.

Schrägdachhütte (Abbildung 79)

Dieser Unterschlupf ist sehr einfach zu bauen und eignet sich für den Sommer wie für den Winter. Er hält Insekten fern, bietet Schutz vor Regen und Schnee und hält warm. Die Feuerstelle sollte unmittelbar davor errichtet werden, verbunden mit einem Reflektor, der die Wärme in die Hütte zurückwirft. Bedecken Sie den Rahmen mit Ästen, wobei Sie unten beginnen und die Schichten einander überlappen lassen. Die Bodenisolation nicht vergessen (siehe oben).

Abbildung 80

Weidenkorbhütte

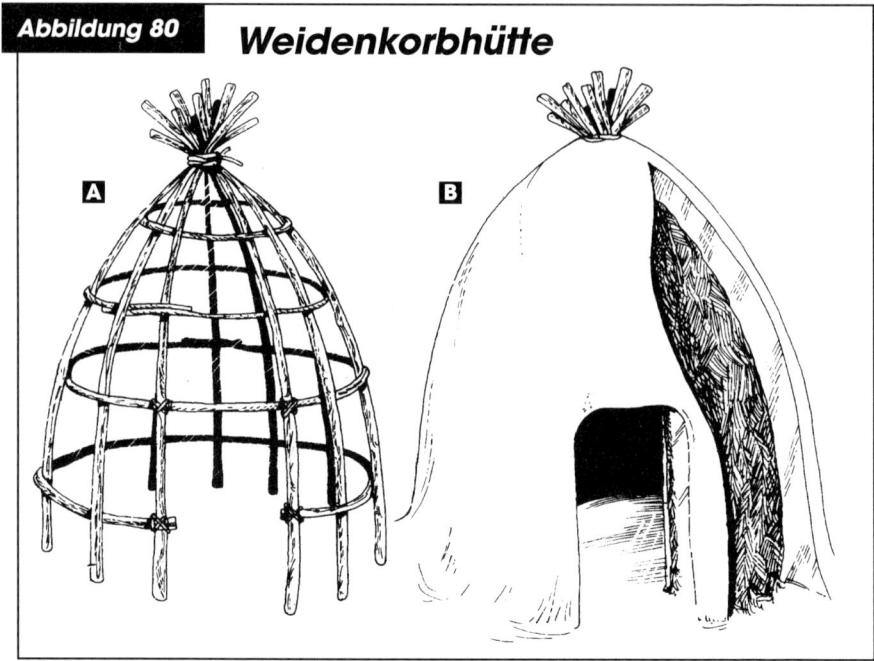

Vervollständigen Sie die Konstruktion mit einem Eingang, errichten Sie einen Hitzereflektor, einen Vorbau oder einen Arbeitsplatz. Sie können ferner, wenn genügend Zeit zur Verfügung steht, eine zweite gegenüberliegende Schrägdachhütte bauen. Lassen Sie Ihre Phantasie walten.

Weidenkorbhütte (Abbildung 80)
Sie ähnelt in der Bauweise sowohl der First- wie der Schrägdachhütte. Bilden Sie einen korbähnlichen Rahmen (A), und überdecken Sie ihn mit Zweigen von unten nach oben. Bedecken Sie im Winter die Hütte mit Schnee (B).

Lagerstellen im kalten Klima
Eine zweckmäßig errichtete Lagerstelle hilft Ihnen sehr, am Leben zu bleiben, und bietet Ihnen sogar einen gewissen Komfort. In jedem Fall sollten Sie einen Hitzereflektor bauen. Kleiden Sie die Innenwände des Unterschlupfs mit Kunststoffolien aus, falls vorhanden, um die Wärme besser zurückzuhalten. Belegen Sie den Boden mit Tannenästen und -zweigen, damit ein trockener Schlafplatz zur Verfügung steht.

Als zusätzliche Wärmequelle können Sie erhitzte Steine in den Unterschlupf legen, sogar unter die Schlafstelle. Um dabei Verbrennungen zu vermeiden, muß die Deckschicht mit weiteren Ästen verstärkt werden. Achten Sie auf Sauberkeit, Ordnung und Kompaktheit – das heißt, halten Sie alles, was Sie brauchen, in Reichweite.

Es muß immer für einen ausreichenden Vorrat an Brennmaterial gesorgt werden. Entscheiden Sie rechtzeitig, welche Art von

Feuer Sie haben möchten. Ein Blockhütten-feuer zum Beispiel spendet eine Menge Licht und Wärme, brennt aber schnell herunter und erfordert deshalb viel Brennmaterial. In verschneiten Gebieten können Sie viel Energie sparen, wenn Sie unverbrauchtes Brennmaterial mitnehmen, wenn Sie den Standort wechseln. Wählen Sie ein Feuer, das lange brennt und wenig Brennmaterial benötigt. Sie können immer noch Holz nachlegen, wenn Ihnen kalt wird.

Die verschiedenen Feuertypen sind im Kapitel »Feuer« ausführlich beschrieben. Das wichtigste aber ist: Lassen Sie das Feuer nie ausgehen, auch tagsüber nicht.

Insekten

Sie können in Schnee- und Eisregionen vor allem im Sommer zu einer Plage werden. Sie sollten bei der Wahl eines Standplatzes unbedingt daran denken – das Leben könnte sonst unerträglich werden. Treffen Sie von Anfang an Vorsorgemaßnahmen.

Eine Möglichkeit ist, eine erhöhte Plattform zu errichten und jede Lage mit Öl zu bestreichen oder mit Schafgarbe einzureiben – einer von vielen insektenabweisenden Pflanzen. Man erkennt sie an ihren fein geteilten Blättern und flach gebüschelten weißen Blüten. Zur Abwehr von Mücken können Sie darüber hinaus Ihre Haut mit Farnkraut einreiben.

Ganz allgemein gilt: Wählen Sie keinen Standort in dichtem Waldgebiet oder an Tümpeln mit stehendem Wasser – an solchen Orten ist das Insektenaufkommen am größten. Errichten Sie Ihr Lager an sonnenbeschienenen und windbestrichenen Plätzen – dort gibt es auch weniger Insekten. Machen Sie ein oder mehrere rauchende Feuer, wenn die Insektenplage unerträglich wird: Sie werden dies zwar nicht gerade schätzen, die Insekten aber noch weniger. Kleinere Feuer genügen für diesen Zweck, das Holz muß entweder noch grün oder morsch und feucht sein, wodurch eine dichte Rauchentwicklung gewährleistet wird.

Tips des US-HEERES

Unterkünfte warmhalten und isolieren

Zur Ausbildung der US-Heeresangehörigen gehört auch das Kampftraining in arktischen Regionen. Ein Teil dieses Trainings widmet sich dem Bau geeigneter Unterstände.

- *Wärme wird von nacktem Boden und über dem Wasser liegendem Eis abgestrahlt. Heben Sie deshalb für den Bau eines Unterschlupfs an Land ein Loch bis zum Erdboden aus.*
- *Wenn in einem Unterschlupf der Atemdampf nicht mehr sichtbar ist, dann ist es zu warm: Schnee und Eis beginnen zu tropfen und zu schmelzen.*
- *Umwickeln Sie Ihren Kopf mit einem Tuch, um den Atem zu filtern; damit wird verhindert, daß die Atemfeuchtigkeit den Schlafsack durchnäßt.*
- *Wenn sich in einem Unterschlupf Eisüberzüge bilden, müssen Sie diese entweder entfernen oder einen neuen Unterschlupf bauen – Eis beeinträchtigt die Isolierwirkung.*

Das Gebirge

Berge können für den Menschen zu einer feindlichen und gefährlichen Zone werden. Eisige Winde, Schneestürme, Eisfelder, Lawinen, Nebel, Regen und steil abfallende Hänge von mehreren hundert Metern Tiefe bringen den Menschen beim Überlebenskampf in Todesgefahr. Er muß deshalb lernen, diese Gefahren zu meistern, um in die Zivilisation zurückzufinden.

Unter normalen Umständen sollten Berge und Eisfelder nur von erfahrenen und mit geeigneter Ausrüstung versehenen Bergsteigern begangen werden. Beim Überlebenskampf im Gebirge müssen Sie sich jedoch selbst zurechtfinden und Gefahren zu meistern wissen, damit es Ihnen gelingt, in die Zivilisation zurückzukehren.

Geländemerkmale

Im Gebirge ist die Wahrscheinlichkeit groß, gegen Schnee, Eis und Wind ankämpfen zu müssen. Es besteht die Gefahr von Erd-, Stein- und Schneelawinen, und man hat sich vor Gletscherspalten zu hüten. Die Wetterverhältnisse sind unberechenbar.

Lawinen

Am häufigsten treten Lawinen während des Winters auf, jedoch auch bei warmen Temperaturen und zur Zeit der Frühlingsregen. Ihre Zerstörungsgewalt ist groß. Sie entstehen meistens durch Abrutschen von ungefestigtem Schnee an bestimmten Punkten, wobei die Massen mit zunehmender Geschwindigkeit immer größer werden.

Es gibt eine Reihe von Ursachen, die zur Lawinenbildung führen und die Sie kennen müssen. Wenn Sie wissen, wo und unter welchen Umständen Lawinen ausgelöst werden, können Sie auch vermeiden, von ihnen erfaßt zu werden.

Steilheit des Geländes: Am häufigsten entstehen Lawinen an Hängen mit einer Neigung von zwischen 30 und 45°, größere Lawinen zwischen 25 und 60° Neigung.

Geländeprofil: Schneebrettlawinen, welche die größte Gefahr bilden, lösen sich mit Vorliebe aufgrund von Neigung und Erdanziehung an konvex geformten Hängen (Abbildung 81).

Hänge: Schneerutsche treten in der Wintermitte gewöhnlich an Nordabhängen auf, die von der Sonne zu wenig Wärme erhalten, als daß sich der Schnee festigen könnte: Hierfür müßte die Temperatur knapp über dem Gefrierpunkt liegen. Lawinen an Südhängen dagegen gehen am häufigsten an sonnigen

Frühlingstagen ab, wenn genügend Wärme vorhanden ist, um die Schneekristalle zu schmelzen und sie zu einer nassen Masse umzuwandeln.

Gefährlich sind die Abhänge eines Berges auf der Leeseite, da hier durch die Einwirkung des Windes Schneeverfrachtungen knapp unterhalb des Kamms entstehen. Ein Schneebrett löst sich dann, wenn Neuschnee nur ungenügend mit dem darunterliegenden Schnee verbunden ist.

Windzugewandte Hänge tragen gewöhnlich weniger Schnee; er ist kompakter und im allgemeinen genügend gefestigt, um Erschütterungen zu widerstehen. Allerdings können auch hier bei erhöhten Temperaturen und Nässe Lawinen auftreten.

Oberflächenbeschaffenheit: Lawinen entstehen zur Hauptsache an glatten, grasbewachsenen Abhängen, wo der Reibungswiderstand nicht sehr groß ist. Bäume und Felsen andererseits können den Schnee festhalten, was die Lawinengefahr herabsetzt (Abbildung 82).

Altschnee: Bereits gefallener Schnee kann natürlich Schnee festhaltende Geländestellen überdecken, so daß Neuschnee ins Rutschen

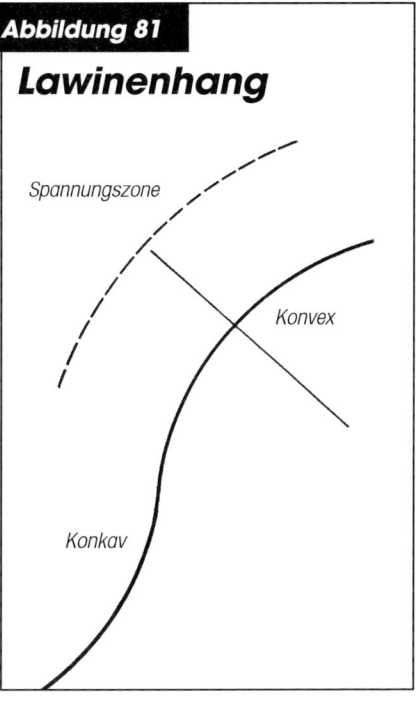

Abbildung 81

Lawinenhang

Spannungszone

Konvex

Konkav

gerät. Dennoch hält eine rauhe Altschneedecke den Neuschnee besser zurück als eine glatte Oberfläche.

Tips der US ARMY RANGERS
Anzeichen von Lawinen

Die Einzelkämpfer des US-Heeres besitzen umfassende Lawinenkenntnisse, und wissen, wo und wann sie agieren können.

■ *Lawinen gehen gewöhnlich immer an denselben Stellen nieder, wo sie sich einmal einen Weg gebahnt haben. Steile offene Rinnen, übereinandergeworfene Bäume und herabgestürztes Felsgestein sind Anzeichen von Lawinengefahr.*

■ *An windabgekehrten Hängen zeigen herabrollende Schneebälle oder rutschender Schnee ein Lawinengebiet an.*

■ *Wenn Schnee hohl klingt, besteht Lawinengefahr.*

■ *Beginnt Schnee abzubrechen oder zu rutschen, steht ein Lawinenabgang unmittelbar bevor.*

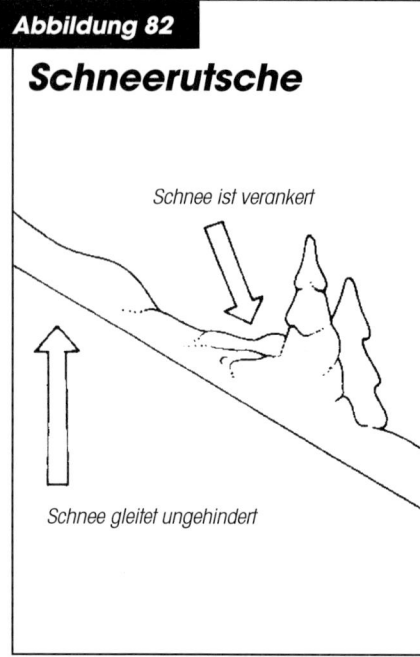

Abbildung 82

Schneerutsche

Schnee ist verankert

Schnee gleitet ungehindert

Lockerer Schnee: Lockerer Schnee unter einer verfestigten Schneedecke fördert die Lawinenbildung: Prüfen Sie deshalb immer die Schneebeschaffenheit mit einem Stock.

Wind: Eine Windgeschwindigkeit von über 25 km/h erhöht die Lawinengefahr, da sich auf der Leeseite von Gebirgskämmen Schneeverwehungen bilden.

Sturm: Nach Stürmen ist der Prozentsatz an Lawinenabgängen sehr hoch.

Schneefall: Ein starker Schneefall über mehrere Tage ist nicht so gefährlich wie einer, der nur wenige Stunden andauert. Eine langsame Ansammlung erlaubt es dem Schnee, sich zu setzen und zu verfestigen, wogegen dies bei einem heftigen Schneefall über nur kurze Zeit nicht möglich ist.

Pulverschnee: Er kann sich nicht setzen und verfestigen und bleibt deshalb instabil.

Trockener Schnee: Hier gilt dasselbe wie beim Pulverschnee.

Kälte: Bei sehr tiefen Temperaturen ist der Schnee instabil. Um den Gefrierpunkt oder unmittelbar darüber setzt sich der Schnee am besten und verfestigt sich schnell.

Große Temperaturunterschiede: Extreme Temperaturunterschiede, vor allem zwischen Tag und Nacht, führen zu Veränderungen und Bewegungen innerhalb der Schneeschichten. Seien Sie deshalb bei raschen Temperaturwechseln auf der Hut.

Frühlingswetter: Sonneneinwirkung, Regenstürme und warme Temperaturen zur Frühlingszeit fördern Lawinenabgänge, besonders an Südhängen.

Gletscher

Diese langsam fließenden Eismassen können das Überleben gefährden. Gletscherbäche, die nicht sehr tief unter der Schnee- oder Eisdecke fließen, sind oft die Ursache von nicht tragfähigen Stellen oder von Glatteis, wenn sie an die Oberfläche treten. Ein Gletscher ist im Prinzip ein Eisfluß, dessen Fließgeschwindigkeit von seiner Masse und der Neigung seines Bettes bestimmt wird. Man unterscheidet bei einem Gletscher einen unteren Abschnitt und einen oberen. Der untere Teil besteht aus einer vereisten Oberfläche, die während des Sommers schneefrei ist, der obere ist mit Schneelagen bedeckt, die sich zu Eis wandeln. Ein Gletscher setzt sich aus verschiedenen charakteristischen Elementen zusammen, über die man für den Fall einer Überquerung Bescheid wissen muß.

Gletschereis: Das Eis bildet an der Oberfläche eine feste Masse, die aber von Brüchen durchsetzt sein kann, hervorgerufen durch Unebenheiten im Gletscherbett. Solche Bruchstellen heißen Gletscherspalten (siehe unten).

Eisstürze: Sie entstehen dort, wo das Gletscherbett abrupt abfällt. Das Eis setzt sich an diesen Stellen aus einer Masse von Eisblöcken und Furchen zusammen, durchsetzt von zahlreichen Gletscherspalten in unregelmäßigen Abständen.

Seitenmoränen: Sie bilden sich an den zurückweichenden Gletscherrändern. Wenn ein Gletscher vorwärts fließt, trägt er von den Talhängen herabgestürzte Felsen und Steine mit sich. Diese werden an den Seiten abgelagert, wenn der Gletscher zu schmelzen beginnt und zurückweicht.

Mittelmoränen: Sie entstehen dort, wo zwei Gletscher aufeinandertreffen und ineinanderfließen. Das mitgeführte Gestein vereinigt sich ebenfalls und wird vom Hauptstrom des Gletschers mitgetragen.

Endmoräne: Sie lagert sich am unteren Ende eines Gletschers ab, wo die Schmelzgeschwindigkeit des Eises und die Fließgeschwindigkeit des Gletschers gleich sind.

Gletscherbäche: Sie treten in verschiedenen Varianten auf. Beim Überqueren eines Gletschers können sie Schwierigkeiten verursachen. Geschmolzener Schnee sammelt sich zu Wasserläufen, die wasserfallartig abwärts fließen. Die Sonnenhitze kann große Mengen von Eis zum Schmelzen bringen, was zur Bildung von unterirdischen Gletscherbächen oder zu Wasseransammlungen unter der Oberfläche führt. Der Pegel eines Gletscherbaches hebt sich und sinkt ab, gewöhnlich beim Hereinbrechen der Dunkelheit.

Überflutete Gletscher: Darunter versteht man Gletscher mit Sturzbächen. Sie entstehen, wenn aus Seen auf der Oberfläche eines Gletschers große Mengen Wasser abfließen oder Wasser aus Seen bricht, die von Nebengletschern gestaut wurden, weil der Hauptgletscher das Nebental verschloß. Solche Ausbrüche entstehen durch eine Gletscherspaltung oder infolge der Bewegung im Gletscherdamm.

Abflußkanäle: Sie entstehen durch Schmelzvorgänge auf dem Gletscher. Das Wasser schneidet tiefe Rinnen mit glatten Wänden und unterschnittenen Rändern ins Eis. Viele dieser Bäche führen ihr Wasser an die Gletscherränder, wo es sich im Sommer mit den Sturzbächen vereinigt, die zwischen dem Eis und der Seitenmoräne abfließen.

Gletschermühlen: Dies sind Wasserläufe, die in Gletscherspalten oder runden Löchern verschwinden und dort als unterirdische Gletscherbäche weiterfließen. Solche Gletschermühlen sind vielfach so tief wie der Gletscher selbst.

Gletscherspalten

Auf Gletscherspalten stößt man an Talhängen, wo die Gletscher beginnen; sie wechseln die Richtung oder breiten sich, einer Talkrümmung folgend, aus. Ihre Breite variiert zwischen wenigen Zentimetern und Hunderten von Metern.

Sie pflegen mehr oder weniger in gleicher Richtung zueinander aufzutreten, und zwar mit Vorliebe quer zu einem Abhang. Sie sind vielfach mit einer Schneeschicht bedeckt und daher nicht sichtbar.

Schneefreie Abhänge

Sie erstrecken sich in tieferen Gebirgslagen unterhalb der Schneegrenze. Die Bodenbeschaffenheit ist vielfältig und umfaßt Geröllhalden, grasbewachsene Abhänge, Waldareale und felsige Böden.

Fortbewegung im Gebirge
In Bergnot

Ist einer Ihrer Bergkameraden verunglückt und besteht keine Aussicht auf sofortige Rettung, müssen Sie sich selbst auf den Weg machen und versuchen, Hilfe zu holen. Marschieren Sie aber nicht bei schlechter Sicht oder bei Nacht, da Sie verunglücken könnten. Nehmen Sie sich Zeit, die ganze Umgebung zu überblicken. Halten Sie Ausschau nach einem Tal; Hinweis gibt der Beginn von Wasserläufen oder Bächen. Wählen Sie eine sichere, talwärts führende Route. Betreten Sie keine Lawinenhänge.

Meiden Sie an Kämmen überhängende Stellen, diese könnten unter Ihrem Gewicht abbrechen. In verschneiten und vereisten Gebirgshöhen sind folgende Punkte zu beachten:

Tips der SCHWEIZER GEBIRGSTRUPPEN

Rettung aus Gletscherspalten

Die schweizerischen Gebirgstruppen besitzen große Erfahrung in der Bergung aus Gletscherspalten. Lernen Sie, wie man Bergsteiger und Überlebende aus einer Gletscherspalte birgt.

■ *Lassen Sie ein Seil mit Schlinge hinunter. Die im Seil hängende Person kann sich mit einem Fuß in der Schlinge abstützen und dadurch verhüten, vom Seil erdrosselt zu werden.*

■ *Man braucht drei Leute, um einen Bewußtlosen aus einer Gletscherspalte zu bergen – arbeiten Sie mit Schmetterlingsknoten.*

■ *In Gletscherspalten herrschen sehr tiefe Temperaturen, daher ist Eile geboten.*

Bewältigen von Schneehängen

Die Soldaten des SAS sind für den Kampf in jedem Gelände vorbereitet.
Lernen Sie von ihnen, wie man Schneehänge im Gebirge begeht.

■ *Schlagen Sie an einem steilen Hang beim Aufsteigen einen Zickzackkurs ein; dies strengt weniger an als ein Steigen in gerader Richtung.*

■ *Eine Gruppe sichert sich mit einem Seil.*

■ *Wechseln Sie die führende Person öfters aus. Sie ermüdet schneller als die übrigen, da sie den Weg zu suchen hat.*

■ *Treten Sie mit den Fersen und nicht mit den Schuhspitzen auf, wenn Sie eine Schneefläche überqueren.*

■ *Sorgen Sie dafür, daß alle Ausrüstungsgegenstände, besonders Eispickel, sicher am Rucksack befestigt sind, wenn Sie einen Abhang in schnellerem Tempo hinuntergehen.*

■ Versuchen Sie zu erkennen, in welcher Richtung eine Lawine talwärts stürzen könnte.

■ Meiden Sie Lawinenausläufe, wenn Sie das Haupttal erreichen.

■ Beobachten Sie stets die Hänge über Ihnen, ob Schnee zu rutschen beginnt.

■ Einer Lawine können Sie nicht entgehen.

Marschieren im Schnee

Versuchen Sie nicht, in hüfthohem Schnee vorwärts zu kommen; dies erschöpft Sie zu sehr. Süd- und Westhänge bieten gegen Abend eine harte Oberfläche, nachdem sie tagsüber der Sonneneinstrahlung ausgesetzt waren und danach wieder zu gefrieren begannen. Ost- und Nordhänge sind im allgemeinen weich und ungefestigt. Hänge, die mit Felsen, entwurzelten Bäumen und Gehölz durchsetzt sind, bieten einen größeren Halt. Machen Sie sich nach einer kalten Nacht frühmorgens auf den Weg, da zu diesem Zeitpunkt die Schneeverhältnisse stabil sind. Marschieren Sie möglichst in schattigen Lagen – die Sonne macht den Schnee instabil.

Marschieren Sie im Gänsemarsch oder gestaffelt, wenn Sie in einer Gruppe unterwegs sind. Umgehen Sie nach Möglichkeit Gletscherspalten; das bereitet im allgemeinen weniger Mühe, als sie zu überqueren. Eine Übergangsstelle an einer Gletscherspalte ist sorgfältig zu überprüfen. Wenn eine solche Brücke mit Schnee bedeckt ist, muß die führende Person die Stellen genau sondieren. Machen Sie sich auf einen plötzlichen Halt oder Sturz gefaßt.

In einer Gruppe kann eine schmale oder schwache Brücke überquert werden, indem jeder einzelne auf dem Bauch hinüber rutscht. Auf diese Weise liegt der Schwerpunkt sehr tief, und das Gewicht wird über eine größere Fläche verteilt. Schicken Sie zuerst die leichteste, an einem Seil gesicherte Person hinüber, wenn Zweifel an der Stabilität eines Übergangs bestehen. Danach erst folgen die anderen, indem sie der Spur des Vorangegangenen folgen und nur leicht auftreten.

Die Festigkeit von Übergängen hängt von der Temperatur ab. Die Kälte im Winter oder am frühen Morgen können einem Übergang eine große Festigkeit verleihen, selbst wenn er dünn und zerbrechlich wirkt. Andererseits kann eine solide aussehende Brücke unter dem Einfluß wärmerer Nachmittagstemperaturen unvermittelt zusammenbrechen.

Beachten Sie folgende Punkte, wenn Sie eine Spalte überspringen wollen:

■ Entscheiden Sie sich im voraus für einen Sprung aus dem Stand oder mit Anlauf.

■ Treten Sie auf der Anlauf- und Absprungfläche zuerst den Schnee nieder, wenn Sie mit Anlauf zu springen beabsichtigen.

■ Stellen Sie vor dem Sprung genau fest, wo sich die Kante der Spalte befindet.

■ Legen Sie zum Springen hinderliche Kleidungsstücke und Ausrüstungsteile ab.

Schlagen Sie beim Aufwärtsgehen über ein Schneefeld einen Zickzackkurs ein; dies strengt weniger an, als geradeaus zu marschieren. In weichem Schnee an steilen Hängen erhält man festen Halt, indem man mit den Schuhspitzen voran auftritt. Auf hartem, gefrorenem Schnee gilt dasselbe, nur daß man beim Auftreten die Schuhe waagerecht hält. In beiden Fällen müssen die Tretbewegungen mit dem ganzen Bein erfolgen, nicht nur mit den Schuhen. Auf hartem Schnee leisten Steigeisen gute Dienste; sie gehören deshalb zur festen Ausrüstung eines Berggängers. Führen Sie gleichmäßige und kleine Schritte aus, das hilft Ihnen, das Gleichgewicht zu bewahren.

Treten Sie beim Abwärtsgehen zuerst mit den Fersen auf oder bewältigen Sie einen Abhang, indem Sie stets nur das eine Bein nach vorne setzen. Das Auftreten mit der Ferse bewährt sich auch auf Geröllhalden. Der Winkel, in dem Sie mit den Fersen auftreten, hängt von der Härte der Oberfläche ab. Beugen Sie sich auf Abhängen mit Weichschnee nicht zu stark vor, Sie könnten auf eine unebene Stelle treten und sich verletzen. Auf einer harten Schneefläche ist kräftig aufzutreten, damit die Ferse die gefrorene Schicht durchbricht, sonst besteht die Gefahr, daß Sie ausgleiten.

Die Schritt-für-Schritt-Gangart empfiehlt sich bei sehr steilen Hängen, bei Tiefschnee oder, wenn Sie ein langsames Tempo für angebracht halten. Dem Hang zugewandt, setzen Sie dabei Fuß für Fuß die Schuhe mit den Spitzen voran in den Schnee und halten sich gleichzeitig mit dem Eispickel fest.

Abfahren

Mit Hilfe eines Eispickels kann man sehr rasch einen Abhang hinunterrutschen. Setzen Sie sich einfach in den Schnee und lassen Sie sich hinuntergleiten, indem Sie mit dem Pickel bremsen. Noch schneller geht es, wenn Sie sich zurücklehnen und die Füße anheben. Sie können auch wie beim Skifahren im Stehen abfahren. Nehmen Sie dazu eine halbgebückte Stellung ein, und beugen Sie die Knie wie beim Sitzen. Die Beine sind gespreizt und ein Fuß leicht nach vorne versetzt, um Stöße und Unebenheiten besser aufzufangen. Die Geschwindigkeit wird erhöht, indem man die Füße näher zueinander hält, weniger Druck auf den Eispickel ausübt und sich stärker nach vorne neigt, so daß die Stiefelsohlen wie kurze Skier auf der Oberfläche gleiten.

Beachten Sie beim Abfahren folgende Punkte:

■ Rutschen Sie nur einen Abhang hinunter, wenn ein sicherer Auslauf vorhanden ist.

■ Versuchen Sie nie mit Steigeisen zu rutschen; wenn Sie sich verhaken, besteht die Gefahr eines Sturzes.

■ Tragen Sie zum Schutz Ihrer Hände und zum Festhalten des Eispickels Handschuhe.

- Schützen Sie Ihr Gesäß mit schweren wasserdichten Hosen.
- Legen Sie zur Abfahrt Gamaschen an.

Gletscherüberquerung

Seilen Sie sich an, wenn Sie als Gruppe einen Gletscher überqueren. Gehen Sie hintereinander, und setzen Sie die Füße in die Tritte des Führers.

Seien Sie äußerst vorsichtig beim Überqueren einer Gletscherspalte. Prüfen Sie mit einem Stock oder Eispickel die Tragfähigkeit der Eis- und Schneedecke.

Beachten Sie folgende Punkte:

- Seiten- und Mittelmoränen bilden ausgezeichnete Marschwege, besonders, wenn sie aus großen Felsblöcken bestehen.
- Moränen, die aus Geröll, Kieselsteinen und Erde gebildet sind, bieten nur wenig Halt und sind instabil.
- Moränen sind oft die einzigen begehbaren Wege auf Gletschern, die stark mit Gletscherspalten durchsetzt sind.
- Wenn Sie einem in mehrere Läufe aufgeteilten Gletscherfluß folgen, so wählen Sie den Arm, der dem Ufer am nächsten liegt. Gehen Sie nicht das Risiko ein, zwischen zwei gefährliche Kanäle zu geraten.
- Überqueren Sie einen an der Oberfläche fließenden Gletscherbach nur mit äußerster Vorsicht: Dessen Bett und unterschnittenen Ufer bestehen aus hartem, glatten Eis, das keinen sicheren Stand zuläßt.

Verankerungen in Schnee und Eis

Als Trekker sollten Sie mit den unten beschriebenen Sicherungshilfen für das Begehen von Schneehöhen und Gletschern ausgerüstet sein. Abhänge können mit ihrer Hilfe weit sicherer bewältigt werden.

Tips der ROYAL MARINES

Das Begehen von felsigem oder steilem Gelände

Im Gebirge ist eine richtige Gehtechnik von entscheidender Bedeutung.
Denken Sie daran: Im Gebirge befindet man sich in einer feindlichen Umgebung –
folgen Sie den Richtlinien der Royal Marines.

- *Sparen Sie Kräfte: Halten Sie den Körperschwerpunkt über den Füßen, belasten Sie die Beine, nicht die Arme und den Oberkörper.*
- *Prüfen Sie die Stabilität von Felsen durch Klopfen; ein hohler Klang bedeutet Instabilität.*
- *Halten Sie die Hände auf Schulterhöhe, damit die Durchblutung der Arme und Hände gewährleistet ist.*
- *Passen Sie auf, wohin Sie Ihre Füße setzen.*
- *Halten Sie immer einen dreifachen Kontakt mit einem Felsen.*
- *Bewegen Sie sich in gleichmäßigem Rhythmus und langsam.*
- *Denken Sie voraus: Planen Sie Ihre Griffe, und sehen Sie Schwierigkeiten voraus.*
- *Halten Sie Bodenkontakt mit den Fersen.*
- *Entfernen Sie zum Klettern die Fingerringe: Es wurden schon Finger abgerissen, weil sich Ringe in Rissen verklemmt hatten.*

Schneepflöcke: Solche 0,9–1,2 m langen Rohrstäbe aus Aluminium werden als Kletterhaken zum Sichern verwendet. Man treibt sie paarweise oder in größerer Anzahl in den Schnee und befestigt an ihnen das Sicherungsseil.

Schneehaken: Dies ist eine Metallplatte, die schräg zur Oberfläche in den Schnee getrieben wird. Je weicher der Schnee ist, desto breiter sollte die Platte sein. Der sicherste Halt ist dann gewährleistet, wenn der Winkel 45 Grad zur Hangfläche beträgt. Wenn fest verankert, bieten Schneehaken dieselbe Sicherheit wie die unten beschriebenen Sicherungsmittel. Ihr Sitz muß allerdings dauernd überwacht werden.

Rohrreisspiralen: Sie lassen sich oft nur schwer in hartes Eis treiben, da sie zum Verstopfen neigen und darüber hinaus einen weiten Durchmesser aufweisen. Ihr Hauptvorteil besteht darin, daß sie das Eis nicht zu einem Krater aufsplittern, weil die verdrängte Masse durch das Rohr gleitet wird. Zum Anbringen dieser Spirale benötigen Sie beide Hände, wobei Sie auch einen Eispickel als Drehhebel zu Hilfe nehmen können.

Bügeleisspiralen: Sie besitzen einen geringeren Umfang als die oben erwähnten Schrauben und lassen sich deshalb leichter ins Eis treiben. Ihre Haltekraft ist jedoch geringer, da sie oft das Eis aufsplittern, und unter großer Belastung kann es vorkommen, daß sie sich verbiegen.

Eisspiralen: Sie lassen sich leicht anbringen und auch wieder leicht entfernen. In weichem Eis gewähren sie einen guten Halt, bei anderem Eis dagegen weniger. Aufgrund ihrer Gewindebeschaffenheit lockern sie sich oft ziemlich rasch; ferner neigen sie dazu, sich unter großer Belastung durch das Eis zu scheren.

Felsen und Abhänge

Zum Bezwingen von Felswänden sollte Ihnen ein Seil zur Verfügung stehen, wenn nicht, so suchen Sie für den Abstieg eine weniger steile Partie. Schlagen Sie in nicht zu steilen Felsformationen eine seitliche Gangart ein, und stützen Sie sich dabei mit der Berghand ab.

Setzen Sie bei einem Aufstieg einen Fuß und eine Hand gleichzeitig nach vorn. Sorgen Sie für einen sicheren Halt. Vermeiden Sie es, die Arme zu weit auszustrecken. Lassen Sie die Beine die Arbeit verrichten. Besteigen Sie einen Felskamin (senkrechte Spalte), indem Sie sich mit dem Rücken an der einen Wand und mit den Beinen an der gegenüberliegenden abstützen. Bewegen Sie sich beim Klettern langsam, und achten Sie stets auf einen sicheren Halt. Denken Sie daran, das Gewicht sollte auf den Beinen lasten und nicht an den Händen. Vor allem: Strecken Sie sich nie zu weit aus, da dann die Gefahr besteht, nicht mehr loslassen zu können.

Die folgenden Haltetechniken erleichtern Ihnen das Klettern erheblich, doch beim Klettern müssen immer Sie für einen sicheren Halt sorgen.

Stützgriffe: Sie stoßen sich dabei buchstäblich vom Felsen ab und verhindern, daß Sie sich zu sehr ausstrecken. Diese Technik wird oft in Verbindung mit dem Zuggriff angewendet.

Zuggriffe: Mit dieser sehr einfachen Klettertechnik ziehen Sie sich selbst nach oben.

Klemmen beim Rißklettern: Damit klemmen Sie sich mit Armen oder Beinen in einer Spalte oder einem Riß fest. Greifen Sie mit der Hand in eine Spalte, und ballen Sie dann die Faust, oder schieben Sie den ganzen Arm hinein und stemmen den Ellbogen gegen die eine Seite, die Hand gegen die andere. Wenn Sie diese Technik mit dem Fuß anwenden, so achten

Abbildung 83

Knie durchstrecken

Sie darauf, daß er ohne Schwierigkeiten wieder gelöst werden kann.

Zangengriff: Mit dieser Technik erfassen Sie zangenartig eine Felsrippe und üben zwischen dem Daumen und den übrigen Fingern einen Gegendruck aus.

Gegendruck- oder Piaztechnik: In dieser Haltung nehmen Sie eine seitliche Stellung zum Felsen ein, während Sie sich mit den Händen in einer Spalte festhalten und sich hochziehen. Ihre Füße stoßen sich dabei vom Felsen ab, das heißt, daß Hände und Füße in entgegengesetzter Richtung ziehen und stoßen.

Untergriff: Bei dieser Technik stoßen Sie sich mit einer oder mit beiden Händen an einem Felssims ab, wobei Sie den Körper nach oben stemmen, bis die Arme gestreckt sind. Dann können Sie mit einem Bein weiter oben einen Halt suchen.

Schritttechnik

Beim Gehen auf Abhängen unterhalb der Schneegrenze sind folgende zwei Punkte zu beachten:

Tips der EINZELKÄMPFER DES US-HEERES

Allgemeine Vorsichtsmaßnahmen im Gebirge

In gebirgigem Gelände befolgen die US Rangers einige sehr einfache Regeln.
Folgen Sie dem Beispiel dieser Elitesoldaten.

- *Stoßen Sie keine Steine einen Hang hinunter, um nachfolgenden Personen nicht zu gefährden.*
- *Überschreiten Sie Hindernisse wie Felsen oder Baumstämme, um Kräfte zu sparen.*
- *Springen Sie nicht: Der Boden, auf dem Sie landen, ist entweder zu eng, zu uneben oder mit lockerem Gestein oder Schmutz bedeckt. Sie könnten ausgleiten und tiefer fallen, als beabsichtigt.*

- Halten Sie den Schwerpunkt des Körpers über den Füßen.
- Treten Sie mit den Sohlen flach auf.

Machen Sie kleine Schritte in gleichmäßigem Tempo. Strecken Sie die Knie beim Gehen auf hartem Boden durch, um die Beinmuskeln zu entlasten (Abbildung 83). Traversieren Sie einen steilen Hang im Zickzack, schlagen Sie keine gerade Richtung ein (Abbildung 84). Drehen Sie beim Wenden zuerst den oberen Fuß in die neue Richtung. Dadurch wird vermieden, daß sich die Füße kreuzen und man dabei das Gleichgewicht verliert. Legen Sie von Zeit zu Zeit eine Pause ein, denn Müdigkeit kann zu Fehltritten führen, was wiederum die Gefahr von Zerrungen und Beinbrüchen bedeutet.

Kurze Strecken bergauf können im Grätenschritt, also mit nach außen gerichteten Fußspitzen bewältigt werden (Abbildung 85). Halten Sie bei einem Abstieg den Körper gerade und die Knie gebeugt, damit das Körpergewicht direkt über den Füßen liegt.

Treten Sie auf grasbewachsenen Abhängen oberhalb der Grasbüschel auf, wo der Boden ebener ist als darunter (Abbildung 86A). Beim Abstieg ist es am günstigsten, im Zickzack zu gehen. Geröllhalden befinden sich unterhalb von Felswänden. Auf ihnen aufzusteigen ist mühsam und auch gefährlich. Stoßen Sie mit der Spitze des vorderen Fußes in die Geröllmasse, um einen sicheren Stand zu erhalten (Abbildung 86B). Machen Sie bei einem Abstieg nur kleine Schritte, und halten Sie die

Abbildung 84

Traversieren

Abbildung 85

Bergwärts gehen

Füße leicht gespreizt. Gehen Sie langsam. Setzen Sie auf felsigen Abhängen die Füße auf die bergwärts gerichtete Fläche der Felsbrocken. (Abbildung 86C).

Knoten

Es gibt eine ganze Reihe von Knoten, die beim Klettern verwendet werden und die man im Gebirge kennen sollte. Diese Knoten besitzen die Eigenschaft, die Fasern eines Seils zu schonen und dennoch rutschsicher zu sein, ferner lassen sie sich auch bei nassen und eisigen Verhältnissen noch leicht lösen. Obschon alle Knoten die Tragkraft eines Seils mindern, ist diese Auswirkung bei den vorliegenden Knoten zu vernachlässigen. Die meisten Knoten sind mit einem Überhandknoten

oder zwei halben Schlägen zu sichern (siehe Kapitel »Seile und Knoten«). Ein solches Sichern ist allerdings nicht nötig, wenn sich der Knoten in der Seilmitte befindet.

Wasserknoten (Abbildung 87)
Er dient zum Verknüpfen von Nylonbändern, nicht von Seilen.

Achtschlaufe (Abbildung 88)
Eine Achtschlaufe kann am Ende oder in der Mitte eines Seils zur Bildung einer Schleife geknüpft werden. Im ersten Fall wird die Schleife mit einem Überhandknoten gesichert.

Schmetterlingsknoten (Abbildung 89)
Dieser Knoten dient zum Knüpfen einer

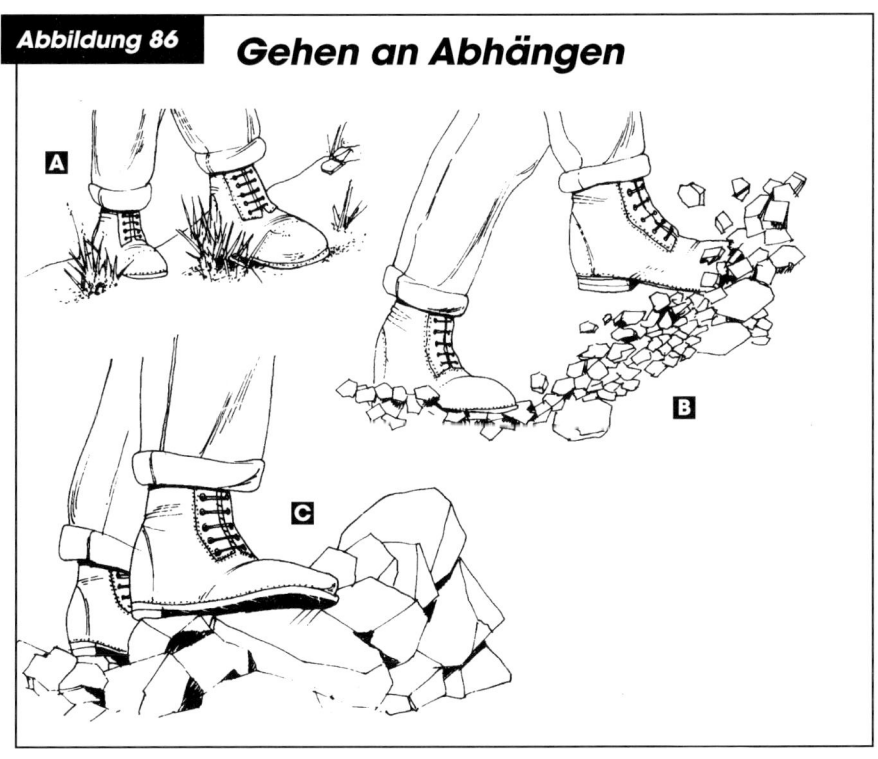

Abbildung 86

Gehen an Abhängen

A

B

C

Abbildung 87

Wasserknoten

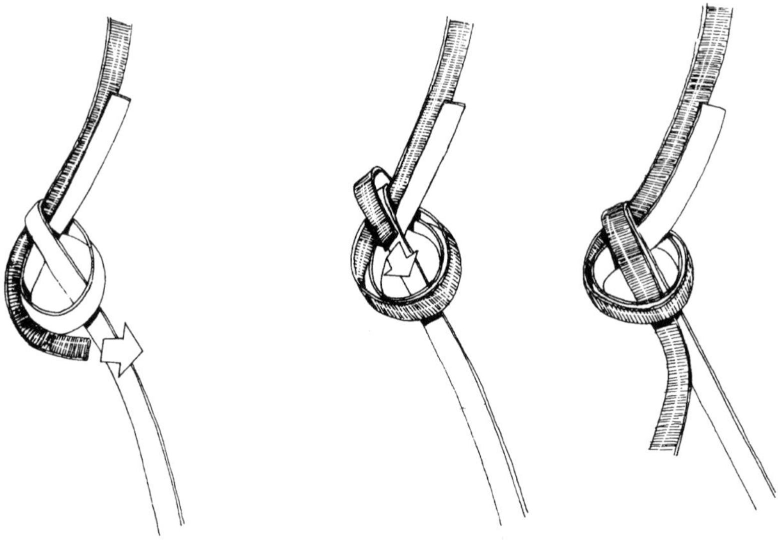

Abbildung 88

Achtschlaufe

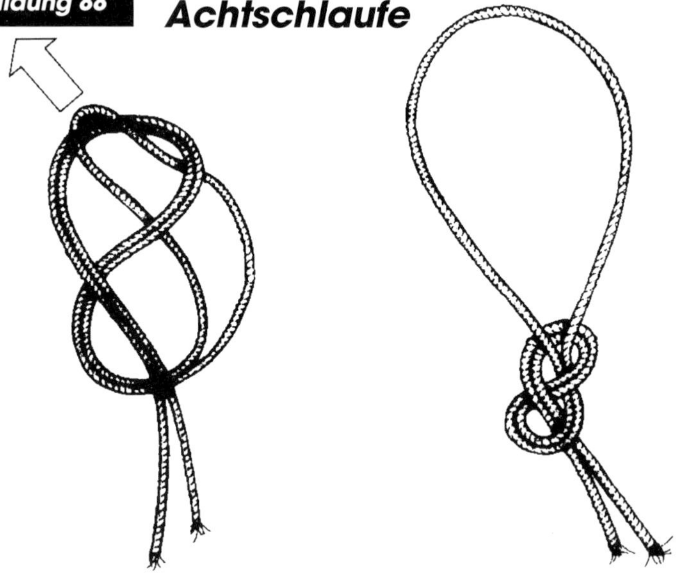

Abbildung 89

Schmetterlingsknoten

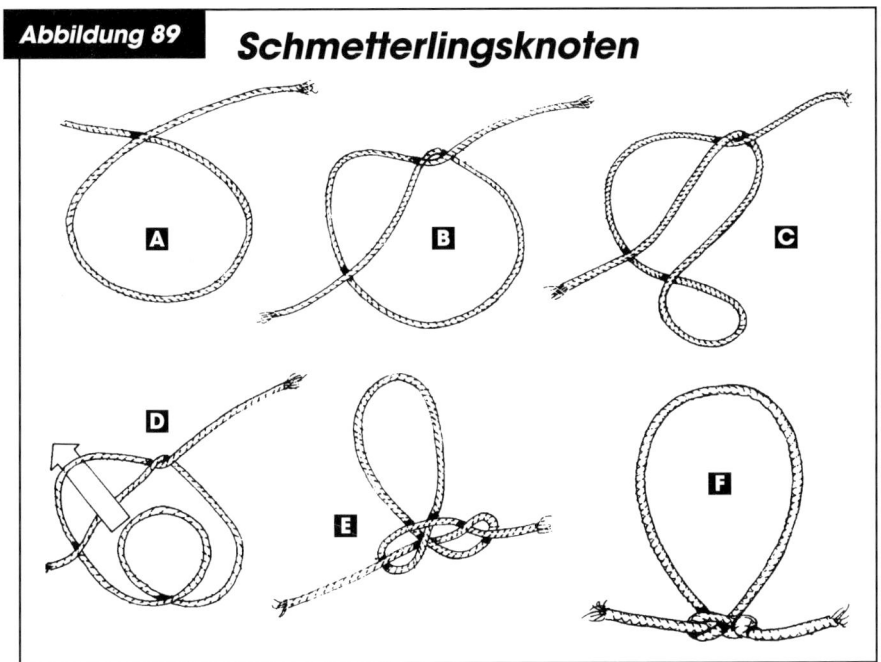

Schlaufe in Seilmitte. Bilden Sie eine Schleife (A), legen Sie das nach links laufende Seil über die Schlaufe (B), drehen Sie die Schlaufe (C), und legen Sie diese Schlaufe über das nach links laufende Seilstück und durch den oberen Teil der ersten Schlaufe (D). Ziehen Sie den Knoten behutsam, aber fest zusammen (E). Wie der Knoten aussieht, wenn Sie die Schlaufe nicht drehen, zeigt die Abbildung F.

Improvisierter Sitzgurt (Abbildung 90)
Zur Herstellung eines behelfsmäßigen Sitzgurtes eignet sich am besten ein Nylonband. Schlingen Sie es sich um die Hüfte, und verbinden Sie die Enden vor dem Bauch mit drei oder vier Schlaufen (A). Führen Sie beide Enden zwischen den Beinen durch und sichern Sie sie mit je einem Knoten auf beiden Seiten der Hüfte. Straffen Sie die Bänder, damit sie sich zwischen den Beinen nicht kreuzen (B).

Nehmen Sie die beiden Enden wieder nach vorn und kreuzen Sie sie nochmals. Verknüpfen Sie die Enden auf der der Bremshand gegenüberliegenden Hüftseite mit einem Reffknoten, mit zwei zusätzlichen Überhandknoten oder zwei halben Schlägen auf beiden Seiten des Reffnotens (C; siehe Kapitel »Seile und Knoten«). Klinken Sie zum Schluß an der Bauchseite einen Karabiner sowohl um die Hüft- als auch um die Sitzschlingen.

Sichern mit dem Seil (Abbildung 91)
Das Sichern mit dem Seil wird praktiziert, wenn zwei oder mehrere Person einen Aufstieg vornehmen. Die vorauskletternde Person ist mit einem um die Hüfte geschlungenen und mit Palstekknoten gesicherten Seil ver-

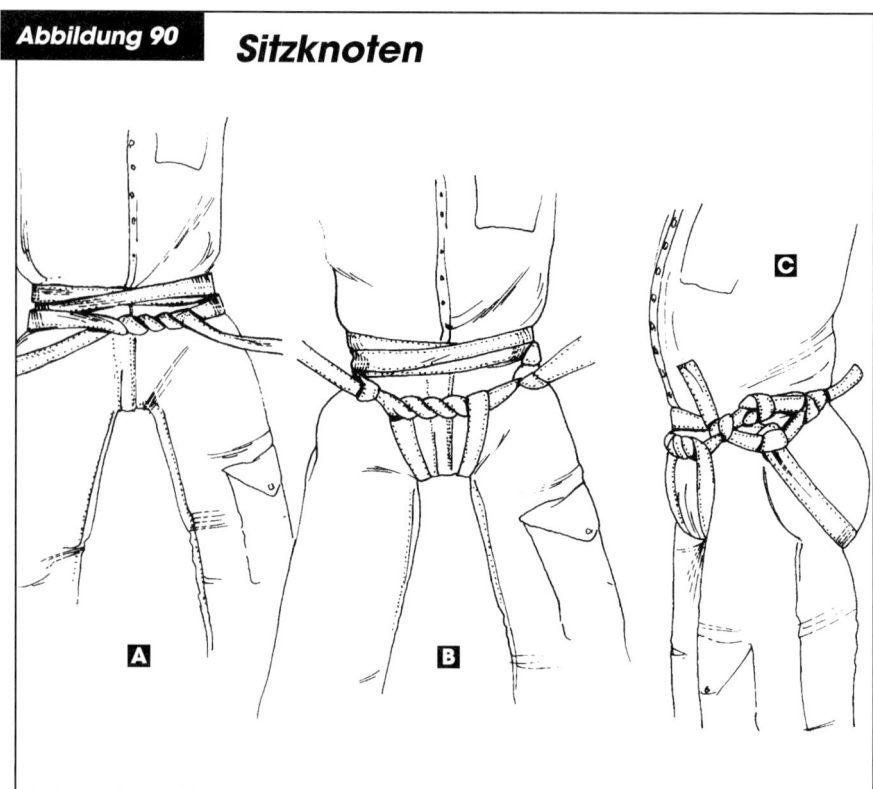

Abbildung 90 *Sitzknoten*

Technik des Anseilens

Die Rangers sind mit der Seiltechnik sehr vertraut – sie müssen imstande sein, rasch und ohne Verzug in feindliche Gebirgsstellungen einzudringen.

- *Führen Sie das Seil durch einen Gleitknoten und um den Körper.*
- *Sichern Sie sich am Felsen mit einem Stück des Kletterseils oder mit einer Schlinge selbst, wenn kein sicherer Halt gewährleistet ist.*
- *Achten Sie darauf, daß das Seil frei durch den Bremsknoten gleiten kann.*
- *Lassen Sie die Verbindung nicht zu locker werden, und straffen Sie das Seil nicht plötzlich und ruckartig – der Kletterer könnte das Gleichgewicht verlieren.*
- *Halten Sie die Führungshand im Falle eines Sturzes locker, lassen Sie das Seil so gleiten, daß das Abbremsen allmählich erfolgt. Verharren Sie dann in der gesicherten Position.*

bunden, während die sichernde Person den Aufstieg überwacht. Diese verankert das Seil mit einer Achtschlaufe und sichert sich selbst mit ein oder zwei Schlingen um den Leib. Dann führt sie es vom Kopf her zu den Hüften, schlingt es um den Arm, der dem Ankerpunkt zugerichtet ist, und hält es fest. Der Kletterer bindet das Seil mit einem Palstek um seine Hüfte und beginnt mit dem Aufstieg (A). Die sichernde Person hält das Seil gestrafft. Wichtig ist, daß sich der Ankerpunkt, die sichernde Person und der Kletterer auf einer Linie befinden.

Im Sitzen läßt es sich am besten sichern, wobei darauf zu achten ist, daß das Gesäß und die Beine gut verankert sind. Man hält die Beine und die Knie gestreckt und läßt das Seil um die Hüfte laufen.

Ein normales Seil weist eine ungefähre Reißfestigkeit von 907 kg auf, die gerade dazu reicht, einen leichteren Sturz aufzufangen. Eine Person mit einem Körpergewicht von 82 kg, die 30 m in die Tiefe stürzt, wird das Seil mit 1038 kg belasten. Ein Seil, das imstande ist, vertikale Stürze aufzufangen, sollte eine Reißfestigkeit von 1900 kg besitzen. Steht kein solches zur Verfügung, behilft man sich mit einem Doppelseil.

Kletterer müssen sich folgender Gefahren bewußt sein:

Nasse oder vereiste Felsen: Können auch eine leichte Route unpassierbar machen.

Schnee: Kann Stellen zudecken, wo ein fester Halt zu finden wäre.

Glatte Felsspalten: Sind gefährlich, besonders bei Nässe und Vereisung.

Mit Moos oder Gras überwachsene Felsen: Sind gefährlich bei Nässe.

Grasbüschel oder kleine Büsche: Können auf lockerem Boden wachsen, ohne festen Halt zu bieten.

Schutthalden: Hier besteht die Gefahr von Steinschlag.

Steinschlag: Wird oft verursacht durch andere Kletterer, heftige Regenfälle oder extreme Temperaturunterschiede im Hochgebirge. Suchen Sie Deckung oder, wenn dies nicht möglich ist, lehnen Sie sich gegen den Hang, um eine möglichst kleine Angriffsfläche zu bieten.

Grate: Können mit instabilem Material durchsetzt sein.

Abseilen (Abbildung 92)

Abhänge können schnell bewältigt werden, indem man sich an einem Seil hinuntergleiten läßt. Dabei ist sicherzustellen, daß das Seilende bis an den Grund reicht oder an einen Punkt, von dem aus ein weiteres Abseilen möglich ist.

Der Abseilort muß sorgfältig gewählt werden, damit sich das Seil nicht verhakt, wenn es nachgezogen werden soll. Vergewissern Sie sich auch, daß die Abseilstelle frei von lockerem Gestein ist, das durch das Seil gelöst werden könnte: Steinschlag ist sehr gefährlich.

Der Kletterer stellt sich mit dem Gesicht zum Ankerpunkt und nimmt das Seil zwischen die Beine, ergreift den hinteren Teil und schlingt es um die Hüfte, dann diagonal über Brust und Rücken über die gegenüberliegende Schulter (A). Von dort aus führt das Seil durch die Bremshand, die sich auf derselben Seite befindet, an der das Seil die Hüfte kreuzt. Lehnen Sie sich mit der Bremshand voran nach unten und halten Sie das Gesicht leicht zur Seite (B). Der Fuß auf der Bremshandseite muß immer vorangestellt bleiben.

Verankerung (Abbildung 93)

Einige Verankerungssysteme sind sehr einfach und beanspruchen nur einen einzigen Ankerpunkt. Andere wiederum sind recht kom-

Abbildung 91

Sichern mit dem Seil

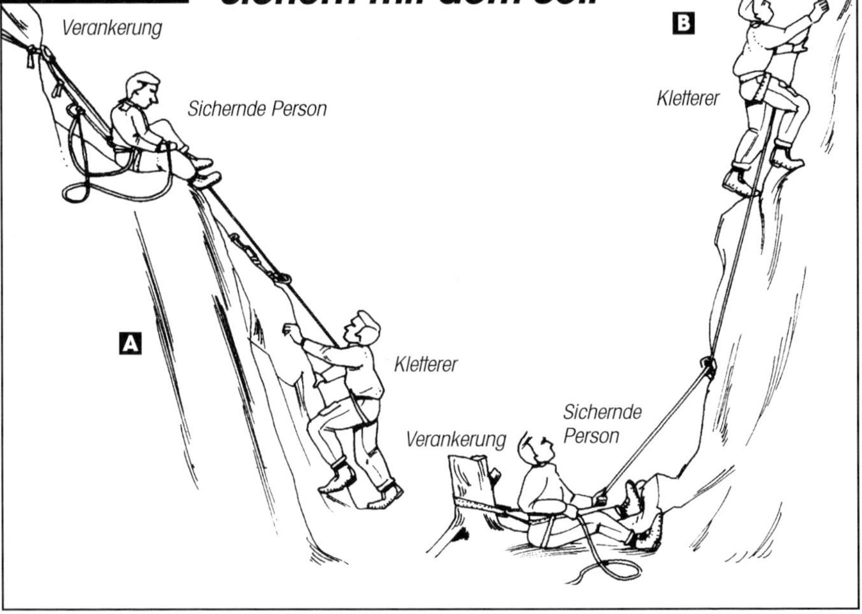

Verankerung

Sichernde Person

B

Kletterer

A

Kletterer

Verankerung

Sichernde Person

Abbildung 92

Abseilen

A

B

pliziert und bestehen aus mehreren Fixpunkten. Ihre Aufgabe ist es, sowohl die sichernde Person als auch den Kletterer zu sichern.

Die Grundvoraussetzung ist eine stabile und sichere Befestigungsmöglichkeit für das Seil. Dazu gehören:

Felsenkeile (A): Dies sind fest verkeilte Klemmblöcke, um die sich eine Schlinge legen läßt. Meistens befinden sich solche Blöcke in Felsspalten.

Felspoller (B): Darunter sind größere Felsen oder Felsstücke mit einer winkligen Spitze zu verstehen, an denen ein Seil rutschsicher befestigt werden kann. Es ist darauf zu achten, daß sich ein solcher Felsbrocken infolge eines plötzlichen Ruckes nicht lockert.

Bäume (C): Bäume können sehr sichere Ankerpunkte bilden, obschon auf felsigem oder lockerem Boden auf andere Befestigungsmöglichkeiten ausgewichen werden sollte, falls solche vorhanden sind. Wenn nicht, müssen Sie den Baum im Auge behalten, damit Sie sofort bemerken, wenn er sich zu lockern beginnt.

Felszacken (D): Zacken sind vertikal nach oben ragende Felspartien, um die sich Schlingen legen lassen.

Neben den natürlichen gibt es auch künstliche Verankerungen: Metallkeile und -stifte, die in Spalten und Risse getrieben werden können.

Oft ist es von Vorteil, zwei oder mehrere Verankerungen gleichzeitig vorzusehen. Der Nachteil besteht darin, daß bei einem Nachgeben der einen Verankerung die anderen einer heftigen Belastung ausgesetzt werden.

Gefahren

Neben den Dauergefahren von Kälte und Nässe bilden die praktisch unvorhersehbaren Wetterbedingungen in den Bergen weitere Risiken. Das Wetter kann sehr schnell umschlagen, von freundlichem Sonnenschein zu bewölktem Himmel, zu Regen- und Schneestürmen. Berge stauen Luftströmungen, zwingen sie in die Höhe und erzeugen Störungen. Die Folge sind langanhaltende Schlechtwetterperioden. Am heftigsten wehen die Winde auf

Eis- und Schneepoller

Bilden Sie Poller aus Eis oder Schnee, wie die SAS-Soldaten dies tun, wenn keine Felsen oder Bäume zum Festmachen eines Seils vorhanden sind.

- *Schneiden Sie einen pilzförmigen Pfosten aus dem Eis.*
- *Sein Durchmesser muß mindestens 40 cm, seine Höhe mindestens 15 cm betragen.*
- *Formen Sie einen anderen Poller, wenn das Eis bricht.*
- *Poller aus Schnee müssen mindestens 30 cm tief und 1 m (harter Schnee) bis 3 m (weicher Schnee) dick sein.*
- *Packen Sie Rucksäcke um den Poller, damit das Seil nicht einschneidet.*

Berggipfeln und über Kämmen, da ihre Geschwindigkeit mit der Höhe zunimmt. Sie dürfen heftigen Wind und dessen auskühlende Wirkung nicht unterschätzen. Es geht auch viel Kraft verloren beim Versuch, unter Windstößen das Gleichgewicht zu bewahren.

Windkälte (siehe Kapitel »Die Polargebiete«) ist ein Faktor, der im Gebirge praktisch allgegenwärtig ist, selbst an sonnigen Tagen. Häufige und heftige Regenfälle können Sie in kürzester Zeit bis auf die Haut durchnässen. Hüten Sie sich deshalb vor Hypothermie. Tiefhängende Wolken, stürmischer Regen, Nebel, diffuses Licht oder Stürme verschlechtern die Sicht und erschweren die Orientierung.

Blitzschlag

Blitze stellen im Gebirge eine große Gefahr dar, da sie von Gipfeln und Spitzen angezogen werden.

Halten Sie sich deshalb bei Gewittern von Gipfeln, Kämmen, Wasserrinnen und alleinstehenden Bäumen fern. Überhängende Felsen und Felseinschnitte bieten keinen Schutz vor Blitzschlag. Lassen Sie nasse Seile und metallene Gegenstände mindestens 15 m von Ihrem Unterschlupf entfernt liegen. Meiden Sie senkrechte Felswände, da sie ausgezeichnete Leiter sind. Setzen Sie sich mit angezogenen Knien hin. Diese Position bietet den besten Schutz.

Abbildung 93

Verankerungspunkte

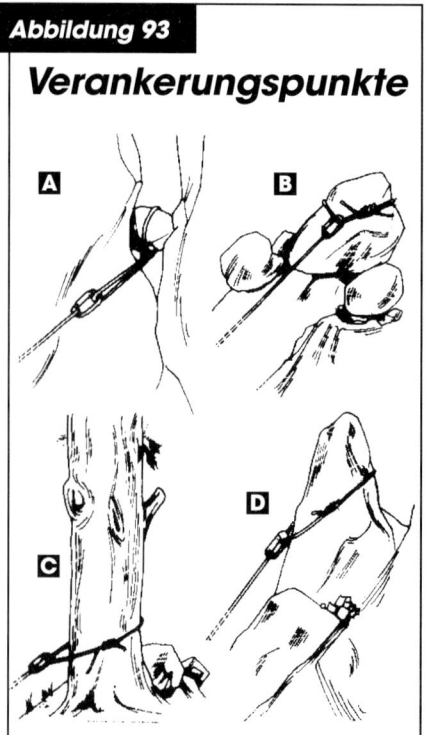

Tips der ROYAL MARINES

Verwendung des Höhenmessers als Barometer

Mit Hilfe eines Höhenmessers können Sie einen Wetterwechsel voraussagen, was im Gebirge lebensrettend sein kann. Befolgen Sie die Richtlinien der Royal Marines.

- *Ein merklicher Anstieg des Luftdrucks innerhalb weniger Stunden bedeutet, daß das schöne Wetter nur kurz andauert.*
- *Ein schneller Anstieg des Luftdrucks innerhalb von 24 Stunden zeigt gutes Wetter an. Wenn aber der Druckanstieg nur einen Tag lang andauert, wird sich auch gutes Wetter nicht allzulange halten.*
- *Langsames und gleichmäßiges Ansteigen über 2–3 Tage zeigt eine längere Periode trockenen Wetters an.*
- *Ein Druckanstieg verbunden mit einem Windwechsel von Süd über West nach Nord bedeutet eine Wetterbesserung.*
- *Nebel ist zu erwarten, wenn der Luftdruck während einer Ruhigwetterperiode ungewöhnlich hoch steigt, verbunden mit feuchter Atmosphäre.*
- *Unbeständiges Wetter kündigt sich an, wenn der Luftdruck schnell und unregelmäßig steigt, aber zwischendurch wieder leicht abfällt.*
- *Regen ist angesagt, wenn der Wind von Nord oder Ost nach Süd oder Südwest dreht, in Verbindung mit gleichzeitigem Druckabfall.*
- *Langer, ununterbrochener Druckabfall zeigt eine längere Regenperiode an.*
- *Schneller und kurzer Druckabfall bei ruhigen Bedingungen, verbunden mit zunehmender Luftfeuchtigkeit, weist auf ein kommendes Gewitter hin.*

Wettervorhersage

Hören Sie im Radio, falls eines zur Verfügung steht, die allgemeinen Wettervorhersagen. Noch besser: Rufen Sie den lokalen Wetterdienst persönlich an. Dabei ist es wichtig, Ort und Zeit genau anzugeben. Verlangen Sie Informationen zur Wetterlage im Tal und auf den Gebirgshöhen, zu den Temperaturen, Windverhältnissen, zur Art der Niederschläge, zur Sicht, zur Möglichkeit eines Temperatursturzes und Wetterumschlags. Im Überlebensfall wird Ihnen das natürlich nicht möglich sein, aber wenn Sie als Trekker unterwegs sind, gibt es keine Entschuldigung, sich nicht informiert zu haben.

Im Zusammenhang mit dem Wetter darf nicht vergessen werden, daß die Einheimischen über großes Wissen verfügen. Schäfer, Farmer, Forstleute und Mitglieder der Gebirgsrettung wissen oft besser Bescheid als ein Wetteramt. Holen Sie bei solchen Leuten Auskunft, bevor Sie ins Gebirge aufbrechen.

Suche nach Wasser und Nahrung

Im Gebirge Nahrung zu finden ist sehr schwierig, wenn nicht gar unmöglich. An tiefer gelegenen Hängen kann man Bergziegen und Schafe antreffen. Sie sind jedoch äußerst wachsam, so daß man sich ihnen nur sehr schwer nähern kann. Unter Umständen sind

Unterschlupf und Schlafen im Gebirge

Gefangen im Gebirge? Lernen Sie von der Erfahrung des SAS bezüglich Unterschlupf und Schlafen auf felsigem Boden.

■ *Graben Sie sich in den Schnee ein, wenn kein Unterschlupf zwischen Felsen zu finden ist.*

■ *Ein Plastiksack kann als behelfsmäßiger Schlafsack dienen.*

■ *Schlafen Sie an einem Abhang mit nach oben gerichtetem Kopf.*

■ *Schlafen Sie auf rauhem und steinigem Boden auf dem Bauch: Das ist bequemer.*

solche Tiere zu überraschen, indem man sich leise und gegen den Wind an sie heranpirscht, wenn sie beim Weiden sind und deshalb ihre Köpfe gesenkt halten. Bei einer solchen Jagd müssen Sie aber aufpassen, daß Sie nicht verunglücken – Bergziegen sind trittsicher, Sie nicht. In tieferen Lagen können eßbare Pflanzen wachsen (siehe Kapitel »Nahrung«). Doch das erste und oberste Ziel muß sein, hinunter ins Tal zu gelangen, wo reichlich Nahrung zu finden ist.

Internationale Notsignale

International anerkannte Notsignale im Gebirge sind sechs Pfeif- oder andere Töne, die in Abständen von einer Minute wiederholt werden, in der Nacht ein sechsmaliges Blitzen mit der Taschenlampe. Die Antwort besteht aus drei Pfiffen oder Lichtblitzen in Minutenabständen.

Die Versorgung mit Wasser ist im Gebirge kein Problem: Geschmolzener Schnee, geschmolzenes Eis oder Regenwasser kann man trinken, ohne es vorher zu reinigen.

Bau eines Unterschlupfs

Im Gebirge, wo Fels, Schnee und Eis vorherrschen, wird nur wenig Material für den Bau eines Unterschlupfs vorhanden sein. Am besten ist es, man gräbt sich ein, wenn geeignetes Werkzeug zur Verfügung steht, oder baut sich eine Schneehütte (siehe Kapitel »Die Polargebiete«). Verschwenden Sie keine Zeit für den Bau eines Unterschlupfs. Das wichtigste ist, sich vor dem Wind zu schützen und danach zu trachten, so rasch als möglich in die Täler zu gelangen.

Wenn Sie schon gezwungen sind, einen Unterschlupf zu errichten, dürfen Sie es nicht unterlassen, Feuer zu machen. Verwenden Sie dazu alles greifbare Material: Kleinholz, Gras, auch trockenen Ziegenmist, grundsätzlich alles, was brennt. Stellen Sie möglichst auch einen Hitzereflektor auf (siehe Kapitel »Feuer«).

Die Wüste

Große Hitze, Wassermangel und fehlende Möglichkeiten der Nahrungsbeschaffung sind nur einige der Probleme, mit denen Sie sich in der Wüste auseinanderzusetzen haben. Verzweiflung ist aber fehl am Platz: Mit den entsprechenden Anleitungen wird es Ihnen gelingen, zu überleben und in die Zivilisation zurückzufinden.

Rund 20 Prozent der Erdoberfläche bestehen aus Wüstengebieten. Die Vorstellung allerdings, diese Wüsten bestünden ausschließlich aus Sand, ist falsch. Tatsächlich gibt es ganz verschiedene Wüstentypen: Alkaliwüsten, Sandwüsten, Steinwüsten, Felswüsten und Gebirgswüsten.

Wüsten der Welt

Es gibt acht große Wüstengebiete auf der Welt, und jedes weist seine besonderen Eigenschaften auf.

Sahara: Sie breitet sich in Nordafrika aus, weist nur wenig Vegetation auf und besteht aus lockerem Treib- und Flugsand, durchsetzt von Sandsteingebieten, vulkanischem Gestein, Salzsümpfen, Schluchten und Sumpfgebieten. Heiße, trockene Winde verursachen Sandstürme. Die Nächte sind während der Wintermonate bitterkalt, was das Tragen von Schutzkleidung und Decken notwendig macht.

Arabische Wüste: Sie erstreckt sich im Mittleren Osten über eine Strecke von mehr als 1.600.000 km². Diese Wüste hat den Charakter einer fast vollständigen Öde – endlose Folgen von Treibsanddünen und praktisch keine Vegetation.

Persische Wüste: Sie reicht vom Persischen Golf bis ans Kaspische Meer und zeichnet sich durch sehr strenges Klima aus. Während des Sommers, des sogenannten Windes der 100 Tage, weht ein ständiger Nordwind mit Geschwindigkeiten von bis zu 120 km/h.

Wüste Gobi: Ihr Verbreitungsgebiet ist China. Es ist eine weite, wasserlose Region von rund 960.000 km², eingefaßt von hohen Gebirgsketten, die Regenfälle verhindern. Die fast baumlose Gobi ist mit zähem Büschelgras bedeckt.

Atacama-Wüste: In dieser auf den Gebieten von Chile, Argentinien und Bolivien gelegenen Wüste regnet es praktisch nie. Sie ist völlig abgeschlossen und öd, dennoch leben hier aufgrund reicher Bodenschätze Menschen.

Großes Becken: Es erstreckt sich in den Vereinigten Staaten über Arizona, Neu Mexiko, Nevada, Utah, Texas, Colorado, Kalifornien und über Nordmexiko. Das Gebiet ist felsig und durchsetzt mit Schluchten, Cañons und Steilabbrüchen. Die Vegetation besteht aus Kakteen und nordamerikanischem Beifuß.

Kalahari: Diese Wüste, im Hochland Südafrikas gelegen, besteht aus ausgedehnten Flächen roten Sandes und aus Ebenen. Ein großer Teil der Kalahari ist mit Buschwerk überwachsen.

Australische Wüste: Die Wüsten des australischen Busches sind mehr oder weniger unbewohnt, wenn man einmal von den Aborigines absieht. Charakteristisch sind die hin und wieder auftretenden Regenfälle, Zyklone und Stürme. Diese zum größten Teil flachen Gebiete sind ausschließlich mit Büschen bewachsen.

Geländemerkmale

Trotz ihrer Verschiedenartigkeit haben diese Wüsten gemeinsame Merkmale. Sie zu kennen ist wichtig, um einen erfolgversprechenden Überlebensplan auszuarbeiten.

Wassermangel

Wüsten zeichnen sich durch ihre Wasserarmut aus, weshalb sie nur spärlich bewohnt sind. Die jährliche Regenmenge kann von Null bis 25 cm reichen, Vorhersagen sind unmöglich. Sehr oft werden trockene Flußbette von Sturzfluten überschwemmt.

Vegetationsarmut

Der Pflanzenwuchs ist im allgemeinen spärlich und ganz darauf ausgerichtet, den harten Wüstenbedingungen zu trotzen. Die Art der Pflanzen gibt einen Hinweis darauf, wie tief der Grundwasserspiegel gelegen sein mag. So weisen Palmen auf Wasser in etwa 0,6–0,9 m Tiefe hin; bei Pappeln und Weiden kann man Wasser in einer Tiefe von 3–3,6 m vermuten. Zu beachten ist, daß Beifuß, Fettholz und Kakteen in keinem Zusammenhang mit dem Wasserspiegel stehen und deshalb als Wasserindikatoren wertlos sind.

Temperaturextreme

Die Temperaturen in der Wüste sind von der Höhenlage abhängig. In der Gobi können im Winter die Temperaturen bis −10 °C fallen, andererseits wurden in der Sahara schon Temperaturen von bis zu +58 °C gemessen. Infolge der direkten Sonneneinstrahlung sind die Temperaturen am Tag sehr hoch, in der

---

Tips der KANADISCHEN LUFTWAFFE — Sofortmaßnahmen

Wüsten sind unwirtliche Gebiete – die ersten Maßnahmen nach einem Absprung oder einer Notlandung sind daher entscheidend.
Richten Sie sich nach der kanadischen Luftwaffe.
- *Laufen Sie nicht blindlings in die Wüste hinein.*
- *Suchen Sie so rasch als möglich einen schattigen Platz.*
- *Bedecken Sie den Kopf und den Nacken.*
- *Überdenken Sie in Ruhe die Lage, und entscheiden Sie dann über das weitere Vorgehen.*
- *Die ersten Maßnahmen sind: Verletzungen behandeln, Unterschlupf und Wasser suchen.*

Nacht fallen sie rasch ab, besonders auf Hochplateaus, wo die Oberfläche unter klarem Nachthimmel schnell abkühlt.

Helles Sonnen- und Mondlicht
Aufgrund der geringen Wolkendichte ist das Tageslicht ungewöhnlich hell, und die Nächte sind kristallklar.

Sandstürme
Winde können in der Wüste Hurrikanstärke erreichen und dichte Staub- und Sandwolken aufwirbeln. Dies ist nicht nur äußerst unangenehm und lästig – auch die Sicht wird praktisch auf Null reduziert.

Luftspiegelungen
Sie sind das Resultat von Lichtbrechungen durch warme Luft, die von sehr heißen Sand- oder Gesteinsböden aufsteigt. Solche Erscheinungen gewahrt man gewöhnlich, wenn man gegen die Sonne blickt. Sie neigen dazu, die Form von Objekten besonders in der Vertikalen zu verzerren. Man meint Hügel, Berge und Seen zu erblicken – in Wirklichkeit sind es Spiegelungen.

Andere charakteristische Landschaftsformen der Wüste sind niedrige Hügel, Wadis (trockene Flußläufe und -täler) sowie Oasen.

Künstliche Bauten
In allen Wüsten sind von Menschenhand errichtete Objekte zu finden. Halten Sie beim Überlebenskampf danach Ausschau, denn sie können den Weg zurück in die Zivilisation weisen, wobei natürlich mit großen Entfernungen zu rechnen ist. Achten Sie im besonderen auf folgende Objekte:

Straßen und Bahngleise: Die meisten Pisten bestehen schon seit Jahrhunderten als Verbindungswege zu Handelszentren und wichtigen Grabstätten. Ferner gibt es Karawanenwege, die auch von Nomadenstämmen benützt werden und regelmäßig an Brunnen oder Oasen vorbeiführen, teils in Abständen von nur 30 oder 60 km, teils aber auch von 160 km.

Bauten: Gebäude, die als menschliche Behausungen dienen, sind gewöhnlich aus dickem Mauerwerk und weisen schmale Fensteröffnungen auf. Ruinen untergegangener Zivilisationen sind ebenfalls anzutreffen und können Ihnen als Unterschlupf dienen.

Pipelines: Sie können zu rettenden Wegweisern werden, und da sie oft über dem Boden verlaufen, sind sie schon von weitem auszumachen.

Bewässerungskanäle: Auch solche Anlagen können den Weg zu bewohnten Orten weisen.

Sanddünen

> **Es ist weniger anstrengend, an der windzugekehrten Seite eines Dünengrates zu gehen, als quer über die Dünen zu steigen, nur um eine direkte Richtung einzuhalten.**

Fortbewegung
Das Begehen der Wüste kann sehr riskant sein. Als Betroffener müssen Sie die Umweltfaktoren, Ihre körperliche Verfassung und die Versorgung mit Nahrung und Wasser in Rechnung ziehen. Sie dürfen die Bedingungen von Klima und Landschaft keinesfalls unterschätzen. Tagsüber ist es wegen der sengenden Hitze praktisch unmöglich, zu marschieren.

Wenn Sie andererseits nachts in felsigen oder gebirgigen Wüstenstrichen unterwegs

Tips des US MARINE CORPS
Regeln für die Fortbewegung

Sich bei Tag in der Wüste fortzubewegen, kann tödlich enden. Das US Marine Corps folgt in dieser Hinsicht strikten Regeln.

- *Meiden Sie die Mittagssonne: Marschieren Sie nur am Abend, in der Nacht oder am frühen Morgen.*
- *Marschieren Sie nicht aufs Geratewohl. Versuchen Sie zu einer Küste, Wüstenstraße, Piste, Wasserquelle oder an einen bewohnten Ort zu gelangen. Versuchen Sie einem Karawanenweg zu folgen.*
- *Meiden Sie lockeren Sand und rauhes Gelände; sie lassen Sie zu schnell ermüden.*
- *Legen Sie sich bei einem Sandsturm auf die Seite mit dem Rücken in Sturmrichtung, bedecken Sie das Gesicht, und versuchen Sie während des Sturms zu schlafen (keine Angst: Sie werden nicht vom Sand begraben).*
- *Suchen Sie Schutz und Unterschlupf an windabgewandten Hügelseiten.*
- *Objekte erscheinen in der Wüste immer näher, als sie es tatsächlich sind. Multiplizieren Sie deshalb geschätzte Entfernungen immer mit **drei**.*

Abbildung 94

Wüstenkleidung

sind, können Sie Gefahr laufen, in verborgene Spalten und Schluchten zu stürzen.

Orientierung

Richten Sie sich in der Nacht nach den Sternen und dem Mond (siehe Kapitel »Richtungsbestimmung und Signalgebung«). Am Tage können Sie den Kompaß oder Geländepunkte zu Hilfe nehmen. Bedenken Sie aber, daß es in der Wüste aufgrund des grellen Lichts und der fehlenden Orientierungspunkte sehr schwierig ist, Entfernungen zu schätzen und die Größe von Objekten zu bestimmen. Versuchen Sie, Tierpfaden zu folgen, die womöglich zu Wasserläufen oder -löchern führen. Der Wind kann ebenfalls als Richtungsweiser dienen. Stellen Sie fest, ob konstanter Wind vorhanden ist und in welche Richtung er weht, so daß Sie sich danach richten können.

Luftspiegelungen können sich verheerend auf die Orientierung auswirken. Hüten Sie sich besonders vor Spiegelungen, die Objekte ver-

Tips der **FRANZÖSISCHEN FREMDENLEGION**

Bekleidungsregeln

Die französische Fremdenlegion besitzt eine über hundertjährige Erfahrung im Wüstenkampf. Die Männer haben unter schwierigsten Bedingungen gelernt, sich wüstentauglich zu kleiden.

- *Tragen Sie während des Tages die volle Kleidung.*
- *Tragen Sie lange Hosen und ein langärmeliges Hemd.*
- *Tragen Sie stets einen Kopfschutz.*
- *Schützen Sie den Nacken mit einem Tuch.*
- *Tragen Sie die Kleidung locker.*
- *Öffnen Sie die Kleider nur im Schatten.*
- *Ziehen Sie Stiefel und Socken nur im Schatten aus.*
- *Schütteln Sie die Stiefel aus, bevor Sie sie anziehen: Es könnte sich ein Skorpion oder eine Spinne darin verkrochen haben.*

schleiern, vortäuschen oder ihnen eine rote Färbung verleihen, wodurch sie näher und größer erscheinen, als sie in Wirklichkeit sind. Denken Sie daran: Luftspiegelungen sind während der Tageshitze normale Erscheinungen.

Kleidung

In der Wüste ist eine zweckmäßige Bekleidung von größter Wichtigkeit. Sie muß Sie vor Sonnenbrand, Hitze, Sand und Insekten schützen. Entblößen Sie sich *niemals!* Halten Sie den Kopf, die Beine und den Körper stets bedeckt (Abbildung 94). Rollen Sie die Ärmel nicht auf, tragen Sie sie lose über den Handgelenken; dies wirkt kühlend. Ein heller Überwurf verhindert die Bildung übermäßiger Feuchtigkeit zwischen Körper und Kleidung; dadurch wird eine gewisse Kühlung gewährleistet, und das Schwitzen hält sich in Grenzen. Von Vorteil sind auch weiße Kleider, da sie das Sonnenlicht reflektieren.

Abbildung 95

Behelfsmäßige Sonnenbrillen

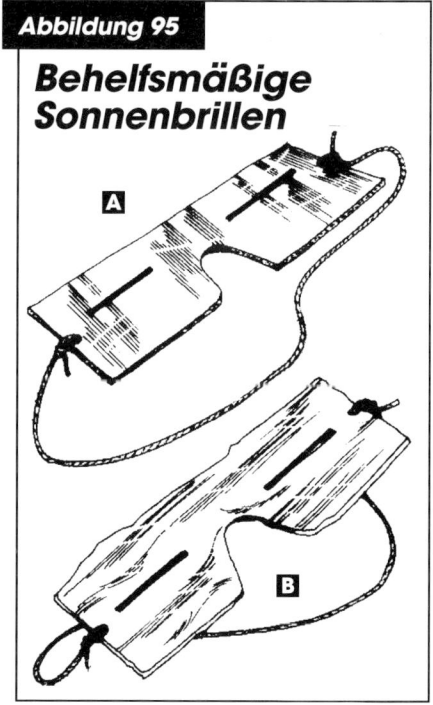

Augenschutz (Abbildung 95)

Tragen Sie eine Sonnenbrille, wenn Sie eine haben. Fertigen Sie sonst einen behelfsmäßigen Augenschutz entweder aus Stoff (A) oder Rinde (B) an. Die Sehschlitze sind möglichst schmal zu halten. Reiben Sie die Haut unter den Augen mit Ruß ein, dadurch wird die Blendwirkung vermindert. Vernachlässigen Sie den Schutz der Augen nicht, denn Sandkörner können Verletzungen verursachen.

Finden von Wasser und Nahrung

Es ist lebenswichtig, Wasser zu finden; wenn dies nicht gelingt, bedeutet dies den baldigen Tod. Bei einer Temperatur von 48 °C können Sie zweieinhalb Tage ohne Wasser auskommen, wenn Sie sich im Schatten aufhalten; bei 21 °C halten Sie es bis zu 12 Tagen aus. Bei einer Temperatur von 48 °C überstehen Sie einen Marsch von gerade 8 km ohne Wasser, bevor Sie kollabieren.

Im Gegensatz zum Wasser spielt die Nahrung in der Wüste eine geringere Rolle. Hitze senkt den Appetit. Zwingen Sie sich nicht zum Essen: Da für die Verdauung Flüssigkeit benötigt wird, sollten Sie möglichst Flüssigkeit enthaltende Nahrung zu sich nehmen wie frische Früchte und Gemüse – damit halten Sie den Wasserspiegel im Körper aufrecht.

Bedenken Sie auch, daß Nahrungsmittel – besonders Fleisch – in der Hitze sehr rasch verderben. Nehmen Sie sich vor allem vor Fliegen in acht, die scheinbar aus dem Nichts auftauchen und sich auf die ungeschützten Nahrungsmittel setzen.

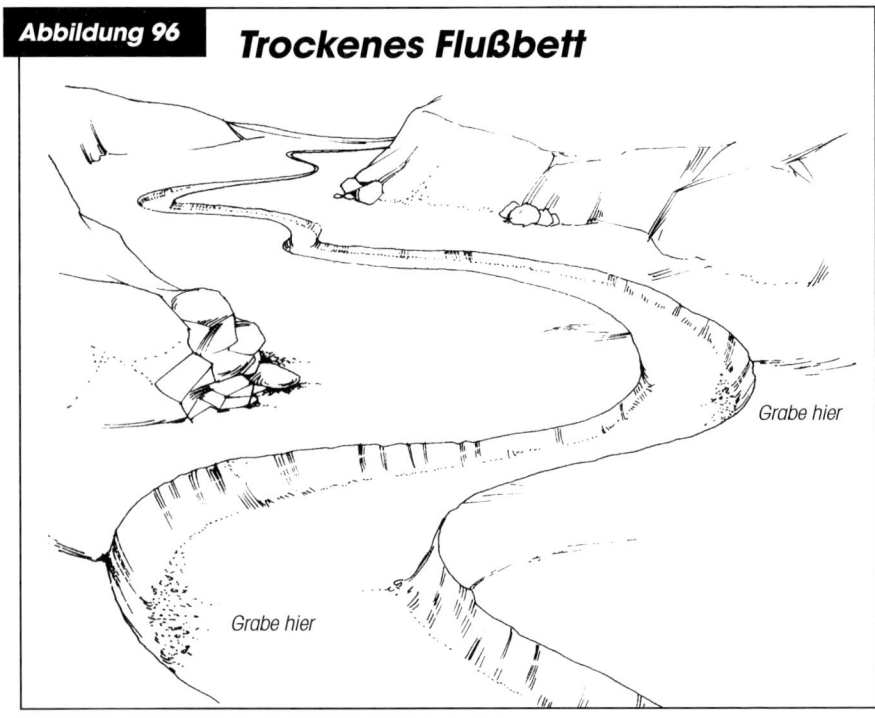

Abbildung 96

Trockenes Flußbett

Grabe hier

Grabe hier

Wasser sparen

Wasser bildet das kostbarste Gut in der Wüste. Die Legionäre befolgen deshalb verschiedene Regeln, um den Flüssigkeitsverlust des Körpers gering zu halten.

- *Tragen Sie immer volle Kleidung, so verhindern Sie übermäßiges Schwitzen.*
- *Verwenden Sie Wasser nur zum Waschen, wenn ein genügender Vorrat zur Verfügung steht.*
- *Hetzen Sie nicht herum.*
- *Trinken Sie nur in kleinen Schlucken. Benetzen Sie – wenn der Wasservorrat zur Neige geht – nur die Lippen.*
- *Nehmen Sie kleine Kieselsteine in den Mund, oder kauen Sie an Grashalmen, um das Durstgefühl herabzusetzen.*
- *Nehmen Sie Salz nur zusammen mit Wasser ein, und nur, wenn genügend Wasser vorhanden ist.*

Wasser

Im Zusammenhang mit Wasserläufen müssen Sie sich die folgenden drei Punkte merken:

- Wasser fließt stets abwärts.
- Es hinterläßt seine Spuren in Form von Flußbetten, Schluchten und Auswaschungen.
- Es begünstigt Pflanzenwuchs.

In der Wüste kann im Boden nach Wasser gesucht werden. Graben Sie an der tiefsten Stelle eines ausgetrockneten Sees mit einem Spaten, einem Stock oder einem Stein in die Tiefe. Stellen Sie das Graben ein, wenn Sie auf nassen Sand stoßen, und lassen Sie Wasser nachsickern.

Graben Sie in einem trockenen Flußbett (Abbildung 96) am Außenrand einer Biegung nach. Lassen Sie das Graben sein, wenn der Erfolg ausbleibt, und suchen Sie eine andere Stelle. Schonen Sie Ihre Kräfte.

Beobachten Sie das Gelände genau: Die Plätze, an denen am ehesten Wasser zu finden ist, liegen am Fuß von Hügeln oder Schluchten. Grünzeug an der Wand einer Schlucht deutet auf eine Sickerstelle in den Felsen hin. Halten Sie ferner Ausschau nach Plätzen, wo Pflanzen gedeihen, besonders Schilf, Gras, Weiden, Pappeln oder Palmen: Sie deuten normalerweise auf ständiges Wasservorkommen hin.

Wüstenpflanzen selbst können wertvolle Wasserquellen darstellen. Entfernen Sie die äußere harte Rinde eines Kaktus, und kauen Sie das saftige innere Gewebe. Blatttriebe anderer Wüstenpflanzen, zum Beispiel von Gänsefuß, enthalten ebenfalls Wasser. Diese Pflanze besitzt fleischige, rötlich-grüne Blätter und Triebe. Während der Blütezeit tragen sie gelbe Blüten und treten fleckenweise auf.

Schließlich können Sie selbst mit künstlichen Wasserquellen und Pflanzenbeuteln Wasser gewinnen (siehe Kapitel »Wasser«).

Denken Sie daran, das Wasser vor dem Trinken zu reinigen (siehe Kapitel »Wasser«).

Bei Wasser, das von Pflanzen, Bäumen und Sträuchern gewonnen wurde, erübrigt sich diese Maßnahme, ebenso bei frischem Regenwasser und Schnee.

Nahrung

Essen Sie nur, wenn Sie Wasser haben! Die US-Luftwaffe kennt folgende Regel: Steht täglich nur ein halber Liter Wasser zur Verfügung, sollte überhaupt nichts gegessen werden. Ferner sollte keine proteinhaltige Nahrung eingenommen werden (sie benötigt Wasser zur Verdauung), es sei denn, der Wasservorrat reiche aus.

Pflanzliche Nahrung

Es hängt von der geographischen Lage ab, ob pflanzliche Nahrung zu finden ist oder nicht. Dattelpalmen gibt es in den meisten Wüstengebieten, wo sie von den Einheimischen in Oasen und an Bewässerungsgräben kultiviert werden. Feigenbäume (Bäume mit ledrigen immergrünen Blättern) sind in den Wüsten Syriens und Europas zu finden. Im reifen Zustand sind die Früchte grün, rot oder schwarz.

Die folgenden genießbaren Wüstenpflanzen sollten Sie erkennen können:

Johannesbrotbaum

Aussehen: glänzende, immergrüne Blätter, die paarweise oder in Gruppen zu drei Blättern an einem Stengel wachsen.

Eßbare Teile: Die kleinen roten Blüten bringen lederartige Samenschoten hervor, die ein süßes, nahrhaftes Fruchtfleisch enthalten, das roh gegessen werden kann. Ferner kann man die harten braunen Samenkerne mahlen und zu Brei kochen.

Akazien

Aussehen: dornige, mittelgroße Bäume mit sehr kleinen Blättern. Ihre weißen, rosaroten oder gelben Blüten bilden kleine kugelförmige Blütenköpfe.

Eßbare Teile: Die Wurzeln geben Wasser ab; die Samen lassen sich rösten, die jungen Blätter und Triebe kochen.

Affenbrotbäume

Aussehen: große Bäume mit schweren, dicken Stämmen. Sie können einen Durchmesser von bis zu 9 m aufweisen.

Eßbare Teile: Schneiden Sie die Wurzeln ein, um Wasser zu gewinnen. Die Früchte und Samen können roh gegessen werden. Die zarten jungen Blätter sollte man kochen.

Dattelpalmen

Aussehen: hohe, schlanke Palmen mit einer Krone aus Blättern von bis zu 4,5 m Länge.

Eßbare Teile: Die Früchte und Triebe können roh gegessen werden; der Saft der Stämme ist sehr zuckerhaltig und läßt sich einkochen.

Mescal-Agave (Peyote-Kaktus)

Aussehen: dicke, ledrige, dornenförmige Blätter, aus denen sehr lange Blütenstengel sprießen.

Eßbare Teile: Die Blütenstiele sind gekocht eßbar.

Wilde Kürbisse

Aussehen: Diese Pflanzen sehen Reben ähnlich und tragen orangengroße Früchte.

Eßbare Teile: Die unreifen Früchte sind gekocht genießbar. Die jungen Blätter können Sie kochen, die Samenkörner rösten. Kauen Sie die Stiele und Schößlinge aus, sie enthalten Wasser.

Aasblumen

Aussehen: große Pflanzen mit saftig-fleischigen Stämmen, die in Zweige münden und fetten Spinnen ähnlich sind. Ihre sternförmigen Blüten sind mit dichten, struppigen Haaren bedeckt. Die Blüten strömen den Geruch von fauligem Fleisch aus, daher auch ihr Name.

Eßbare Teile: Man kann die Stiele zur Wassergewinnung anzapfen.

Feigenkakteen

Aussehen: dicke, kissenartige Blätter, gelbe oder rote Blüten und eiförmige fleischige Früchte.

Eßbare Teile: Die geschälten Früchte können roh gegessen werden, die Blätter muß man kochen (zuvor die Stacheln wegschneiden). Rösten Sie den Samen, um daraus Mehl zu machen. Die Stämme sind wasserhaltig.

Alle Wüstengräser sind eßbar. Am genießbarsten sind die weißlichen Enden, die zum Vorschein kommen, wenn die Grasbüschel aus dem Boden gezogen werden. Auch die Samen können Sie essen. Jedoch: Blüten mit milchigem oder farbigem Saft sind giftig!

Tierische Nahrung

Alle in der Wüste vorkommenden Tiere – Säugetiere, Vögel, Reptilien und Insekten – sind eßbar. Zum Fangen größerer Tiere und Vögeln empfiehlt es sich, Fallen auszulegen (siehe Kapitel »Nahrung«). Halten Sie aber auch Ausschau nach Eulen, Falken, Geiern und Wölfen, die sich oft um frisch getötete Tiere versammeln: Verjagen Sie sie, und nehmen Sie das Fleisch für sich selbst. Setzen Sie im äußersten Notfall Gras oder Gebüsch in Brand. Wenn das Feuer erloschen ist, können Sie nachsehen, ob geschmorte Hasen oder Ratten herumliegen.

Hasen und Vögel lassen sich in Fallen fangen, Hasen darüber hinaus ausräuchern, indem Sie vor ihren Löchern Feuer legen. Halten Sie sich bereit, um das Tier zu erschlagen, wenn es herauskommt.

Schlangen liefern ein schmackhaftes Fleisch, aber Vorsicht vor Giftschlangen. Man findet sie oft auf Felsen in der Sonne liegend, wenn es nicht zu heiß ist. Wenn die Sonne hoch steht, halten Sie sich im Schatten auf. Am aktivsten sind Schlangen am frühen Morgen oder Abend.

Auch Eidechsen können gegessen werden. Man findet sie in der Morgendämmerung unter flachen Steinen, bevor die Sonne die Luft erwärmt hat. Töten Sie sie mit einem Steinwurf oder mit Hilfe eines Katapults (siehe Kapitel »Provisorische Gegenstände«).

Tips der GREEN BERETS
Fangen und Essen von Insekten

Für die Green Berets stellen Insekten eine wertvolle Nahrungsquelle dar. Bereichern Sie damit auch Ihren Speisezettel.

■ *Locken Sie die Insekten nachts mit einem Licht an.*

■ *Suchen Sie unter Steinen nach Insekten.*

■ *Ameisenlarven liefern eine gute Mahlzeit. Wischen Sie sie von der Unterseite von Steinen in einen Wasserbehälter. Die Larven schwimmen an der Oberfläche.*

■ *Entfernen Sie bei Heuschrecken und Grillen die Flügel und die Beine, bevor Sie sie essen.*

■ *Kochen Sie die Heuschrecken vor dem Essen.*

Die meisten Leute ekeln sich vor dem Gedanken, Insekten zu essen, doch sie können eine schmackhafte Mahlzeit abgeben. Lassen Sie aber die Finger von Raupen, da einige Arten giftig sind, und gehen Sie Tausendfüßlern und Skorpionen aus dem Weg.

Kochen in der Wüste

Mit etwas Phantasie können Sie mit dem Material, das Ihnen zur Verfügung steht, aus rohem Fleisch ein schmackhaftes Essen zubereiten. Sie haben die Wahl zwischen den folgenden Kochmethoden:

Sieden: Heben Sie in festem Boden ein Loch aus, und legen Sie es mit Blättern oder einem anderen wasserundurchlässigen Material aus, füllen Sie es mit Wasser, das Sie mit glühenden Kohlen erhitzen. In gebirgigen Wüstengebieten finden sich durch Erosion ausgehöhlte Felsstücke, die zum Kochen geeignet sind: Zuerst vorheizen und dann mit Wasser füllen. Große Blätter können zu einem Wasserbehälter zusammengefügt werden. Solange diese Wasser enthalten, werden sie über einem Feuer nicht verbrennen. Auch ausgehöhlte Kaktusteile eignen sich zum Kochen.

Bratpfannen: Zum Braten kann man aus Steinplatten Pfannen herstellen. Suchen Sie einen flachen Stein, unterlegen Sie ihn mit anderen Steinen und machen Sie darunter Feuer. Reinigen Sie die Steinplatte, bevor Sie sie erhitzen. Auf der heißen Oberfläche können Sie Fleisch oder Eier braten, die Sie in Vogelnestern gefunden haben.

Rösten: Bilden Sie eine Schicht aus glühenden Kohlen, stecken Sie das Fleisch an einen grünen Zweig, und halten Sie es über die Glut.

Kebabs: Machen Sie ein Bett aus glühenden Kohlen, schneiden Sie das Fleisch in gleichmäßige Stücke, spießen Sie sie auf einen Stock, und braten Sie das Fleisch über der Glut. Geben Sie acht, daß die Stücke nicht vom Stock gleiten.

Backen in Schlammschicht: Dies ist eine vorzügliche Methode, um kleinere Tiere zu schmoren. Schneiden Sie von der Beute Kopf, Füße und Schwanz ab. Lassen Sie aber Haut oder Federn am Körper. Packen Sie diesen in eine etwa 2,5 cm dicke Schicht aus Schlamm oder Lehm ein, legen Sie das ganze in ein großes Feuer, und bedecken Sie es mit Kohlen. Je nach Größe des Tieres dauert es etwa eine Stunde, bis das Fleisch gar ist. Nehmen Sie das Paket aus dem Feuer, wenn die Schicht hart und brüchig geworden ist, und brechen Sie es auf. Haut oder Federn werden zusammen mit der Deckschicht abfallen, und zurück bleibt die fertige Mahlzeit.

Backen in Asche: Diese Methode eignet sich für Tiere, deren Haut erst nach dem Kochen entfernt wird. Schieben Sie einen Teil der Asche und der Glut zur Seite, legen Sie das Fleisch auf die Kohlen, und decken Sie es mit dem Rest der Kohlen zu.

Grillen: Graben Sie ein Loch, das größer und breiter als das Tier ist und etwa 0,3 bis 0,9 m in die Tiefe reicht. Machen Sie auf seinem Grund ein Feuer und warten Sie, bis die Grube heiß geworden ist. Legen Sie danach einen Rost aus grünen Stöcken über das Feuerloch, und legen Sie das Fleisch darauf. Sie können kleine Steine ins Feuer legen, um die Hitzewirkung zu erhöhen.

Erdofen: Diese Kochmethode wird in der Südsee angewendet. Man benötigt hierzu ein Loch von 0,6 m Breite und 0,6 m Tiefe. Bedecken Sie das Loch kreuzweise mit mittelgroßem Holz, und legen Sie Steine auf diese Schichten. Machen Sie sodann Feuer im Loch, und lassen Sie es brennen, bis die Steine weiß werden und ins Loch fallen. Verteilen Sie die Steine, und entfernen Sie die noch brennenden Holzstücke. Bedecken Sie die Steine mit grünen, angefeuchteten Blättern, und legen Sie das Kochgut darüber. Decken Sie es mit einer weiteren Schicht aus Blättern zu, und versiegeln Sie das Loch mit Erde, so daß kein Dampf entweichen kann. Nach etwa zwei Stunden wird das Fleisch gar sein. Dies ist eine ausgezeichnete Kochmethode, jedoch muß rasch gearbeitet werden, damit die Steine nicht abkühlen.

Gefahren

Die hauptsächlichsten Gefahren in der Wüste sind die Hitze sowie gefährliche Tiere und Pflanzen, die Ihnen Verletzungen oder Vergiftungen zufügen können. Doch mit ein bißchen Vorsicht werden Sie mit diesen Dingen fertig.

Gefährliche Pflanzen

Die meisten Wüstenpflanzen sind mit spitzen Dornen oder Stacheln bewehrt. Die Stacheln haben feine Häkchen, die sich in der Haut oder in den Kleidern verfangen. Vermeiden Sie daher eine Berührung. Giftige Eiche und giftiger Efeu können heftige Hautreizungen hervorrufen (siehe Giftige Pflanzen im Kapitel »Nahrung«). Waschen Sie nach einer Berührung gründlich die Haut.

Insekten

Halten Sie sich von Ameisennestern fern. Man erkennt sie an ihren hügelartigen Erdhaufen. Reizung und Schmerz nach einem Biß lassen sich durch eine Schlammpackung lindern. Auch Tausendfüßler sollte man meiden: Ihre Bisse können sehr schmerzhaft sein und bis zu zwei Wochen nachwirken. Tagsüber verbergen sie sich unter Steinen; sie werden nachts aktiv.

Auch Skorpione bleiben am Tag unter Steinen versteckt und kommen erst in der Nacht hervor. Sehr oft verkriechen sie sich in Schlafsäcken oder Stiefeln. Verwenden Sie beim Campieren ein Zelt mit integriertem Boden; schütteln Sie am Morgen die Stiefel aus, bevor Sie hineinschlüpfen. Bei Skorpionenstichen gibt es keine wirkliche Behandlungsmöglichkeit. Eine Behandlung, wie sie bei Schlangenbissen angewendet wird, ist wirkungslos – bei Skorpionstichen setzt die Reaktion sofort und umfassend ein. Glücklicherweise überstehen die meisten Erwachsenen einen solchen Stich, häufiger dagegen kommen Todesfälle bei Kindern vor.

Spinnen

Spinnenbisse lassen sich in der Wildnis nicht wirksam behandeln. Es bleibt Ihnen nichts anderes übrig, als für einige Tage die Folgen zu ertragen, wie andauernde Schmerzen, Erbrechen, Schwindelanfälle und Atembeschwerden.

Am besten geht man Spinnen aus dem Weg. Reizen Sie sie nicht, und versuchen Sie nicht, sie zu fangen. In der Wüste sind folgende Spinnen anzutreffen:

Schwarze Witwe

Aussehen: Klein, dunkel mit roter, gelber oder weißer Markierung am Unterleib.
Bißsymptome: Starke Schmerzen, Schweißausbrüche, Zittern und Schwächegefühl. Das Opfer kann bis zu einer Woche krank sein.

Fiddleback

Aussehen: Violinförmiger Hinterkopf.
Bißsymptome: Fieber, Schüttelfrost, Erbrechen, Gelenkschmerzen und fleckige Haut. Die Zerstörung des Gewebes um die Bißstelle kann in schweren Fällen eine Amputation nötig machen.

Tarantel

Aussehen: Groß und behaart.

Bißsymptome: Einige Schmerzen; das Gift wirkt aber nicht sehr stark und führt nicht zu Leistungseinbußen.

Schlangen

Zu den Giftschlangen, die in der Wüste zu Hause sind, gehören Kobra, Otter (Viper) und Klapperschlange.

Der beste Schutz vor Schlangenbissen ist eine zweckmäßige Kleidung – am meisten gefährdet sind Körperteile unterhalb des Knies, die Hände oder Unterarme. Greifen Sie mit den Händen nirgendwohin, wo Sie keinen Zublick haben.

Versuchen Sie nicht, eine Schlange zu fangen, wenn Sie nicht sicher sind, ob Sie sie töten können. Tragen Sie stets Stiefel. Passen Sie auf, wohin Sie treten. Zur Behandlung von Schlangenbissen siehe Kapitel »Erste Hilfe«. Zu den typischen Wüstenschlangen zählen:

Russelviper

Aussehen: Braun oder bräunlich-gelb mit ringförmigen schwarzen Flecken.
Länge: 0,9–1,5 m.
Temperament: Mutig, zischt laut und schlägt mit großer Schnelligkeit zu.
Verbreitung: Westpakistan, ganz Indien, Thailand und Südwestchina.

Sandviper

Aussehen: Gelb oder blaßrot.
Länge: Etwa 0,6 m.
Temperament: Aufgrund ihrer Fortbewegungsart kann sie sehr schnell über Sand gleiten. Heftig, wenn provoziert.
Verbreitung: Nordafrika von Algerien bis Ägypten.

Diamantklapperschlange

Aussehen: Olivgrün mit dunkler rautenförmiger Zeichnung und weißen oder gelben Rändern.
Länge: 0,9–1,5 m.

Temperament: Mutig, verteidigt sich, indem sie sich zusammenrollt, sich aufbläht, ein leises Zischen ausstößt und dazu mit dem Schwanz vibriert.
Verbreitung: Osten der USA, von North Carolina südwärts bis Florida und westwärts bis Louisiana.

Lanzenschlange

Aussehen: Gewöhnlich braun oder oliv, mit matter Rückenzeichnung in Form von Sanduhren.
Länge: 0,9–1,5 m.
Temperament: Vor dem Zuschlagen kann sie sich zusammenrollen; der Angriff kann aber aus jedem Winkel erfolgen. Nicht provozieren.
Verbreitung: In ganz Zentral- und Südamerika.

Texas-Klapperschlange

Aussehen: Hellbraun, mit dunkelbrauner, rautenförmiger Zeichnung. Der Schwanz ist cremefarbig bis weiß und trägt eine deutliche Zeichnung aus schwarzen Ringen.
Länge: 0,9–1,5 m.
Temperament: Mutig, verteidigt sich spontan.
Verbreitung: USA, besonders Texas, Louisiana, Arkansas, Südostkalifornien; auch in Nordmexiko anzutreffen.

Mojave-Klapperschlange

Aussehen: Grün oder oliv.
Länge: 0,6–0,9 m.
Temperament: Kann ohne Warnung zuschlagen, oft gefolgt von einem Klappern.
Verbreitung: Mojave-Wüste in Kalifornien; mexikanisches Hochland.

Todesotter

Aussehen: Hellbraun oder rötlich mit dunklen Querstreifen, der Schwanz ist gelb und kurz.
Länge: 0,35–0,9 m.

Temperament: Bösartig, beißt bei geringster Provokation schnell zu.
Verbreitung: Ferner Osten, auch Australien.

Ägyptische Kobra
Aussehen: Schwarz, braun oder gelb, mit dunklen Querstreifen.
Länge: 1,5–2,4 m.
Temperament: Aggressiv.
Verbreitung: Nordafrika, Südwesten der Arabischen Halbinsel.

Sägeschuppenviper
Aussehen: Rauh geschuppt, hellrot bis sandbraun, mit dunklen Zeichnungen und weißen Flecken.
Länge: 0,4–0,55 m.
Temperament: Äußerst angriffslustig.
Verbreitung: Nordafrika und Indien.

Australische Braune Schlange
Aussehen: Gelblich-grau bis braun, Bauchseite blaß.
Länge: 1,5–2 m.
Temperament: Aggressiv.
Verbreitung: Australien und Neuguinea.

Tigerschlange
Aussehen: Großer Kopf, dicker Leib, grünlich-gelbe, graue oder orangebraune Streifen.
Länge: 1,3–1,6 m.
Temperament: Aggressiv.
Verbreitung: Australien und Tasmanien.

Eidechsen
Gila-Krustenechse und Skorpionskrustenechse sind beide rund 45 cm lang und giftig. Erstere hat einen großen Kopf, einen dicken, stämmigen Rumpf, einen kurzen, stummeligen Schwanz und ist leuchtend gelb gemustert. Letztere ist dunkler und größer, der Schwanz schlank. Beide sind scheu und meiden den Menschen. *Nicht* reizen oder in die Enge treiben, ihr Biß ist sehr giftig; wie Schlangenbisse behandeln.

Tierbisse
Säugetiere können Tollwut haben. Reinigen Sie, wenn Sie gebissen worden sind, die Wunde mit Seife und Wasser, und desinfizieren Sie sie, wenn möglich. Wenn ein Mitglied Ihrer Gruppe unter Tollwut in fortschrittenem Stadium leidet, müssen Sie ihn isolieren und

Tips des US MARINE CORPS
Behandlung von Hitzekrankheiten

Hitzekrankheiten können in der Wüste zum Tod führen.
Eine Behandlung muß sofort erfolgen. Hier die Richtlinien des US-Marineinfanterie:
- *Die erste Maßnahme ist, die Körpertemperatur des Patienten sofort zu senken.*
- *Legen Sie den Patienten an einem schattigen Ort auf den Rücken.*
- *Öffnen Sie die Kleider des Patienten.*
- *Besprenkeln Sie ihn mit Wasser.*
- *Fächeln Sie dem Patienten Kühlung zu.*
- *Geben Sie ihm eine Salztablette und kühles (nicht kaltes) Wasser zu trinken, wenn er bei Bewußtsein ist.*
- *Keine Anregungsmittel geben.*

fesseln. Die Person wird mit Sicherheit sterben – berühren Sie den Körper nicht, wenn der Tod eingetreten ist.

Von Tollwut befallene Tiere, in fortgeschrittenem Stadium, sind angriffslustig, besonders Hunde; sie haben eine torkelnde Gangart und schäumen aus dem Maul. Wenn Sie das Opfer eines nicht provozierten Angriffs geworden sind, müssen Sie annehmen, daß das Tier Tollwut hatte. Eine Behandlung im Krankenhaus muß innerhalb von ein bis zwei Tagen erfolgen, damit eine Chance auf Rettung besteht.

Dehydrierung

Sorgen Sie dafür, daß Ihr Körper nicht austrocknet. Bei sehr hohen Temperaturen und niedriger Luftfeuchtigkeit macht sich Schwitzen nicht stark bemerkbar, da der Schweiß rasch trocknet. Versuchen Sie die Haut schweißfeucht zu halten, um Kühlung zu gewährleisten – setzen Sie die Haut nicht der Sonne aus. *Tragen Sie stets Kleidung!* Beachten Sie, daß Wasserverlust nicht zwangsläufig durch Durstgefühle angezeigt wird. Trinken Sie regelmäßig.

Hitzekrankheiten

Die Ursachen liegen beim Salz- und Wasserverlust infolge starken Schwitzens. Eine Ausnahme bildet der Hitzschlag, der auf eine Störung der Schwitzfunktion zurückzuführen ist.

Hitzekrämpfe treten als Folge übermäßigen Salzverlustes durch heftiges Schwitzen auf. Krämpfe sind schmerzhafte Muskelzuckungen, die gewöhnlich in Beinen, Armen und Bauchgegend auftreten. Trinken Sie zur Behandlung große Mengen Wasser.

Eine Hitzeerschöpfung wird ebenfalls durch einen übermäßigen Verlust von Wasser und Salz verursacht. Die Haut wird kalt und schweißfeucht, es stellen sich Kopfschmerzen, Schwindel- und Schwächegefühle und Appetitlosigkeit ein. Es kann der Tod eintreten, wenn keine Behandlung vorgenommen wird. Legen Sie den Patienten in den Schatten, massieren Sie die Beine, und lagern Sie sie hoch, damit das Blut ins Herz zurückfließen kann. Geben Sie viel Wasser zu trinken.

Ein Hitzschlag tritt ein, wenn der Körper die Fähigkeit verloren hat, sich durch Schwitzen selbst zu kühlen. Die Haut wird heiß und trocken. Das Opfer kann entweder plötzlich kollabieren, oder es leidet an Kopfschmerzen, Schwindel, fällt gar ins Delirium, bevor es das Bewußtsein verliert. Ein Hitzschlag kann tödlich enden. Die Behandlung besteht darin, so rasch als möglich die Körpertemperatur zu senken. Legen Sie den Patienten in den Schatten, öffnen Sie die Kleider, und besprengen Sie den Körper von Kopf bis Fuß mit Wasser. Fächeln Sie ihm dabei Luft zu, um die Kühlwirkung zu erhöhen. Massieren Sie Beine und Arme, um die Zirkulation anzuregen.

In der Wüste sind Sie anfällig gegen Krankheiten, die von Insekten übertragen werden; dazu gehören Malaria, Pappatacifieber, Typhus und Pest. Treffen Sie medizinische Vorsorgemaßnahmen, und bemühen Sie sich um eine angemessene persönliche Hygiene. Seien Sie auf der Hut vor Schnitt- und Kratzwunden, in der Wüste können sehr leicht Infektionen auftreten. Halten Sie Koch- und Eßgeschirr sauber, um Darmerkrankungen zu vermeiden; beseitigen Sie Abfälle und menschliche Ausscheidungen, und schützen Sie Nahrungsmittel und Ausrüstung vor Fliegenbefall.

Setzen Sie Ihre Haut nicht Witterung und Fliegen aus. Waschen Sie den Körper – auch die Füße – möglichst täglich, und wechseln

Tips der **FRANZÖSISCHEN FREMDENLEGION**

Errichten von Lagern in der Wüste

Es erspart Ihnen viel Zeit und Anstrengung, wenn Sie wissen, wann und wo in der Wüste ein Lager zu errichten ist. Befolgen Sie die Anweisungen der Französischen Fremdenlegion.

■ *Errichten Sie ein Schutzcamp entweder am frühen Morgen, am Abend oder in der Nacht, um Kräfte zu sparen.*

■ *Wählen Sie möglichst einen Platz, an dem Brennmaterial und Wasser vorhanden sind.*

■ *Errichten Sie kein Lager am Fuß steiler Abhänge oder an Stellen, die der Gefahr von Sturzflut, Steinschlag oder Sturm ausgesetzt sind.*

■ *Meiden Sie Felsen, die tagsüber die Hitze speichern. Andererseits bietet felsiges Gelände mit seiner Wärmeabstrahlung in der Nacht Schutz vor der Kälte.*

Sie die Socken regelmäßig. Untersuchen Sie den Körper, ob Verletzungen vorhanden sind, und seien sie noch so geringfügig. Staub und Insekten können selbst bei kleinen Schnittwunden und Kratzern Infektionen verursachen. Aus sanitären Gründen müssen Sie Abfälle und Ausscheidungen des Körpers vergraben. Graben Sie tief genug, da flache Löcher im Treibsand wieder bloßgelegt werden.

Tips des **US-HEERES**

Einfache Schutzvorrichtungen

Sie können mit einer Plane, einem Poncho oder einem Fallschirmtuch zwei sehr einfache Schutzdächer errichten. Außer einer Bodenerhebung oder einem aufragenden Felsblock benötigen Sie hierzu lediglich zwei Stöcke, um das Dach zu stützen.

Felsblock

■ *Suchen Sie einen geeigneten Felsen.*

■ *Legen Sie einen Rand der Plane über die Kante des Felsens und beschweren Sie ihn mit Steinen.*

■ *Spannen Sie die Plane aus und verankern Sie sie, damit ein Schattendach entsteht.*

Sandhügel

■ *Werfen Sie einen Sandhügel auf, oder suchen Sie eine geeignete Sanddüne.*

■ *Verankern Sie die eine Seite der Plane auf dem Hügel mit Steinen oder mit anderen Gewichten.*

■ *Spannen Sie die Plane zu einem Schattendach aus.*

Bau eines Unterschlupfes

In der Wüste ist ein Unterschlupf von größter Wichtigkeit: Er schützt Sie am Tage vor der Hitze und hält Sie in der intensiven Nachtkälte warm. Nehmen Sie sich die Einheimischen zum Vorbild mit ihren leichten Schutzzelten, deren Seiten sich aufrollen lassen, um die kühlende Brise zu nutzen. Sie müssen kein exotisches Zeltgebilde errichten, aber richten Sie sich nach den Prinzipien der Einheimischen.

Natürliche Unterschlupfmöglichkeiten

Die Möglichkeiten, sich in der Wüste zu schützen, sind rar und beschränken sich auf schattenwerfende Felsen und dem Wind abgekehrte Seiten von Hügeln, Dünen oder Felsformationen. Höhlen bieten einen guten Unterschlupf in felsigen Gegenden, sind aber schwer zu finden und oft gar nicht auszumachen. Halten Sie Ausschau nach Felsspalten oder überhängenden Felsvorsprüngen. Höhlen sind kühl und können Wasser enthalten, aber auch von Tieren, wie Ratten, Mäusen, Schlangen und Kaninchen belegt sein. Der Gedanke ist zwar verlockend, in nächster Nachbarschaft eine derartige Möglichkeit zur Nahrungsbeschaffung vorzufinden, aber es besteht dabei die Gefahr, gebissen oder gestochen zu werden. Deshalb ist es ratsam, in der Nähe des Eingangs zu bleiben.

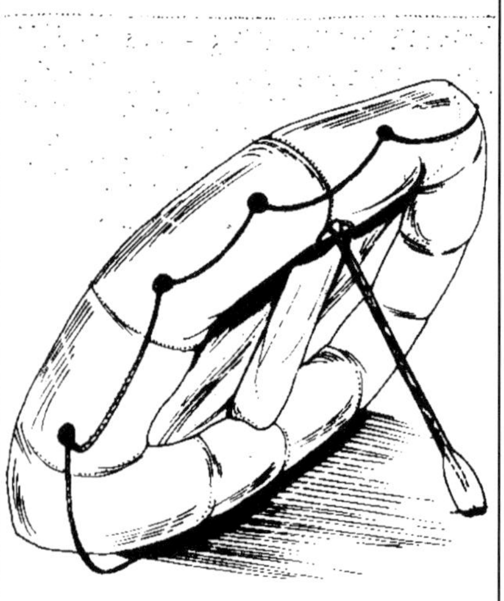

In flachen, offenen Wüstenstrichen sind natürliche Unterstände äußerst schwer zu finden. Sammeln Sie herumtreibende Büsche, die Sie zusammenbinden können. Was immer an Pflanzen zu finden ist – versuchen Sie daraus einen Schutz zu fertigen.

In manchen Wüsten ist der Sandboden 0,5 m unter der Oberfläche oft 20–30 Grad kühler als die Lufttemperatur. Heben Sie eine etwa 1 m tiefe Grube in Nord-Süd-Richtung aus, um während des Tages etwas Schatten zu haben. Einen noch besseren Schutz erhalten Sie, wenn Sie den Graben überdecken. Beim Bau eines Unterschlupfs müssen Sie auf drei Dinge achten:

- Beobachten Sie das Wetter. Meiden Sie Rinnen, ausgewaschene Stellen oder vegetationsarmes Gelände. Solche Orte sind Sturzfluten und heftigen Winden ausgesetzt.

- Giftschlangen, Tausendfüßler und Skorpione halten sich gerne in Büschen und unter Steinen versteckt.

- Schlagen Sie kein Lager am Fuß steiler Abhänge oder an Stellen auf, wo die Gefahr von Sturzfluten, Felsstürzen (Steinschlag) oder Sturm besteht.

Abbildung 97

Notdach

Abbildung 98

Schutzdach

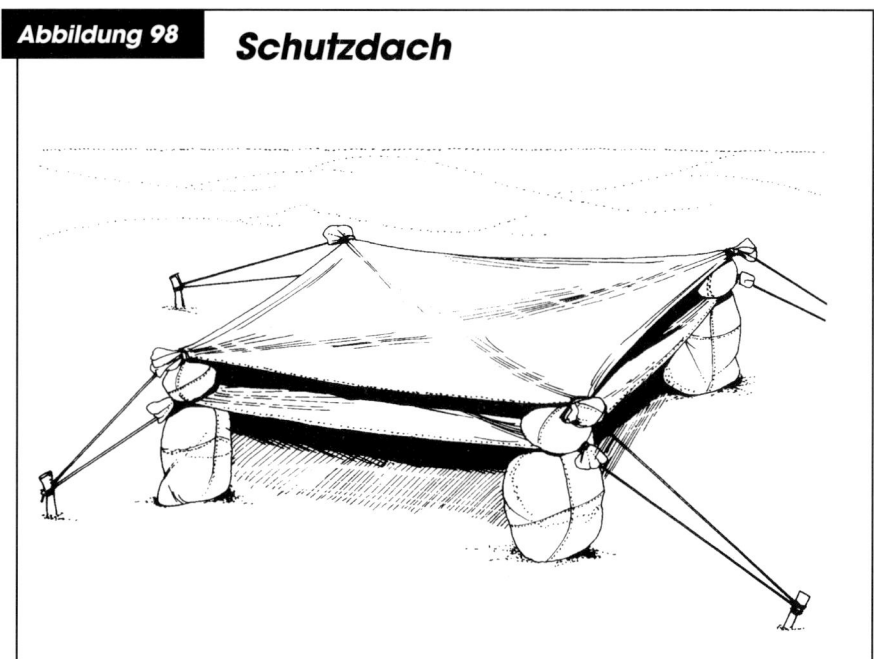

Behelfsmäßige Schutzvorrichtungen

Als Überlebender eines Flugzeugabsturzes haben Sie vielleicht die Möglichkeit, Trümmerteile oder auch Rettungsflöße zu bergen, womit Sie eine Schutzvorrichtung bauen können. Ein aufblasbares Rettungsfloß zum Beispiel kann einen Sonnenschutz abgeben (Abbildung 97).

Errichten Sie möglichst einen Unterschlupf mit doppeltem Dach; dadurch kann die Temperatur im Innern tiefer gehalten werden (Abbildung 98). Der Boden des Unterschlupfs sollte etwa 45 cm über oder unter der Oberfläche liegen, um so die kühlende Wirkung zu erhöhen. Verwenden Sie für die äußere Überdachung ein weißes Tuch, falls verfügbar. Die Seiten des Unterschlupfs sollten zum Schutz vor Kälte und Wind und zur besseren Durchlüftung bei großer Hitze geschlossen beziehungsweise geöffnet werden können.

Und noch etwas: Legen Sie den Unterschlupf an einer Stelle an, wo ihn kühlende Winde bestreichen können; damit werden gleichzeitig auch Insekten ferngehalten.

Die Tropen

Das landläufige Bild, das man sich von den Tropen macht, besteht aus dichtem Dschungel mit allen nur denkbaren Gefahren. In Wirklichkeit sind verschiedene tropische Klimagebiete zu unterscheiden, wobei in den meisten Wasser, pflanzliche und tierische Nahrung im Überfluß vorhanden sind.

Es gibt insgesamt fünf tropische Klimavarianten: Regenwald, feuchter Tropenwald mit zwei Jahreszeiten, Trockenwald/Trockensavanne, tropische Busch- und Dornwälder und trockene Tropen.

Geländemerkmale
Regenwälder

Sie erstrecken sich über die Dschungelgebiete von Südamerika, Asien und Afrika. Vorherrschend sind immergrüne Bäume, die bis zu 45–54 m hoch sind. Viele dieser Bäume haben eine sehr ausladende Basis, ihre Blätter sind lederartig und dunkelgrün, während die Blüten unauffällig erscheinen und von grüner oder weißer Farbe sind. An Flußufern und in Lichtungen, wo die Sonnenstrahlen bis an den Boden dringen, bildet sich eine dichte, oft undurchdringliche Vegetation, sekundärer Dschungel genannt. Wo jedoch das Blätterdach der Bäume dicht verwoben ist, ermöglicht die Bodenvegetation ein Fortkommen durchaus. Ferner gibt es zahllose Kletterpflanzen, die gewöhnlich wie Kabel oder Seile an den Bäumen hängen.

Es fällt sehr viel Regen – rund 203 cm gleichmäßig über das Jahr verteilt. Die meisten Pflanzen des Regenwaldes sind Holzgewächse und erreichen oft Baumgröße. Baumartig sind zum Beispiel Luftpflanzen und Rankengewächse, die an Baumstämmen und -ästen gedeihen. Gräser und Kräuter kommen selten vor, und die auf dem Waldboden sich ausbreitenden Pflanzen sind hauptsächlich Gehölze: junge Bäume, Sprößlinge, Büsche und junge Kletterpflanzen. Bambus, eigentlich eine Graspflanze, wächst im Regenwald reichlich: Oft bis zu 24 m hoch, enthalten dicke Stämme manchmal Wasser (siehe unten). Bambus tritt dickichtartig auf, so daß ein Durchdringen praktisch unmöglich ist.

Im Regenwald gibt es weder Winter noch Frühling. Das bedeutet, daß die Vegetation das ganze Jahr über gleichbleibt. An Waldrandgebieten, wo Lichtungen und verlassene Siedlungen vorhanden sind, finden sich eßbare Pflanzen. Inmitten des Urwalds dagegen, wo die Bäume sehr hoch aufstreben und Früchte und Nüsse außer Reichweite bleiben, ist es schon schwieriger, an Nahrung heranzukommen.

Allgemeine Merkmale tropischer Regionen

Machen Sie sich mit der Natur des Gebietes vertraut, in dem Sie sich aufhalten werden. Die tropischen Regionen weisen einige Gemeinsamkeiten auf.

Hier eine Übersicht:

- *Hohe Temperaturen und drückend-schwüle Feuchtigkeit*
- *Heftige Regengüsse, oft begleitet von Gewittern, welche die Flüsse schnell ansteigen lassen und in reißende Fluten verwandeln.*
- *Hurrikane, Zyklonen und Taifune entstehen über dem Meer und bewegen sich aufs Land zu; Flutwellen und Verwüstungen sind die Folgen.*
- *Es gibt eine sogenannte trockene Jahreszeit, während der es nur einmal am Tag regnet, sowie die Monsunzeit mit ununterbrochenen Regenfällen über Tage oder Wochen.*
- *In den Tropen herrscht Tag- und Nachtgleiche.*

Feuchter Tropenwald mit zwei Jahreszeiten

Diese Wälder in Zentral- und Südamerika wie auch in Afrika sind im wesentlichen mit den Monsunwäldern Asiens vergleichbar. Die Bäume wachsen hier in zwei Etagen; die obere erreicht Höhen von 18–24 m, die untere von 6–13,5 m. Es gibt eine trockene Jahreszeit, in der die Blätter abfallen, und eine Monsunsaison.

Die Monsune in Indien, Burma und Südostasien sind entweder trocken oder feucht. Der Trockenmonsun weht während der Monate November bis April, wenn die Nordwinde aus Zentralasien lange Schönwetterperioden mit wenig Regenfällen verursachen.

Die Zeit des Regenmonsuns dauert von Mai bis Oktober, wenn die Südwinde vom Bengalischen Meerbusen her heftige Regenfälle bringen, die Tage bis Wochen andauern und die Vegetation über Nacht ergrünen lassen.

Tropische Busch- und Dornwälder

Hier gibt es eine eindeutige Trockenzeit mit Blätterfall. Regen fällt hauptsächlich in Form von Platzregen, die von Gewittern verursacht werden. Die Bäume werden im Durchschnitt 6–9 m hoch, und es herrschen mit Dornen bestückte Pflanzen vor. Dieser Waldtyp beschränkt sich auf Teile Zentral- und Südamerikas, des südlichen Afrika, Indiens und Nordaustraliens.

Tropische Savanne

Sie liegt gänzlich innerhalb der tropischen Zone Südamerikas und Afrikas. Die Savanne hat die Gestalt eines weiten Graslandes, durchsetzt von Bäumen in weiten Abständen. Das Gras kann recht hoch aufragen und Inseln bilden. Der Boden erscheint häufig rot, die verstreut auftretenden Bäume haben eine verkrüppelte Gestalt. Die erste Jahreshälfte ist gekennzeichnet durch feuchtes Klima, die zweite durch Trockenheit.

Sümpfe

Salzwassersümpfe bilden sich in den Küstengebieten infolge von Überschwemmung durch das Meer bei Flut. Hier wachsen Mangrovenhaine mit ihren charakteristischen über und unter der Wasserlinie hängenden Wurzeln. Die Höhe der Gezeiten kann bis zu 12 m erreichen – der Flutpegel zeigt sich an den Bäumen in Form von Salzablagerungen und anderen Rückständen.

Süßwassersümpfe kann man im Landesinnern an tiefgelegenen Stellen antreffen. Sie haben oft Inseln und weisen eine dichte Vegetation auf, bestehend aus dornigem Unterholz, Schilf, Gras und Palmen.

Fortbewegung

Wägen Sie in einem Not- oder Unglücksfall zunächst Ihre Chancen ab, ob man Sie nicht doch am Unglücksort finden und retten kann, bevor Sie sich entschließen, aufzubrechen. Verlassen Sie Ihren Standort nur, wenn Sie müssen. Die Beschaffung von Wasser und Nahrungsmitteln sollte keine Schwierigkeiten bereiten; im Dschungel ist beides im Überfluß vorhanden. Ein Marsch durch den Dschungel kann aber sehr mühevoll sein: Überlegen Sie, ob Ihre körperliche Verfassung ein solches Unterfangen erlaubt.

In manchen Fällen bilden Flüsse, Pfade und Kammlinien die am leichtesten zu begehenden Wege, obschon gewisse Schwierigkeiten damit verbunden sind. Flüsse und Wasserläufe können überwachsen sein, sind daher schwer zu erreichen und unmöglich mit einem Floß zu befahren. Das Wasser selbst kann mit Egeln, gefährlichen Fischen und Reptilien bevölkert sein. Pfade können von Fallen belegt oder mit Fallgruben durchsetzt sein; sie können in eine Sackgasse, in Sümpfe

Tips der GREEN BERETS
Fortbewegung im Dschungel

Die US Green Berets verstehen es, sich mit großem Geschick durch den Dschungel zu bewegen. Folgen Sie ihren Ratschlägen, und machen Sie es sich nicht unnötig schwer.

■ *Meiden Sie Dickicht und Sümpfe; gehen Sie langsam und vorsichtig durch dichtbewachsenes Gebiet.*

■ *Marschieren Sie im Dschungel nur am Tage.*

■ *Benutzen Sie einen Stock, um sich einen Weg zu bahnen, damit Sie nicht mit den Händen oder Füßen mit Ameisenhaufen oder Skorpionennestern in Berührung kommen.*

■ *Halten Sie sich beim Übersteigen von Hängen oder anderen Hindernissen nicht an Büschen oder Ranken fest; ihre Dornen oder Stacheln könnten Sie verletzen, oder sie könnten unter Ihrem Gewicht nachgeben.*

■ *Steigen Sie nicht über Baumstämme, wenn Sie sie umgehen können; es besteht die Gefahr, daß Sie ausgleiten und sich verletzen oder auf eine Schlange treten.*

■ *Achten Sie auf unnatürlich veränderte Stellen, wenn Sie einem Pfad folgen – sie könnten Fallen oder Fallgruben verbergen.*

■ *Benützen Sie keinen Pfad, über den Stricke gespannt sind oder der mit Grassoden belegt ist – Sie könnten in eine Falle geraten.*

oder undurchdringliches Buschwerk führen. Gefährlicher jedoch sind Spalten oder Überhänge entlang von Kämmen, die durch den Pflanzenbewuchs verdeckt werden.

Trotz aller Gefahren bilden die Wasserwege die geringsten Schwierigkeiten, um vorwärts zu kommen – vor allem in Notsituationen, wenn es gilt Hilfe zu finden. Suchen Sie einen Wasserlauf, der zu einem größeren Fluß führt. Einem Wasserlauf zu folgen, zwingt einen zwar, durch Wasser zu waten oder sich durch eine dichte Vegetation schneiden zu müssen, aber zugleich besteht die Wahrscheinlichkeit, daß man an irgendeinen bewohnten Ort gelangt. Ferner liefert der Fluß Nahrung und Wasser, und es besteht die Möglichkeit, ein Floß zu benützen.

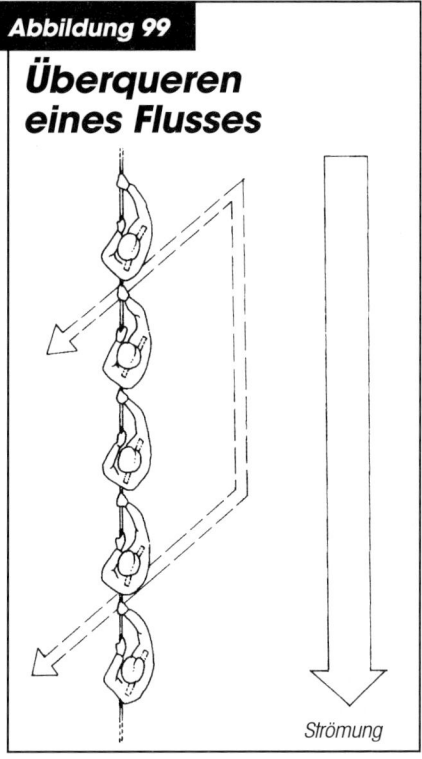

Abbildung 99

Überqueren eines Flusses

Strömung

Gefahren

Treibsand

An großen Flußmündungen und an flachen Stränden können Sie leicht in Treibsand geraten. Spreizen Sie die Arme und Beine, wenn dies geschieht, um das Körpergewicht zu verteilen und ein Einsinken zu stoppen. Halten Sie sich mit Schwimmbewegungen an der Oberfläche. Geraten Sie nicht in Panik: Das würde das Einsinken nur beschleunigen.

Durchqueren eines Flusses

Suchen Sie den Flußlauf zuerst nach einer geeigneten Stelle ab. Prüfen Sie auch, ob das gegenüberliegende Ufer überhaupt bestiegen werden kann. Wählen Sie eine Stelle, die es Ihnen ermöglicht, den Fluß in einem Winkel von 45° zur Strömung zu durchqueren (Abbildung 99). Versuchen Sie *nie* einen Übergang unmittelbar vor einem Wasserfall

oder einer Flußverengung. Günstig ist es, wenn die gegenüberliegende Seite aus flacher Uferböschung oder Sandbänken besteht. Meiden Sie möglichst felsige Flußstellen: Sie könnten sich einen Knöchel oder ein Bein brechen, obwohl vereinzelte Felsblöcke nützlich sein können, indem sie die Strömung brechen. Tiefes Wasser braucht kein Nachteil zu sein, es fließt ruhiger und ist sicherer als Flachwasser.

Wenden Sie die in Abbildung 99 dargestellte Methode an, wenn eine Überquerung mit Tücken verbunden ist. Nehmen Sie einen Stock zu Hilfe, wenn Sie allein auf sich gestellt sind. Stoßen Sie ihn flußaufwärts in den Grund, und stützen Sie sich an ihm ab.

Hilfsmittel im Dschungel

Die folgenden vom amerikanischen Heer empfohlenen Hilfsmittel erleichtern die Fortbewegung im Dschungel erheblich:

- *Eine Machete, um den Weg freizuschlagen, Nahrung zu beschaffen und Stämme für ein Floß zurechtzuhauen.*
- *Ein Kompaß zur Richtungsbestimmung*
- *Mittel gegen Fieber und Infektionen*
- *Stiefel oder kräftige Schuhe; sie erleichtern das Marschieren und schützen die Füße.*
- *Eine Hängematte; damit ist schnell ein Ruheplatz über dem Dschungelboden eingerichtet.*
- *Ein Moskitonetz zum Schutz vor Insekten*

Suchen Sie schlimmstenfalls eine andere Stelle, wo ein Übergang sicherer erscheint.

Machete

Sie gehört zu den nützlichsten Überlebenswerkzeugen im Dschungel. Hauen Sie schräg von oben nach unten und nicht waagerecht, das spart Kraft.

Hügelkämme

Auf Anhöhen kommt man oft leichter voran als auf Talsohlen; die Vegetation ist weniger dicht, es gibt weniger Flußläufe und Sümpfe. Sie gestatten auch eine bessere Sicht auf das umliegende Land, und Fixpunkte sind klarer auszumachen. Gewöhnlich führen auch Wildpfade die Kämme entlang.

Lagerstellen

Machen Sie vor Sonnenuntergang Lager, da im Dschungel die Dunkelheit plötzlich hereinbricht. Schlagen Sie während der Regenzeit kein Lager in der Nähe eines Flußlaufs oder Tümpels auf, da mit Überflutungen zu rechnen ist. Halten Sie sich fern von abgestorbenen Bäumen oder Bäumen mit toten Ästen, die auf Sie herunterstürzen könnten. Schneiden Sie im Umkreis des Lagers das Unterholz weg, Sie erhalten so mehr Platz, und ein Feuer wird besser belüftet. Ferner hält dies die Insekten etwas ab, Schlangen haben kein Versteck mehr, und Suchflugzeugen wird eine bessere Sicht geboten.

Gefahren

Die meisten Leute glauben, daß die größten Gefahren im Dschungel von Schlangen und großen Raubtieren ausgehen. Mit beiden ist zwar in tropischen Dschungelgebieten zu rechnen – aber die Hauptgefahr für einen Überlebenden stellen Insekten und Spinnen dar: Sie übertragen Krankheiten, und ihre Bisse oder Stiche sind giftig. Ihre Hauptfeinde sind daher Zecken, Moskitos, Flöhe, Milben, Blutegel, Spinnen, Skorpione, Tausendfüßler, Larven, Wespen, Wildbienen und Ameisen.

Insekten und Spinnen

Zecken und Flöhe sind blutsaugende Parasiten, die Infektionskrankheiten übertragen

Vorbeugung gegen Bisse und Stiche

Insekten stellen wahrscheinlich die größte Gesundheitsgefahr in den Tropen dar. Treffen Sie Gegenmaßnahmen.

- *Tragen Sie, wenn vorhanden, an allen bloßen Hautstellen und Kleideröffnungen Insektenschutzmittel auf.*
- *Bleiben Sie stets bekleidet, besonders bei Nacht.*
- *Bedecken Sie Arme und Beine. Tragen Sie Handschuhe und ein Kopfnetz zum Schutz vor Moskitos.*
- *Errichten Sie kein Lager in der Nähe von Sümpfen.*
- *Schlafen Sie unter einem Moskitonetz. Bestreichen Sie, wenn keines vorhanden ist, Ihr Gesicht mit Schlamm, um Insekten fernzuhalten.*

können. Zecken gedeihen auf Grasland. Bürsten Sie sie aus Ihren Kleidern, und suchen Sie mindestens einmal am Tag Ihre Haut nach ihnen ab. Die Behandlung von Zeckenbissen ist im Kapitel »Erste Hilfe« beschrieben.

Flöhe kommen in einem trockenen, staubigen Unterschlupf vor. Sie pflegen sich unter die Zehennägel und in die Haut zu graben, um dort ihre Eier abzulegen. Entfernen Sie sie mit einem sterilen Messer. Träger von Flöhen sind Ratten. Ratten übertragen nicht nur Pest, sondern verursachen auch Gelbsucht und anderes Fieber.

Rote Milben übertragen Typhus. Sie verkriechen sich im Boden und kommen häufig in hochwachsendem Gras und auf Flußbänken vor. Legen oder setzen Sie sich nicht auf den bloßen Boden. Säubern Sie die Lagerstelle, und brennen Sie den Boden aus.

Tausendfüßler, Skorpione und Spinnen gedeihen im Dschungel. Skorpione findet man unter Steinen und unter der Rinde abgestorbener Bäume. Sie verkriechen sich aber auch in Schuhen, die über Nacht auf dem Boden stehengelassen werden. Schütteln Sie immer zuerst Schuhe, Socken und Kleider aus, bevor Sie sie anziehen.

Nehmen Sie sich auch vor Larven, Wespen, wilden Bienen und Ameisen in acht. Beißende Ameisen leben im Geäst und Laubwerk von Tropenbäumen, besonders in den an Mangrovenästen hängenden Pflanzen. Machen Sie kein Lager in der Nähe von Ameisenhügeln und -straßen. *Behalten Sie die Stiefel stets an den Füßen*: So sind Sie vor Milben, Zecken und Ameisen geschützt.

Schlangen

In den Tropen kommen zahlreiche Arten von Giftschlangen vor, darunter Vipern (Ottern), Kobras, tropische Klapperschlangen, Mambas und Kraits (Paragudas). Einige Kobraarten können sowohl Gift speien als auch mit einem Biß injizieren. Wenn solches Gift Ihre Augen oder eine offene Schnittwunde trifft, müssen Sie die betroffene Stelle sofort mit Wasser auswaschen, im Notfall mit Urin. Schlangen greifen gewöhnlich nicht an, doch hüten Sie sich, sie zu berühren oder zu provozieren; behandeln Sie jede Schlange als

Giftschlange. Beachten Sie ferner, daß es einige tropische Schlangen gibt, zum Beispiel Buschmeister und Mambas, die grundlos angreifen.

Die wichtigsten gefährlichen Schlangen, auf die Sie in den Tropen treffen können, sind hier aufgelistet.

Gabunviper

Aussehen: Schwarze, braune und blaue geometrische Musterung.

Länge: 1,2–1,5 m.

Temperament: Krümmt sich bei Annäherung und schlägt rasch zu.

Verbreitung: Tropischer Regenwald von Sierra Leone, Angola, Natal und des Sudans.

Puffotter

Aussehen: Hell- oder dunkelbraun, mit weißer oder gelblicher winkliger Musterung.

Länge: 0,9–1,2 m.

Temperament: Schlägt mit blitzartiger Geschwindigkeit zu.

Verbreitung: Fast ganz Afrika, außer in heißen und trockenen Wüstengebieten.

Rhinozerosviper

Aussehen: Großer, schwerer Körper; rosarote, blaue und grüne Farbtöne.

Länge: 0,6–1,2 m.

Temperament: Schlägt bei einer Annäherung blitzartig zu.

Verbreitung: Tropischer Regenwald Liberias, Ugandas und Zaires.

Buschmeister

Aussehen: Dunkelbraun oder lohfarben, mit rosa Schattierungen und schwarzen Flecken auf dem Rücken.

Länge: 1,8–2,1 m.

Temperament: Kann unbeweglich verharren, bis sie berührt wird; greift bösartig an, wenn in die Enge getrieben. Kann oft

---

Tips des britischen SAS

Sicherheit vor Schlangen

SAS-Soldaten sind erfahrene Dschungelkämpfer. Sie begegnen dem Dschungel und seinen Bewohnern mit Respekt und verstehen es, mit Schlangen umzugehen.

- *Passen Sie auf, wohin Sie treten: Schlangen sind oft träge, weshalb die Möglichkeit besteht, daß man auf sie tritt.*
- *Schlangen leben oft auf Bäumen; seien Sie deshalb vorsichtig beim Pflücken von Früchten oder beim Auseinanderbiegen von Büschen.*
- *Schlangen nicht provozieren, in die Enge treiben oder ergreifen.*
- *Wenden Sie Steine mit einem Stock, nicht mit den Händen.*
- *Tragen Sie festes Schuhwerk. Die Giftzähne mancher Schlangen können Stiefelleder nicht durchdringen.*
- *Untersuchen Sie Lager, Kleider und Gepäck, bevor Sie sich ihnen nähern: Schlangen könnten sich verkrochen haben.*
- *Bleiben Sie stehen, und ziehen Sie sich zurück, wenn Sie einer Schlange begegnen. In den meisten Fällen wird sie zu entkommen versuchen.*
- *Benutzen Sie zum Töten einen langen Stock und schlagen Sie auf ihren Hinterkopf. Vergewissern Sie sich, daß sie tot ist – verwundete Schlangen sind sehr gefährlich.*

grundlos angreifen. *Verbreitung:* Ganz Lateinamerika, am häufigsten in tiefgelegenen Wäldern.

Wassermokassin

Aussehen: Junge Tiere haben kupferfarbene, hellbraune und dunkelbraune Streifen, bei ausgewachsenen Tieren können die Streifen vollkommen schwarz sein.

Länge: 0,9–1,2 m.

Temperament: Mutig; nicht reizen.

Verbreitung: Ganzer Süden der Vereinigten Staaten in sumpfigen Gebieten, an Seen und Flußläufen.

Grüne Baumviper

Aussehen: Leuchtendgrüne Färbung.

Länge: 0,6–0,9 m.

Temperament: Nicht aggressiv; da sie auf Büschen und Bäumen lebt, kommen jedoch Bisse häufig vor, weil sie schlecht auszumachen ist.

Verbreitung: Südostasien.

Springotter

Aussehen: Braune und schwarze Färbung, kurzer Körper

Länge: 0,6–0,9 m.

Temperament: Schlägt rasch zu, oft mit solcher Heftigkeit, daß ihr Körper vom Boden aufspringt.

Verbreitung: Ganz Lateinamerika und südliches Mexiko.

Malaische Grubenotter

Aussehen: Rötlich-brauner Rücken, dunkelbraune Querstreifen und rosa-braun an den Flanken.

Länge: 0,6–0,9 m.

Temperament: Ruhiger Charakter, beißt aber, wenn man auf sie tritt. Jedes Jahr werden viele Leute gebissen, da sie in bevölkerten Gebieten vorkommt, zum Beispiel in Gummibaumplantagen.

Verbreitung: Ganz Südostasien.

Tropische Klapperschlange

Aussehen: Dunkelbraun mit Rautenmuster auf dem Rücken und dunklen Streifen auf dem Nacken. *Länge:* 1,2–1,5 m.

Temperament: Schlägt rasch zu, rollt sich dazu zusammen und reckt den Kopf hoch. Sie klappert erst, wenn sie diese Stellung eingenommen hat.

Verbreitung: Südliches Mexiko und ganz Lateinamerika, ausgenommen Chile.

Waglers Viper

Aussehen: Grüne Färbung mit schwarzgeränderten Schuppen; kräftiger Körper.

Länge: 0,6–0,9 m.

Temperament: Ruhig.

Verbreitung: Thailand, Borneo, Indonesien, Malaysia und Philippinen.

Krait

Aussehen: Färbung hellgrau bis schwarz, mit schmalen weißen Querstreifen und einer weißen Bauchseite.

Länge: 0,9–1,8 m.

Temperament: Nicht aggressiv, aber ihr Gift wirkt tödlich.

Verbreitung: Asien und Südostasien.

Korallenschlange

Aussehen: Lebhafte rote, schwarze und gelbe Färbung; kleiner Kopf.

Länge: 0,3–0,9 m.

Temperament: Friedlich; beißt nur, wenn man auf sie tritt oder sie angreift.

Verbreitung: Süden der Vereinigten Staaten und Lateinamerika.

Königskobra

Aussehen: Olivbraun oder hellbraun; große Kobras können sich 0,9–1,2 m über den Boden erheben, bilden dabei eine Haube.

Länge: 2,1–2,7 m.

Temperament: Aggressiv, besonders beim Brüten.

Verbreitung: Ganz Asien und Südostasien.

Mamba

Aussehen: Grün oder dunkelgrau, kleiner Kopf, schlanker Körper

Länge: 1,5–2,1 m.

Temperament: Schlägt rasch zu; bekannt dafür, daß sie ohne vorausgegangene Provokation angreift.

Verbreitung: Afrika südlich der Sahara.

Baumschlange

Aussehen: Grün, braun oder schwarz; sehr schlank; bläht den Hals auf, wenn aufgeschreckt.

Länge: 1,3–1,5 m.

Temperament: Aggressiv.

Verbreitung: Afrika südlich der Sahara.

Taipan

Aussehen: Hell- oder dunkelbraun, mit gelblich-brauner Färbung der Flanken und der Bauchseite.

Länge: 3,5 m.

Temperament: Bösartig.

Verbreitung: Offene und bewaldete Gebiete im Norden Australiens.

Schweine

Wilde Schweine gibt es überall in den Tropen. Sie sind von aggressiver Natur und Allesfresser. Sie fressen alle Arten kleinerer Tiere, obschon ihre Nahrung zur Hauptsache aus Wurzeln, Knollen und anderen Pflanzen besteht.

Zu den Hauptarten der tropischen Schweine gehören das Pekari (Mittel- und Südamerika), das Indische Wildschwein, der Hirscheber von Celebes und das Zentralafrikanische Waldschwein. Das Pekari (Nabelschwein) kommt in zwei Hauptarten vor: Die eine bildet das Weißbartpekari, die andere das Halsbandpekari. Beide Arten sind schwarz, wobei das wildere Weißbartpekari unter dem Schwanz weiß ist. Das Halsbandpekari besitzt am Übergang vom Nacken zur Schulter einen grauen oder weißen Streifen.

Trotz ihrer geringen Größe – rund 38 cm hoch – sind wilde Schweine mit Vorsicht zu behandeln. Das Halsbandpekari tritt oft in Rudeln von 5–15 Stück auf, was ausreicht, um es mit einem Jaguar, Puma oder einem Menschen aufzunehmen. Am besten versucht man sie mit Hilfe einer Speerfalle zu töten (siehe Kapitel »Nahrung«). Greifen Sie sie nicht eigenhändig an: Mit ihren Hauern können sie schwere Beinverletzungen beibringen und womöglich die Oberschenkelarterie treffen.

Bei der Zubereitung ist zu beachten, daß beide Arten am Rücken rund 10 cm vor dem Schwanz Drüsen aufweisen, die eine moschusartige Substanz absondern. Diese Drüsen sind zu entfernen, gleich nachdem das Tier erlegt worden ist, sonst verdirbt das Fleisch und wird ungenießbar.

Krokodile und Alligatoren

Man trifft sie oft auf Flußbänken oder wie Baumstämme im Wasser liegend an, wobei nur gerade ihre Augen aus dem Wasser schauen. Seien Sie vorsichtig beim Durchqueren tiefer Flüsse, beim Baden oder in der Nähe von Ufern: Gehen Sie diesen Tieren aus dem Weg. Mit ihren Schwänzen können sie wie mit einer Sense zuschlagen, und ihre Kiefern sind von zermalmender Kraft; zudem sind sie auch an Land äußerst schnell. Bewegen Sie sich langsam, wenn Sie ins Wasser steigen müssen: Unruhige, heftige Bewegungen ziehen Krokodile und Alligatoren nur an.

Egel

Egel sind überwiegend Wassertiere und kommen in Süßwasserseen, Tümpeln und Wasserlöchern vor. Sie werden durch Störungen

Gefahren an Riffen

Riffe in den Tropen können Menschen sehr gefährlich werden:
Machen Sie sich mit den entsprechenden Gefahren vertraut.

- ■ *Meiden Sie Kegelschnecken und Schraubenschnecken; sie halten sich unter Steinen, Riffspalten und entlang felsiger Strände und geschützter Buchten auf und sind giftig.*
- ■ *Fangen Sie große Muscheln nicht mit den Händen: Sie könnten Ihre Finger festklemmen und Sie festhalten.*
- ■ *Suchen Sie Riffränder nach Haien, Barrakudas und Muränen ab, bevor Sie tiefere Stellen passieren. Muränen verstecken sich in dunklen Höhlungen und reagieren böse und aggressiv, wenn sie gestört werden.*
- ■ *Kraken, die an tropischen Riffen vorkommen, sind giftig; halten Sie sich von ihnen fern.*

im Wasser angezogen. Landegel besitzen einen großen Appetit auf Blut und reagieren auf Farb-, Duft-, Licht- und Temperaturreize. Manche in Quellen und Brunnen lebende Egel können während des Trinkens in Mund und Nase dringen und Blutungen und Verstopfungen verursachen.

Der Biß ist nicht schmerzhaft, und wenn sie sich mit Blut vollgesogen haben, fallen sie von selber wieder ab. Sie müssen jedoch sofort handeln, wenn Sie von Egeln übersät sind. Sie lassen sich mit Hilfe von Salz, Alkohol, einer brennenden Zigarette, mit Glut oder Feuer lösen. *Auf keinen Fall herausreißen: Dabei wird zwar der Kopf entfernt – aber die Mundwerkzeuge verbleiben in der Bißwunde und führen zu Infektionen.*

Fische

Während der Trockenzeit bei niedrigem Wasserstand ist Vorsicht geboten. In südamerikanischen Flüssen können Piranhas vorhanden sein, bis zu 50 cm lange Fische von hohem gedrungenem Körperbau und mit rasiermesserscharfen Zähnen ausgestattet. Von Haien weiß man, daß sie schon in Flußmündungen,

Buchten oder Lagunen Menschen angegriffen haben. Auch die Barrakudas (siehe Kapitel »Das Meer«) sind für ihre Attacken im trüben Wasser bekannt.

Candirus

Diese kleinen Amazonas-Fische, etwa 2,5 cm lang, sind schlank und sozusagen durchsichtig. Ein solcher Fisch ist in der Lage, in die Harnröhre einer im Wasser urinierenden Person zu schwimmen und sich dort mit seinem Stachelrücken festzusetzen. Obschon dies selten vorkommt, sollten Sie nie im Wasser urinieren.

Riffe und Strände

Gehen Sie nicht barfuß über Korallenriffe, da sie üble Schnittwunden an den Füßen verursachen können. Auch die feinen Stacheln von Schwämmen und Seeigeln rufen, wenn sie in die Haut eingedrungen sind, Eiterungen hervor.

Ferner besteht die Gefahr, auf einen Steinfisch zu treten (siehe Kapitel »Das Meer«), was unerträgliche Schmerzen oder gar den Tod zur Folge hat.

Benutzen Sie immer einen Stock zum Absuchen dunkler Stellen. Schleppen Sie die Füße nach, wenn Sie über schlammige oder sandige Meeresböden gehen. Dadurch vermeiden Sie, daß Sie auf einen Stachelrochen oder andere stachelbewehrte Tiere treten.

Krankheiten

Die im folgenden aufgeführten Krankheiten sind in den Tropen vorherrschend. Sie sind allesamt nicht harmlos, einige können sogar tödlich enden. Lassen Sie sich möglichst impfen, bevor Sie eine Reise antreten: Vorsorgen ist besser als Heilen.

Bilharziose ist eine Darm- oder Blasenerkrankung, die von Würmern übertragen wird. Sie geraten über infiziertes Trinkwasser oder offene Hautstellen in den Körper. Das Hauptsymptom besteht in einer Reizung des Harnsystems, zur Behandlung wird NIRIDAZOLE eingenommen .

Hakenwürmer sind Larven, die über die Haut, gewöhnlich an den Füßen, eindringen oder über infiziertes Trinkwasser. Sie verursachen Schlafsucht und Blutarmut. Zur Behandlung werden ALCAPAR und MINTAZOL eingenommen, auch ein Sud aus Farnkraut kann helfen.

Die Amöbenruhr wird durch verseuchtes Wasser oder ungekochte Nahrung verursacht. Die Betroffenen leiden unter Lustlosigkeit und Müdigkeit. Der Kot ist zwar fest, riecht jedoch übel, enthält Blut und eine schleimige rote Masse. Trinken Sie viel Flüssigkeit, ruhen Sie sich aus, und nehmen Sie FLAGYL ein.

Malaria wird durch eine Mücke übertragen und äußert sich in Fieber. Es kann mit CHININ, PALUDRINE und DARAPRYN behandelt werden.

Denguefieber läßt sich nicht mit Medizin behandeln. Ein Befall dieser durch Insekten übertragenen Krankheit führt normalerweise zur Immunität; Kopfschmerzen, Gelenkschmerzen und ein Ausschlag für die Dauer einer Woche sind die Begleiterscheinungen.

Gelbfieber äußert sich in Erbrechen, Schmerzen, Fieber und Verstopfung. Die Behandlung besteht in Ruhe und Pflege.

Typhus wird durch Läuse und Rattenflöhe übertragen. Die Folgen sind Erbrechen, Kopfschmerzen, Übelkeit, Ausschlag, Delirium, Koma und Tod. Zu den Behandlungsmitteln gehören Antibiotika.

Beschaffung von Wasser und Nahrung

In den Tropen gibt es Wasser und Nahrung im Überfluß. Wasser kann man Flüssen, Quellen, Seen, Teichen und Tümpeln entnehmen, wobei man es aber reinigen und entkeimen muß (siehe Kapitel »Wasser«). An Nahrungsmitteln stehen im Dschungel eine große Vielfalt an Früchten, verschiedenen Gemüsearten und unterschiedlichsten Tieren zur Verfügung.

Wasser

Offene Wasserstellen gibt es in Form von Flüssen, Teichen, Bächen und Tümpeln. In der Savanne ist man während der Trockenperiode unter Umständen gezwungen, nach Wasser zu graben (siehe Unterkapitel »Wasser« im Kapitel »Die Wüste«). Das Wasser muß gereinigt und gefiltert werden. Manche Pflanzen haben Hohlräume, in denen sich Wasser ansammelt. Halten Sie Ausschau nach hohlen Stielen und Blättern, Y-förmigen Pflanzen (Palmen oder Luftgewächse), nach Spalten und Aushöhlungen. Auch solches Wasser muß gereinigt werden.

Gewisse Arten von Rankengewächsen liefern ebenfalls Wasser, das nicht gereinigt werden muß. Berühren Sie mit dem Mund nicht

Wasser von Rankengewächsen

Die Soldaten des australischen SAS sind Experten im Dschungelkampf. Befolgen Sie deren Regeln, um festzustellen, ob die Flüssigkeit von Rankengewächsen genossen werden kann.

- *Knicken Sie die Ranke, und prüfen Sie den Saft, der aus der Knickstelle quillt.*
- *Der Saft darf nicht milchig sein.*
- *Wenn der Saft nicht milchig erscheint, so schneiden Sie ein Stück der Ranke ab, halten Sie es senkrecht, und prüfen Sie die herausfließende Flüssigkeit.*
- *Ist sie klar und farblos, kann er vielleicht getrunken werden, nicht aber, wenn er milchig ist.*
- *Fangen Sie etwas Flüssigkeit in der Hand auf, und beobachten Sie diese.*
- *Kosten Sie davon, wenn keine Verfärbung eintritt.*
- *Die Flüssigkeit sollte genießbar sein, wenn sie wie Wasser, süßlich oder nach Holz schmeckt.*
- *Saft mit einem sauren oder bitteren Geschmack sollte nicht genossen werden.*

die Rinde, wenn Sie von einer Ranke trinken, um nicht von Krankheitserregern befallen zu werden.

Bambus (Abbildung 100)

Grüner Bambus enthält oft Wasser. Schütteln Sie ihn, wenn ein schwappendes Geräusch zu vernehmen ist, enthält er Wasser. Schneiden Sie den Wasser enthaltenden Teil ab, so daß Sie es direkt trinken oder in einen Behälter gießen können (A).

Untersuchen Sie aber zuerst die Innenseite des Bambusstücks. Wenn das Wasser sauber und klar ist, können Sie es sofort trinken; ist es braun, schwarz oder verfärbt, sind Pilze vorhanden. Solches Wasser müssen Sie zuerst reinigen.

Eine andere Methode, um an das Wasser zu kommen, besteht darin, den Bambus durchzuschneiden, das Rohr nach unten zu biegen und in dieser Lage festzuhalten. Das Wasser kann so in einem Gefäß aufgefangen werden (B).

Bananenstauden (Abbildung 101)

Auch diese Pflanzen enthalten Trinkwasser (A). Schneiden Sie die Staude über dem Boden ab, und höhlen Sie den Stumpf aus (B). Decken Sie den Stumpf mit einem Bananenblatt ab, damit das sich ansammelnde Wasser nicht von Insekten verseucht wird.

Kokosnüsse

Kokosnüsse enthalten eine erfrischende Flüssigkeit, die, obschon milchig, getrunken werden kann. Am vorteilhaftesten sind grüne, unreife Nüsse von etwa der Größe einer Grapefruit. Die Milch kann in großen Mengen ohne schädliche Nebenwirkungen genossen werden. Reife Nüsse allerdings enthalten ein Öl, das Durchfall bewirken kann, wenn größere Mengen getrunken werden.

Abbildung 100

Wasser von Bambus

Nahrung

Der Dschungel ist überreich an eßbaren Pflanzen und Tieren. Wer überleben will, kann sich also mit einer ausgewogenen Diät versorgen.

Pflanzen in feuchten Regionen können das ganze Jahr über gedeihen, und sie zeichnen sich durch ein rasches Wachstum aus. Bevor Sie eine Pflanze essen, müssen Sie jedoch den Genießbarkeitstest durchführen (siehe Kapitel »Nahrung«), es sei denn, Sie können das Gewächs eindeutig identifizieren.

Tiere benützen im Dschungel Wildpfade, dort sollten Sie auch Ihre Fallen auslegen. Als Beute kommen in Frage: Igel, Stachelschweine, Ameisenbären, Mäuse, Wildschweine, Rehwild, Wildrinder, Eichhörnchen, Ratten und Affen.

Folgende Tiere sind strikt zu meiden, obwohl auch sie als Fleischlieferanten in Frage kämen: Tiger, Rhinozerosse, Wasserbüffel, Elefanten, Krokodile, Kaimane und Kobras; von den letzteren können einige Arten Gift in die Augen spritzen.

Diese Tiere sind gefährlich und könnten Sie töten.

Frösche

Frösche mit leuchtenden Farben sind giftig, lassen Sie die Hände von ihnen. Dasselbe gilt für Frösche und Kröten, die einen durchdringenden Geruch über die Haut ausströmen.

Reptilien

Sie kommen im Dschungel sehr zahlreich vor und kommen als Nahrungsquelle in Frage.

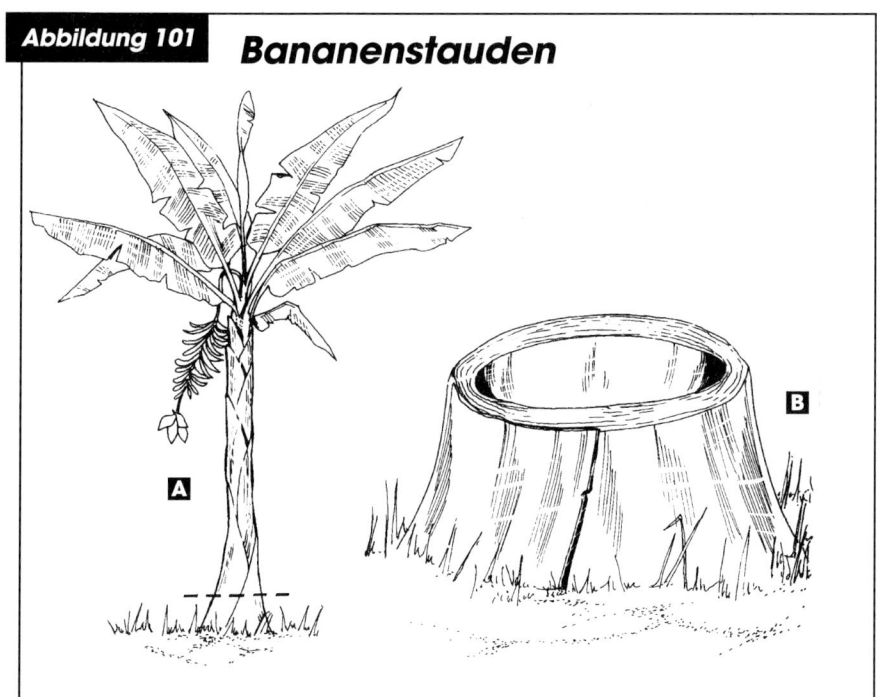

Abbildung 101

Bananenstauden

Betrachten Sie sämtliche Schlangen als giftig. Töten Sie sie mit einem kräftigen Hieb auf den Hinterkopf.

Katzen

Auch Katzen sind in den Tropen häufig anzutretten. Der Ozelot zum Beispiel mit seinem dunkelgefleckten, gelbgrauen Fell kommt im Dschungel Zentral- und Südamerikas recht zahlreich vor. Er ist klein, mager und wild. Ausgewachsen wiegt er etwa 18 kg und wird rund 90 cm lang.

Der Leopard, ein weiterer Dschungelbewohner, ist ein kräftiges und nicht leicht zu fangendes Tier. Anders als Löwen und Tigern fällt es ihm nicht schwer, auf Bäume zu klettern. Im Falle eines Angriffs können Sie sich daher nicht auf einen Baum retten.

Meeresfrüchte

Wenn es Sie in die Nähe eines Meeresstrandes verschlagen hat, können Sie sich, wenigstens zum Teil, von Fischen, Krabben, Hummern, Langusten und Tintenfischen ernähren. Sie müssen versuchen, sie mit einem Speer aufzuspießen oder auf eine andere Weise zu fangen, bevor sie ins tiefe Wasser flüchten.

Zitrusfruchtbäume

Ihre Blätter sind im allgemeinen ledrig, glänzend und immergrün, ihre Blüten gewöhnlich klein und weiß bis purpurfarben getönt. Die Früchte besitzen eine lederartige Schale mit zahlreichen Poren, sie sind rund, und ihr Fleisch setzt sich aus mehreren Teilen zusammen, die mit Kernen durchsetzt sind. Zu den

Zitrusfrüchten gehören Guava, Dattelpflaume, Zwillingspflaume, Zibetbaum und die Passionsfrucht.

Yams (Abbildung 102)

Yamsgewächse kommen in verschiedenen Arten vor. Man findet sie in lichten Wäldern oder auf Lichtungen sowohl in den Tropen als auch in den Subtropen.

Die häufigste Art besitzt Ranken mit einem quadratischen Querschnitt und zwei Reihen herzförmiger Blätter (A). Andere tragen fünf Blätter am Stengel und haben unauffällige Blüten (B) und eckige Samenschoten (F). Yamsgewächse besitzen gewöhnlich grünliche Blätter (C). Ihre Knollen (D & G) findet man im Boden am unteren Ende der Ranke (E). Diese Knollen müssen gekocht werden, um die giftigen Substanzen der Pflanze zu neutralisieren.

Kokosnußpalme

Dieser Baum zeichnet sich durch seine ringförmigen Blattnarben aus. Die Blätter sind lederartig und können zum Bau eines Unterschlupfs verwendet werden. Die Früchte wachsen in Büscheln an der Baumkrone und fallen, wenn sie reif sind, herunter. Das Innere der Kokosnuß kann – wie die Blüten – gegessen werden.

Papaya (Abbildung 103)

Diese Pflanze ist im Sekundärdschungel zu Hause. Die grünlichen oder gelblichen Früchte (A) werden gekocht. Passen Sie auf, daß der milchige Saft nicht in Ihre Augen gerät. Waschen Sie sie sofort aus, wenn dies geschieht. Die Früchte wachsen am Stamm unterhalb der Blätter (B). Sie können geschält, roh oder gekocht gegessen werden. Der Baum (C), der eine Höhe von 1,8–6 m erreichen kann, hat große dunkelgrüne, mehrfach geteilte Blätter, die eine büschelförmige Krone bilden (D).

Giftige Pflanzen (Abbildung 104)

Die folgenden Pflanzen sind giftig und deshalb zu meiden. Der Genuß einiger dieser Pflanzen kann sogar zum Tod führen.

Nesselbäume (A)

Aussehen: Ähnlich den Nesseln in den gemäßigten Klimazonen. Der Samen ist sehr giftig.

Verbreitung: Überall in den Tropen.

Tips der US-LUFTWAFFE — Fischen in den Tropen

Zum Überlebenstraining der amerikanischen Luftstreitkräfte gehört ein Kurs im Fangen von Meerfischen. Das Meer kann im Überlebenskampf ausreichend frische Nahrung liefern. Beachten Sie folgendes:

- *An Steinen und Seegras unterhalb des Ebbestandes finden sich Schnecken. Lösen Sie sie mit einem Messer ab.*
- *Muscheln kommen in Kolonien in felsigen Becken, an Stämmen oder an der Unterseite von Steinen vor. Während des Sommers sind Muscheln giftig.*
- *Die für den Genuß sichersten Fische stammen aus dem offenen Meer oder aus dem Tiefwasser vor den Riffen.*

Yams

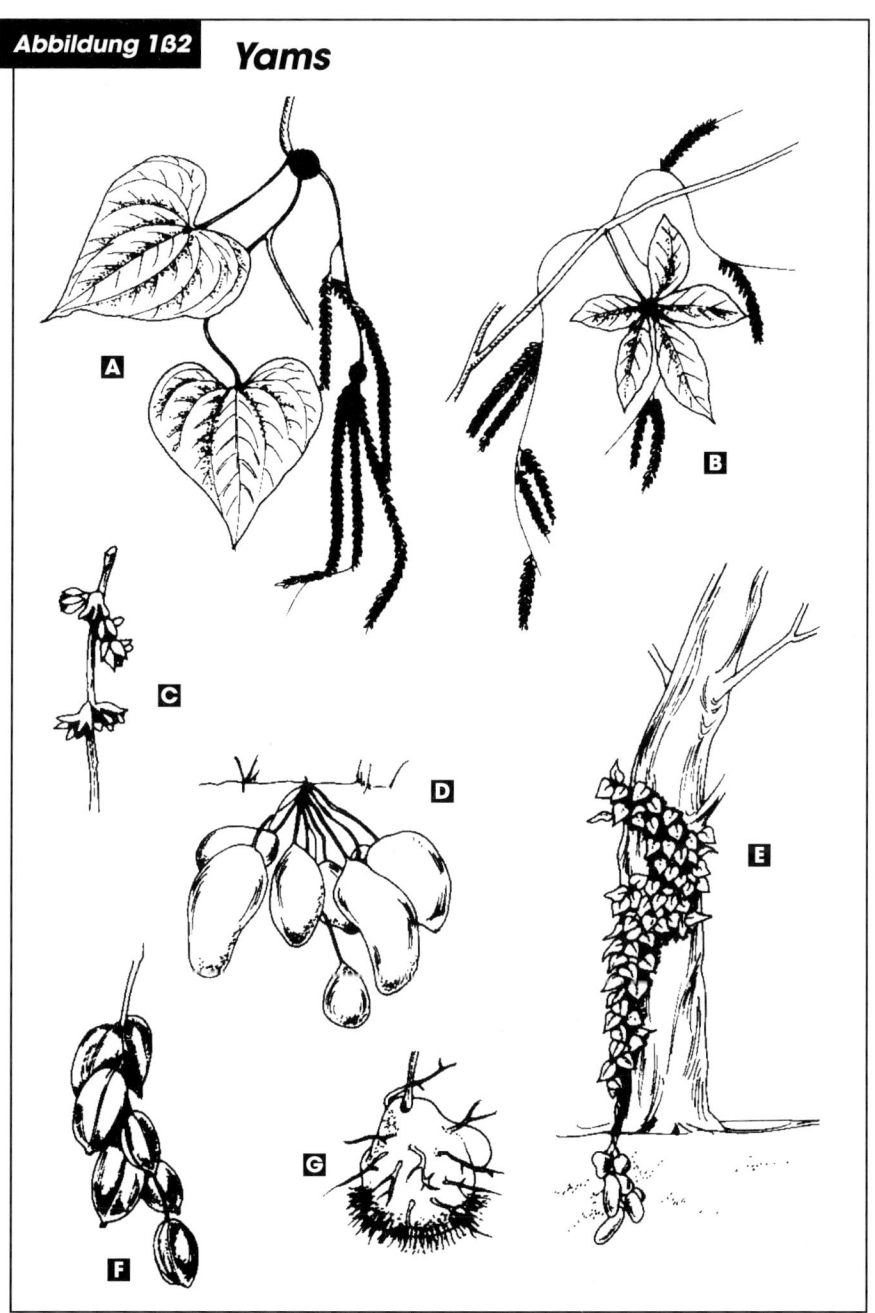

Strychnin (B)

Aussehen: Kleinwüchsiger Baum mit ovalen Blättern in paarweiser Anordnung. Die Früchte sind gelblich-rot.

Verbreitung: Vornehmlich in Indien, gewisse Arten überall in den Tropen.

Brechnuß (D)

Aussehen: Große, gelappte, ahornähnliche Blätter, kleine grünlich-gelbe Blüten und gelbe Früchte.

Verbreitung: In tropischen Waldgebieten.

Juckbohne (E)

Aussehen: Behaarte, matte, ins Purpurne gehende Blüten und braune, behaarte Samenschoten.

Verbreitung: Busch- und lichtes Waldland in den Tropen.

Indische Erdbeere (F)

Aussehen: Erdbeerähnlich – rote Beeren und gelbe Blüten.

Verbreitung: In öden Landstrichen warmer Tropenregionen.

Pangi (G)

Aussehen: Grüne Blüten und Trauben von großen, bräunlichen, birnenförmigen Früchten.

Verbreitung: In Dschungelgebieten Südostasiens, vor allem in Malaysia.

Rizinusbohne (H)

Aussehen: Gelbe Blüten und stachelige dreieckige Schoten.

Verbreitung: Busch- und Ödland in allen Tropengebieten.

Weiße Mangroven (C)

Aussehen: Fahle Rinde, stiftförmige Wurzeln, gelbe Blüten und kleine, weiße, runde Beeren.

Verbreitung: Mangrovensümpfe und Flußmündungen in Afrika, Indonesien und den australischen Tropen.

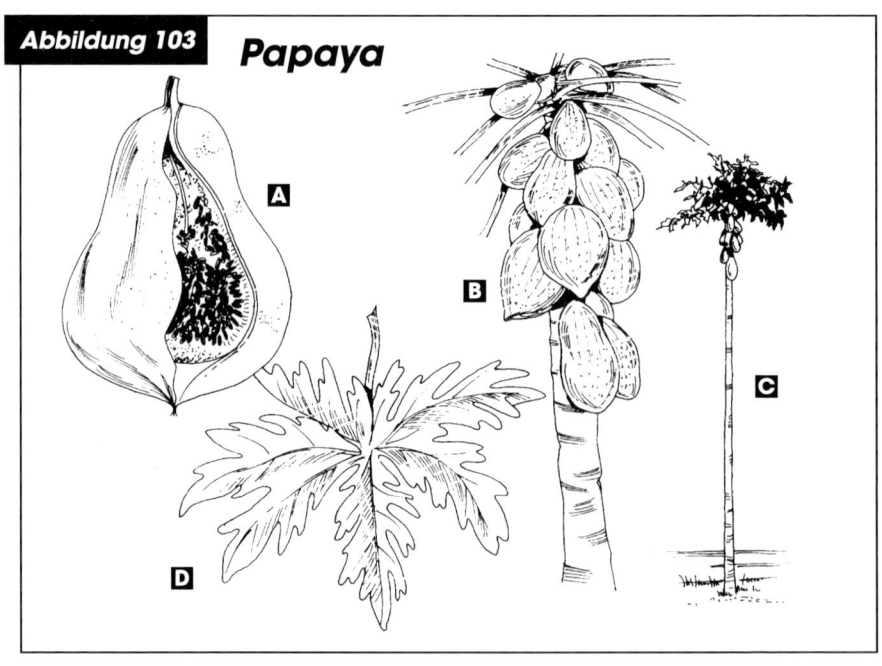

Abbildung 103 *Papaya*

Abbildung 104

Giftige Tropenpflanzen

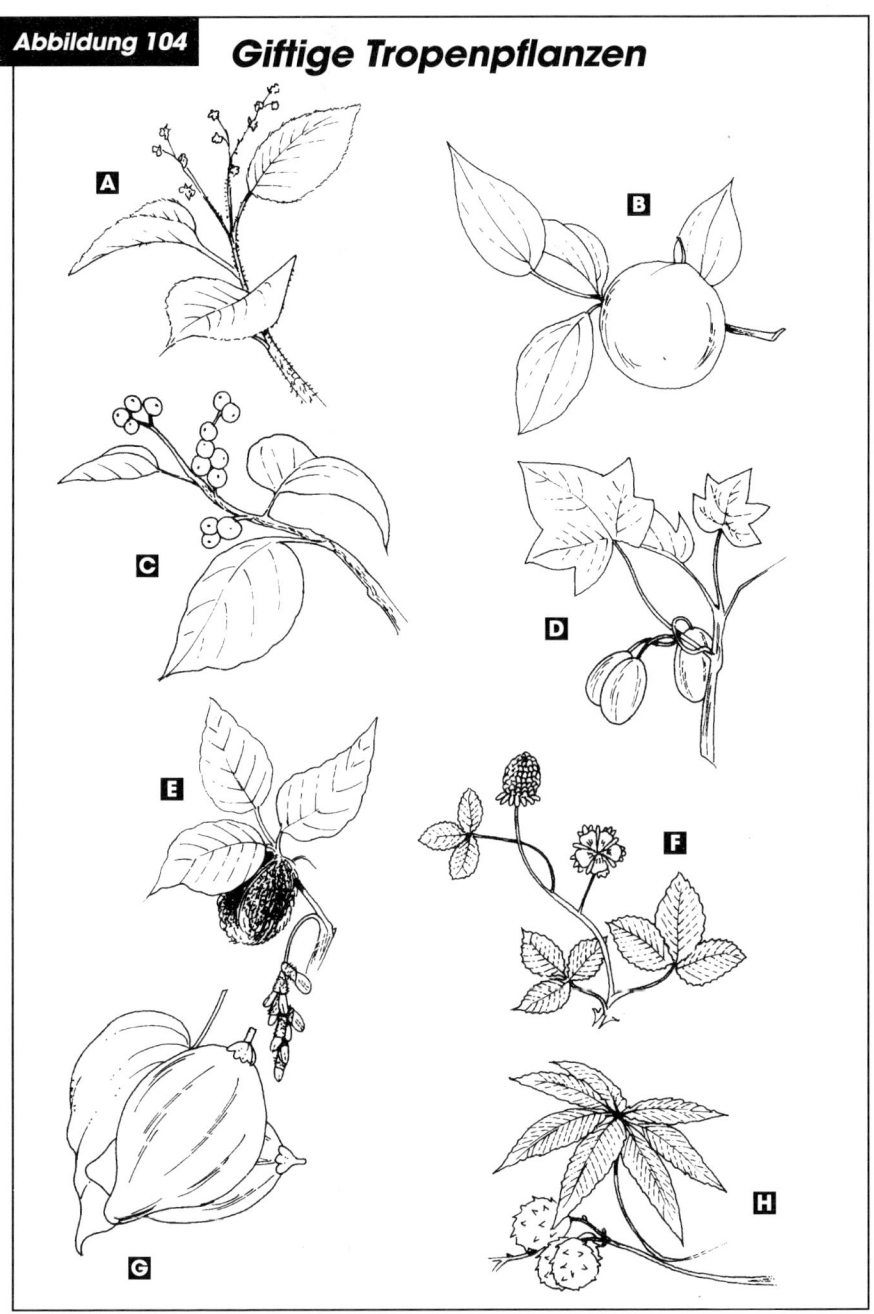

Bau eines Unterschlupfs

Im tropischen Dschungel und in den Regenwäldern ist der Boden feucht, und es wimmelt von Insekten, Egeln und Reptilien. Es ist deshalb nicht ratsam, auf dem nackten Boden zu schlafen. Während der Nacht könnten Schlangen von Ihrer Körperwärme angezogen werden. Es wäre durchaus möglich, daß Sie morgens beim Aufwachen eine zwischen Ihren Beinen entdecken. Errichten Sie deshalb ein erhöhtes Lager, um nicht auf dem Boden schlafen zu müssen. Suchen Sie, wenn es die Umstände erlauben, einen Lagerplatz auf einer Hügelkuppe oder der Geländeerhöhung einer Lichtung, fernab von stehendem Wasser, wo der Boden weniger feucht ist. An einer solchen Stelle gibt es weniger Insekten, und sie bietet zugleich die besseren Möglichkeiten, Signale zu geben.

Befreien Sie den Lagerplatz von Unterholz und abgestorbenen Pflanzenteilen. Dadurch werden Insekten und auch Schlangen leichter ferngehalten. Ein Schutzdach aus Bambusbüscheln oder einer aus Bambusblättern geflochtenen Matte hält Insekten ebenfalls ab und schützt die Liegestatt vor dem üppigen Morgentau. Werfen Sie bei der Wahl des Platzes auch einen Blick nach oben. Denn es wäre sicher nicht in Ihrem Sinn, wenn beim nächsten heftigen Wind dürre Äste, ein Hornissen- oder Wespennest auf Sie herunterfiele. Prüfen Sie ferner, ob giftige Pflanzen vorhanden sind (siehe oben und Kapitel »Nahrung«); eine Berührung könnte unangenehme Folgen nach sich ziehen.

In einem Sumpfgebiet ist es ratsam, einen Unterschlupf in erhöhter Lage zu errichten. Suchen Sie vier Bäume, die ungefähr im rechten Winkel zueinander stehen und Ihr Gewicht tragen können. Schneiden Sie zwei Stangen von anderen Bäumen zu (kein dürres Holz), und binden Sie sie an den Bäumen fest; belegen Sie diese Tragstangen mit querliegenden Stöcken, und überdecken Sie diese Plattform mit großen Blättern oder Gras. In Sumpfgebieten ist ferner auf die Gezeitenmarken achtzugeben; vergewissern Sie sich, daß die Plattform in ausreichender Höhe angebracht ist.

Firstdach aus Bananenblättern

(Abbildung 105)

Ein solches Dach bietet einen ausgezeichneten Schutz vor Regen. Bauen Sie ein Gerüst in

---

Tips der KANADISCHEN LUFTWAFFE — Unterschlupf im Dschungel

Beim Bau eines Unterschlupfs im Dschungel sind einige Regeln zu beachten:

- *Schlafen Sie wegen der Feuchtigkeit und der Insekten nie direkt auf dem Boden.*
- *Bilden Sie mit Büschen eine Unterlage, die Sie mit Palmwedeln oder anderen großflächigen Blättern überdecken.*
- *Errichten Sie keinen Unterschlupf neben Flüssen oder Tümpeln, vor allem nicht während der Regenzeit; er könnte fortgeschwemmt werden.*
- *Errichten Sie keinen Unterschlupf unter abgestorbenen Bäumen oder unter Kokosnußbäumen: Eine herabfallende Kokosnuß könnte Sie töten.*

Abbildung 105

Firstdach

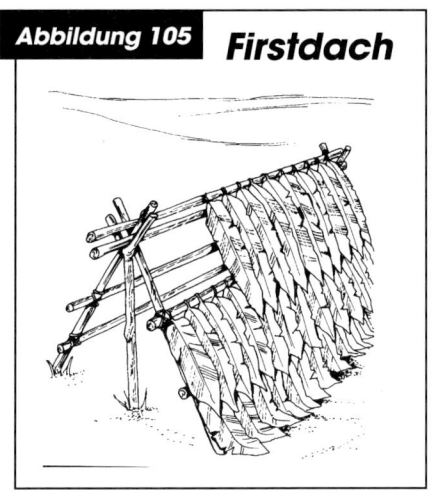

Firstform, und bedecken Sie es mit einer dicken Schicht aus Palmen- oder anderen breitflächigen Blättern, und zwar so, daß sie einander überlappen.

Erhöhte Plattform

(Abbildungen 106 und 107)

Solch ein Unterschlupf läßt sich auf verschiedenste Weise errichten. Es ist darauf zu achten, daß die Stützen und Querträger sicher miteinander verbunden werden, damit darauf eine gepolsterte Liegefläche gebildet werden kann.

Versuchen Sie ein wasserdichtes Schindeldach zu konstruieren, das von unten bis oben reicht. Sehr vorteilhaft wäre ferner ein Moskitonetz.

Auch mit gespaltenen Bambusstangen lassen sich Schutzdächer bauen, indem man die Hälften so auslegt, daß sie ineinandergreifen. Gespaltene und abgeflachte Bambusrohre sind ferner zur Verkleidung von Wänden und Überdachungen geeignet.

Abbildung 106 zeigt unter A die Rahmenbauweise für eine erhöhte Plattform mit ei-

Abbildung 106

Schutzdächer über Plattformen

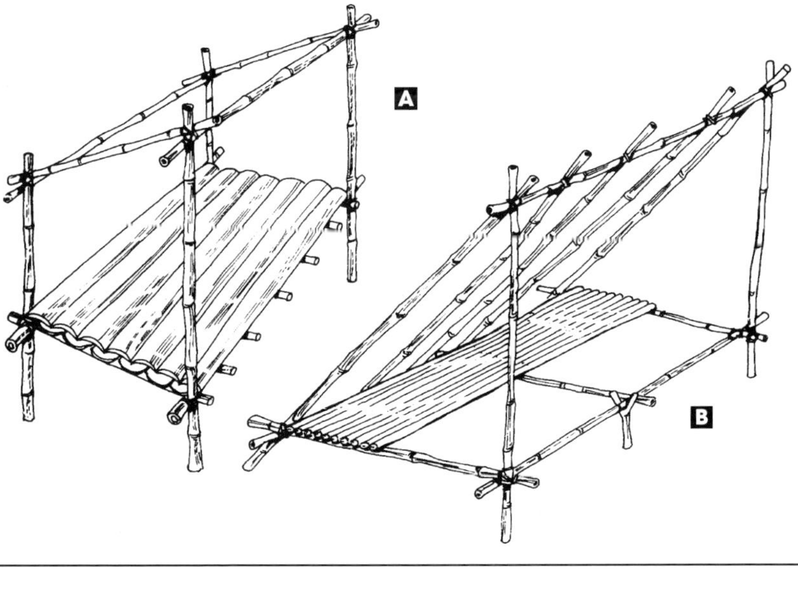

A

B

227

Abbildung 107

Überdachte Plattform

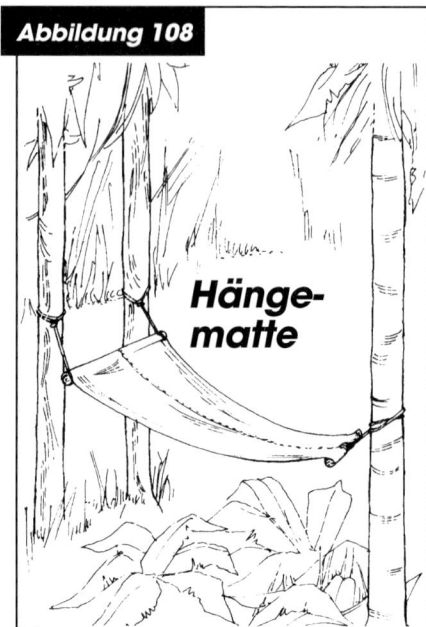

Abbildung 108

Hänge-matte

nem Belag aus Bananenholz, unter B eine erhöhte Plattform mit Schrägdach.

In Abbildung 107 ist eine überdachte Plattform zu sehen, bestehend aus einem Holzrahmen und überdacht mit Fallschirmseide oder einem Poncho. Das Dach muß sicher befestigt sein.

Hängematte (Abbildung 108)
Eine Hängematte ist schnell hergestellt, wenn Sie im Besitz eines Ponchos oder ähnlichen Stückes Stoff und eines Seils sind. Eine Hängematte läßt sich zwischen zwei Bäumen aufspannen, noch besser aber zwischen drei oder vier: Das erhöht ihre Stabilität.

Unterschlupf am Strand (Abbildung 109)
Ein solcher Unterschlupf eignet sich für tropische Strände, wobei als erstes die Gezeitenhöhe festzustellen ist. Graben Sie an der windabgekehrten Seite einer Sanddüne einen

Einschnitt, dessen Bodenfläche groß genug ist, um sich darauf auszustrecken und das Gepäck zu verstauen (A). Stützen Sie den Einschnitt mit einer Rahmenkonstruktion aus tragfähigem Treibholz ab, und kleiden Sie sie mit Wänden und einem Dach aus (B). Verwenden Sie auch dazu stabiles Material, wie Planken oder Treibholz. Vergessen Sie nicht, eine Öffnung für den Eingang freizuhalten.

Dichten Sie das Dach mit irgendeinem Stück Stoff ab, damit kein Sand durch die Lücken an den Wänden oder im Dach eindringen kann (C). Der Stoff sollte ziemlich kräftig und widerstandsfähig sein. Bedecken Sie das ganze mit einer 15–30 cm dicken Sandschicht zum Schutz vor Wind und Feuchtigkeit. Bringen Sie zum Schluß eine Tür an (D). Prüfen Sie regelmäßig nach, ob Schäden aufgetreten sind.

Abbildung 109

Unterschlupf am Strand

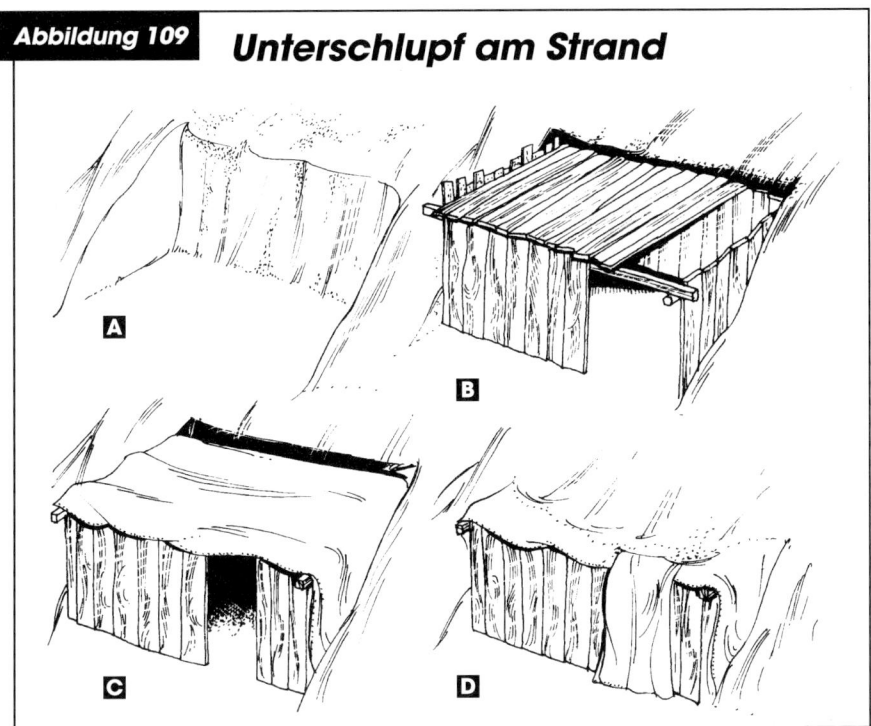

A

B

C

D

Tips des britischen SAS

Baumaterial für einen Unterschlupf

Im Dschungel gibt es mehr als genug Material für den Bau eines Unterschlupfs. Welches sind diese Materialien, wie sind sie zu verwenden, was für Gefahren sind zu beachten?

- *Atap ist ein geeignetes Rankengewächs für den Bau eines Unterschlupfs. Man erkennt es an seinen bärtigen Blattstielen. Brechen Sie die Blätter ab und belegen Sie damit einen Rahmen.*
- *Dreilappige Blätter lassen sich an einem Rahmen festmachen.*
- *Langes Elefantengras kann auf einen Rahmen geflochten werden.*
- *Aus Bambus lassen sich Stützen, Unterlagen, Dächer und Wände herstellen. Geben Sie beim Sammeln von Bambusrohren acht: Die Pflanzen wachsen in Gruppen, wobei einige unter Spannung stehen können und möglicherweise ernsthafte Verletzungen verursachen, wenn sie ihren Halt verlieren.*

Das Meer

Dem Menschen als Landlebewesen drohen auf offener See überall Gefahren. Ihr erster Fehler, den Sie dort draußen begehen, kann schnell auch Ihr letzter gewesen sein. Aus diesem Grund müssen Sie alle Überlebenstechniken beherrschen, um in diesem unversöhnlichen Lebensraum bestehen zu können.

Rund 71 Prozent der Erdoberfläche sind von Wasser bedeckt. Es ist somit unerläßlich, sich mit dem Überleben auf See vertraut zu machen. Die natürliche Domäne des Menschen ist das Festland; das Überleben auf dem Meer bedeutet deshalb eine ganz besondere Herausforderung.

Besondere Schwierigkeiten bereitet die Beschaffung von Trinkwasser und Nahrung – aber auch andere Gefahren, denen man auf dem Meer begegnet, dürfen nicht unterschätzt werden.

Charakteristik der Meere

An den Polen verläuft die Grenze des Festeises in der Zeit von Februar bis August zwischen dem 65. und 75. Breitengrad. Im Winter treten auf beiden Halbkugeln orkanartige Stürme auf, gekennzeichnet von Schneestürmen mit Windgeschwindigkeiten von über 64 km/h und Temperaturen von bis zu –50 °C. Im Sommer gibt es ruhigere Perioden oder Tage mit nur leichtem Wind. Der Himmel ist bedeckt, in den ruhigen Wetterperioden treten dichte Nebelbänke auf, und es kann wochenlang regnen oder nieseln.

Um den 40. Breitengrad herrscht auf beiden Halbkugeln im allgemeinen schönes, klares Wetter, mit Temperaturen von rund 10 °C im Winter und etwa 21 °C im Sommer. Unterhalb des 25. Breitengrades, inmitten des Passatwindgürtels, sind Windgeschwindigkeiten von 8–24 km/h üblich. Die Temperaturunterschiede zwischen Sommer und Winter sind gering und liegen im Bereich von 21–27 °C.

Zwischen dem nördlichen 5. und dem südlichen 5. Breitengrad im Atlantischen, Pazifischen und Indischen Ozean erstreckt sich das äquatoriale Tiefdruckgebiet ohne vorherrschende Winde. Die Folge davon sind wechselnde Winde und Windstille. Aufgrund der Hitzeeinstrahlung durch die Sonne treten heftige Gewitterstürme auf.

Wasserhosen – sie sind das Gegenstück der Tornados über dem Festland – bilden sich über dem Atlantik und an den Golfküsten der USA sowie entlang der Küsten Chinas und Japans. In den warmen Gebieten aller Meere sind während des Sommers und Herbstes Hurrikane und Taifune zu erwarten. Diese können bis zu zwei Wochen anhalten.

Abbildung 110

Hockstellung im kalten Wasser

Abbildung 111

Kreisformation im kalten Wasser

Salzgehalt

Der mittlere Salzgehalt der Meere beträgt rund 3,5 Prozent. Höhere Werte treten jedoch an der Wasseroberfläche in Gebieten auf, wo hohe Temperaturen und kräftige, trockene Winde die Verdunstung begünstigen. Den höchsten Salzgehalt findet man in halbumschlossenen Meeren auf mittleren Breitengraden, so etwa im Roten Meer, im Persischen Golf und im Mittelmeer. Salz macht das Wasser ungenießbar und kann offene Wunden und Schnitte in der Haut verschlimmern (siehe unten).

Sofortmaßnahmen

Sollten Sie Schiffbruch erlitten haben oder sind Sie ins Meer gespült worden, dann versuchen Sie ein Rettungsboot oder -floß zu erreichen, wenn Sie sich im Wasser befinden. Suchen Sie nach einem großen Trümmerteil oder nach Treibgut, um sich daran festzuhalten, wenn ersteres nicht möglich ist. Versuchen Sie, die Ruhe zu bewahren, ein entspannter Körper hält sich leichter über Wasser. Schwimmen in der Rückenlage kostet weniger Kräfte als mit dem Gesicht nach unten. Eine andere Möglichkeit besteht darin, zwar mit dem Gesicht nach unten zu schwimmen, dabei aber die Arme ausgestreckt zu halten und die Beine zum Körper zu ziehen. Heben Sie zum Atmen den Kopf und strecken Sie danach die Arme wieder aus.

Kaltes Wasser

In kaltem Wasser riskieren Sie, an Unterkühlung zu sterben, wenn Sie mit dem ganzen Körper eingetaucht sind. Sie müssen sich in ein Boot retten und Ihren Körper gegen den kalten Boden abschirmen. Lassen Sie sich reglos im Wasser treiben, und nehmen Sie eine Hockestellung ein, wenn kein Rettungsboot zu erreichen ist. In dieser Stellung verlieren Sie

Von Bord gehen

Ein Schiff verlassen zu müssen, ist ein erschreckender Gedanke,
doch gilt es rasch und entschlossen zu handeln, um das Leben zu retten.
Beachten Sie die Richtlinien des SAS.

- *Ziehen Sie warme, vorzugsweise wollene Kleider an, ebenso Hut und Handschuhe. Wickeln Sie sich ein Handtuch um den Hals.*
- *Nehmen Sie eine Fackel oder Lampe mit.*
- *Versorgen Sie sich möglichst mit Schokolade und Bonbons.*
- *Blasen Sie die Schwimmweste erst auf, wenn Sie das Schiff verlassen.*
- *Werfen Sie zuerst einen schwimmenden Gegenstand (aus Holz) über Bord, bevor Sie selbst springen. Springen Sie so nahe wie möglich an diese Schwimmhilfe heran.*
- *In Kleidung gefangene Luft erhöht den Auftrieb: Ziehen Sie im Wasser die Kleidung nicht aus.*

die Körperwärme weniger rasch und können die Überlebenszeit verlängern. Etwa 50 Prozent der Körperwärme geht über den Kopf verloren, versuchen Sie deshalb den Kopf über dem Wasser zu halten.

Mehrere Leute sollten sich zu einem Kreis zusammenschließen, um auf diese Weise die Körperwärme zu bewahren (Abbildung 111). Diese Maßnahmen helfen allerdings nur für eine sehr beschränkte Zeit – *Sie müssen unbedingt aus dem Wasser gelangen!*

Bekleidung auf See

Wenn Sie auf kaltem Wasser treiben, müssen Sie sich trocknen und warm halten; errichten Sie einen Windschutz, um sich vor kaltem Wind zu schützen. Ziehen Sie nach Möglichkeit nasse Oberbekleidung aus, wringen Sie sie aus, und schlüpfen Sie in andere Kleider; ziehen Sie trockene Kleidung an, wenn dies möglich ist. Tauschen Sie trockene Kleidung untereinander aus, damit sich alle Überlebenden wärmen können. Durchnäßten

Tips des **US-HEERES**

Schwimmtechniken

Sie müssen versuchen, im Wasser Ihre Kräfte zu schonen.
Wenden Sie die folgenden Schwimmtechniken an:

- *Schwimmen wie ein Hund: Geeignet, wenn Sie bekleidet sind oder eine Schwimmweste tragen.*
- *Brustlage: Empfehlenswert zum Schwimmen unter Wasser oder in rauher See.*
- *Seitenlage: Sehr nützlich, um Kräfte zu sparen, da hierfür nur ein Arm benötigt wird.*
- *Rückenlage: Eignet sich ebenfalls, um Kräfte zu sparen. Es bleiben dabei Muskeln entspannt, die in anderen Schwimmlagen beansprucht werden.*

Personen muß die geschützteste Stelle auf dem Rettungsboot oder -floß zugewiesen werden; ihre Hände und Füße sind von Helfern zu wärmen. Geben Sie denen, die besonders unter der Kälte leiden, Extrarationen zu trinken, wenn dies möglich ist.

Sie müssen sich mit allen verfügbaren Kleidungsstücken schützen und den Boden des Bootes mit Reservematerial isolieren. Rücken Sie eng aneinander, und schützen Sie sich zusätzlich mit Segeltuch oder Fallschirmmaterial.

Bewegen Sie von Zeit zu Zeit die Finger, Zehen, Beine, Arme, Schultern und das Gesäß, um Muskelkrämpfe zu verhindern. Darüber hinaus halten diese Übungen den Körper warm und beugen gesundheitlichen Problemen vor, wie zum Beispiel Verstopfung. Stecken Sie die Hände unter die Armhöhlen, und heben Sie die Füße etwas hoch, verharren Sie eine bis zwei Minuten in dieser Stellung. Führen Sie solche Übungen mindestens zweimal am Tage aus.

Aufnehmen von Überlebenden

Werfen Sie vom Rettungsboot oder -floß aus den im Wasser Treibenden eine Leine mit Rettungsring zu. Eine andere Möglichkeit ist, jemanden mit einem schwimmenden und mit einer Leine gesicherten Gegenstand ins Wasser zu schicken. Nähern Sie sich im Wasser einer Person von hinten, damit Sie nicht getreten, gepackt oder gekratzt werden. Ergreifen Sie die Schwimmweste der zu rettenden Person von hinten, oder fassen Sie sie am Kinn, und schwimmen Sie mit ihr in der Seitenlage zum Floß zurück. Versuchen Sie gleichzeitig, sie zu beruhigen. *Unterschätzen Sie nicht die Kraft eines im Wasser in Panik geratenen Menschen!*

Fortbewegung

Auf dem Meer ist Ihr Rettungsfloß oder -boot Winden und Strömungen ausgesetzt. Auf der nördlichen Hemisphäre bewegen sich die Meeresströmungen im Uhrzeigersinn, auf der südlichen Hemisphäre gegen den Uhrzeiger-

---

Tips der KANADISCHEN LUFTWAFFE

Verhalten im Rettungsfloß oder -boot

Wenn Sie in einem Rettungsschlauchboot treiben, müssen Sie folgende Maßnahmen ergreifen, damit sie seetüchtig bleiben und die Moral aufrechterhalten.

- *Reparieren Sie schadhafte Stellen am Boot sofort mit Flicken oder anderem Material. Suchen Sie das Floß regelmäßig nach Schäden ab.*
- *Lassen Sie Luft entweichen, wenn sich das Boot bei heißem Wetter aufbläht.*
- *Pumpen Sie das Boot stärker auf, wenn es bei Kälte oder in der Nacht zu schrumpfen beginnt.*
- *Entspannen Sie sich, und beschäftigen Sie Ihren Geist: Führen Sie ein Logbuch.*
- *Bilden Sie eine Mannschaft, wenn sich mehrere Leute im Boot befinden, und sehen Sie zu, daß jeder eine Aufgabe zu erfüllen hat: Das schränkt die Langeweile ein, und die Leute werden weniger anfällig für Seekrankheit.*

Abbildung 112

Drehen eines Schlauchbootes

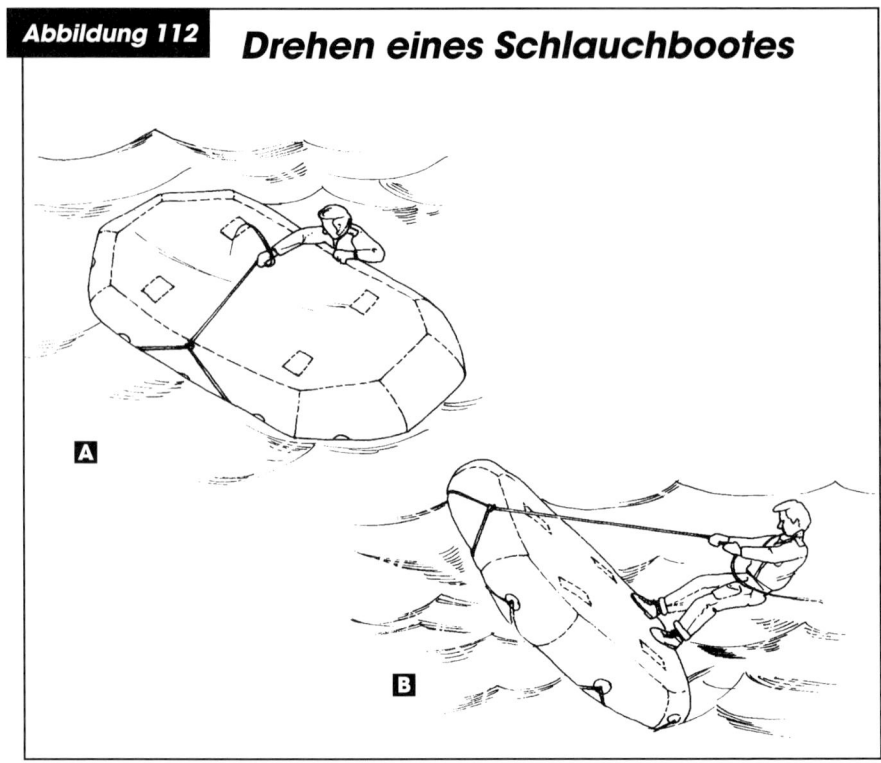

sinn. Die Strömungsgeschwindigkeiten betragen weniger als 8 km/h: Sie bewegen sich also sehr langsam vorwärts. In Gebieten, wo warme und kalte Strömungen aufeinandertreffen, treten oft Stürme, dichter Nebel, starke Winde und schwerer Seegang auf. Das Navigieren wird dadurch schwierig und gefährlich.

Wind und Wellen können aber auch von Vorteil sein. In den Tropen weht der Wind – der sogenannte Passatwind – aus östlicher Richtung, in höheren Breitengraden aber von West nach Ost. Wenn Ihr Rettungsfloß oder -boot keine Segelausrüstung besitzt, so setzen Sie ein behelfsmäßiges Segel aus einem Poncho oder einem anderen Tuch, um den Wind aus-

zunutzen. Wellen können sowohl einen Vorteil als auch einen Nachteil bedeuten. Die Höhe der Wellen ist in der Regel abhängig von der Windstärke.

Unter normalen Bedingungen treiben Wellen ein Rettungsfloß jeweils nur um wenige Zentimeter vorwärts; sie sind daher als treibende Kraft nur von geringem Nutzen. Eine Hilfe bedeuten sie andererseits, wenn es darum geht, flaches Wasser oder Land zu orten. Wellen brechen, wenn sie auf flaches Wasser oder auf Hindernisse stoßen. Machen Sie sich brechende Wellen bei einem Landemanöver zunutze. Bei schlechtem Wetter können Wellen ein Floß zum Kentern bringen oder überschwemmen.

Fortbewegen oder liegenbleiben?

Im Falle, daß SOS gesendet wurde (siehe »Richtungsbestimmung und Signalgebung«) oder Sie sich auf einer von Schiffen befahrenen Route befinden, sollten Sie 72 Stunden lang an Ort und Stelle bleiben. Befinden Sie sich aber abseits einer befahrenen Route oder wurde kein Notsignal gesendet, empfiehlt es sich, so rasch wie möglich die Segel zu setzen, um von den noch vorhandenen Kräften zu profitieren. Schlagen Sie eine zum Land führende Richtung ein, oder versuchen Sie, die nächstliegende Schiffahrtsstrecke zu ermitteln, wenn kein Land in erreichbarer Nähe liegt.

Tips des britischen SAS

Drehen eines Schlauchbootes (Abbildung 112)

Das Kentern eines Schlauchbootes muß keine Katastrophe bedeuten: Sie können es leicht wieder aufrichten, wenn Sie wissen, wie.

- *Ergreifen Sie die Aufrichteleine von der gegenüberliegenden Seite aus (A).*
- *Stemmen Sie sich mit den Füßen gegen das Boot, und ziehen Sie.*
- *Das Boot richtet sich auf und kippt über, wobei Sie kurzzeitig aus dem Wasser gezogen werden (B).*
- *Bei schwerer See oder heftigem Wind sind hierfür größere Kraftanstrengungen notwendig.*

Tips des britischen SAS

Anzeichen von Land

Ihr vordringlichstes Ziel auf See wird sein, wieder Land zu erreichen. Halten Sie deshalb Ausschau nach Anzeichen, die auf die Nähe von Land schließen lassen.

- *Kumuluswolken (weiße Haufenwolken) bei klarem Himmel könnten sich über Land gebildet haben. Eine grüne Tönung an der Basis von Wolken entsteht in den Tropen durch Lichtreflexion, die von seichtem Wasser von Korallenriffen ausgeht.*
- *Vögel fliegen gewöhnlich vor der Mittagszeit vom Land aufs Meer hinaus und kehren am späten Nachmittag wieder zurück. Ein einzelner Vogel gibt jedoch keinen sicheren Hinweis, da er sich verflogen haben könnte.*
- *Kokosnüsse, Treibholz oder treibende Pflanzen können die Nähe von Land anzeigen.*
- *Ein Richtungswechsel in der Meeresströmung kann durch einen Gezeitenwechsel rund um eine Insel verursacht werden.*
- *Durch Schlamm getrübtes Wasser könnte von der Mündung eines nahen großen Flusses stammen.*
- *Tiefes Wasser hat eine dunkelgrüne oder dunkelblaue Farbe; eine hellere Färbung zeigt flaches Wasser und womöglich Land an.*

Tips der amerikanischen SEALs

An Land schwimmen

Sie befinden sich im Wasser und Land ist in Sicht? Selbst dann sind Sie noch nicht außer Gefahr. Befolgen Sie die Taktik der SEALs, um sicher an Land zu gelangen.

■ *Schwimmen Sie bei niedrigem Wellengang auf dem Rücken einer Welle dem Ufer zu.*

■ *Schwimmen Sie bei hohem Wellengang in den Wellentälern. Tauchen Sie unter einer Welle durch, und schwimmen Sie im nächsten Wellental weiter.*

■ *Wenn Sie in den Sog einer großen Welle geraten, lassen Sie sie über sich hinwegrollen, stoßen Sie sich mit den Füßen vom Grund ab oder schwimmen Sie in tiefem Wasser wieder nach oben.*

■ *Halten Sie bei felsigen Ufern Ausschau nach einer Stelle, wo die Wellen über den Felsen an Land schlagen; meiden Sie Stellen, wo die Wellen mit Gewalt gegen die Felsen schlagen.*

■ *Schwimmen Sie zum Landen hinter einer Welle der Stelle zu, wo die Wellen gebrochen werden. Halten Sie die Füße nach vorn, etwa 0,5–1 m tiefer als der Kopf: Auf diese Weise können Sie einen Aufprall am Ufer, an Felsen unter Wasser oder an Riffen dämpfen und Verletzungen vermeiden.*

■ *Schwimmen Sie nur mit den Armen weiter, wenn Sie hinter der Welle, die Sie benutzt haben, das Ufer noch nicht erreichen. Nehmen Sie eine sitzende Position ein, wenn die nächste Welle naht, die Sie ans Ufer trägt.*

Signalisieren

Benützen Sie Leuchtraketen und Markierungsfarben, die auf der Wasseroberfläche eine weithin leuchtende Färbung hinterlassen, um die Aufmerksamkeit von Schiffen oder Flugzeugen auf sich zu ziehen. Schwenken Sie Kleidungsstücke und andere Stoffe von möglichst heller Farbe in der Luft, wenn keine Signalausrüstung zur Verfügung steht. Farbmarkierungen sollten nur am Tage eingesetzt werden; ihre Wirkung hält rund drei Stunden an. Zum Signalisieren auf weitere Entfernungen eignen sich Spiegel oder andere reflektierende Gegenstände.

Leuchtraketen (oder -fackeln) sollten vorsichtig gehandhabt werden. Sorgen Sie für eine trockene und sichere Aufbewahrung. Halten Sie sie beim Abfeuern nach oben und von jedermann weggerichtet. Feuern Sie sie nur ab, wenn Sie sicher sind, daß sie auch gesehen werden.

Eine glänzende, reflektierende Oberfläche eignet sich ebenfalls hervorragend, um Aufmerksamkeit zu erregen.

Wenn Ihr Rettungsboot mit einem Notsender ausgerüstet ist, wird er bereits auf die Frequenzen 121,5 und 243 Megahertz – die internationalen Notruffrequenzen von See- und Luftfahrt – eingestellt sein. Seine Reichweite beträgt rund 32 km. Senden Sie in regelmäßigen Abständen Notsignale aus, aber geben Sie acht, daß Sie dabei die Batterien nicht erschöpfen. Nehmen Sie eine Uhr zum Messen der Signalisierungsintervalle zu Hilfe – sorgen Sie dafür, daß die vorhandenen Uhren trocken bleiben.

An Land gehen

Es ist sicher Ihr sofortiges Bestreben, an Land zu gehen, sobald sich hierzu die Möglichkeit ergibt.

Wenn Sie das schwimmend tun, sollten Sie die Schuhe und zumindest eine Lage Kleider tragen. Schwimmen Sie in der Seiten- oder Brustlage, um die Kräfte zu schonen. Ruhigeres Wasser ist auf der Leeseite von dicht mit Seetang bewachsenen Stellen zu finden.

Schwimmen Sie nicht durch den Tang, sondern über ihn hinweg, indem Sie sich an den Gewächsen vorwärts ziehen.

Wählen Sie zum Landen mit einem Rettungsfloß oder -boot die Landestelle sorgfältig aus. Unternehmen Sie keine Landung, wenn die Sonne tief liegt und Ihnen ins Gesicht scheint; meiden Sie Korallenriffe und Klippen. Dasselbe gilt bei starken Oberflächenströmungen oder Gezeitenströmungen. Benützen Sie die Riemen oder Paddel, sofern vorhanden, und stellen Sie den Treibanker so ein, daß seine Leine gespannt bleibt. Dadurch wird verhindert, daß sich das Floß dreht, und der Bug bleibt dem Ufer zugerichtet.

Versuchen Sie zu verhindern, daß das Floß in einer schweren Brandung dann auf eine hohe Welle trifft, wenn diese bricht. Bemühen Sie sich, das Floß auf dem Kamm einer Welle zu halten, wenn das Ufer naht. Springen Sie erst aus dem Floß, wenn es Grund gefaßt hat. Steigen Sie dann aber rasch aus, und ziehen Sie das Floß auf den Strand. Wenn Sie auf Treibeis treffen, so wählen Sie zum Landen eine große und stabile Scholle aus. Benützen Sie die Riemen, um das Rettungsfloß vor den scharfen Eiskanten zu schützen, und denken Sie daran, daß eine Eisscholle jederzeit auseinanderbrechen kann. Halten Sie daher das Floß bereit.

Gefahren

Den Gefahren, die auf See drohen – wie gefährliche Fische, Hunger, Durst, Kälte und Nässe – kann man mehr oder weniger begegnen. Jedoch muß man sich im klaren sein, daß es höchst selten eine zweite Chance gibt. Seien Sie daher auf der Hut.

Haie

Sie sind in fast allen Meeren zu Hause. Sie suchen ihre Beute überwiegend nachts und vor allem auch während der Morgen- und Abenddämmerung. Nach Einbruch der Dunkelheit steigen sie zur Wasseroberfläche auf und suchen flache Gewässer auf. Sie werden von Abfällen, Körperausscheidungen und Blut angezogen, ebenfalls durch zappelnde Bewegungen in der Art verwundeter Fische. Ein Hai kann nicht unvermittelt stoppen oder schnell in einem engen Kreis wenden, und er springt äußerst selten aus dem Wasser, um eine Beute zu packen. Aus diesem Grund sind Menschen auf einem Rettungsfloß verhältnismäßig sicher vor Angriffen, es sei denn, sie lassen Arme oder Beine ins Wasser hängen.

Unterlassen Sie das Fischen von einem Floß oder Gummiboot aus, wenn sich Haie in der Nähe befinden; werfen Sie auch keine Abfälle über Bord. Falls ein Hai angreifen sollte, so versuchen Sie mit einem Stock oder einem Stein gegen seine Schnauze zu schlagen.

Falls beim Angeln ein kleiner Hai anbeißt, holen Sie ihn längsseits heran, ziehen Sie seinen Kopf aus dem Wasser, und schlagen Sie kräftig zu, bevor Sie ihn an Bord ziehen. Versichern Sie sich, daß er betäubt ist, bevor Sie sich ihm nähern, um ihn zu töten. Kappen Sie die Leine, wenn ein großer Hai angebissen hat, und lassen Sie ihn schwimmen; er könnte sonst das Boot beschädigen und Sie verletzen. Darüber hinaus könnte er durch sein wildes Umsichschlagen andere Haie herbeilocken.

Die meisten Haie, von denen man weiß, daß sie schon Menschen angegriffen haben, sind weiter unten aufgeführt. Bedenken Sie aber, daß alle Haie aufgrund ihrer scharfen Zähne und ihrer aggressiven Art, Beute zu machen, als gefährlich zu betrachten sind. Und: Es besteht kein Zusammenhang zwischen der Größe eines Hais und der Gefahr eines Angriffs.

Ammenhai

Aussehen: Am Rücken grau, auf der Unterseite weiß, schwerer Körperbau und große Flossen.

Größe: Rund 4 m.

Temperament und Verhalten: Aggressiv, hält sich oft in Strandnähe auf.

Verbreitung: Rund um Ostaustralien.

Stierkopfhai

Aussehen: Am Rücken grau, auf der Unterseite weiß, kräftiger Körperbau.

Größe: Bis zu 4 m.

Temperament und Verhalten: Liebt flaches Wasser und Flüsse, aggressiv.

Verbreitung: Tropischer Westatlantik mit engen Verwandten um Südafrika und im Indischen Ozean.

Hammerhai

Aussehen: Flacher, hammerähnlicher Kopf, gestreckter Körper.

Größe: Bis zu 6 m.

Tips der SEALs

Abwehrmaßnahmen gegen Haie

Die Angehörigen der SEALs müssen oft in Gewässern operieren, die von Haien verseucht sind. Aufgrund ihrer Erfahrung raten sie zu folgenden Maßnahmen gegenüber Haien:

■ *Mehrere Leute sollten sich im Wasser zu einem Kreis zusammenschließen.*

■ *Nach außen blicken und nach Haien Ausschau halten.*

■ *Wehren Sie einen Angriff mit Fußtritten oder Stößen mit gestreckten Armen ab. Benutzen Sie die Hände nur, wenn es nicht anders geht. Benützen Sie als Waffe einen harten Gegenstand, zum Beispiel ein Messer, und stechen Sie damit in Schnauze, Kiemen oder Augen.*

■ *Urinieren Sie in kurzen, heftigen Strahlen, damit sich die Flüssigkeit rasch im Wasser verteilt; sammeln Sie Kot ein, und werfen Sie ihn soweit als möglich von sich. Schlucken Sie Erbrochenes wieder hinunter – oder, wenn dies nicht gelingt, werfen Sie es soweit als möglich von sich.*

■ *Verhalten Sie sich so ruhig wie möglich, und lassen Sie sich treiben, um Kräfte zu sparen.*

■ *Schwimmen Sie in kräftigen, regelmäßigen Bewegungen, nicht mit wilden, unregelmäßigen Schlägen, da Sie ein Hai sonst für einen verwundeten Fisch halten könnte.*

■ *Schwimmen Sie nicht in gerader Richtung vor einem Hai davon: Wenden Sie sich ihm zu, und schwimmen Sie mit kräftigen, rhythmischen Bewegungen in seitlicher Richtung.*

Temperament: Kann aggressiv sein.
Verbreitung: Tropische und subtropische Gewässer.

Tigerhai

Aussehen: Am Rücken grau, auf der Unterseite weiß, mit sehr großem Kopf und großen Zähnen.
Größe: 3–3,5 m.
Temperament und Verhalten: Oft in Küstennähe zu finden; kann gefährlich werden.
Verbreitung: Tropische und subtropische Gewässer.

Makohai

Aussehen: Ultramarinblau am Rücken und cremefarben bis weiß auf der Unterseite; Farbe glänzend. *Größe:* 2–3 m.
Temperament und Verhalten: Schneller Schwimmer; kann springen, wenn er aufgeregt ist.
Verbreitung: Warme Gewässer.

Weißhai

Aussehen: Am Rücken grau, auf der Unterseite weiß, massiger Körperbau, konische Schnauze und schwarze Augen.
Größe: Bis zu 6 m.
Temperament: Sehr aggressiv.
Verbreitung: In allen warmen Meeren der Welt, aber vornehmlich um Südafrika, im Osten und Westen von Nordamerika, bei Südaustralien und Neuseeland.

Kuhhaifisch

Aussehen: Sandgrau mit dunklen Flecken.
Größe: Bis zu 3 m.
Temperament und Verhalten: Schwimmt nahe an der Wasseroberfläche; aggressiv.
Verbreitung: Tropische und subtropische Gewässer.

Sandhai

Aussehen: Auf der Unterseite weiß, mausgrau am Rücken mit gelben Flecken, daher auch sein Name.

Größe: Bis zu 3 m.
Temperament und Verhalten: Aggressiv, wenn provoziert.
Verbreitung: Tropische und subtropische Gewässer.

Sandtiger

Aussehen: Goldbraun oder grau.
Größe: ca. 2,5 m.
Temperament und Verhalten: Kann sich in flachem Wasser aufhalten und aggressiv sein.
Verbreitung: Tropische Gewässer.

Weißspitzen-Riffhai

Aussehen: Kohlenschwarz, weiße Flossenspitzen.
Größe: ca. 3 m.
Temperament und Verhalten: Schnell und mutig, potentiell gefährlich; zahlreich an Riffen und um Inseln.
Verbreitung: Tropische und subtropische Gewässer.

Grauer Riffhai

Aussehen: Grau, schwarzgeränderter Schwanz.
Größe: ca. 2,5 m.
Temperament und Verhalten: Neugierig, aber nicht aggressiv.
Verbreitung: Tropische Gewässer.

Kupferhai

Aussehen: Goldbraun, Unterseite cremefarben.
Größe: ca. 3 m.
Temperament und Verhalten: Unter Umständen sehr aggressiv.
Verbreitung: Tropische und subtropische Gewässer.

Stierkopfhai

Aussehen: Am Rücken grau, auf der Unterseite grauweiß.
Größe: ca. 3,5 m.
Temperament und Verhalten: Gefährlich;

Aggressive Fische

Merken Sie sich die folgenden Fische; sie könnten Ihnen in einer Überlebenssituation gefährlich werden. Entscheidend ist, daß Sie sie erkennen und sich von ihnen fernhalten können.

- *Der Meerbarsch ist ein neugieriger und mutiger Fisch. Er hält sich gerne in der Nähe von Felsen, Kavernen, alten Wracks und Höhlen auf. Meiden Sie deren Umgebung.*
- *Die Muräne lebt in Löchern und Spalten. Sie reagiert aggressiv, wenn sie gestört wird. Schneiden Sie ihr – wenn möglich – den Kopf ab, wenn Sie angegriffen worden sind und sie sich festgebissen hat: Sie läßt erst locker, wenn sie tot ist. Da Muränen schlüpfrig sind, kann dieses Unterfangen Schwierigkeiten bereiten.*
- *Das Gift von Seeschlangen wirkt tödlich. Mit einem Biß ist zwar nicht zu rechnen, halten Sie sich dennoch fern von ihnen.*

der am meisten zu fürchtende Tropenhai.

Verbreitung: Tropische Gewässer; schwimmt auch Flüsse hinauf.

Blauhai

Aussehen: Glänzendblau am Rücken, weiß auf der Unterseite.

Größe: ca. 4 m.

Temperament und Verhalten: Einer der gefährlichsten Haie; verantwortlich für den Tod vieler Menschen.

Verbreitung: In allen Meeren der Tropen und gemäßigt warmen Gewässern.

Nicht alle Fische mit Rückenflossen sind Haie. Delphine und Tümmler besitzen lange Schnauzen und sind natürliche Feinde der Haie, wohingegen sie für den Menschen keine Gefahr darstellen. Auch Flügelrochen (Mantas) sind Bewohner tropischer Gewässer: Manchmal biegen sie die Spitzen ihrer Flossen nach oben um, so daß der Eindruck entsteht, zwei Haie schwämmen nebeneinander. Im tiefen Wasser sind Rochen für den Menschen ungefährlich. Einige können im seichten Gewässer wegen ihrer giftigen Schwanzstacheln zur Gefahr werden, wenn man auf sie tritt.

Killerwale

Sie jagen gewöhnlich in Schwärmen von bis zu 40 Exemplaren und greifen manchmal alles an, was im Wasser treibt oder schwimmt. Verlassen Sie möglichst das Wasser, wenn Killerwale in der Nähe sind.

Halten Sie sich auf dem Eis nicht in der Nähe von Robben auf. Ein Wal könnte Sie irrtümlich für eine Robbe halten und Sie anfallen. Allerdings ist zu betonen, daß die Wahrscheinlichkeit, von einem Killerwal gefressen zu werden, sehr gering ist.

Barrakudas

Diese tropischen und subtropischen Fische werden durch alles angelockt, was ins Wasser fällt oder sich im Wasser bewegt. Das gilt besonders für glänzende Gegenstände. Barrakudas sind schnell und treten oft in

Verhalten beim Kontakt mit Quallen

Die Berührung mit einer Qualle kann äußerst schmerzhaft sein und im Extremfall sogar zum Tod führen. Halten Sie sich an die folgenden Regeln:

- *Entfernen Sie Tentakel oder anderes Gewebe sofort von der Haut.*
- *Verwenden Sie hierzu ein Kleidungsstück, Seetang oder ein Stück Stoff.*
- *Reiben Sie nicht an der Wunde, vor allem nicht mit Sand, da dadurch die Giftzellen angeregt werden.*
- *Saugen Sie die Wunde nicht aus.*
- *Versuchen Sie die Wirkung des Gifts zu mindern: mit Seife, Zitronensaft, Pflanzensaft, Backpulver oder Urin (er enthält Ammoniak).*
- *Unter Umständen sind künstliche Beatmung und Herzmassage erforderlich (siehe Kapitel »Erste Hilfe«).*
- *Da Krämpfe auftreten können, muß das Opfer aus dem Wasser geschafft werden.*

Schwärmen auf. Gefährlich werden sie, wenn Blut ins Wasser gerät. Tragen Sie dunkle Kleidungsstücke, wenn Sie ins Wasser müssen, und entfernen Sie alle glänzenden Utensilien.

Quallen

Es gibt viele Quallenarten. Die größten erreichen einen Durchmesser von bis zu 1,8 m, wobei ihre Tentakel (Greifarme) bis in eine Tiefe von 30 m hinunterhängen können. Diese Tentakel sind mit giftinjizierenden Fäden bestückt, die zu erheblichen Verletzungen führen können. Zu den gefährlichsten Quallen gehört die Seewespe, deren Gift innerhalb von 30 Sekunden tödlich wirken kann – normalerweise ist jedoch mit dem Eintritt des Todes innerhalb von drei Stunden zu rechnen.

Schlagen Sie einen weiten Bogen um sämtliche Quallen, da deren Tentakel eine große Reichweite besitzen. Nach einem Sturm in tropischen Gewässern mit einem großen Quallenvorkommen besteht durchaus die

Möglichkeit, von abgerissenen und frei treibenden Tentakeln gestochen zu werden. Ans Ufer gespülte Quallen erwecken oft den Anschein, tot zu sein, trotzdem aber können sie Ihnen noch schmerzhafte Verletzungen beibringen. Ganz allgemein gilt: Verlassen Sie das Wasser, wenn Quallen vorhanden sind.

Giftige Fische

Der Genuß von Fischen, deren Lebensraum das Riff bildet, ist oft gefährlich. Dies gilt besonders für Fische, die sich am Grund aufhalten und dort ihre Nahrung suchen. Auch das Fleisch von in Lagunen lebenden Fischen kann giftig sein. Im Zweifelsfall dürfen solche Fische nicht gegessen werden. Fischgifte sind wasserlöslich und geschmacklos, weshalb kein Geschmackstest (siehe Kapitel »Nahrung«) vorgenommen werden kann, um die Genießbarkeit festzustellen. Auch Kochen neutralisiert das Gift nicht. Vögel sind unter Umständen gegen solche Gifte immun. Sie dürfen daher nicht auf die Ungiftigkeit eines

Fisches schließen, wenn er von einem Vogel gefressen wird. Die Einnahme von Fischgiften führt im schlimmsten Fall zum Tod. Sobald die ersten Vergiftungssymptome auftreten – Lähmungserscheinungen, brennendes Jucken, wechselndes Temperaturempfinden, Brechreiz – muß der Magen durch Erbrechen geleert werden (Salzwasser oder Eiweiß verabreichen). Zusätzlich gibt man dem Opfer ein Abführmittel, wenn welches vorhanden ist. Möglicherweise ist eine Interkrikothyreotomie vorzunehmen (siehe Kapitel »Erste Hilfe«), wenn das Opfer Schaum im Mund bildet und unter Atemnot leidet. Kaltes Duschen kann das juckende Brennen lindern. Seien Sie darauf vorbereitet, sofort zu handeln, sobald irgendwelche Symptome einer Fischvergiftung auftreten.

Andere Fische wiederum sind gefährlich, wenn man sie berührt, weil sie entweder mit Giftstacheln am Rücken bewehrt sind (wie etwa Steinfische) oder Schwanzstacheln besitzen (wie etwa Rochen). Das über die Stacheln eingeimpfte Gift wirkt äußerst schmerzhaft. Tragen Sie stets Schuhe, wenn Sie im Meerwasser gehen, und benützen Sie einen Stock und nicht die bloßen Hände, um Sand, Steine und Löcher abzusuchen.

Ein Überlebender sollte folgende giftige Fische unterscheiden können:

Seeratte

Aussehen: Hellgelb leuchtend mit kleinen blauen Tupfen.

Größe: Rund 25–30 cm.

Gefährdung: Giftstacheln entlang der Rückenflossen.

Verbreitung: Riffe im Pazifischen und Indischen Ozean.

Chirurg

Aussehen: Leuchtende Farben (normalerweise Schwarz, Blau und Gelb), kleines Maul.

Größe: 20–25 cm.

Gefährdung: Stacheln an den Schwanzseiten, die schwere Wunden zufügen können.

Verbreitung: Alle tropischen Gewässer.

Tips der SEALs

Behandlung von Vergiftungen durch stechende Fische

Befolgen Sie die Anweisungen der SEALs zur Behandlung von Vergiftungen durch stechende Fische der Tropen und Subtropen.

■ *Spülen Sie die Wunde mit Wasser aus.*

■ *Machen Sie einen Schnitt in die Wunde, und saugen Sie sie aus. Die Wunde muß auf jeden Fall, auch ohne Schnitt, ausgesaugt werden, um möglichst viel Gift zu entfernen.*

■ *Saugen Sie soviel Gift als möglich aus.*

■ *Baden Sie die verletzte Stelle 30 Minuten bis eine Stunde lang in heißem Wasser. Das Wasser muß so heiß sein, daß es gerade noch zu ertragen ist. Legen Sie heiße Kompressen auf, wenn sich die Wunde im Gesicht oder am Rumpf befindet.*

■ *Die Wunde nach dem Tauchbad reinigen.*

■ *Tragen Sie ein antiseptisches Mittel auf, und legen Sie einen sterilen Verband an.*

■ *Unter Umständen ist eine Schockbehandlung erforderlich (siehe Kapitel »Erste Hilfe«).*

Skorpionsfisch

Aussehen: Rötlich gestreift, mit langen, gewellten Stacheln.

Größe: 30–75 cm.

Gefährdung: Stich ist sehr schmerzhaft.

Verbreitung: Riffe im tropischen Bereich des Indischen und des Pazifischen Ozeans.

Krötenfisch

Aussehen: Mattgrün, großes Maul.

Größe: 17–25 cm.

Gefährdung: Gräbt sich im Sand ein und besitzt scharfe, giftige Rückenstacheln.

Verbreitung: Tropische Gewässer an den zentral- und südamerikanischen Küsten.

Steinfisch

Aussehen: Gelbbraun oder graubraun gefärbt, plumpe Form.

Größe: Rund 40 cm.

Gefährdung: Giftige Rückenstacheln, sehr schmerzhaft, manchmal tödlich.

Verbreitung: Tropischer Bereich von Pazifischem und Indischem Ozean.

Meerschnecken

Beim Durchqueren von Korallenriffen und Sandstränden können Sie mit solchen Bauchfüßern in Kontakt kommen. Deren Gift gelangt über einen Stachel ins Fleisch des Opfers. Der Stich, verursacht durch die Kegelform der Muschel, hinterläßt eine Punktionswunde.

Das Gewebe rund um die Wunde verfärbt sich blau, schwillt an, wird taub und beginnt zu brennen. Die Intensität der Schmerzen ist je nach Person unterschiedlich, aber das Gefühl von Taubheit und stechendem Schmerz breitet sich rasch auf den ganzen Körper aus. Innerhalb von Stunden können völlige Muskellähmung, Koma und Tod eintreten.

Eine besondere Behandlung für diese Art von Verletzung gibt es nicht. Legen Sie heiße Kompressen auf, oder baden Sie die Wunde im heißen Wasser, um den Schmerz zu lindern. Unter Umständen ist eine künstliche Beatmung vorzunehmen (siehe Kapitel »Erste Hilfe«).

Kraken

Diese Tiere hausen unter Wasser in Löchern und Höhlen versteckt. Solche Gegenden sind zu meiden. Der scharfe papageienartige Schnabel verursacht bei einem Biß zwei punktförmige Wunden, wobei gleichzeitig Gift injiziert wird. Es tritt sofort brennender, juckender, stechender Schmerz auf. Die Wunde blutet stark, schwillt an, wird rot und fühlt sich heiß an. Besonders gefährlich ist die Blaugeringte Krake vor der ostaustralischen Küste, deren Biß tödlich wirkt.

Für den Biß dieser Krake gibt es keine Behandlung. Bei Bissen anderer Krakenarten ist eine Schockbehandlung anzuwenden (siehe Kapitel »Erste Hilfe«). Stoppen Sie die Blutung und säubern Sie die Wundgegend, damit vielleicht noch vorhandener giftiger Speichel entfernt wird. Behandeln Sie die Symptome dann entsprechend ihrer Art.

Gesundheitliche Probleme

Setzen Sie sich in einem Rettungsfloß oder -boot nicht unnötig Sonne und Wind aus. Tragen Sie stets Kleider, und schützen Sie Ihren Kopf. Wenn es Ihnen zu heiß wird, hier eine extreme Maßnahme: Tauchen Sie die Kleider ins Wasser, wringen Sie sie aus, ziehen Sie sie dann wieder an. Betten Sie Verletzte auf den Boden des Floßes, und sorgen Sie für ihre Bequemlichkeit. Schützen Sie die Patienten – je nach klimatischen Verhältnissen – vor Hitze oder Kälte und vor allem vor Feuchtigkeit.

Tragen Sie eine Sonnenbrille oder einen anderen Augenschutz, um sich vor allem vor den vom Wasser reflektierten Sonnenstrahlen zu schützen. Reiben Sie entzündete Augen nicht aus; tragen Sie eine antiseptische Creme auf die Augenlider auf, und legen Sie einen leichten Verband an.

Behandeln Sie aufgesprungene Lippen und rissige Haut mit Sonnencreme oder Vaseline; lecken Sie nicht an den Lippen. Decken Sie trockene Haut zu, um sie vor weiterem Austrocknen zu schützen. Wenn man lange dem Salzwasser ausgesetzt ist, können Entzündungen auftreten.

Versuchen Sie die Kleider möglichst trocken zu halten. Reinigen Sie entzündete Stellen, und tragen Sie antiseptische Creme auf. Großflächige und starke Entzündungen sollten verbunden werden; die Verbände muß man regelmäßig wechseln.

Beschaffung von Wasser und Nahrung

Wasser

Der Mangel an Trinkwasser stellt beim Überlebenskampf auf See das größte Problem dar. Was immer an Wasservorrat vorhanden ist – er muß *sogleich* rationiert werden. Lockern Sie die Rationierungsmaßnahmen nie, denn Sie wissen nicht, wie lange Sie mit dem Wasservorrat auskommen müssen. *Trinken Sie niemals Meerwasser oder Urin!*

Wasserbeschaffung

Wenn das Rettungsfloß mit einer Entsalzungsanlage oder einer Destilliervorrichtung aus-

Tips des US-HEERES

Behandlung von Seekrankheit

Seekrankheit ist nicht auf die leichte Schulter zu nehmen: Sie kann den, der darunter leidet, ernstlich schwächen und die Moral der anderen Überlebenden beeinträchtigen.

- *Waschen Sie den Patienten, und reinigen Sie das Floß von Erbrochenem.*
- *Geben Sie dem Patienten solange nichts zu essen, bis sich die Übelkeit gelegt hat.*
- *Der Patient soll sich hinlegen und sich ausruhen.*
- *Verabreichen Sie Tabletten gegen Seekrankheit, sofern vorhanden.*

Tips des britischen SAS

Rationieren von Wasser

Auf See ist Trinkwasser das kostbarste Gut. Richten Sie sich strikt nach den folgenden Rationierungsanweisungen, um Ihre Überlebenschancen zu verbessern.

- *1. Tag: Kein Wasser ausgeben; der Körper kann von seinen eigenen Reserven zehren. Halten Sie diese Regel streng ein.*
- *2.–4. Tag: Geben Sie 440 Kubikzentimeter aus, wenn vorhanden.*
- *5. Tag und folgende Tage: Geben Sie – je nach Vorratsmenge und klimatischen Verhältnissen – eine tägliche Ration von 55–225 Kubikzentimetern aus.*

Senkung des Flüssigkeitsverlustes

Befolgen Sie strikt die Anweisungen der kanadischen Luftwaffe, um den Flüssigkeitsverlust Ihres Körpers möglichst gering zu halten.

■ *Essen Sie nichts, wenn kein Wasser zur Verfügung steht.*

■ *Verringern Sie den Flüssigkeitsverlust durch Schwitzen in heißem Klima, indem Sie den Körper nicht anstrengen.*

■ *Wischen Sie sich mit einem trockenen Tuch die Salzkruste vom Körper.*

■ *Versuchen Sie soviel wie möglich zu schlafen und zu ruhen.*

■ *Vermeiden Sie Seekrankheit. Erbrechen bedeutet den Verlust wertvoller Körperflüssigkeit. Entspannen Sie sich, und konzentrieren Sie Ihre Gedanken auf andere Aufgaben.*

■ *Trinken Sie keinen Alkohol; er wirkt dehydrierend (Wasser entziehend).*

■ *Rauchen Sie nicht; Rauchen steigert das Durstgefühl.*

■ *Nehmen Sie einen Knopf in den Mund, und kauen Sie daran; dies regt die Speichelbildung an und dämpft das Verlangen zu trinken.*

gerüstet ist, so verwenden Sie diese gemäß Gebrauchsanleitung. Versuchen Sie mit allen Mitteln, Regenwasser zu sammeln und aufzubewahren. Benützen Sie hierzu das Schutzdach des Bootes. Reinigen Sie es vorher mit Meerwasser: Die geringe Menge Salz, die dadurch ins Trinkwasser gelangt, wirkt sich nicht nachteilig aus. Setzen Sie während der Nacht das Segel, um den Tau aufzufangen (siehe Kapitel »Wasser«).

Trinken Sie, wenn es regnet, während des Sammelns soviel Wasser wie möglich. Aber trinken Sie langsam, denn wenn Sie nach einer Wasserrationierung zu große Mengen auf einmal schlucken, werden Sie unweigerlich erbrechen müssen.

Auch Eis kann als Trinkwasserquelle dienen, aber verwenden Sie nur altes Eis. Man erkennt es an seiner blaugrauen Tönung und abgerundeten Konturen. Solches Eis weist einen nur geringen Salzgehalt auf. Auch das Wasser, das sich im Sommer in Lachen auf dem Eis bildet, kann getrunken werden, doch achten Sie darauf, daß es sich dabei nicht um salzhaltiges und daher ungenießbares Spritzwasser aus dem Meer handelt.

Ferner können Sie die wässrige Flüssigkeit trinken, die bei großen Fischen entlang des Rückgrates und in den Augen vorhanden ist. Um an die Flüssigkeit am Rückgrat heranzukommen, müssen Sie den Fisch in zwei Hälften schneiden, an den Augen können Sie saugen. Trinken Sie aber keine andere Körperflüssigkeit von Fischen, da diese viele Proteine enthält, zu deren Verdauung zusätzlich Wasser benötigt wird.

Nahrung

Die Nahrungsmenge, die Sie in einer Überlebenssituation zu sich nehmen dürfen, hängt davon ab, wieviel Wasser Ihnen zur Verfügung steht. Essen Sie nichts, wenn Sie kein Wasser

Fischen auf See

Die Männer der Special Boat Squadron genießen hohes Ansehen.
Befolgen Sie ihre Ratschläge zum Fischen auf dem Meer.

- *Halten Sie die Leine beim Einholen nicht mit bloßen Händen fest, wickeln Sie sie nie um die Hand, und binden Sie sie nie an einem Schlauchboot fest: Die scharfe Salzkruste an der Leine bildet eine Gefahr für die Hände und das Boot.*
- *Ziehen Sie unter dem Boot vom Bug bis zum Heck ein Netz: Fische und Schildkröten werden vom Schatten, den das Boot im Wasser wirft, angezogen. Hierzu braucht man mindestens zwei Personen.*
- *Locken Sie in der Nacht Fische mit einer Lampe an.*
- *Verwenden Sie improvisierte Angelhaken wie kleine Klappmesser, Draht, gezackte Metallstücke – und als Köder kleine glänzende Objekte, zum Beispiel Gürtelschnallen.*
- *Verwenden Sie den Abfall von gefangenen Fischen als Köder.*

haben, sonst entziehen Sie Ihrem Körper Flüssigkeit. Essen Sie von Notrationen nur, wenn es absolut notwendig ist: Versuchen Sie mit frischer Nahrung auszukommen, da Sie nicht wissen, wie lange Sie auf dem Meer treiben werden.

Fische bilden die Hauptnahrungsquelle; es könnte sogar geschehen, daß fliegende Fische in das Rettungsboot springen. Auf offener See und außer Sichtweite des Landes sind Fische im allgemeinen genießbar. Aber essen Sie keine Fische mit leuchtenden Farben, mit Stacheln bewehrte Fische, Fische, die sich aufblasen, papageienartige Mäuler oder ein menschenähnliches Gebiß besitzen. Lassen Sie ferner die Hände von Fischeiern, die zu Trauben oder Klumpen verbunden sind: diese sind giftig.

Vögel

Als Nahrungslieferanten kommen alle Meeresvögel in Frage. Das Rettungsfloß oder -boot gibt ihnen einen Platz, wo sie sich niederlassen können. Warten Sie, bis sie sich gesetzt

haben, um sie zu fangen. Dies wird vor allem dann gelingen, wenn die Tiere infolge des Fliegens bei schlechtem Wetter erschöpft sind. Ferner lassen sich Vögel fangen, indem man mit Fischköder bestückte Angelleinen auf dem Wasser treiben läßt.

Seetang

Tang kann sowohl in Ufernähe als auch mitten im Meer eingesammelt werden. Er ist reich an Vitaminen, wirkt aber auch stark abführend, wenn der Magen nicht daran gewöhnt ist. Bedenken Sie, daß zur Verdauung Körperflüssigkeit benötigt wird: Es sollte also kein Tang gegessen werden, wenn das Wasser knapp ist.

Wegen seiner abführenden Wirkung empfiehlt es sich, Seetang nur in kleinen Mengen zu sich zu nehmen. Auf offener See kommen folgende Hauptarten vor:

Blasentang: Grober, dunkelgrüner Tang mit großen Luftblasen. Er besitzt keinen Nährwert, aber in ihm und unter ihm kann man kleine Krabben und Fische finden.

Riementang: Er hat einen kurzen zylindrischen Stiel und dünne, gewellte, olivgrüne oder braune Wedel. Er kommt im Atlantik und Pazifik vor, gewöhnlich an Unterwasserriffen und auf felsigem Grund. Er sollte vor dem Essen gekocht werden.

Perltang: Von fester, biegsamer und ledriger Beschaffenheit, wird aber im getrockneten Zustand mürbe und schrumpft. Vor dem Essen kochen.

Speise-Rotalge: Besitzt einen langen Stiel mit dünnen, breiten, fächerartigen Blättern von roter Farbe, bestückt mit zahlreichen Läppchen mit gerundeten Spitzen. Ist gewöhnlich an Felsen oder an anderem größerem Tang zu finden und kommt beiderseits des Atlantiks und im Mittelmeer vor. Die Pflanze ist von ledriger Beschaffenheit und schmeckt süß.

Purpurtang: Er hat eine purpurne bis rote Färbung von satinartigem Glanz und kommt in großen Mengen im Atlantik und Pazifik vor.

Plankton

Plankton besteht aus winzigen Pflanzen und Tieren, die im Meer treiben oder schwimmen. Man kann Plankton mit einem Netz auffangen. Der Geschmack hängt weitgehend von den Organismen ab, die in der betreffenden Wasserumgebung vorherrschen. Besteht die Population vornehmlich aus Fischlarven, schmeckt Plankton wie Fisch. Der Geschmack von Krabben und Schalentieren überwiegt dann, wenn die Population überwiegend aus den Larven dieser Meeresbewohner besteht.

Plankton enthält beträchtliche Mengen an Proteinen, Kohlehydraten und Fetten. Da auch Schalenweichtiere und Zellulose enthalten sind, kann Plankton nicht sogleich in größeren Mengen verdaut werden. Sie dürfen daher zu Beginn nur geringe Mengen zu sich nehmen, wenn Sie ausschließlich von Plankton leben. Darüber hinaus muß Ihnen eine genügende Menge Wasser zur Verfügung stehen, da bei der Verdauung viel Körperflüssigkeit verbraucht wird.

Jeder Planktonfang ist vor dem Verzehr gründlich zu untersuchen. Entfernen Sie sämtliche Tentakel von Quallen (Vorsicht vor Stichen), scheiden Sie gallertartiges Plankton aus (das Gewebe besteht vor allem aus Salzwasser), und prüfen Sie nach, ob stachelige Lebewesen vorhanden sind. Größere Mengen stacheligen Planktons können Sie trocknen oder zerdrücken, bevor Sie es verzehren.

Behelfsmäßige Flöße

Flösse eignen sich gut zum Befahren von Flüssen, und sie können auch für kurze Fahrten auf dem Meer verwendet werden, um zum Beispiel von einer Insel zu einer anderen zu gelangen. Kleine Flöße lassen sich zum Teil ohne Schwierigkeiten bauen, etwa aus Buschwerk; sie sind aber für längere Strecken kaum geeignet. Flöße kentern, wenn sie fachgerecht gebaut sind, nicht so rasch, doch beherzigen Sie die folgenden Punkte, bevor Sie sich aufs Meer wagen:

■ Prüfen Sie Ihr Floß eingehend in sicherem Wasser.

■ Befestigen Sie Ihre Ausrüstung am Floß oder an der Sicherheitsleine, damit sie nicht vorlorengeht. Alle Personen müssen mit einer um die Hüfte gebundenen Leine (Palstek) gesichert sein.

Seien Sie sich immer folgender Gefahren bewußt:

Haie: Dieses Thema wurde bereits weiter vorne gründlich behandelt; aber nochmals der Hinweis: Werfen Sie keine Abfälle ins Wasser, wenn sich Haie in der Nähe aufhalten.

Abbildung 113

Buschfloß

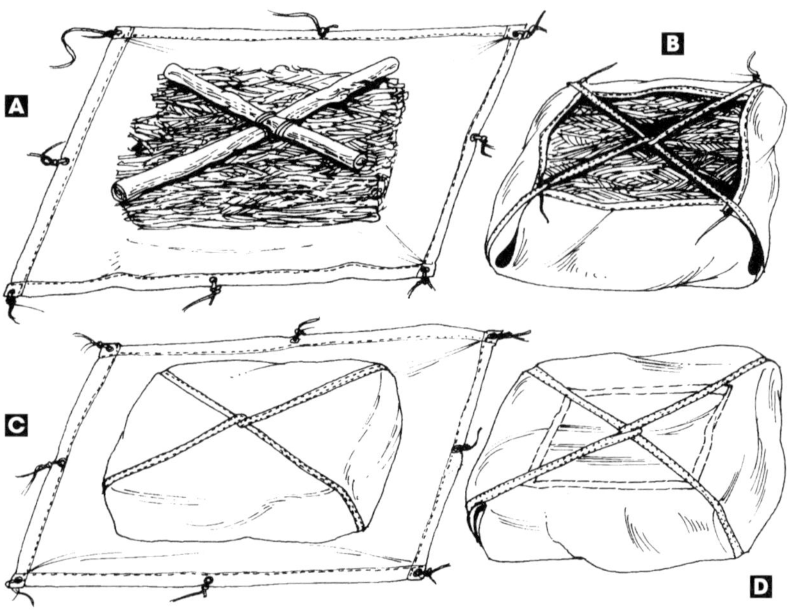

A

B

C

D

Abbildung 114

Sitzfloß

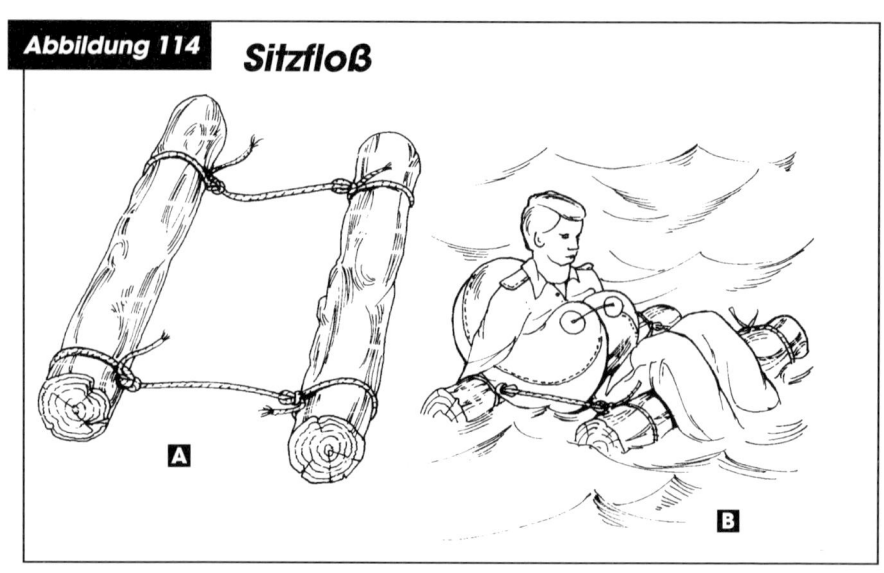

A

B

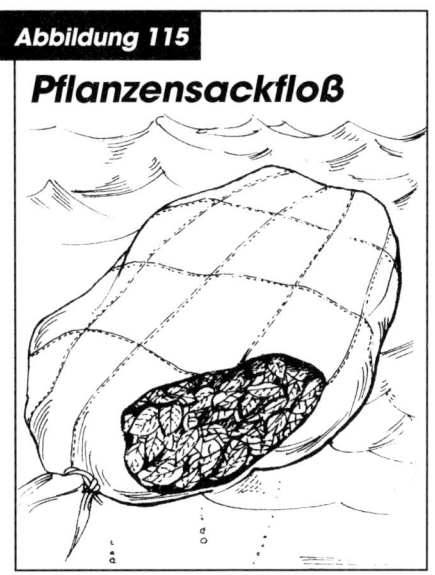

Abbildung 115

Pflanzensackfloß

gesichtet. Normalerweise etwa 4,5 m groß, können sie sich bösartig und aggressiv verhalten, vor allem weibliche Tiere, die brüten. Diese Krokodile können Ihnen und Ihrem Floß sehr gefährlich werden. Sehen Sie sich vor, wenn Sie an Land gehen oder fischen.

Korallen: Korallen sind in warmen Gewässern um Inseln oder vor dem Festland zu erwarten. Sie können ein Floß zerstören und dessen Besatzung verletzen. Steuern Sie das Floß um sie herum, wenn Sie nur dort landen können.

Schiffe: Ein Floß ist nur ein winziges Objekt auf der Weite des Ozeans. Schiffe vermögen ein Floß nur schwer auszumachen, besonders bei schlechtem Wetter oder bei Nacht. Geben Sie acht, daß Sie nicht gerammt werden. Halten Sie Ihre Signalausrüstung bereit.

Meereskrokodile: Sie sind in ganz Südostasien verbreitet und als Menschenfresser gefürchtet. Sie leben in Salz- und Brackwasser, meistens an Flußmündungen und entlang der Küste – es wurden aber schon Exemplare mehr als 60 km vom Land entfernt

Buschfloß (Abbildung 113)

Ein solches Floß besitzt, wenn fachgerecht gebaut, eine Tragkraft von etwa 105 kg. Sie benötigen für den Bau Ponchos, grüne Büsche, zwei kleine Stämme und ein Seil. Lösen Sie zunächst die Zugschnüre an den Halsöffnungen der Ponchos. Befestigen Sie die Seile an den Ecken und Rändern der Ponchos, und achten Sie darauf, daß sie lang genug sind, um sie mit den Seilen auf der jeweils gegenüberliegenden Seite zu verknüpfen (A).

Breiten Sie danach die Ponchos auf dem Boden aus, und schichten Sie grünes Buschwerk darauf, bis der Stapel etwa 45 cm hoch ist. Ziehen Sie die Halsschnur durch den Stapel

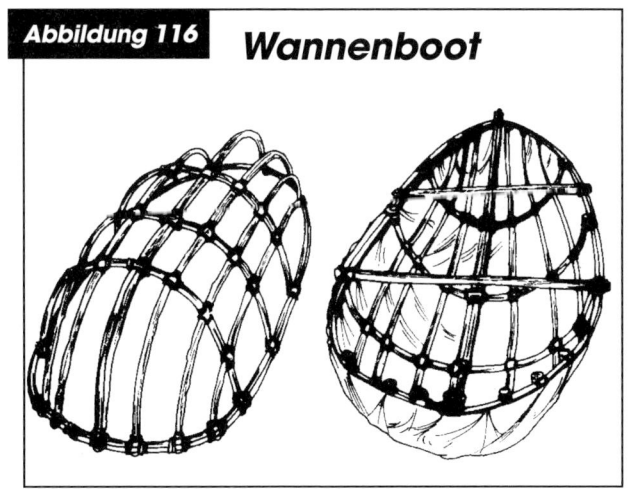

Abbildung 116

Wannenboot

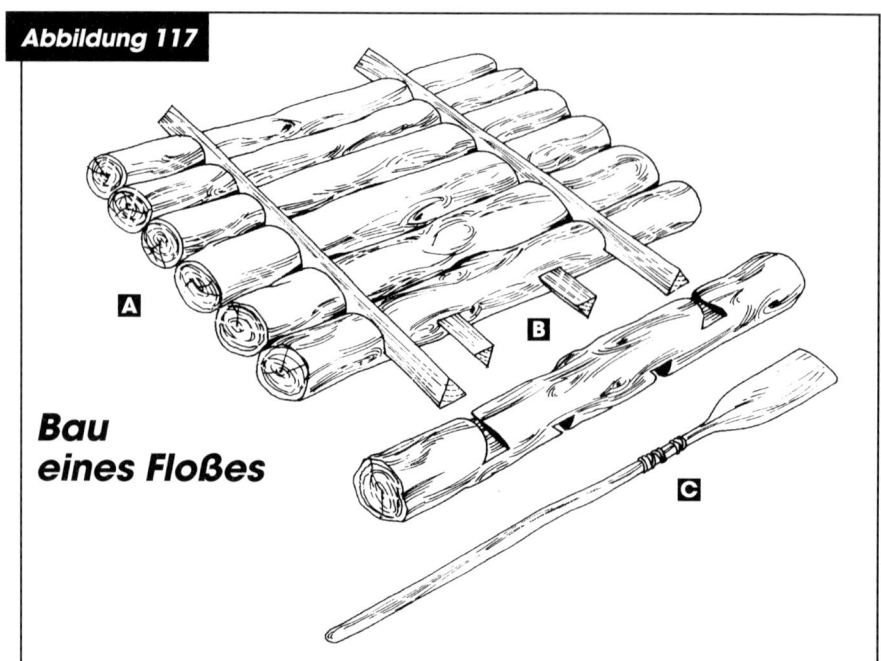

Abbildung 117

Bau eines Floßes

hindurch nach oben. Legen Sie die beiden Stämmchen übers Kreuz auf den Stapel, und binden Sie sie mit der Halsschnur fest. Bilden Sie darüber nochmals eine Schicht aus Buschwerk.

Ziehen Sie nun die Seiten des Ponchos über den Stapel und verknüpfen Sie die Halteseile in der Diagonalen miteinander (B). Breiten Sie den zweiten Poncho mit der Kapuze nach oben neben diesem Bündel aus.

Rollen Sie das Bündel in die Mitte dieses Ponchos, mit der verknüpften Seite nach unten gerichtet (C). Schnüren Sie schließlich den zweiten Poncho auf die gleiche Weise um das Paket, wie Sie es mit dem ersten Poncho gemacht haben (D).

Sitzfloß (Abbildung 114)
Ein solches Floß aus zusammengebundenen

Stämmen ist für eine Person bestimmt. Wählen Sie hierzu zwei Stämme aus leichtem Holz. Verknüpfen Sie die beiden in einem Abstand von rund 60 cm (A). Auf einem solchen Floss können Sie sich sitzend treiben lassen (B).

Pflanzensackfloß (Abbildung 115)
Diese Art von Floß wird aus schwimmfähigen Pflanzenteilen gefertigt, die in eine Plane oder ein Kleidungsstück eingebunden werden. Ein solches Floß dient zum Transportieren von Ausrüstungsgegenständen oder einer Person, ist aber nicht sehr tragfähig.

Wannenboot (Abbildung 116)
Dies ist ein flaches Fellboot in Badewannenform. Fertigen Sie aus Weidenrute oder anderem biegsamem Holz einen ovalen, ka-

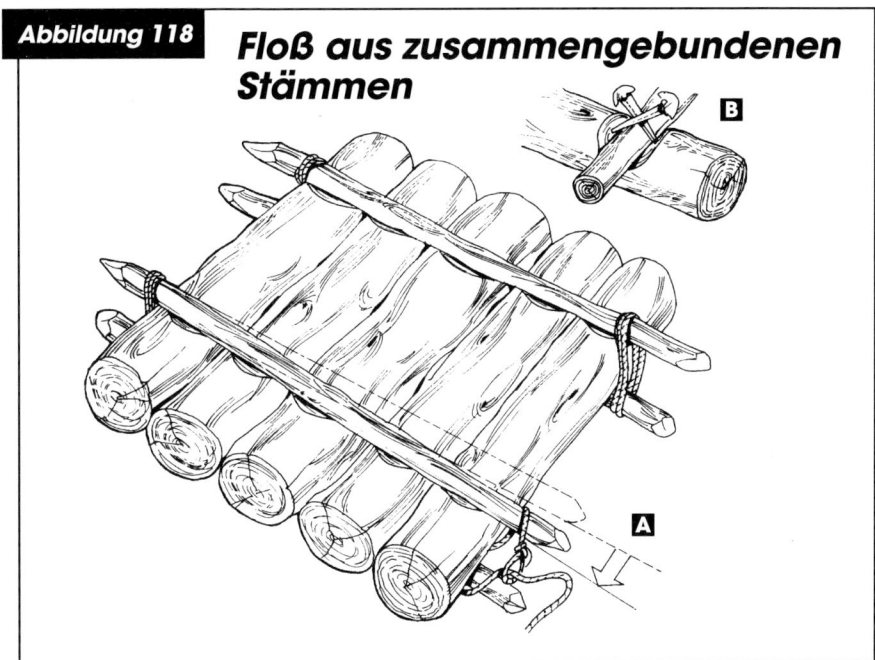

Abbildung 118

Floß aus zusammengebundenen Stämmen

nuähnlichen Rahmen. Bespannen Sie diesen Rahmen mit Häuten oder einem anderen wasserdichten Material.

Floß aus Baumstämmen (Abbildung 117) Zum Bau eines solchen Floßes sind Baumstämme, eine Axt sowie ein Messer mit starrer Klinge erforderlich. Die Abmessungen für ein Drei-Personen-Floß betragen 3,6 x 1,8 m. Die Stämme sollten einen Durchmesser von 30–35 cm haben.

Bauen Sie das Floß auf einer aus zwei Balken bestehenden Rutsche, die sich dem Ufer zuneigt. Glätten Sie die Stämme mit der Axt, und schneiden Sie je zwei Nuten in die Ober- und Unterseite der Stämme (A). Diese Nuten müssen an der Basis breiter sein als an den oberen Kanten. Verbinden Sie die Stämme mit Dreikanthölzern, indem Sie diese durch die

Nuten treiben. Diese Hölzer sollten rund 30 cm länger sein als die Breite des Floßes (B). Diese Verbindungen werden zuerst auf der einen Seite des Floßes vorgenommen, danach auf der anderen, wozu das Floß umgedreht werden muß. Im Wasser werden dann die Dreikanthölzer dann anschwellen, so daß eine feste Verbindung der Stämme gewährleistet ist.

Verkeilen Sie die Dreikanthölzer mit entsprechend zugeschnittenen Holzstücken, wenn die Verbindung zwischen den Stämmen und dem Dreikant zu locker ausfällt. Im Wasser werden auch diese anschwellen und einen festen Sitz garantieren. Belegen Sie das Floß mit einer Lage aus leichten Stangen, damit das Gepäck vor der Nässe geschützt wird. Fertigen Sie schließlich ein Paddel an, womit sich das Floß fortbewegen und auf Kurs halten läßt (C).

Floß aus zusammengebundenen Stämmen (Abb. 118)

Zwei oder mehrere Leute können dieses Floß, das zudem noch recht stabil ist, ohne Schwierigkeiten bauen. Hier die Bauanleitung:

- *Legen Sie zwei kräftige Stangen auf den Boden, und belegen Sie diese mit Baumstämmen.*
- *Legen Sie zwei weitere Stangen über die Stämme.*
- *Binden Sie die Stangenpaare auf der einen Seite zusammen.*
- *Tun Sie dasselbe mit einem Helfer auf der anderen Seite, so daß die Stämme festgeklammert werden (A); Sie können zum Befestigen auch Nägel aus Hartholz verwenden (B).*
- *Versehen Sie die Haltestangen mit Kerben, damit die Seilverbindung nicht abrutscht.*

Floß aus zusammengebundenen Stämmen

(Abbildung 118)
Eine solche Variante können Sie bauen, wenn Ihnen Seile zur Verfügung stehen. Die Stämme werden hier durch Stangen miteinander verklammert. Für den Bau eines solchen Floßes sind zwei oder mehr Leute erforderlich, da die Stangen unter Spannung gehalten werden müssen: Wenn Sie allein auf sich angewiesen sind, ist große Vorsicht geboten.

Treibanker (Abbildung 119)

Ein Treib- oder Seeanker dient entweder dazu, die Treibgeschwindigkeit des Floßes herabzusetzen oder das Floß in der Strömung zu halten. Wenn das Ende des Ankers zusammengebunden wird (A), bildet er einen Sack, der das Floß in Strömungsrichtung vorwärts zieht. Bei offenem Boden mindert er die Fahrt und hält das Floß mehr oder weniger an Ort und Stelle. Legen Sie den Treibanker so aus, daß er sich in einem Wellental befindet, wenn das Floß auf einem Wellenkamm reitet (Abbildung 120).

Landen mit dem Floß

Mit einem Ein-Mann-Floß bereitet das Landen normalerweise keine Schwierigkeiten. In einer starken Brandung besteht allerdings die Gefahr, daß das Floß kentert. Halten Sie in diesem Fall Ausschau nach einem flachen Sandstrand.

Vermeiden Sie eine Landung, wenn die Sonne tief steht und Sie blendet. Umschiffen Sie Korallenriffe und Klippen, wenn dies möglich ist. Im Mündungsbereich von Süßwasserflüssen gibt es keine Riffe. Führen Sie keine Landung bei Nacht aus: Sie würden Gefahren erst dann erkennen, wenn es zu spät ist. Werfen Sie zum Landen den Treibanker aus, um das Floß vor dem Kentern zu bewahren – beim Überfahren von Korallen dürfen Sie ihn jedoch nicht auslegen. Wenn das Floß in der Brandung kentert, müssen Sie versuchen, sich an ihm festzuklammern. Im Eismeer sollte ein Landungsversuch nur auf großen stabilen Schollen unternommen werden. Eisberge, kleine Schollen und solche, die im Begriff sind, auseinanderzubrechen, sind zu meiden.

Abbildung 119

Treibanker

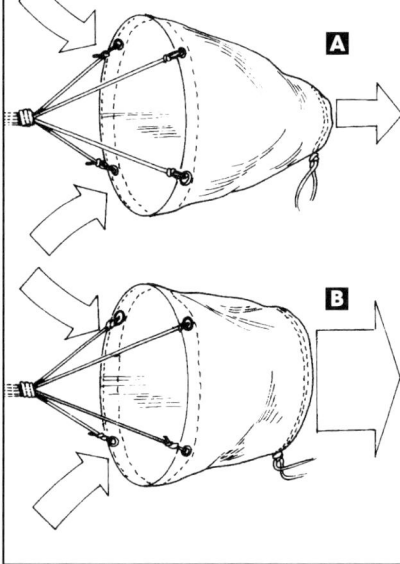

A

B

Abbildung 120

Treibanker auslegen

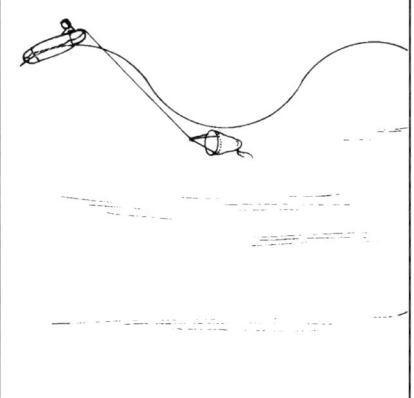

Register

T

U

V

W

Y

Z